Natural Horsemanship in Haltung und Pflege

Gesunde und leistungsbereite Pferde
durch naturnahes Management

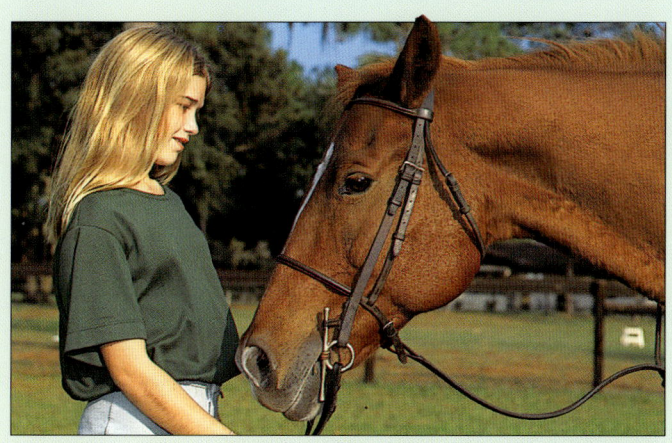

Jo Bird

Vorwort und fachliche Beratung von
Pat Parelli

Fotos: Bob Langrish

Herausgeber: *Philip de Ste. Croix*
Design: *Phil Clucas MSIAD*
Farbgestaltung: *Martin Reed*
Produktionsmanagement: *Consortium, Poslingford, Suffolk*
Druck: *Leefung-Asco Printers Ltd., China*

Übersetzt aus dem Englischen von Gisela Rau

ISBN 3-933228-48-4

Danksagung der Autorin:

Mein besonderer Dank für die Unterstützung gilt meinem Mann Karl, meinen Freunden, Bekannten und Kollegen, vor allem: Laura Key, Gill Leage, Kate Shoolheifer, Familie Fuller, Angus Hudson BSc (Agric) MRICS FAAV, Edward Blundy, Jonathan Hickman, Stephanie Power, Yvonne Smith & Dorothy Palmer. Besonders bedanke ich mich bei Pat und Linda Parelli, Samuel Franklin BSc MSc MRICS FAAV, David Rouse D.W.C.F., Gill Kennett, Hadham Mill Riding Centre, Wendy Jane Hines, Ingraham practitioner, S.K., Interpet Ltd, Hilton Herbs, Dodson & Horrell. Beratung zum Thema Feng Shui und Diagramm-Layout von Thomas Coxon fengshui_consultants.co.uk. Das Feng Shui-Diagramm auf Seite 190 stammt von Edward Blundy. Beratung zur Weidebewirtschaftung, CAD und Bildmaterial: Sworders Agricultural, Land Agents, Chartered Surveyors and Agricultural Consultants – www.swordersagricultural.co.uk.

Bildnachweis

Mit Ausnahme der unten aufgeführten Bilder stammen alle Fotografien in diesem Buch von Bob Langrish. Wir bedanken uns bei ihm und seinen Kollegen Sally Waters und Nicola Coombs für die Hilfe und Unterstützung bei der Erstellung dieses Buches.
Pat Parelli: S. 8 oben, S. 9, 11 rechts, S. 32-33, S. 39 rechts, S. 43 (beide), S. 44 oben, S. 49, S. 53 (beide).
Kit Houghton: S. 181 Mitte, S. 186, S. 187unten, S. 192 unten, S. 195 oben links und rechts, S. 196, S. 200 unten links.
Jo Bird: S. 144, S. 166 unten, S. 168 oben, S. 197 alle, S. 199.
Linda Tellington-Jones, TTeam: S. 200 oben links und oben rechts (Foto: Ellen Van Leeuwen).
Neil Sutherland für Interpet: S. 61 unten, S. 62 unten rechts, S. 63 unten rechts, S. 69 rechts, S. 72 oben links, S. 79 oben rechts, S. 105, S. 125, S. 171 unten, S. 198 (beide).
Westgate Group: S. 61 rechts, S. 88 oben links.
John Glover: S. 178, S. 187 oben, S.188, S.191 unten.

Jo Bird *besitzt beinahe ihr ganzes Leben lang Pferde. Sie berät Pferdekäufer hinsichtlich Haltung, Pflege und Fütterung und war als leitende Beraterin in der Produktentwicklung eines führenden Stall- und Reitportbedarfherstellers tätig. Unter ihren eigenen Pferden fanden sich die unterschiedlichsten Typen vom Fohlen bis zum Senioren. Der beste Beweis für die Richtigkeit ihrer naturnahen Methoden des Pferdemanagements ist die Tatsache, dass alle ihre Pferde glücklich, ausgeglichen und in allerbester Verfassung sind. Ihre Philosophie zur Pferdehaltung ist einfach: »Sehen Sie es mit den Augen des Pferdes.«*

Inhalt

Achtung!
Der Umgang mit Pferden birgt auch Gefahren. Pferde sind große, kraftvolle Tiere und bleiben unberechenbar. Selbst beim einfachen Hereinführen eines Pferdes von der Weide in den Stall können Unfälle geschehen. Seien Sie nie leichtsinnig und handeln Sie stets vorausschauend. Wir raten, stets ein Handy mitzuführen, einen Reithelm und korrekte Kleidung zu tragen. Suchen Sie stets kompetente Hilfe, wenn Sie Zweifel und Probleme in Haltung, Umgang oder Reiten haben.

Vorwort von Pat Parelli

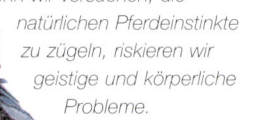

Rechts: *Pat Parelli hat die meiste Zeit seines Lebens mit der Beobachtung von Pferden verbracht und realisiert, dass ein schwieriges Pferd kein schlechtes oder unerziehbares Pferd ist, sondern eines, das als Flucht- und Beutetier nicht in der Welt der Menschen zurechtkommt. Nach einer erfolgreichen Karriere im Rodeo trainierte Pat zunächst Pferde, ist aber heute der Ansicht, dass es vielen Pferden mehr nützt, wenn man ihre Besitzer trainiert!*

Unten: *Die Bedingungen, unter denen wir unsere Pferde halten, sind oft nur ein fader Abklatsch der Natur. Wenn wir versuchen, die natürlichen Pferdeinstinkte zu zügeln, riskieren wir geistige und körperliche Probleme.*

Heute stehen weniger Pferde im Dienste des Menschen als in vergangenen Jahrhunderten, aber Domestikation und Zuchtauswahl haben spektakuläre Vertreter der Spezies Pferd hervorgebracht.

Eigentlich sollte man meinen, dass der Mensch nach so langer Zeit der Zucht in Gefangenschaft weniger Probleme mit Pferden haben sollte! Aber dennoch geraten Menschen in Schwierigkeiten, und dies aus einem Grund: Das Pferd verkörpert immer noch Natur in reinster Form, und auch das wunderschöne Rassepferd von heute ist in seinem tiefsten Inneren genauso wild wie seine Vorfahren - weil Pferde Fluchttiere sind. Ihre Instinkte zur Entdeckung von Gefahren, zur Flucht, zur Reaktion oder Verteidigung innerhalb Bruchteilen von Sekunden haben nichts an Sicherheit eingebüßt. Natürlich sind manche Pferde ruhiger als andere, sei es aufgrund ihrer Persönlichkeit oder aufgrund einer rassetypischen Eigenschaft, aber auch diese Tiere reagieren nicht anders als ein Wildpferd, wenn sie sich wirklich bedroht fühlen. Pferde haben Probleme, sich in der Welt der Menschen zurechtzufinden, weil sie schlecht auf sie vorbereitet sind. Der Umgang mit dem Eingesperrtsein, mit Pferdeanhängern oder Stacheldrahtzäunen ist in ihnen genetisch einfach nicht programmiert!

Genau an diesem Punkt wird der Traum zum Alptraum. Wir kaufen unser erstes Pferd und träumen von Ritten in den Sonnenuntergang in perfekter Harmonie - aber die Realität sieht meistens anders aus. So viele Mensch-Pferd-Beziehungen schlagen fehl, weil wir es geschafft haben, die Wegwerfmentalität auch auf Pferde zu übertragen: Wenn der Bock nicht funktioniert, verkauf ihn und such einen anderen. Tausende von Pferden gehen zum Schlachter, nur weil Menschen nicht mit ihnen umzugehen wissen. Sie sind so unendlich weit von ihrem Naturzustand entfernt - gefangen in Boxenkäfigen, unnatürlich gefüttert, von Artgenossen isoliert, mit zu wenig Bewegung, Tag und Nacht gefangen, die Köpfe herunter- und die Mäuler zugebunden, bestraft, wenn sie »nicht gehorchen«, mit unverständlichen Befehlen überschüttet - dass es wirklich nicht schwer fällt, zu verstehen, warum ein Pferd irgendwann »austickt«. Manche Pferde kommen in dieser unnatürlichen Welt besser zurecht als andere, aber die Alarmsignale sind deutlicher, als manch einer denkt. Stalluntugenden, Unberechenbarkeit, Koliken, Huf- und Hautprobleme, Verhaltensstörungen verschiedenster Art ... die Liste ist viel zu lang und es ist höchste Zeit, dass die Dinge sich endlich ändern. Der Umgang mit einem unglücklichen Pferd ist zweifellos schwieriger als der mit einem zufriedenen, dessen natürliche Bedürfnisse berücksichtigt werden. Leider wird vieles immer noch so gehandhabt, »weil man das immer schon so gemacht hat.« Schwierige Pferde brauchen Menschen mit mehr »savvy«, ein amerika-

Links: *Pat hat ein System entwickelt, mit dem Lernen Spaß für das Pferd ist. Wenn der Trainer die Spiele nachahmt, die Pferde untereinander spielen, um eine Richtungsänderung zu erwirken oder in der Rangordnung zu steigen, braucht er keine Gewalt; die Wahrscheinlichkeit für Missverständnisse wird geringer. Die Kombination von misstrauischem, ängstlichem Beutetier und aggressivem, nervösem oder unsympathischem Reiter auf seinem Rücken verlangt viel von beiden Seiten, bis ein Mittelweg gefunden ist, auf dem man als Partner zusammen arbeiten kann.*

nisches Wort, das ein fast instinktives Verstehen und Wissen beschreibt. Aber auch problemlose Pferde profitieren von einem natürlicheren Umfeld und mehr Verständnis des menschlichen Partners. Durch meine Arbeit mit tausenden von »Problempferden« und deren Menschen rund um die Welt habe ich einige wichtige Grundprinzipien gefunden:

Hören Sie auf, Ihr Pferd zu »erziehen« und fangen Sie an, mit ihm zu »spielen«

Pferde sind wie kleine Kinder. Sie können sich nicht lange konzentrieren, hassen Arbeit, lieben das Spiel und sie glänzen unter Lehrern, die das Lernen zum Spaß machen. Es ist ganz leicht, die Lust am Lernen in einem Pferd zu wecken, es liegt nur an uns, herauszufinden, wie dieses eine, ganz besondere Pferd »tickt« und was wichtig für es ist. Wenn das Pferd Spaß und Erholung für uns bedeutet, wie können wir ihm das gleiche bieten? Eine gute Partnerschaft lohnt sich für beide Seiten.

Versetzen Sie sich in die Haut des Pferdes

Lernen Sie, wie ein Pferd zu denken und die Dinge aus seiner Sicht zu betrachten. Ein besseres Verstehen hilft, Probleme zu vermeiden und das Richtige zu tun, falls das Pferd emotional aus der Bahn geraten sollte. Wenn Sie wüssten, dass die Reaktion des Pferdes sich auf Angst begründet, würden Sie dann härter zupacken oder versuchen, es zu beruhigen? Eines der wichtigsten Dinge ist, das Verhalten der Pferde richtig zu deuten, denn nur zu oft werden Angstreaktionen als Ungehorsam oder Widersetzlichkeit fehlgedeutet.

Partnerschaft heißt auch Anpassung

Pferde müssen lernen, sich im Zusammensein mit dem Menschen weniger wie ein Fluchttier zu benehmen und Menschen müssen lernen, ihre Jägerinstinkte zu überwinden, wenn das Pferd Probleme macht. Es ist nun einmal so eingerichtet, dass Beutetiere von Räubern gefressen werden, also ist ein gewisses Misstrauen auf deren Seite normal. Probleme entstehen immer dann, wenn der Mensch aggressiv oder ängstlich wird (am Führseil oder den Zügeln reißt, die Beine anklammert, sich verkrampft). In all diesen Fällen ist es wahrscheinlich, dass das Pferd Angst be-

> 66 Das edle Rassepferd von heute ist in seinem Innern genauso wild wie seine Ahnen, weil Pferde Beutetiere sind. Ihre Instinkte zur Entdeckung von Gefahren und zur sekundenschnellen Flucht sind heute so scharf wie damals. 99

gen, zuerst nachzudenken und dann zu reagieren, und auch wir selbst können lernen und trainieren, Situationen ruhig zu durchdenken anstatt in Panik zu geraten. In einer Partnerschaft müssen sich beide bemühen, den anderen zu verstehen, ihre Instinkte zu besiegen und so die Möglichkeit einer Zusammenarbeit schaffen.

Geben Sie dem Pferd 10.000 Morgen Land

10.000 Morgen - das ist ungefähr die Fläche, auf der ein Wildpferd lebt. Und wir glauben, wir tun unserem Pferd mit der 3x3 Meter-Box oder der 100x200 Meter messenden Wiese einen Gefallen! Viele Pferdebesitzer leben in der Stadt und haben nichts anderes zur Verfügung als eine Box. Die Frage muss also lauten : »Wie gebe ich dem Pferd seine 10.000 Morgen?« Sie können sie ihm nicht tatsächlich geben, aber Sie können einige seiner Bedürfnisse erfüllen, indem Sie mit ihm spielen. Die meisten Pferde bekommen ihr Leben lang zu wenig Bewegung (ein freier Mustang legt etwa 50 km pro Tag zurück), von ausreichendem Sozialkontakt und geistiger Beschäftigung gar nicht zu reden. Folglich entwickeln sie Untugenden wie Koppen oder Weben, die im Gehirn wie ein Beruhigungsmittel wirkende Stoffe freisetzen und so eine »geistige Flucht« ermöglichen. Die gute Nachricht lautet also: Sie sind der Schlüssel zur Problemlösung! Es liegt an Ihnen, diese Bedürfnisse zu erfüllen. Falls Sie nicht jeden Tag zum Stall fahren können, sorgen Sie dafür, dass Ihr Pferd den Großteil des Tages draußen verbringt. Wenn Sie Zeit haben, spielen Sie mit ihm. Ihr Pferd braucht Sie!

Liebe, Verständigung und Dominanz zu gleichen Teilen

Das Gute an der Tatsache, dass sich immer mehr Frauen mit Pferden beschäftigen, ist, dass den Pferden heute mehr Liebe entgegengebracht wird als je zuvor. Der perfekte Pferdemann oder die perfekte Pferdefrau würden wahrscheinlich entstehen, wenn wir einer Frau einen Viertelliter Männlichkeit und einem Mann vier Liter Weiblichkeit einflößen könnten. Das Verhältnis zwi-

Oben: *Die meisten von uns können ihrem Pferd nicht den Freiraum bieten, wie ihn ein Leben in der Wildpferdeherde ermöglicht. Viel mit dem Pferd verbrachte Zeit - beim Putzen oder Spielen - hilft, das seelische Wohlbefinden zu verbessern und die Beziehung zwischen Mensch und Pferd zu stärken.*

kommt, sich verunsichert fühlt und sich folglich widersetzt oder auf eine Weise reagiert, die es zur eigenen Verteidigung für nötig hält. Vorschnell könnte man meinen, das Pferd habe ein »Verhaltensproblem«, aber meiner Erfahrung nach gibt es nur wenige solcher Situationen, die nicht durch eine aggressive, ängstliche, gefühllose oder völlig unwissentliche und unabsichtliche Handlung des Menschen hervorgerufen wurden.

Es ist durchaus möglich, Pferden beizubrin-

schen Liebe und Dominanz muss ausgeglichen sein, sonst kommt es in der Mensch-Pferd-Beziehung zu Problemen. Zu viel Liebe bei zu wenig Dominanz führt zu einem respektlosen Pferd, das Sie über den Haufen rennt. In der Pferdeherde herrscht eine strenge Rangordnung mit einem Leit- oder »Alpha«-Tier. Sobald Sie mit einem Pferd umgehen, betreten Sie, ob Sie wollen oder nicht, seine »Herde«. Falls nicht Sie das Leittier sind, versucht Ihr Pferd, es zu werden!

Andersherum kann zu viel Druck bei zu wenig Liebe ein Pferd auch sauer machen. Das Resultat ist ein unterworfenes Pferd mit einem Ausdruck von Leblosigkeit in den Augen. Es hat seine Persönlichkeit (oder besser: »Pferdlichkeit«) verloren und verhält sich Menschen gegenüber schlecht gelaunt oder bestenfalls gleichgültig. Sogar im Hochleistungssport kann man Pferde so aufbauen, dass sie Spaß an dem haben, was sie tun - wenn wir nur wissen, wie wir ihre Natur respektieren können.

Pferde suchen von Natur aus einen Führer, dem sie folgen können. Es liegt an uns, Führungsqualitäten zu erlernen, damit unser Pferd in uns die Leitfigur sieht, die es respektiert, der es vertraut und bei der es sein möchte. Für eine gute Partnerschaft ist eine Sprache wichtig, in der Sie mit Ihrem Pferd kommunizieren können. Wenn man es sich genau überlegt, wird den meisten Pferden nicht mehr beigebracht, als einer Reihe von groben Tritten in die Rippen oder Rucken am Zügel zu gehorchen. Muss man sich da über Widerstand wundern? Pferde verständigen sich untereinander viel feiner, als wir glauben, und zwar hauptsächlich durch Mimik und Körpersprache. Sie haben unglaublich feine Anten-

nen für die kleinsten Veränderungen in Aussehen, Gefühl oder Absicht des anderen, so dass es manchmal aussieht, als könnten sie Gedanken lesen! Wir müssen Pferden nicht unsere Sprache beibringen, um mit ihnen reden zu können. Besser ist es, wenn wir stattdessen ihre Sprache lernen. Könnten Sie sich vorstellen, eine Art Zeichensprache zu verwenden, die auch Pferde untereinander gebrauchen und mit deren Hilfe Ihr Pferd genau versteht, was Sie von ihm wollen?

Ein Blick in die Zukunft

Die nächsten 100 Jahre werden in der Pferdewelt sicher aufregend. Wenn wir uns auf natürliche Methoden rückbesinnen, das Verhalten der Pferde beobachten und lernen, wie man mit ihnen kommuniziert und ihre Talente positiv fördert (anstatt die selbe Lektion bis zum Gehtnichtmehr zu wiederholen), werden wir ganz neue Qualitäten in der Beziehung zwischen Pferden und Menschen entdecken. Keine Frage: Pferde tun Menschen gut. Wie viel leisten sie für Behinderte, wie viel »Therapie« und Trost sind sie den Gestressten und Problembeladenen. Es gibt sogar Vermutungen, dass ihr elektromagnetisches Feld den weiblichen Hormonspiegel beeinflusst (haben Sie sich schon gefragt, weshalb Mädchen so von Pferden angezogen werden?). Wir haben die Verantwortung, den Pferden zurückzugeben, was sie Gutes für uns tun. Ich begrüße die Absicht dieses Buches, mehr Verständnis für die Bedürfnisse des Pferdes zu schaffen und möchte Sie ermutigen, Ihr Leben lang zu lernen, auch wenn es vielleicht nicht das war, was Sie ursprünglich vorhatten: Ihr Pferd hat Ihnen viel beizubringen!

Pat Parelli, Colorado, USA

Links: *Pferde schenken uns so manches - Freundschaft, Sport oder sogar einen Beruf. Wie viel schöner wäre all das auf Grundlage einer echten, harmonischen Partnerschaft.*

> 66 Pferde suchen von Natur aus nach einem Führer, dem sie folgen können. Es liegt an uns, Führungsqualitäten zu erlernen, damit unser Pferd in uns die Leitfigur sieht, die es respektiert, der es vertraut und bei der es sein möchte. 99

KAPITEL 1

Pferde unter sich

In den letzten Jahren haben sich viele Fachzeitschriften und Organisationen für natürlichere Wege der Pferdehaltung aktiv eingesetzt, und es ist offensichtlich, dass ihre Anstrengungen für ein pferdegerechteres Stallmanagement Früchte getragen haben. Als Pferdebesitzer sollten wir uns moralisch verpflichtet fühlen, ein möglichst naturnahes Leben kombiniert mit individueller Pflege zu ermöglichen - der Lohn sind glücklichere, ausgeglichenere und gesündere Pferde, die gerne bereit und in der Lage sind, Leistung für uns zu erbringen.

Keine Pferdehaltung, sei sie zu unserem Vergnügen, zum Profit oder in einem professionellen Betrieb, sollte Pferde so isolieren und einsperren, dass ihnen die Möglichkeit einer sozialen Interaktion mit ihren Artgenossen genommen ist.

Leider ist es aber nicht damit getan, mehrere Pferde einfach zusammen auf die Weide oder den Reitplatz zu stecken, ohne über die möglichen Konsequenzen nachzudenken.

Oben: *Gegenseitige Berührung und Geruch spielen eine große Rolle im Leben der Pferde. Wenn wir nur wüßten, was sie sich zu sagen haben ...*
Rechts: *Es gibt keinen Grund dafür, Pferde nicht in Gruppen zu halten. So aufgewachsene Fohlen haben einen körperlichen und geistigen Vorsprung gegenüber den nur mit ihren Müttern gehaltenen.*

Oben: *Sobald sie geschlechtsreif sind, werden Junghengste vom Leithengst als Rivalen betrachtet und er versucht, sie von der Herde zu verjagen. Diese Tiere formieren sich oft mit anderen zu »Junggesellenclubs« Sie suchen nach eigenen Stuten, sind sich aber immer bewusst, dass nur das Zusammensein in der Gruppe Überleben bedeutet.*

66 **Hengste haben ein anstrengendes Leben, da sie um die Rangordnung kämpfen müssen, aber zum Überleben trotzdem von den anderen abhängig sind.** 99

Das natürliche Verhalten der Pferde

In freier Wildbahn gibt es hauptsächlich zwei Organisationsformen von Pferdeherden. Eine typische Herde besteht aus einem Leithengst und einem Stutenharem, begleitet von Junghengsten und Fohlen verschiedenen Alters. Neben dem dominanten Hengst gibt es noch eine Leitstute. Der »Stamm« der Herde bleibt über die Jahre hinweg vergleichsweise konstant, obwohl natürlich neue Fohlen hinzukommen, einige ältere oder schwächere Tiere sterben und manche sich absondern, um neue Herden zu gründen. Auch wenn hin und wieder Konflikte entstehen, weil Junghengste den Leithengst in der Absicht herausfordern, seine Stuten zu stehlen, bleiben die Gruppen doch insgesamt eher harmonisch und zwischen den einzelnen Tieren besteht ein starkes Zusammengehörigkeitsgefühl.

Die andere Organisationsform ist der »Junggesellenclub« aus Junghengsten, die noch keine Stuten erobert haben, um ihre eigenen Familiengruppen zu gründen. Diese Hengste führen ein wesentlich anstrengenderes Leben, da sie ständig untereinander um die Rangordnung kämpfen, aber zum Überleben trotzdem voneinander abhängig sind.

Es ist schon erstaunlich, wie Pferde mit der Domestikation und dem ihnen aufgezwungenen Lebensstil zurechtkommen, der so verschieden von dem in Freiheit ist. Wenn man in Betracht zieht, wie einfach ihr Daseinszweck in Wahrheit ist, sollten wir uns glücklich schätzen, dass es so relativ leicht ist, ihre Bedürfnisse zu erfüllen.

Die natürlichen Grundbedürfnisse der Pferde sind:

❏ Futter, Wasser und Schutz vor der Witterung finden
❏ Mitgliedschaft in einer gesunden Herde, egal in welcher Rangposition, als Garant für Überleben und soziale Stabilität.
❏ Erfolgreiche Fortpflanzung, um das Fortbestehen der Herde zu sichern.

Das Verhalten der Hauspferde

Die natürlichen Bedürfnisse des Wildpferdes bestimmen auch dann noch weite Bereiche des Verhaltens, wenn ein Pferd in der Obhut des Menschen geboren wird.

Die Erfüllung des **ersten Grundbedürfnisses** - Wasser, Futter und Wetterschutz finden - hat größtenteils der Mensch für das Pferd übernommen. Er handelt damit ähnlich dem Leittier in der Herde, wobei man aber nicht vergessen darf, dass wild lebende Pferde eine wesentlich größere Selbstbestimmung über ihr Futter und ihren Aufenthaltsort haben als ein Hauspferd.

Das zweite Grundbedürfnis - Mitglied einer Herde zu sein - ist ein wichtiger Faktor in der Organisation moderner Pferdehaltung. Kontakt zu Artgenossen muss stets ermöglicht werden, aber auch der Mensch muss seine Position in der Gruppenhierarchie erarbeiten.

Punkt drei - die Möglichkeit zur Fortpflanzung - wird beim Hauspferd sehr eingeschränkt, da die Mehrheit der männlichen Pferde kastriert wird und die weltweit relativ kleine Anzahl von Hengsten nur selten selbst ihren Fortpflanzungspartner frei wählen kann. Auch wenn die Kastration als unnatürlicher Eingriff erscheint, so ermöglicht sie den meisten Tieren im Besitz von durchschnittlichen Pferdehaltern doch ein akzeptableres Leben. Nicht kastrierte Junghengste können schnell gefährlich werden, wenn sie ständig Stuten bespringen und kein erwachsener Althengst sie in die Schranken weist.

Vom Menschen gemachte Herden

Die Maximalgröße einer Herde wird in erster Linie vom zur Verfügung stehenden Platz bestimmt. Konflikte entstehen fast zwangsläufig,

TAGESLICHT

Pferde werden von der Länge und Intensität der Tageslichteinstrahlung beeinflusst. Auch der Fruchtbarkeitszyklus der Stuten wird von den länger werdenen Tagen im Frühjahr angekurbelt.

Oben: Wenn es darum geht, wer zuerst an einer Wasserstelle trinken darf, herrscht eine strenge Hackordnung. Meistens hat die Leitstute das Privileg, zuerst ihren Durst zu löschen.

Links: Jungpferde verwenden einen großen Teil ihrer Energie auf Spiele und spielerische Wettkämpfe mit Altersgenossen.

Oben links: Manche Hengste, wie dieser reine Exmoor, genießen auch unter menschlicher Obhut das Privileg des Herdenlebens.

wenn zu viele Tiere auf zu wenig Fläche zusammengedrängt werden oder wenn das Futter knapp ist. Pferde erlauben nur Freunden das Überschreiten ihrer Individualdistanz, einem Kreis, der sie im Abstand von etwa zwei Pferdelängen umgibt. Wenn ein anderes Pferd diesen Kreis betritt, fühlen sie sich bedroht und brauchen Platz zum Ausweichen.

Auf einem Reitplatz von Standardmaßen können Sie höchstens sechs Pferde oder Ponys gleichzeitig lassen und müssen bei dieser Besatzdichte ständige Kontrolle haben. Als zeitweiser Auslauf reicht eine Fläche von etwa 0,4 ha für drei Pferde, bei einer Ganzjahresweide sollten es 0,6 ha pro Pferd sein - also insgesamt eine Fläche von 1,8 ha.

Stallbetreibern mit zehn oder mehr Pferden helfen folgende Grundsätze bei der Zusammenstellung einer größeren Herde:

❑ Bringen Sie Pferde zusammen, die sich gut verstehen, Geschlecht, Alter oder Größe sind nebensächlich.

❑ Bringen Sie Pferde zusammen, die ungefähr den gleichen Futterbedarf haben; z.B. können alle reheanfälligen Ponys gemeinsam betreut werden oder Pferde, die Kraftfutter erhalten.

> 66 **Konflikte entstehen fast zwangsläufig bei Platz- und Futterknappheit.** 99

❑ Alle Pferde, die nachmittags gearbeitet werden, können getrennt von den morgens genutzten gehalten werden. So lässt sich umgehen, dass einige Pferde sich nicht einfangen und von den anderen wegbringen lassen wollen.

❑ Versuchen Sie, eine große Herde allmählich zusammenzustellen. Beginnen Sie mit höchstens sechs Pferden und bringen Sie nach jeweils einigen Tagen neue Pferde, immer in Paaren zu zweit, hinzu.

❑ Trennen Sie keine Paare, die sich verstehen.

❑ Wenn sich ein ungefähr gleiches Zahlenverhältnis ergibt, sollten Stuten und Wallache gemischt werden. Wenn Sie aber zwölf Wallache und eine Stute haben, ist es besser, die Stute mit einem Wallach zusammen von den übrigen elf zu trennen. Achtung: Manche Wallache kommen nicht gut mit Stuten aus, weil sie zu besitzergreifend oder zu aggressiv sind.

❑ Ältere Tiere sind weniger gefährdet, wenn sie mit ihresgleichen oder Jungvolk, das noch unterwürfig ist, zusammenleben.

❑ Pferde brauchen Beständigkeit, um eine stabile Herde aufbauen zu können. Oft wird unab-

🐎 **Oben:** *Manche Pferde sind unkooperativ und »kleben« an ihren Herdengenossen, wenn sie zum Reiten geholt werden. Eine mögliche Lösung ist, solche Pferde zusammen zu halten, die auch zur gleichen Zeit arbeiten müssen.*

Kreis von etwa zwei Pferdelängen Durchmesser.

INDIVIDUALDISTANZ
Viele Pferde fühlen sich bedroht, wenn ihre Individualdistanz unterschritten wird. Nur enge Freunde dürfen diese unsichtbare Grenze übertreten.

🐎 **Rechts:** *Diese Ponys grasen einzeln, achten aber auf die Nähe der anderen. Genügend großer Abstand zueinander verhindert Streit und Auseinandersetzungen.*

sichtlich Chaos verursacht, wenn immer neu zusammengestellte Gruppen gemeinsam hinaus gelassen werden - der Grund für Kämpfe und Verletzungen. Jedes neu in eine Herde hinzukommende Tier schafft Durcheinander und es dauert mindestens eine Woche, bis die Harmonie wieder hergestellt ist.

Wenn Sie mehrere kleine Pferdegruppen in eine größere Herde einbringen, werden vermutlich gleich mehrere ranghohe Tiere mit dem etablierten Leittier konkurrieren und Sie bekommen mit Sicherheit Rangordnungskämpfe zu sehen. Mit lautem Quietschen, Schlagen mit den Vorderbeinen, Austreten nach hinten und dem Verjagen von Rivalen wird der eigene Status etabliert. Auch wenn es uns unakzeptabel erscheint, ein wertvolles Reit- oder Zuchtpferd diesem Risiko auszuset-

zen, so sind Pferde doch selten wirklich ernsthaft aggressiv zueinander und die Lage beruhigt sich meist innerhalb von ein oder zwei Stunden. Die von den Pferden verwendete universelle Körpersprache ermöglicht, dass jedes Tier seinen Platz in der Herde findet. Sicherheit und Stabilität sind somit künftig für die Herde als Ganzes gesichert. Pferde, die nicht unter Artgenossen aufgewachsen sind, besitzen oft wenig soziale Kompetenz, lernen unter Umständen nie, sich in eine Herde einzufügen. Solche Tiere müssen eventuell einzeln oder zusammen mit einem Freund, mit dem sie sich verstehen, gehalten werden, sonst ist es wahrscheinlich, dass sie ständig von den anderen Pferden angegriffen und »gemobt« werden.

Hilfreich ist, vor der Integration eines ängstlichen, rangniedrigen und eines dominanteren

Oben: Die Ankunft eines fremden Pferdes bringt Unruhe in die Herde, bis der Status des Neulings festgesetzt ist. Versuchen Sie nicht, besonders gute Weidekumpel zu trennen, da es sonst zu Aggressionen kommen kann. Eine Störung dieser Harmonie kann zu gestressten Tieren führen, die körperlich und geistig leiden.

GEFAHR

Ein bedrohtes Pferd hat vier Möglichkeiten:
KÄMPFEN
FLIEHEN
ERSTARREN
ABSCHALTEN
– auch wenn die vermeintliche Gefahr nur der Tierarzt ist!

Pferdes in die Herde zunächst eine Paarbeziehung zwischen beiden aufzubauen. Sie können auch beide Tiere aus der Herde herausnehmen und erst, wenn sie eine Partnerschaft gebildet haben, wieder reintegrieren. So ist sichergestellt, dass das eher unterwürfige Pferd nicht gleich am Ende der Rangordnungsleiter landet. Wenn beispielsweise in einer fünfzehnköpfigen Herde das rangniedrigste Tier einen Freund hat, der sich an dritter Stelle der Rangordnung befindet, wird der Status des Rangniedrigen angehoben, solange sein Freund anwesend ist und Angriffe der anderen Pferde werden unwahrscheinlicher.

Die Integration von Fohlen in die Herde

Es ist mir völlig unverständlich, warum so viele Pferdezüchter, sogar auf Gestüten, sich bei der Aufzucht von Fohlen nicht an der Natur orientieren. Oft werden Mutter und Neugeborenes für mehrere Wochen oder Monate von den anderen Pferden getrennt, um das Fohlen dann nach der Entwöhnung abrupt von der Mutter zu trennen und in eine Gruppe von anderen Absetzern und Jungpferden zu stecken. Auch wenn viele Züchter glauben, dass dieses Vorgehen die Fohlen für den Menschen umgänglicher macht, so ist doch genau das Gegenteil der Fall. Wenn verwirrte Jungpferde ohne Anleitung erwachsener Pferde, die mit gutem Beispiel vorangehen, zu ergründen versuchen, was man eigentlich von ihnen erwartet, ist das so, als ob Blinde Blinde führen.

Ein viel besserer und natürlicherer Weg wäre es, das neugeborene Fohlen bei erstbester Gelegenheit (etwa einen Tag nach der Geburt) in die Herde zu integrieren, damit es in einer Gruppe von Pferden verschiedenen Alters und verschiedener Rangstufen Sicherheit, Anregung und Führung erfahren kann. In der Herde ist es auch einfacher, die Mutter zum Füttern, Reiten etc. vom Fohlen zu trennen, ohne zu viel Stress für das Fohlen zu verursachen.

Wie bei den meisten Dingen, die mit Pferden zu tun haben, haben sich auch hier über viele Jahre hinweg bestimmte Methoden und Praktiken entwickelt, die heute als »korrekt« angesehen und nicht hinterfragt werden. Züchter setzen die Fohlen in der Regel im Alter von vier bis sechs Monaten ab; in der Wildnis würde die Stute das Fohlen aber noch so lange säugen, bis die Geburt ihres nächsten Fohlens nur noch wenige Wochen bevorsteht - etwa neun Monate lang. Es ist traurig, dass viele Fohlen längst vor diesem Zeitpunkt aus Profitdenken verkauft werden. Die Ausrede, dass »das Fohlen die Stute auszehrt«, ist nur eine schlechte Entschuldigung für mangelnde Pflege und Fütterung der Zuchtstute.

WIE PFERDE SICH VERSTÄNDIGEN

Pferde haben eine wesentlich komplexere Körper»sprache« als wir. Ich will nicht behaupten, dass diese Art der Verständigung unserer überlegen ist, aber sie hat den Vorteil, dass alle Pferde mit intaktem Sozialverhalten sie verstehen, ganz

gleich, welcher Rasse sie sind oder aus welchem Land sie stammen. Der Hör- und Geruchssinn der Pferde ist wesentlich besser entwickelt als der unsere, Geschmacks- und Tastsinn dürften in etwa dem unsrigen entsprechen, während Seh- und Stimmfähigkeiten weit hinter denen des Menschen her hinken.

Trotz des geringeren Hirnvolumens und des Fehlens einer komplexen, artikulierten Sprache sind die Verständigungsmöglichkeiten der Pferde sehr fein und ihre Wahrnehmung der Umwelt ist wesentlich besser entwickelt als unsere. Da wir in unserer normalen Umgebung wenig zu fürchten haben, wird beispielsweise unsere Fähigkeit, Gefahren zu erlauschen, in der modernen Welt fast nie gebraucht und beschränkt sich auf Aktivitäten wie das Überqueren der Straße. Wir Menschen benötigen den Hörsinn hauptsächlich für die Pflege sozialer Beziehungen und zur Zerstreuung - zum Hören von Musik, zum Führen von Gesprächen. Und natürlich bewegen wir nicht wie Pferde unsere Ohren, um bestimmte Signale zu über-

66 An einem ruhigen Tag grasen Pferde ganz entspannt, während sie bei stürmischem Wetter, wenn der Wind die Geräusche verändert und überdeckt, oft aufgeregt und ruhelos sind. **99**

mitteln. Um uns auszudrücken, verwenden wir eine Kombination von gesprochener und Körpersprache; so verstärken wir zum Beispiel das Gesagte mit Armbewegungen und Gesichtsausdruck oder geben unser Befinden kund. Pferde, auch die in menschlicher Obhut lebenden, reagieren immer noch wie Beutetiere, auch wenn die Wahrscheinlichkeit nur gering ist, dass ein wildes fleischfressendes Raubtier (dazu gehört auch der Mensch) aus einem Busch hervorspringt. An einem ruhigen Tag grasen Pferde viel entspannter, während sie an einem stürmischen Tag, wenn der Wind die Geräusche verändert oder überdeckt, oft aufgeregt und ruhelos sind. Es wäre äußerst ungewöhnlich, Pferde an

Oben: Als Beutetier muss das Pferd schnell auf äußere Reize reagieren, damit es stets zur lebensrettenden Flucht bereit ist. Sein Gehör und sein Geruchssinn sind deshalb sehr fein.

Links: Eine freundliche Begegnung zwischen jung und alt. Fohlen stellen für erwachsene Pferde keinerlei Bedrohung dar.

HIRNVOLUMEN

Ein Pferdegehirn ist nach menschlichen Maßstäben klein, aber im Vergleich zu anderen Pflanzenfressern groß.

Die Pferdeohren haben uns viel zu sagen.

Freundlich und munter

Entspannt

Abwartend

Ärgerlich

Ängstlich

Schmerzen oder Unwohlsein

Grassamen zu schützen. Für ein Pferd als Beutetier ist es lebenswichtig, jeden sich anschleichenden Räuber zu bemerken und Warnsignale von anderen Herdenmitgliedern zu registrieren.

Die Fähigkeit, das Ohr exakt in eine bestimmte Richtung zu drehen sowie die Trichterform der Ohrmuschel dienen zur Kanalisierung und Verstärkung des Tones - so, als ob wir eine Hand hinter unser Ohr legen, um Hintergrundgeräusche auszublenden und aus einer Richtung kommende Geräusche besser wahrzunehmen. Die Ohren entdecken interessante Neuigkeiten meistens als erstes, dann dreht das Pferd Körper und Kopf mit in Richtung der Geräuschquelle gespitzten Ohren um und sucht auch mit den Augen nach der Ursache der Störung. Beim gerittenen Pferd

Oben links: *Die Ohren arbeiten wie Radarschirme, die ständig die Umgebung abhorchen, Geräusche auffangen und verstärken.*

Links: *Ohren und Augen dieses Pferdes sind auf den Sprung gerichtet. Wenig zuvor hatte es ein Ohr kurz nach hinten geklappt, um sich beim Reiter zu vergewissern.*

einem windigen Tag ruhig im Freien liegen zu sehen - sie wären eine leichte Beute für sich unbemerkt anschleichende Raubtiere.

Das Gehör

Die Ohren eines Pferdes sitzen hoch auf dem Kopf und besitzen je 16 Muskeln, die eine unabhängige Bewegung beider Ohren voneinander und eine Drehung um fast 180° ermöglichen. Sie nehmen ein viel größeres Spektrum an Hoch- und Niedrigfrequenztönen wahr als das menschliche Ohr und sind besser in der Lage, die Quelle eines Geräusches zu orten und seine Richtung zu bestimmen. Die feine Behaarung dient dazu, das Innenohr vor Insekten oder Fremdkörpern wie

beobachten wir fast ständig sich in verschiedene Richtungen bewegende Ohren: eins ist nach vorn in Bewegungsrichtung gestellt, das andere zurück, um sich auf die Anweisungen des Reiters zu konzentrieren. Bei schwierigen Dressurlektionen ist oft volle Konzentration auf den Reiter nötig, so dass beide Ohren nach hinten zeigen. Es braucht viel Übung, um unterscheiden zu können, ob ein zufrieden mitarbeitendes Pferd auf den Reiter lauscht oder ob es mit angelegten Ohren Widerstand gegen ihn ausdrückt und so von einer schlechten Verständigung zwischen beiden Zeugnis ablegt. Wenn ein Hindernis angeritten wird, sind die Ohren in Konzentration auf das Objekt nach vorne gerichtet, während ein Ohr

Pferde alleine auf ihren Sehsinn, der in Schärfe und Farbspektrum dem menschlichen unterlegen ist. Die Augen des Pferdes sitzen zu beiden Seiten des Kopfes (typisch für ein Beutetier) und ermöglichen so ein weiteres Gesichtsfeld. Die einzigen »toten Winkel«, in denen ein Pferd nichts sieht, sind enge Bereiche frontal vor seiner Nase sowie direkt hinter und über ihm (und un-

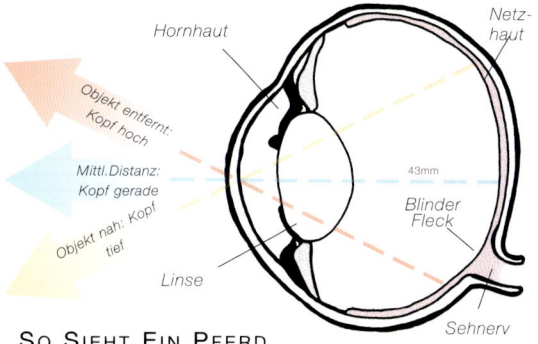

SO SIEHT EIN PFERD
Um scharf zu sehen, muss das Pferd den Kopf entweder heben oder senken, je nach Entfernung des Objektes.

ter seinem Bauch). Mit einer leichten Drehung von Kopf oder Hals können aber auch diese Bereiche eingesehen werden. Pferde benützen ihre Augen unabhängig voneinander und fokussieren nur mit beiden Augen gleichzeitig, wenn sie einen unmittelbar vor sich liegenden Gegenstand anvisieren. Um Entfernungen richtig einschätzen zu können, müssen Pferde das Zielobjekt vor sich haben und es mit beiden Augen anpeilen können.

Das Auge der Pferde hat einige Besonderheiten. Menschen und die meisten Tiere haben eine konkav gewölbte Netzhaut und fokussieren, indem sie die Form der Linse oder deren Position zur Horn-

für einen ganz kurzen Moment nach hinten geklappt wird, um Informationen vom Reiter aufzunehmen. Dies ist besonders auf den Geländestrecken der Military zu beobachten: Geschwindigkeit und Hindernisse erfordern, dass das Pferd sich hauptsächlich auf die vor ihm liegenden Dinge konzentrieren muss und seine Aufmerksamkeit nur für einen kurzen Moment nach hinten wenden kann, um Informationen von seinem Reiter abzufragen.

Der Sehsinn des Pferdes

Mit Sicherheit können Pferde Objekte erkennen, Tiere und Menschen sogar mit den Augen alleine, aber fast immer werden Geruchs- und Hörsinn zu Hilfe genommen, um zu überprüfen, ob es sich um ein befreundetes Wesen handelt, das sich da nähert - nur selten verlassen sich

> 66 **Pferde können ihre Augen unabhängig voneinander gebrauchen und fokussieren nur mit beiden, wenn etwas direkt vor ihnen liegt.** 99

haut ändern, um so den Winkel zu verändern, in dem das Licht auf die Netzhaut trifft. Lange Zeit dachte man, Pferde würden deshalb so starke Kopfbewegungen zum Fokussieren von Objekten machen, weil sie eine »abgedachte« Netzhaut hätten und folglich die Distanz

Ganz links: Pferde gebrauchen ihre Augen voneinander unabhängig - sie fokussieren nur mit beiden Augen, wenn etwas direkt vor ihnen liegt.

Unten: Bei Beutetieren sitzen die Augen seitlich am Kopf, damit sie eine gute Rundumsicht haben und Jäger frühzeitig entdecken.

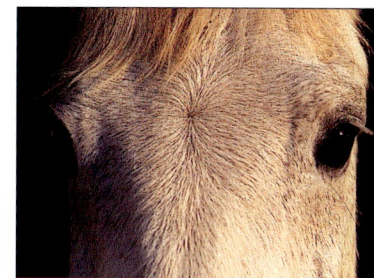

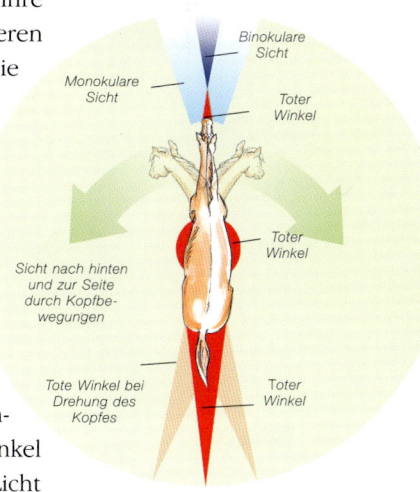

TOTE WINKEL
Unmittelbar vor seiner Nase, genau hinter und unter sich kann ein Pferd nichts sehen. Um nach hinten und zur Seite zu sehen, bewegt es seinen Kopf.

vom Brennpunkt der Linse bis zur Netzhaut sich je nach Einfallswinkel des Lichtes ständig verändern würde. Heute nehmen wir an, dass die Kopfbewegungen dadurch verursacht werden, dass das Pferd zwar ein weites Gesichtsfeld hat, aber nur in einem kleinen Bereich scharf sieht und deshalb den Kopf bewegt, um Gegenstände im Bereich des scharfen Sehens zu erfassen.

Der Tastsinn

Pferde haben eine hoch entwickelte Fähigkeit, Informationen über Berührungen zu empfangen und weiterzugeben. Im Alltag der Pferde spielen Berührungen mit Maul und Nase eine große Rolle. Berührungen zwischen Tieren (und Menschen) übermitteln Botschaften und Gerüche/Geschmäcker, die zur Identifikation und Verstärkung eines Sicherheits- und Zugehörigkeitsgefühls dienen. Als Ausdruck der Zuneigung lecken sich Pferde auch gegenseitig. Der Tastsinn spielt außerdem eine große Rolle bei der Wahrnehmung der Umgebung. Neue Gegenstände oder Futter werden über die Informationen erkannt, die an den Wurzeln jedes einzelnen Tasthaares endende Nervenbahnen zum Gehirn übermitteln sowie mit Hilfe der Hautoberfläche, die sehr tastempfindlich ist.

Es ist faszinierend, zu beobachten, was geschieht, wenn eine Fliege auf dem Pferdefell landet. Wenn das Pferd sie nicht mit dem Schweif erreicht, ist die Haut in der Lage, an exakt der richtigen Stelle zu zucken, um den Störenfried zu vertreiben. Wieder hat die Tatsache, ein Beutetier zu sein, zur Entwicklung dieses Merkmals geführt - für das Überleben werden alle Sinne gebraucht, um frühzeitig vor Gefahren zu warnen.

Pferde haben zwar nicht das gleiche »Fingerspitzengefühl« wie wir, sie können aber, wie viele andere Tiere auch, leichteste Bodenerschütte-

BEWEGUNG ERSPÜREN
Pferde können Bewegungen über Vibrationen erspüren, die vom Huf aufgenommen und weitergeleitet werden.

Oben: *Wenn Pferde sich gegenseitig mit den Mäulern berühren, kann dies Zuneigung, Begrüßung, Aufforderung zum Spiel oder einfach Neugier bedeuten.*

rungen wahrnehmen, die sie vor den Bewegungen anderer Tiere, Menschen oder Fahrzeuge warnen. Die Vibrationen wandern über Hufwand, Sohle, Strahl und Knochen der Gliedmaße bis zum Schädel, wo sie von Mittel- und Innenohr registriert werden. Harter Untergrund verstärkt die Vibrationen, während sie von weichem Untergrund teilweise absorbiert werden und nicht mehr so deutlich wahrnehmbar sind.

Auch wenn Hufe und Vorderbeine im Vergleich zur menschlichen Hand nicht besonders geschickt sind, untersuchen Pferde mit ihnen häufig auf dem Boden liegende Gegenstände. Dieses Verhalten ist typisch für Tiere, die Angst vor Unbekanntem haben und für die es dumm wäre, den Kopf zu senken und das Objekt mit dem Maul zu untersuchen, bevor sie sich versichert haben, dass der Gegenstand nicht spucken oder beißen kann (wie zum Beispiel eine Schlange).

Geruchs- und Geschmackssinn

Der Geruchssinn ist ab dem Zeitpunkt der Geburt für ein Fohlen lebenswichtig. In einer großen Herde kann es für das Fohlen durchaus schwierig sein, unter den Stuten seine Mutter herauszufinden. Es muss sich zunächst auf Instinkt und Geruchsinn der Mutter verlassen, mit dem sie es wiedererkennt. Schnell lernt es, seine Mutter und die anderen Herdenmitglieder über Pheromone (über die Haut abgesonderte Duftstoffe) und den Geruch individueller Kothaufen oder des Urins zu erkennen. Oft begrüßen sich Pferde, indem sie sich gegenseitig in die Nüstern blasen, manchmal lecken sie sich auch gegenseitig.

Bei jeder Begegnung mit einem fremden Tier oder Objekt wird über den Geruch analysiert, ob es sich um eine Bedrohung handelt oder nicht. Gerüche und Geschmäcker sind nichts anderes

> **66** Eine auf dem Pferd landende Fliege bietet ein faszinierendes Schauspiel. Wenn der Schweif nicht heranreicht, kann die Haut an der exakt richtigen Stelle zucken, um den Störenfried zu vertreiben. **99**

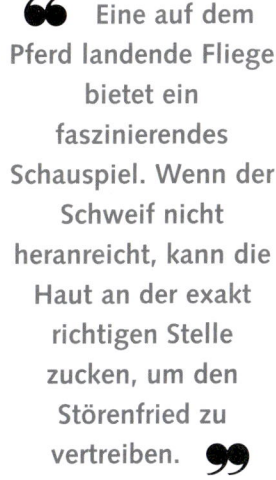

Links: *Verdächtige Gegenstände werden zuerst mit dem Vorderhuf untersucht, bevor man sich näher heranwagt.*

Links: *Pferde begrüßen sich häufig, indem sie sich gegenseitig Luft in die Nüstern blasen und so Geruchsinformationen austauschen.*

Oben: *Das Flehmen erlaubt eine intensivere Geruchswahrnehmung. Hengste tun es, um die Paarungsbereitschaft einer Stute zu überprüfen.*

BELIEBTE FELLKRATZSTELLEN

An diesen Stellen kratzen sich Pferde gegenseitig am liebsten. Jungpferde beknabbern meistens den Widerrist ihres Gegenübers.

1 *Widerrist*
2 *Schultern*
3 *Rücken*
4 *Bauch*
5 *Sprunggelenke*

Oben rechts: *Fellpflege spielt für das Wohlbefinden eine große Rolle. Erlauben Sie Ihren Pferden dieses tägliche Ritual! Die meisten Pferde genießen es auch, vom Menschen gekrault und gebürstet zu werden.*

Unten: *Wohliges Wälzen ist ein gutes Zeichen, dass das Pferd sich sicher fühlt, denn auf dem Boden ist es verletzlich. Das Staubbad dient zum Loswerden von juckenden Parasiten oder toten Haaren und zur Übertragung des Herdengeruchs auf alle Tiere.*

als feinstoffliche Partikel, die sich auf den feuchten Schleimhäuten von Nase und Maul lösen und als Botschaft an das Gehirn übermittelt werden.

Die Fähigkeit, Nachrichten in Geruchsform zu empfangen, wird durch das »Flehmen« weiter verstärkt. Dazu hebt das Pferd seinen Kopf in horizontale Position und zieht die Oberlippe zurück, damit das am Eingang der Nasenwege liegende Jacobson'sche Organ (vomeronasales Organ) den Geruch aufnehmen kann. Hengste zeigen häufig dieses Verhalten, wenn sie um eine Stute werben; es ist aber auch in anderem Zusammenhang zu beobachten, zum Beispiel einfach als Reaktion auf einen starken oder ungewohnten Geruch.

Territorien werden mit Duftmarken in Form von Kot oder Urin abgesteckt. Manche Pferde überdecken einfach die Duftmarken des Vorgängers, indem sie über die selbe Stelle äpfeln oder urinieren.

> **Meist fordert das ranghöhere Pferd zur Fellpflege auf, indem es sich seitlich neben seinen Partner stellt und dessen Hals und Schulter mit dem Maul berührt.**

Zeichen der Zuneigung

Pferde sind sehr gesellige Tiere und fühlen sich in einer etablierten Herde mit alten Freunden am wohlsten. Dies gilt auch für menschliche Freunde und es ist eine Schande, dass Pferde heute so oft die Besitzer wechseln, denn so werden alle paar Jahre ihre gesamten Beziehungen auseinander gerissen und ihr Leben durcheinander gebracht.

Fellpflege: Sie findet meist zwischen vertrauten Herdenmitgliedern oder besonders guten Freunden statt. In der Regel geht die Aufforderung zur Fellpflege vom ranghöheren Tier aus. Dazu stellt es sich seitlich neben das andere Pferd und berührt dessen Schulter oder Hals mit dem Maul. Beide vollführen anschließend ein regelrechtes Ritual, das aus einer Kombination von kreisender Massage mit der Oberlippe und freundlichem Beknabbern besteht. Sie arbeiten sich Schulter, Widerrist, Rücken und Flanken entlang, um dann plötzlich aufzuhören, rückwärts zu gehen oder sich umzudrehen, um sich für ein Kratzen der anderen Körperseite in Position zu bringen. Dies ist nicht nur

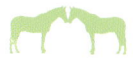

eine sehr gute Methode, um Parasiten, Schmutz und lose Haare loszuwerden, sondern auch, um bestehende soziale Bindungen zu festigen.

Mir macht es großen Spaß, meinen Pferden bei der gegenseitigen Fellpflege zuzusehen. Da sie im Winter Decken tragen, habe ich mir angewöhnt, ihnen trotz der Kälte alle paar Tage die Decken für etwa eine Stunde abzunehmen - es dauert keine halbe Minute, bis sich alle gegenseitig kratzen. Manchmal können sie es kaum abwarten, bis ich die Decken ausgezogen habe!

Schubsen und Reiben: Häufig ist zu sehen, wie Pferde andere Herdenmitglieder oder ihre Besitzer mit den Köpfen schubsen. Dies scheint in erster Linie dem Wunsch nach einem Kratzpfosten zu entspringen, kombiniert mit einer Geste der Zuneigung oder des Erregens von Aufmerksamkeit. Die Stirn des Pferdes ist sehr verletzlich, sie ist nur dünn von schützender Haut bedeckt und im Bereich zwischen den Augen befindet sich ein toter Winkel. Wenn es diese Körperstelle an einem »weichen« Mensch oder einem anderen Pferd reibt, kann es ziemlich sicher sein, sich nicht an hervorstehenden Ecken zu verletzen. Daher kann man auch so oft beobachten, dass Pferde ihre Köpfe an weichen Heunetzen auf- und abreiben. Schubsen mit dem Kopf kann aber auch Teil dominanten Verhaltens sein.

Wälzen: Es dient zum Stillen des Juckreizes, zum Loswerden von Fliegen oder als Staubbad nach dem Schwitzen. Pferde wälzen sich häufig an immer der gleichen Stelle - so nehmen sie den am Boden haftenden Herdengeruch auf und geben ihren Körpergeruch an die nachfolgenden Tiere weiter. Wälzen dient auch dazu, eine vor Insekten und Parasiten schützende Schmutzschicht auf dem Fell zu schaffen. In der Regel wälzen sich Pferde nur, wenn sie völlig entspannt sind und ein anderes Pferd in der Nähe Wache steht; sie fühlen sich nämlich verletzlich, sobald sie nicht mehr auf ihren Füßen stehen.

Spielen: Alle Pferde, vom Fohlen bis zum

FÜHRUNGSPRINZIP

Die meisten Pferde lassen sich gerne von Artgenossen oder vom Menschen führen. Je vertrauter die Umgebung, desto größer ihr Selbstbewusstsein.

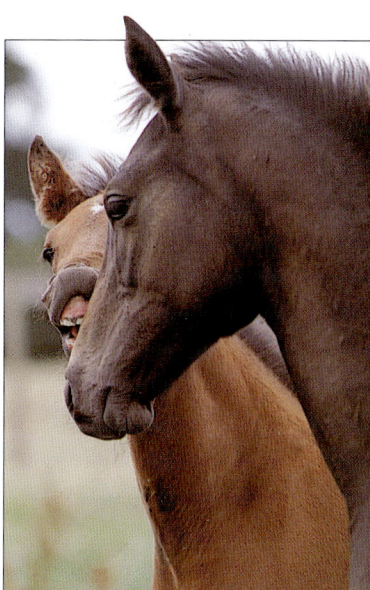

Oben: *Diese Kaubewegungen zeigen Unterwerfung und sagen »Ich tue, was du willst« oder »Ich habe Angst«.*

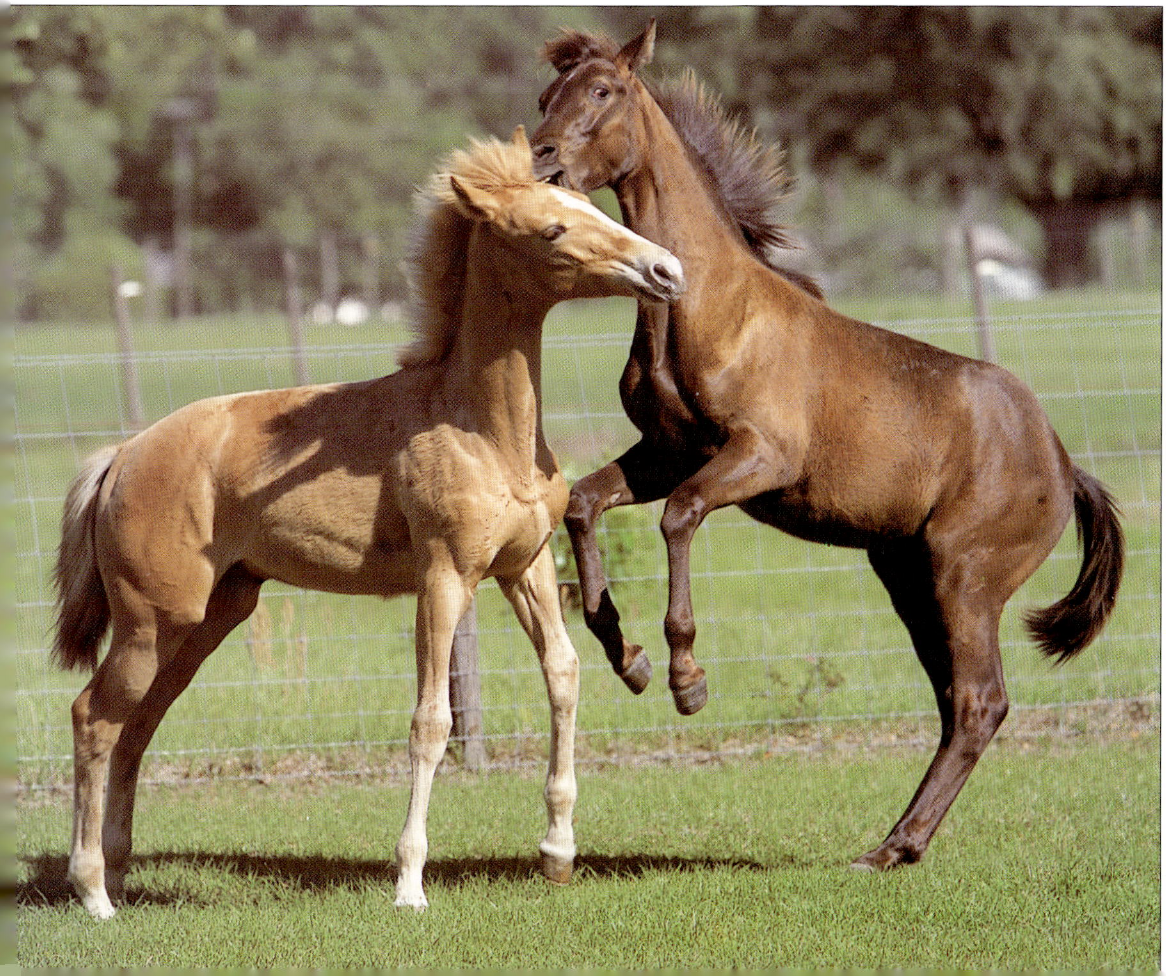

Links: *Spielerische Kämpfe sind ein Ausdruck von Temperament. So werden Beziehungen gestärkt und Spannungen abgebaut. Auch wenn die Pferde nicht aggressiv sind, kann es doch zu Verletzungen kommen, besonders, wenn sie mit Hufeisen beschlagen sind.*

Veteran, spielen von Zeit zu Zeit miteinander; Jungtiere allerdings häufiger. Von weitem kann es aussehen, als ob sie kämpfen: Sie steigen, wirbeln herum, bocken und treten in die Luft, aber meistens, ohne körperlichen Kontakt miteinander aufzunehmen. Die Bewegungen sind reine Temperamentsausbrüche. Ich konnte einmal ein sehr ungleiches Paar beim Kampfspiel beobachten, was sehr amüsant war, da das eine Pferd ein 1,75 m messendes Warmblut und das andere ein Shetlandpony war. Das Shetty verteidigte seine Position und stieg voller Selbstvertrauen, während der Warmblüter sich hin und wieder auf ein

Vorderbein kniete, um besser an seinen Spielkameraden heranzukommen.

Unterlegenheitskauen: Wenn Fohlen und Jungpferde ihre Lippen zurückziehen und eine Kaubewegung mit den Kiefern machen, ist dies eine Unterlegenheitsgeste, die sich meist an die Mutter oder ältere Herdenmitglieder richtet.

Formen von Aggression

Mobbing: Innerhalb der Herde können enge Freundschaften entstehen, unabhängig von Alter oder Geschlecht der Pferde. Es kann aber auch vorkommen, dass bestimmte Pferde von der Herde ausgeschlossen werden, falls die ranghohen Tiere es nicht akzeptieren. Die von den Leittieren favorisierten Pferde nehmen hohe Positionen ein, während andere eher Mitläufer sind. Wenn ein einzelnes Pferd ständig von den anderen angegriffen oder vom Futter vertrieben wird, steht es unter großem Dauerstress, der sogar zum Tod führen kann.

Auch unter menschlicher Obhut kann es sein, dass ein vom Leittier als rangniedrig eingestuftes Pferd für die anderen zum

Paarbeziehungen beeinflussen die Rangordnung

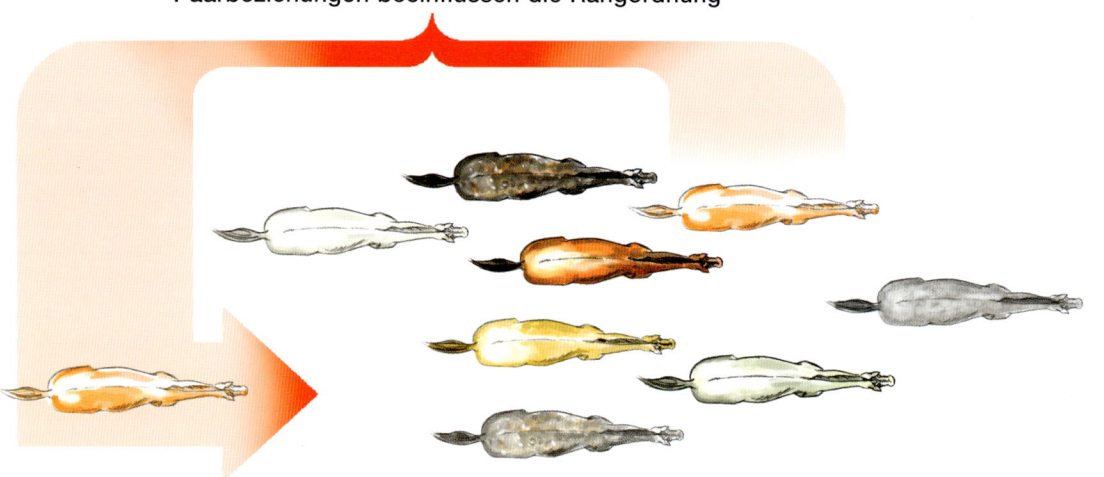

HERDENHIERARCHIE
Eine Zweierfreundschaft zwischen diesen beiden Pferden bringt das rangniedrigere Tier in eine bessere Position.

Rechts: Austreten mit einem Vorderbein dient zur Wahrung der Individualdistanz, während ein Keilen mit beiden Hinterhufen eher auf tatsächliches Treffen zielt.

> 66 Wenn ein dominantes Pferd ein schwächeres »auf dem Kieker« hat, wird es leicht zum Mobbing-Opfer aller Herdenmitglieder, die es von Futter oder Wasser vertreiben. 99

leichten »Mobbing«-Opfer wird und diese es von Futter oder Wasser vertreiben. Pferde können zu anderen Herdenmitgliedern überraschend aggressiv sein. Beobachten Sie deshalb die Gruppe aufmerksam, um sicherzustellen, dass ein älteres oder schwächeres Tier nicht drangsaliert wird. Wenn nur zwei Pferde zusammen gehalten werden, ist diese Gefahr viel geringer, obwohl immer ein Pferd dominant über das andere sein wird.

Angriffe: Wenn Pferde mit vorgestrecktem Hals und Kopf auf ein anderes Tier (sei es ein Pferd oder auch ein Hund) losgehen, ist dies eine offensichtliche Aufforderung zum Verschwinden. Die Gebärde ist eher von Aggression als von Selbstverteidigung bestimmt, kann durch flach

angelegte Ohren sowie geöffnetes Maul verstärkt werden. Wird diese Warnung ignoriert, beißt der Angreifer möglicherweise zu und schlägt mit einem Vorderbein aus. Wenn Wildpferdehengste um den Status in der Herde kämpfen, kann es zu ernsten Biss- und Trittverletzungen kommen. Der Kampf kann mehrere Stunden dauern, bis einer der Kontrahenten zu schwach oder zu müde zum Weitermachen ist. Hauspferde »kämpfen« in der Regel nur wenige Minuten lang, wenn sie beispielsweise in eine Ecke gedrängt werden oder ihren Individualabstand sichern wollen, besonders, wenn das Futter knapp ist.

Treten: Pferde wissen, dass Auskeilen nach hinten ein guter Selbstschutz ist, da nur ihr

Oben: *So werden andere Pferde mit einer aggressiven Geste vertrieben. Streit entsteht meistens um die Rangordnung, das Recht zur Fortpflanzung oder Futter. Da Pferde aber aufeinander angewiesen sind, kommt es selten zu mehr als zu reinen Drohgebärden, um einen Anspruch durchzusetzen.*

Rumpf einer Attacke ausgesetzt ist. Wenn sie ihren Kopf etwas zur Seite drehen, haben sie den Angreifer gut im Blick. Den meisten Menschen entgehen im Gegensatz zu anderen Pferden die frühen Warnsignale, da die Änderung in der Gestik so minimal sind: Pferde warnen ihre Rivalen mit zurückgelegten Ohren und manchmal erhobenem Schweif. Ob der Tritt trifft oder nicht, ist eine Frage des genauen Timings. Jedes Pferd, dass einmal zwei Hinterhufe auf seiner Brust gespürt hat, versucht, diese Erfahrung in Zukunft zu vermeiden.

Austreten mit den Vorderbeinen: Diese Gebärde ist eher warnend als aggressiv, besonders bei der Begegnung fremder Pferde.

Bild 1 (oben): Ein entspanntes Pferd mit »weichem« Gesichtsausdruck. Manchmal hängt sogar die Unterlippe herab.

Bild 2 (unten): Diese beiden laufen entspannt, geben aber trotzdem ständig auf ihre Umgebung acht.

Körpersprache und Mimik verstehen

Die Ohren sind ein großartiges Stimmungsbarometer - zusammen mit der übrigen Gesichtsmimik und Körpersprache signalisieren sie uns und anderen Pferden Freude, Schmerz, Furcht, Unterwürfigkeit, Intoleranz oder Aggression.

Bild 1: Ein entspannt ruhendes Pferd kann seine Ohren seitlich hängend oder leicht zurückgedreht tragen, aber sein gesamter Ausdruck ist weich, mit halb geschlossenen Augenlidern und hängender Unterlippe. Sein Schweif hängt ruhig herab und wedelt nur locker nach Fliegen. Es

Bild 4 (oben): Manche Pferde sind von Natur aus ängstlicher als andere, ruhigere Typen. Dieses hier macht einen erschreckten Satz und wird vermutlich gleich zur Flucht vor dem unbekannten Objekt umdrehen.

schont meist ein Hinterbein und kann seine Vorderfußwurzelgelenke so einrasten lassen, dass es in aufrecht stehender Position ruhen kann. Ein sich nicht wohl fühlendes Pferd kann ein ähnliches Bild abgeben, im Gegensatz zum gesunden Tier, das sofort Interesse an einer plötzlichen Bewegung oder einem angebotenen Leckerchen zeigt, hat ein Pferd mit Schmerzen jedoch wenig Interesse an seiner Umwelt.

Bild 2: Entspannte Pferde mit lockerem Gang, tief getragenen Schweifen und wei-

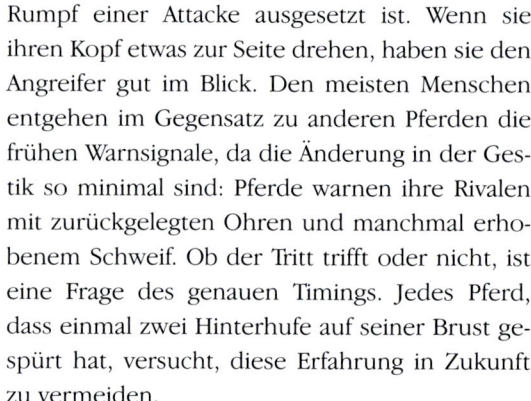

> 66 Die Ohren sind ein großartiges Stimmungsbarometer - zusammen mit der übrigen Körpersprache übermitteln sie uns und anderen Pferden Freude, Schmerzen, Angst, Unterwerfung, Intoleranz oder Aggression. 99

Bild 3 (links): Unter dem Sattel richten Pferde ihre Aufmerksamkeit sowohl auf die Hilfen des Reiters als auch den Untergrund und die Umgebung.

chem Gesichtsausdruck. Trotz ihrer Ruhe beobachten sie ständig die Umgebung und horchen nach Geräuschen. Innerhalb von Hundertstelsekunden sind sie zur Flucht bereit.

Bild 3: Ein aufmerksames Pferd unter dem Sattel, es trägt den Schweif höher, zeigt insgesamt eine rundere, höhere Bewegung mit untergesetzter Hinterhand und geht »am Zügel«. Die Position der Ohren zeigt, dass es sich sowohl nach vorn als auch auf den Reiter konzentriert. Seine Augen und Kiefermuskeln sind aktiver, da es sich auf die Arbeit konzentriert.

Bild 4: Ein erschrecktes oder ängstliches Pferd. Sein ganzer Körper drängt zurück, weg von der Quelle der Gefahr. Seine Muskeln sind

Bild 5 (oben):
Kommen Sie diesem Pferd besser nicht zu nah! Seine Mimik heißt Sie nicht willkommen und es warnt Sie zum Fortbleiben.

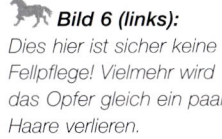

Bild 6 (links):
Dies hier ist sicher keine Fellpflege! Vielmehr wird das Opfer gleich ein paar Haare verlieren.

angespannt, gleich wird es herumwirbeln und fliehen. Seine Augen sind starr auf das Furcht erregende Objekt gerichtet, die Nüstern geweitet und wir können das Weiße im Auge sehen.

Bild 5: Ein ärgerlicher oder unglücklicher Gesichtsausdruck mit zurückgelegten Ohren, hartem Blick und zusammengebissenen Kiefern. Der Schweif ist eingeklemmt oder schlägt heftig, um Widerwillen auszudrücken. Dies ist eine War-

Bild 7 (oben):
Die beeindruckende Schönheit eines Pferdes kommt am besten zum Ausdruck, wenn es voller Energie und Tatendrang steckt: Gespannte Muskeln, erhabene Schritte und aufgestellter Schweif.

🐎 *Unten: »Geh nicht weg!« - ein Wiehern ist über weite Entfernungen zu hören und kann »Wo bist du?« heißen - in der Hoffnung, dass der Gerufene antwortet.*

🐎 *Ganz unten: Dieses Fohlen sagt: »Tu mir nichts!«*

nung, die, wenn sie ignoriert wird, in aggressiveres Verhalten übergehen kann.

Bild 6: Eine aggressive Haltung mit angelegten Ohren, zusammengekniffenen Nüstern, zurückgezogener Oberlippe und entblößten Zähnen. Das Anlegen der Ohren dient nicht nur als Drohgebärde, sondern auch zum Schutz vor Bissen durch den Gegner. Der vorgestreckte Hals »schiebt« den Gegner fort, ein Angriff ist denkbar. Wenn die Warnung ignoriert wird, folgt ein kräftiger Biss. Umdrehen und Auskeilen nach hinten ist meist das letzte Mittel.

Bild 7: Dieses gut gelaunte Pferd zeigt stolz seine ganze körperliche Kraft. Vielleicht ist es nur glücklich über eine neue, grüne Wiese oder aufgeregt, weil ein neues Pferd in die Herde gekommen ist. Das spielerische Verhalten ist an der hohen Kopfhaltung, dem aufgestellten Schweif und hohen Tritten zu erkennen, auch Bocksprünge sind möglich. Selbst wenn es nicht im geringsten aggressiv

ist, sollte man einem emotional so geladenen Pferd doch besser nicht zu nahe kommen oder im Weg stehen. Alle Pferde einer Gruppe galoppieren in einer solchen Stimmung wild um die gesamte Weide, um am Zaun abrupt zu stoppen und das Rennen in die andere Richtung fortzusetzen. Sobald ein Pferd sich beruhigt, folgt der Rest meist schnell, das Schauspiel hat ein Ende.

Stimmsignale verstehen

Bei Pferden spielt die stimmliche Verständigung nach körpersprachlichen Signalen nur eine untergeordnete Rolle. Sie ermöglicht aber Kommunikation über größere Entfernungen, wo das feine Gehör mehr Informationen sammeln kann als das Auge. Mit der Stimme senden Pferde auch Grußbotschaften an Kameraden, warnen oder drücken Aufregung aus.

Wiehern mit geöffnetem Maul: Es dient als Signal an weiter entfernte Pferde und Begrüßung sich nähernder Freunde. Das Pferd macht damit andere auf sich aufmerksam und bestimmt den Standort eines antwortenden Pferdes, das noch außer Sichtweite ist. Das hohe, kurze Begrüßungswiehern ist freundlich, während das Wiehern eines unsicheren Pferdes, das von seinen Herdengenossen getrennt wurde und nach Antwort ruft, wesentlich schriller und verzweifelter klingt.

Grummeln: Ein angenehm tiefes, zärtliches »Brubbeln« mit geschlossenen Lippen, das Freude ausdrückt und zur Begrüßung von nahen Freunden dient. Hengste grummeln, um die Gunst von Stuten zu erwerben, Stuten, um ihre Fohlen zu sich rufen und alle Pferde zur Begrüßung eines zwei- oder vierbeinigen Freundes oder beim Anblick des Futtereimers.

Schnorcheln: Ein geräuschvolles Ausprusten der Luft durch die Nüstern, das Alarm signalisiert und die anderen Herdenmitglieder auf eine mögliche Gefahr aufmerksam macht. Pferde »schnorcheln« oft laut bei der Begegnung mit einem ihm unheimlich erscheinenden Gegenstand oder Tier. Die weit geöffneten Nüstern nehmen den unbekannten Geruch auf; das Geräusch

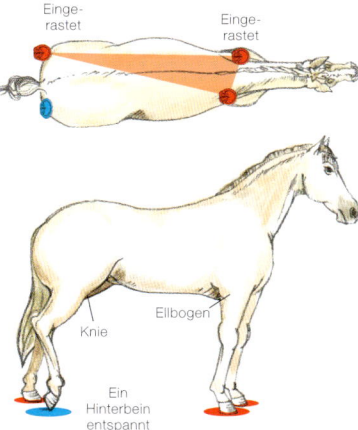

kann neben Alarm oder Furcht auch einfach Aufregung ausdrücken.

Quietschen: Hohes, schrilles Quietschen ertönt als Äußerung der Erregung beim Spiel, aber auch als Protestsignal, wenn ein anderes, unwillkommenes Pferd zu nahe kommt. Man hört es häufig bei Stuten, denen ein Hengst oder Wallach zu nahe rückt. Dabei wird es meist von einem Ausschlagen mit dem Vorderbein begleitet, um den Verehrer auf Distanz zu halten.

Brüllen: Dieses wilde Kampfgeschrei wird in der Regel nur von miteinander kämpfenden Hengsten in extremer Aggression ausgestoßen.

Schnauben: Dient nicht nur zum Reinigen der Atemwege, ist auch Zeichen von Zufriedenheit.

Stöhnen: Hat keine kommunikative Bedeutung, sondern ist ein Zeichen von Anstrengung oder Schmerzen, etwa während des Fohlens, beim Aufstehen nach dem Wälzen oder bei Kolik.

Der natürliche Schlafrhytmus

Pferde schlafen innerhalb von 24 Stunden insgesamt etwa vier Stunden lang, und zwar jeweils in Schläfchen von 20-30 Minuten Dauer. Dies macht Sinn, weil das Pferd als Beutetier ständig auf der Hut sein muss und die Zeit, die es zum Aufwachen und Aufstehen braucht, kann es verletzlich machen. Selbst nach Jahrhunderten der Domestikation legen Pferde sich nur hin, wenn sie sich sicher fühlen, der Rest der Herde über die liegenden Tiere wacht - auch wenn es heute kaum noch Löwen gibt! Am meisten schlafen Pferde in den frühen Morgenstunden oder am frühen Nachmittag. Manche Pferde legen sich auch zu anderen Zeiten hin, wenn sie sich sicher und entspannt fühlen. Dank ihrer Fähigkeit, die Knie- und Ellbogengelenke »einrasten« zu lassen, können Pferde auch lange Zeit in stehender Position ausruhen. So können sie dösen; um tief zu schlafen oder zu träumen, müssen sie allerdings liegen. Ein Pferd, das sich ständig gestresst oder unsicher fühlt und deshalb nicht gerne hinlegt, leidet körperlich und psychisch, wenn es nicht genügend Tiefschlaf bekommt. Pferde suchen sich ein trockenes Plätzchen zum Liegen, weshalb auf einer Wiese ohne Unterstand gehaltene Pferde nur wenig Schlaf bekommen, wenn das Wetter anhaltend nass und kalt ist.

Oben: Pferde legen sich nur hin, wenn sie sich sicher fühlen. In der Gruppe passt immer einer auf, einzeln gehaltene Pferde legen sich deshalb seltener.

Einge-rastet Einge-rastet

Knie Ellbogen

Ein Hinterbein entspannt

STEHEN OHNE ANSTRENGUNG
Pferde können ihre Knie- und Ellbogengelenke so »einrasten« lassen, dass sie ohne Muskelkraft stehen können und auch beim Einschlafen nicht umfallen.

KAPITEL 2

Ihr Pferd
und Sie

Das Zusammensein von Pferd und Mensch sollte beiden Freude machen. Für erfahrene Pferdemenschen ist es oft amüsant, wie Anfänger an Pferde herangehen, die vor den großen Tieren echte Angst verspüren. Besorgt schleichen sie auf Zehenspitzen umher und springen panisch zurück, wenn das Pferd einen Hinterhuf zum Ruhen auf die Spitze setzt oder mit dem Kopf nach einer lästigen Fliege schlägt. Auch wenn das lustig wirkt: Menschen können ernsthaft in Gefahr kommen, wenn sie die Körpersprache von Pferden nicht verstehen. Beim Umgang mit Pferden, auch mit kleinen Ponys, sollte Sicherheit stets im Vordergrund stehen - bei einem Körpergewicht von 350-800 kg besteht ein realistisches Unfallrisiko. Wie viele von uns sind schon von einem Jährling oder kleinen Pony am Führstrick durch die Gegend gezogen worden? Hätten wir nur bedacht, wie das Pferd seinem natürlichen Instinkt entsprechend reagiert, hätten wir die Bauchlandung im Schlamm und die Hautabschürfungen an den Händen vermeiden können. Wenn wir Pferde verstehen, und zwar im Idealfall so gut, dass wir ihre Reaktionen vorausahnen, bevor sie gezeigt werden, schützen wir uns nicht nur selbst, sondern schaffen auch eine

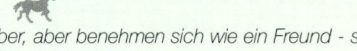

Oben: Menschen sehen aus wie Räuber, aber benehmen sich wie ein Freund - sehr verwirrend! **Rechts:** *Pat Parelli ist ein »Horseman« durch und durch.*

KOMMUNIKATION

Erfahrene Pferdeleute sagen oft, dass man mit einem Hengst diskutieren, eine Stute fragen und einem Wallach sagen muss, was zu tun ist. Sehr verallgemeinert - aber oft wahr!

Oben: *Pferde sind weder Reitroboter noch Streicheltiere. Die besten Partnerschaften kombinieren Liebe, Respekt, Spaß und Herausforderungen miteinander. Man muss keine Preise gewinnen, um eine gute Beziehung zum Pferd zu haben. Miteinander verbrachte Zeit ist oft ebenso wertvoll.*

Rechts: *Kinder fühlen sich besonders von Pferden angezogen. Ihre Naivität hilft ihnen, den Tieren ohne die Barrieren von Angst oder vorgefertigten Meinungen zu begegnen.*

Partnerschaft, die über ein Verhältnis von »Reiter« und »reitbarem Untersatz« hinausgeht. Die natürliche Konsequenz von verbessertem Verständnis und Vertrauen sind deutliche Fortschritte auf beiden Seiten, sowohl bei der Arbeit am Boden als auch unter dem Sattel.

Meiner Beobachtung nach sind die meisten Menschen entweder gute Reiter oder gute Pferdepfleger. Nur wenige Glückliche reiten besser als der Durchschnitt und haben daneben trotzdem noch die Zeit und Energie, nach einer echten, lohnenswerten Partnerschaft mit ihrem Pferd zu streben. Leider behandeln Menschen Pferde viel zu oft wie »Haustiere«, halten sie in Ställen gefangen und betüdeln sie wie ein teures Spielzeug, mit dem man vor Freunden angeben kann. Andere sehen in

> 66 Menschen können sich in echte Gefahr begeben, wenn sie die Sprache der Pferde nicht verstehen. 99

ihrem Pferd eher ein Sportgerät, das sie gekauft haben, um damit Preise zu gewinnen, als ein lebendiges Wesen mit Gefühl und Verstand. Sie verlernen, sich an ihrer Beziehung zum Pferd als Lebewesen zu erfreuen und sehen es nur noch als Apparat, den man mittels erlernter Technik beherrscht. Die goldene Mitte zwischen beiden Extremen sollte unser Ziel sein. Pferde brauchen sowohl »Freunde« (vier- und zweibeinige) als auch körperliche und geistige Beschäftigung und Spiel. Wir können ihnen beides bieten, indem wir ihnen freie Bewegung und Beschäftigung mit uns verschaffen, sie aber auch unter unserer Führung arbeiten lassen.

Wer passt zu wem?

Die meisten Menschen beurteilen nur das äußere Erscheinungsbild, wenn sie ein Pferd für einen

bestimmten Zweck suchen. Dabei sind alle Hinweise auf Temperament und Charakter äußerst wertvoll, denn nur wenn Pferd und Reiter sich »auf einer Wellenlänge« verstehen, kann es zu einer erfolgreichen und glücklichen Partnerschaft kommen. Viele bevorzugen Wallache gegenüber Stuten oder umgekehrt, je nachdem, welche Erfahrungen sie persönlich gemacht haben und wie intensiv die Beziehung zu einem früheren Pferd war. Ich selbst habe mich immer für einen »Stutenmensch« gehalten, der sich von ihrer Sensibilität, ihrer Intelligenz und ihrer komplexen Natur angezogen fühlt. Erst kürzlich habe ich die nachsichtigere und anhänglichere Persönlichkeit

🐎 **Oben:** *Oft wird vergessen, dass auch Pferde verschiedene Charaktere haben. Und bleiben Sie immer fair - auch ein Pferd kann mal einen schlechten Tag haben!*

vieler Wallache schätzen gelernt und kann deshalb nur empfehlen, jedes Tier als ein Individuum zu betrachten und zu hoffen, dass Sie Ihren »Seelenverwandten« entdecken.

Akzeptieren Sie die Grenzen

Genau wie wir unsere Stärken und Schwächen haben, so kann auch ein Pferd nicht allem und jedem gerecht werden. Wir erwarten, dass unsere Pferde mit entsprechendem Training zu allem möglichen fähig sind und machen selten Eingeständnisse hinsichtlich Körperbau und erst recht nicht hinsichtlich Talent und Neigung. Eine vielseitige Ausbildung ist meiner Meinung nach wichtig, aber wir sollten darauf achten, was dem Pferd am meisten liegt und es nicht durch ein bestimmtes Training zwingen, wenn Widerstände und

🐎 **Oben:** *Unterschätzen Sie ein Pferd nie, auch wenn Sie meinen, dass Sie die Oberhand haben. Pferde sind große Tiere - nehmen Sie das Risiko ernst.*

offensichtlich, dass er von den beiden Damen gerne zum Reiten abgeholt wird und die zusätzliche Aufmerksamkeit genießt - nicht zuletzt auch die zusätzlichen Leckerlies! Ich bin kein bisschen eifersüchtig, dass die beiden »mein« Pferd reiten - im Gegenteil, ich bin dankbar, dass sie Harrys Leben bereichern.

Natürlich müssen Sie, um Unfälle zu vermeiden, sicherstellen, dass jemand, der Ihr Pferd pflegt oder reitet, verantwortungsbewusst ist und genügend Erfahrung hat. Viele Besitzer befürchten, dass es die Pferde verwirrt, wenn sie von verschiedenen Leuten geritten werden, weil jeder die Hilfen ein wenig anders gibt. Meiner Erfahrung nach merken Pferde aber schnell, wer sie reitet und richten sich danach. Nicht nur die Hilfengebung ist anders, auch das Gewicht des jeweiligen Reiters. Möglicherweise macht Ihr Pferd in einer Unterrichtsstunde mit einer »neutralen« Person im Sattel, die konzen-

🐎 **Oben:** *Pferde sind flexibel und kommen erstaunlich gut mit verschiedenen Reitern und Anforderungen zurecht. Abwechslung in der Arbeit erhält das Interesse des Pferdes.*

🐎 **Rechts:** *Eine Reitbeteiligung kann eine gute Lösung für alle Seiten sein. Von der praktischen und finanziellen Unterstützung abgesehen, kann auch eine andere Person viel zur Bereicherung des Pferdelebens beitragen.*

Misserfolge offensichtlich werden. Auch Pferde können mal einen schlechten Tag haben!

Warum nicht eine Reitbeteiligung?

Wenn Sie glauben, dass nur Sie Ihr Pferd gut reiten können, sind Sie möglicherweise etwas arrogant. Solange Sie und Ihr Pferd nicht täglich zusammenarbeiten und eine außergewöhnlich gute Partnerschaft entwickelt haben, sollten Sie anerkennen, dass Ihr Pferd auch vom Kontakt mit einer anderen Person profitieren kann.

Für den Durchschnittbesitzer, der keine 24 Stunden am Tag damit verbringen kann, sein Pferd zu bewegen, geistig zu beschäftigen, perfekt zu füttern und zu pflegen, ist eine Reitbeteiligung von großem Nutzen - und auch für das Pferd. Harry, eins meiner Pferde, wird außer von mir regelmäßig von zwei weiteren Personen geritten. Er ist ein sehr aktiver und neugieriger Typ, und obwohl er draußen in der Herde lebt, muss er meiner Ansicht nach doch einen echten »Job« haben, damit er geistig gefordert ist. Es ist für mich

> 66 Wenn Sie glauben, dass nur Sie allein Ihr Pferd gut reiten können, sind Sie möglicherweise etwas arrogant. 99

trierter ist als Sie oder besser in Form, bessere Fortschritte als mit Ihnen selbst. Vielleicht entspannt sich Ihr Pferd auch beim gemütlichen Spazierenreiten mit dieser anderen Person und erholt sich von dem anstrengenden Wettkampftraining, das Sie mit ihm absolvieren.

Ein Pferd kommt in ein neues Zuhause

In ihrem natürlichen Herdendasein finden neu hinzugekommene Pferde schnell ihre Position in der Rangordnung. Mit der universellen Pferdesprache und der sozialen Kompetenz, die ein Pferd in seinen Fohlentagen gelernt hat, ist es für die meisten Situationen gut gerüstet. Wenn Sie ein neues Pferd gekauft haben, sollten Sie sich die Zeit nehmen, seinen Einzug in die neue Umgebung etwas angenehmer zu gestalten.

Geben Sie ihm nicht sofort einen neuen Namen! Wenn der alte so schrecklich ist,

wählen Sie einen neuen, der ähnlich klingt. Nehmen Sie die Futterumstellung allmählich vor, verwenden Sie vertraut riechende Gegenstände wie zum Beispiel den alten Futtereimer, Decken oder einen Ballen Heu aus dem alten Stall. Später können Sie diese Dinge ersetzen, aber sie helfen, den Übergang zu erleichtern. Lassen Sie es zunächst mit nur einem anderen Pferd oder Pony Freundschaft schließen, bevor Sie es mit dem Rest der Herde zusammenbringen. Wenn das neue Pferd Tag und Nacht auf der Weide bleiben soll, bringen Sie es am besten noch nachmittags hinaus, mindestens eine Stunde vor Dämmerung. So kann es seine neue Umgebung noch bei Tageslicht erkunden. Es ist mit der neuen Wiese so beschäftigt, dass es die Routine seines gewohnten Tagesablaufes (z.B. um 16 Uhr hereingeholt zu werden) nicht so sehr vermisst. Nach der ersten draußen verbrachten Nacht wird es sich schnell an den neuen Trott gewöhnen.

Sie freunden sich an

Pferde sind von Natur aus gesellige Tiere, die sich nach den Worten von Pat Parelli »love, language and leadership« (Zuneigung, Kommunikation und einen Anführer) wünschen. Wir sollten dankbar sein, dass man sie mit so wenig glücklich machen kann - die meisten von uns verlangen mehr! Pferde sind auch nicht so kompliziert wie Menschen - es ist viel schwieriger, wenn nicht unmöglich, ein Pferd zu »beleidigen«. Dafür ist es wesentlich einfacher, ein Pferd zu verwirren. Viel unnötiger Stress lässt sich vermeiden, wenn wir eine Sprache verwenden, die das Pferd versteht. Es kann Jahre dauern, bis Sie wirkliches Verständnis für ein bestimmtes Tier entwickelt haben. Nur bei einem meiner Pferde habe ich das Gefühl, es wirklich in- und auswendig zu kennen - wenig überraschend, da ich es schon seit 20 Jahren besitze, aber trotzdem eines der schönsten Gefühle überhaupt! Sie können viel erreichen und eine engere Beziehung aufbauen, wenn Sie die Pferdesprache

> 66 **Pferde sind unkomplizierter als Menschen - es ist viel schwerer, wenn nicht unmöglich, ein Pferd zu »beleidigen«, aber viel leichter, es zu verwirren.** 99

Oben: Pferde wünschen sich »Liebe, Verständigung und Führung«. Oft dauert es Jahre, bis man ein bestimmtes Pferd wirklich kennt. Wenn Sie einfache Fortschritte anstatt materieller Gewinne zu schätzen lernen, winkt Ihnen großer Lohn.

NICHT DAGEGEN ZIEHEN

Wenn das Pferd von Ihnen wegzieht, ziehen Sie nicht dagegen. Sie sind schwächer und werden verlieren.

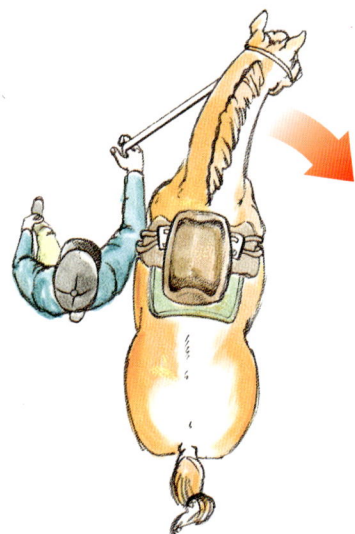

Drücken Sie lieber die Hinterhand herum, damit die Vorhand zu Ihnen zurückkommt.

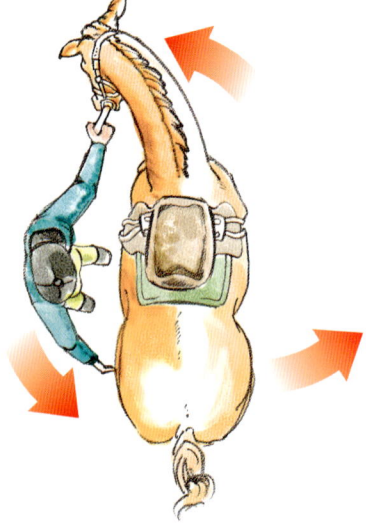

Wenn Sie sich umdrehen und dem Pferd in die Rippen pieksen, ahmen Sie ein »beißendes« Pferd nach, Ihr Pferd dreht, um Sie anzusehen und kommt wieder unter Ihre Kontrolle.

»sprechen«, das heißt Bewegungen und Gesten nachahmen, mit denen Pferde sich auch untereinander verständigen.

Mit Pferdesprache Gefahrensituationen verhindern

Wenn Sie Pferde in der Gruppe beobachten, stellen Sie fest, wie subtil die Signale der Körpersprache sind, mit denen ein Tier Missfallen ausdrückt oder ein anderes in eine bestimmte Richtung dirigiert. Wenn Ihre Pferde auf der Koppel um Sie herumdrängeln oder sich während des Fütterns gegenseitig angiften, müssen Sie aktiv werden, um eine Gefahrensituation zu verhindern. Auch wenn Sie körperlich klein sind, können Sie sich mittels Körpersprache »groß« machen, indem Sie eine aggressive Haltung annehmen, den Blick fest auf das drängelnde Pferd richten sowie Schultern und Arme anheben. Wenn Sie dann noch mit großen, energischen Schritten auf die Pferde zugehen, können Sie sie ganz ohne körperlichen Kontakt wegschicken - genau wie ein Pferd ein anderes vertreibt. Ein anderes Beispiel ist das Pferd, das versucht, Sie an die Stallwand zu

Links: Ein solches Losgehen auf ein anderes Pferd dient meist dazu, es in eine bestimmte Richtung zu zwingen. Wenn das Pferd Sie aus dem Weg haben möchte, gibt es nur eins: sich entweder riesengroß und wichtig machen oder abhauen!

drücken. Diese Situation kann extrem gefährlich werden und der Versuch, das Pferd mit Körperkraft wegzuschieben, führt zu gar nichts, es wird sich im Gegenteil noch mehr gegen Sie drücken. Ihr Pferd hat in diesem Fall Ihre Individualdistanz unterschritten, und wenn Sie ein Pferd wären, würden Sie jetzt mit Beißen oder Treten drohen, um den Rüpel zum Verschwinden zu zwingen. Wieder müssen Sie eine aggressive Körperhaltung einnehmen, aber jetzt haben Sie nicht genug Platz, um entschlossen auf das Pferd zuzugehen. Um sein Hinterteil von Ihnen wegzubewegen und es

Oben: Wenn Sie die Pferdesprache ignorieren, begeben Sie sich in Gefahr! Dieses Pferd zeigt deutliches Missfallen. Wenn seine Warnung nicht beachtet wird, kann ein Biss die nächste Reaktion sein.

dazu zu bringen, Ihnen den Kopf zuzuwenden, können Sie einen »Biss« mit einem scharfen Kneifen in die Flanke oder einen leichten »Tritt« mit der Fußspitze ans Hinterteil nachahmen. Wenn

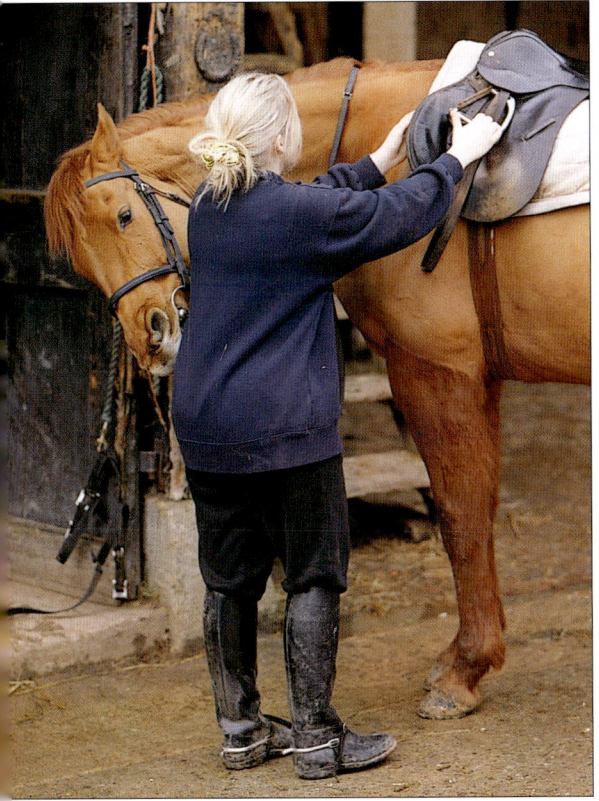

ein Pferd, das Sie von der linken Seite aus führen, am Strick zu ziehen beginnt, nützt es nichts, dagegen zu ziehen. Drehen Sie lieber Ihren Oberkörper nach links hinten um, als wären Sie ein Pferd, das das andere Pferd ins Hinterteil beißen möchte und pieksen Sie es mit einem Finger zwischen die Rippen. Im Normalfall dreht das Pferd sein Hinterteil von Ihnen weg und achtet wieder auf Sie. Leider können wir unsere Absichten nicht mit den Ohren kundtun, aber unsere Signale des Wohlwollens oder Missfallens werden von Pferden trotzdem schnell verstanden. Wenn Sie konsequent sind und stets die gleichen, klaren Reaktionen auf unakzeptables Verhalten des Pferdes zeigen, lernt es schnell, schon auf feinere Warnsignale von Ihnen zu achten.

Wege aus der Sackgasse

Leider kommt es manchmal vor, dass die Kommunikation zwischen Pferd und Mensch völlig zum Erliegen kommt. Sie müssen gar nicht unbedingt etwas falsch gemacht haben, vielleicht hat eine Verkettung ungünstiger Umstände bewirkt, dass Ihre Verständigung gestört wurde. Manchmal besteht der einzige Ausweg darin, das Pferd an einen anderen Ort zu bringen und von vorn zu beginnen. Wenn alles andere nicht funktioniert hat, empfehle ich einen Stallwechsel, weil allein diese Veränderung einen starken Effekt auf das Pferd hat. Es ist der leichteste Weg, ein Pferd neu für das Lernen zu öffnen und seine Einstellung zu ändern, weil es in der fremden Umgebung nicht vertraut ist und nach Führung sucht. Dies ist auch der Grund, warum viele Tiere (Hunde genauso wie Pferde) deutliche Änderungen im Verhalten zeigen, wenn sie den Besitzer wechseln oder zur Ausbildung an einen anderen Ort gebracht werden.

Viele scheinbar widersätzliche oder gefährliche Pferde sind einfach falsch verstanden und haben Angst oder Schmerzen. Die Wiederherstellung des Vertrauens beginnt mit Kommunikation. Wir können viel von erfahrenen Pferdemenschen wie Monty Roberts oder Pat Parelli lernen, die »die Geheimnisse der Pferdeflüsterer« gerne mit uns teilen. Der folgende Text enthält zahlreiche Zitate aus Teil eins des »Partnership Programs« von Pat Parelli's »Savvy System«, die helfen sollen, sich in ein Pferd hinein zu versetzen.

Pferdepsychologie verstehen …

»Versetzen Sie sich in die Lage des Pferdes. Sie sind ein Beutetier. Ihr ganzes Leben lang versuchen Sie zu vermeiden, als irgendjemandes Abendessen zu enden. Ihre Augen sitzen seitlich am Kopf, so dass Sie fast eine Rundumsicht von 360 Grad haben ….«

Pferde denken nicht wie Menschen, und genau deshalb haben so viele Menschen Probleme mit Pferden. Um mit Pferden gut auszukommen und Unfälle zu vermeiden, müssen wir lernen, wie ein Pferd zu denken. Sie können sich aus fast

Oben: *Wir können viel von Pferdemenschen wie Pat Parelli lernen, die sich für ein besseres Verstehen der Pferde einsetzen.*

Ganz links: *Ein unerfahrener oder sich selbst überschätzender Reiter kann die Warnsignale von angelegten Ohren und schlagendem Schweif übersehen. Ganz schnell wird er dann gebissen!*

CHARAKTERE

Die Rede ist immer von »schwierigen Pferden«, aber was ist mit »schwierigen Menschen«? Manche Menschen sind anstrengender und engstirniger als alle Pferde, die ich kenne!

PFERDEBEDÜRFNISSE
Wenn wir wissen, welche Dinge für Pferde wichtig sind, können wir ihre Handlungen besser verstehen.

Unten: Solange Platz ist, flieht ein Beutetier vor Gefahr wie diese Mustangs, die eine Bedrohung wahrgenommen haben.

jeder Richtung anschleichende mögliche Jäger erkennen und Sie sind ständig auf der Hut von ihnen. Sie haben ein scharfes Gehör und jedes Rascheln oder ungewöhnliche Geräusch könnte das Anpirschen eines Raubtieres bedeuten (eine knisternde Plastiktüte klingt genauso!).

»Für ein Beutetier wie Sie kann eine Sekunde des Zögerns den Unterschied zwischen Leben und Tod bedeuten. Sie, das Pferd, sind ein Spitzenathlet. Da Ihre wichtigste Überlebensstrategie die Flucht ist, dreht sich Ihr erster Gedanke immer ums Weglaufen. Sie achten deshalb darauf, sich nie in einem engen oder geschlossenen Raum aufzuhalten, aus dem ein oder mehrere Fluchtwege blockiert sind. Ihre Schnelligkeit ist alles, was Sie haben; aber wenn Sie in die Ecke gedrängt werden, bleibt Ihnen nur noch eins: ums Überleben kämpfen. Sie haben blitzschnelle Reflexe, können in fast einer einzigen Bewegung herumwirbeln und treten. Normalerweise sind Sie nicht aggressiv und fliehen lieber, anstatt zu kämpfen, aber wenn Sie keine andere Möglichkeit haben, tun Sie alles mögliche, um sich zu verteidigen. Raubtiere (Menschen) sind leicht zu erkennen. Raubtiere haben die Augen vorn am Kopf und gehen geradewegs entschlossen auf die Dinge zu, die Sie haben möchten. Sie riechen nach dem, was sie fressen

> **Pferde denken anders als Menschen, deshalb haben so viele Menschen Probleme mit ihnen. Um mit Pferden gut auszukommen, müssen wir lernen, wie ein Pferd zu denken.**

(Fleisch). Sie starren Sie fest an, wenn sie versuchen, Sie zu fangen und töten, aber die meisten von ihnen können nicht besonders schnell laufen. Nur wenn sie Sie überraschen oder zu mehreren angreifen, haben Sie keine Chance.«

Die Grundlage der Pferdepsyche

Um die Psyche des Pferdes zu verstehen, müssen Sie seine Auffassung vom Überleben verstehen. Fast jede seiner Reaktionen stammt aus der Notwendigkeit, zu überleben. Vereinfacht dargestellt gibt es nur vier Dinge, die für Pferde wichtig sind: **1. Sicherheit, 2. Komfort, 3. Spiel und 4. Futter.**

Sobald ein Pferd sich sicher fühlt, versucht es,

Unten: *Domestizierte Pferde kämpfen um Rangordnung oder Futter. Lieber gehen sie Konfrontationen aus dem Weg, aber unter der Obhut des Menschen ist der Raum begrenzt. Sind nicht genügend Fluchtmöglichkeiten zur Verfügung, ist Aggression oft der einzige Ausweg.*

Rechts: *Pferde haben messerscharfe Sinne. In jedem Reitpferd lebt ein Wildpferd, das ständig nach Gefahren Ausschau hält. In seinen Augen sind auch wir ein Raubtier.*

es sich auch bequem zu machen. Wenn es sich sowohl sicher als auch wohl fühlt, beginnt es zu spielen. Pferde sind extrem verspielte und gesellige Tiere. An letzter Stelle kommt das Futter. Wenn ich all das auf dem Hintergrund eines unter Menschen lebenden Pferdes beschreibe, verstehen Sie vielleicht, warum Dinge wie der Versuch, ein Pferd mit Hilfe einer Karotte in einen Metallkäfig auf Rädern (Pferdehänger) zu locken, in der Regel nicht besonders gut funktionieren! Es ist viel zu sehr mit seinem Selbstschutz beschäftigt! In jedem Wildpferd lebt ein zahmes Pferd, und in jedem zahmen Hauspferd ein Wildpferd. Vergessen Sie das nie, niemals. Sie können nicht ändern, was die Natur in Jahrmillionen program-

 **Oben:** *Die Herde bietet Sicherheit, in ihr fühlen Pferde sich wohl. Viele Augen und Ohren passen auf.*

> 66 **Sie können ein Pferd nicht zwingen, Sie zu mögen. Sie müssen es überzeugen, dass Sie sein Freund, sein Anführer und Teil seiner Herde sind, auch wenn Sie aussehen wie ein Raubtier.** 99

miert hat. Sie können ein Pferd nicht zwingen, Sie zu mögen, sondern Sie müssen es überzeugen, dass Sie sein Freund, sein Anführer und ein Teil seiner Herde sind, auch, wenn Sie wie ein Raubtier aussehen. Wenn das Pferd misstrauisch oder ängstlich ist, sagt es Ihnen damit, dass es Sie immer noch für ein Raubtier hält. Sie müssen ihm beweisen, dass Sie es nicht verletzen, auch wenn Sie es könnten und wie ein Raubtier aussehen und riechen. Wenn Pferde Angst haben, haben sie nicht Angst verletzt zu werden, sondern Angst, getötet zu werden.

Wohlfühlen und Unbehagen

Gleich nach der Sicherheit wird das Pferdeverhalten von Wohlfühlen oder Unbehagen geformt und motiviert. Unbehagen motiviert ein Pferd dazu, Komfort zu suchen. Wir können es dem Pferd in allmählicher Steigerung unbequemer machen,

bis es zu einer Reaktion motiviert ist, die ihm den Komfort wieder verschafft. Sobald es das Richtige tut, lässt das Unbequeme nach. Es lernt, was es tun muss, um diese Entspannung zu erreichen und tut es deshalb beim nächsten Mal wieder. Jede Kommunikation mit dem Pferd beinhaltet, sein Komfortgefühl in irgendeiner Weise zu beeinflussen, wobei das Finden des richtigen Zeitpunktes zur Aufhebung des Druckes von entscheidender Bedeutung ist. Tägliche Handlungen - beispielsweise, das Pferd im Stall seitlich von Ihnen wegtreten zu lassen oder beim Reiten sensibler auf Hilfen zu reagieren - werden leichter, wenn Sie konsequent in der Art und Weise sind, Ihr Pferd um etwas zu »bitten«. Man könnte es mit folgender Steigerung vergleichen: Sie flüstern jemand höflich eine Bitte zu (und werden ignoriert), fragen dann nochmals in normaler Lautstärke (und werden ignoriert), fordern brüsk

(werden immer noch ignoriert) und schreien Ihr Gegenüber schließlich aus vollem Hals an. Im Idealfall sollten Ihre Hilfen immer einem »Flüstern« oder einer »normalen Lautstärke« entsprechen, denn das Pferd wird schnell lernen, ein »Angeschrienwerden« über die Hilfen zu vermeiden. Viele Pferde werden hart im Maul und abgestumpft gegenüber Schenkelhilfen, weil ihre Reiter ständig »aus vollem Hals schreien«, anstatt zuerst einmal ruhig anzufragen.

Pat erklärt: »Ein Prozess, den ich die 'Vier Phasen der freundlichen Konsequenz' nenne, hilft Ihnen, sich effektiver zu verständigen. Wenn Sie es dem Pferd in verschiedenen Phasen unbequemer machen, verschaffen Sie ihm Zeit, über seine Reaktion nachzudenken und oft schon bei Phase eins oder zwei zu reagieren. Es lernt, die höheren Phasen zu vermeiden.

Phase 1 = Minimaler Reiz; Phase 2 = Reizstärke verdoppeln; Phase 3 = Reizstärke nochmals verdoppeln (ohne jähzornig oder gemein zu werden!); Phase 4 = Reizstärke nochmals verdoppeln (bis Sie eine Reaktion erhalten). Wenn Sie in dem Moment, in dem das Pferd die richtige Reaktion zeigt, mit Ihrer Einwirkung aufhören, sagen Sie ihm, dass dies richtig war. Je mehr das Pferd lernt, dass nachlassender Druck seine Belohnung ist, desto besser wird es darin, schon in Phase 1 auf Ihren Wunsch zu reagieren.

Seien Sie konsequent

Pferde reagieren nicht auf Strafen. Sie verstehen den Zusammenhang zwischen ihrer Handlung und der später kommenden Strafe nicht und bekommen lediglich Angst vor den Aktionen des Raubtieres. Das Schlüsselwort heißt Reizsteigerung. Nehmen wir an, das Pferd lehnt sich gegen einen Kaktus: sobald es sich zur Seite bewegt, lässt das Pieksen nach. Solange es weiter die falsche Bewegung macht (sich dagegen lehnt), wird der Druck stärker. Für uns heißt das, dass wir im richtigen Moment einen unangenehmen Reiz verstärken bzw. ihn wegnehmen müssen.

Dieses Timing macht zusammen mit der Emotionslosigkeit, in der wir vorgehen müssen, den Unterschied zum Strafen aus.

Strafen ist eine aggressive Handlung und oft von Ärger oder Wut begleitet. Unsere Reizverstärkung erfolgt emotionslos, so, als ob das Pferd selbst ihr Auslöser wäre (es läuft in Ihren Ellbogen, wenn es Sie zu beißen versucht) und sie ist

Oben: Seien Sie anfangs in Ihrer Körpersprache klar und konsequent. Unklare Befehle verwirren Pferde. Später reichen minimale Andeutungen, um die gewünschte Reaktion zu erreichen.

KOMMUNIKATION

»Pferde sind recht gut darin, zu erraten, was wir von ihnen wollen. Die Pferdesprache ist für Pferde universal verständlich, aber unser Versuch, sie nachzuahmen, muss ihnen Spanisch vorkommen.«

Links: Pat zeigt Pferden mit seinen »sieben Spielen«, beginnend mit dem »Freundschaftsspiel«, dass er ein Freund und Lehrer anstatt eine Bedrohung ist.

66 Üben Sie den »Schwiegermutter-Blick«, um ein Pferd zurückzudrängen oder ein Lächeln, um es zum Kommen aufzufordern. **99**

Links: Vergleichen Sie dieses Foto von Pat mit »Schwiegermutter-Blick« mit dem des Ponys unten - die Ähnlichkeiten sind verblüffend! Schon der Gesichtsausdruck allein kann stark genug sein, ein Pferd zurückweichen zu lassen (fester, starrer Blick) oder es zum Stehenbleiben bewegen (Blick gesenkt, sanfter Gesichtsausdruck).

unmittelbar. Sie findet eher als Konsequenz einer Handlung des Pferdes statt als durch unser Belieben. Strafe kommt immer zu spät. Solange eine Reaktion nicht zeitlich unmittelbar kommt, ist es für das Pferd schwierig, sie mit seiner Handlung in Beziehung zu setzen. Solange der Mensch ein Pferd straft und Ärger oder Aggression zeigt, wird das Pferd ihn als ein Raubtier sehen, dem man nicht vertrauen kann. Die Beziehung wird negativ beeinflusst.

Das richtige Timing ist für den Erfolg entscheidend. Je besser der Zeitpunkt zum Wegnehmen des Druckes getroffen wird, desto schneller lernt das Pferd.

Ihre Körpersprache ist sehr wichtig. Lernen Sie, ein Pferd mit einem »Schwiegermutter-Blick« vor sich zurückweichen zu lassen oder es mit einem Lächeln zum Vorwärtsgehen aufzufordern. Wenn Sie in der Lage sind, Ihren Körper auf eine richtige Reaktion des Pferdes hin zu entspannen, und zwar sowohl am Boden als auch im Sattel, vermittelt dies dem Pferd Wohlbefinden.

Pferde gebrauchen ein breites Spektrum an Körpersprache in Form von scharfen Blicken, an-

KÖRPERSPRACHE

Die Körpersprache eines Pferdes sagt uns viel über seine Befindlichkeit und wie es sich verhalten wird. Genauso »liest« ein Pferd auch unsere Körpersprache und reagiert auf visuelle Signale.

1 Fester Blick

2 Hoch gezogene Nüstern

3 Angelegte Ohren

4 Zusammengebissene Zähne

5 Vorgereckter Hals

6 Entschlossener Gang

7 Angespannte Muskeln

8 Schlagender Schweif

🐎 **Unten:** *Beobachten Sie, wie Pferde untereinander sich benehmen. Oft handeln sie genau anders herum wie Menschen. Wenn Sie freudig auf Ihr Pferd zugehen, um es zu umarmen, könnte es das als Bedrohung missverstehen.*

🐎 **Rechts:** *Frontale Attacken setzen die verletzliche Bauchregion (s. Diagramm unten rechts) dem Risiko eines Gegenangriffs aus, während Auskeilen nach hinten nur das weniger empfindliche Hinterteil in Gefahr bringt.*

gelegten Ohren, hochgezogenen Nüstern, zum Biss geöffnetem Maul, zum Treten angehobenen Bein oder schlagendem Schweif. Sie benützen ihre Stimme selten, außer bei Begrüßungen, Quietschen beim Spiel oder als Drohung. Wenn Sie nicht immer automatisch mit dem Pferd reden, können Sie sich besser auf Ihre Körpersprache konzentrieren und Sie verbessern. Mit der Stimme drücken Sie auch Angst, Frustration oder Ärger aus. Bleiben Sie lieber stumm und lächeln Sie. Sie werden lernen, sich zu beherrschen.

Wie man es schafft, sich nicht wie ein Raubtier zu benehmen

Es ist ganz einfach: Tun Sie das Gegenteil von dem, was Sie Ihrer Meinung nach tun müssten! Verwenden Sie Umkehrpsychologie. Ein Beispiel: Wenn wir versuchen, ein Pferd einzufangen, laufen wir ihm ständig hinterher, während das Pferd immer weiter wegläuft. Drehen Sie ihm einfach den Rücken zu oder bleiben Sie stehen, lächeln Sie jedes Mal, wenn es Sie ansieht und gehen Sie rückwärts, wenn es auf Sie zukommt. Möglicherweise kommt es jetzt aus reiner Neugier. Ich wurde einmal um Rat zu einem Pferd gefragt, das ex-

trem schwer einzufangen war. Der Besitzer sagte, er habe alles versucht, außer vielleicht, sich hinzulegen! Ich sagte ihm, dass es vielleicht genau das ist, was er hätte tun sollen - sich hinlegen - denn es ist genau das Gegenteil von dem, was ein Raubtier tun würde. Pferde sind ständig auf der Hut, nicht gefangen und gefressen zu werden. Bringen Sie ihnen bei, zu Ihnen zu kommen, anstatt ihnen hinterher zu jagen.

Annäherung und Rückzug Wie bereits erwähnt, tendieren Menschen dazu, direkt auf etwas loszugehen, während Pferde sich allmählich annähern und zwischendurch immer wieder zurückziehen, bis sie sich sicher fühlen. Ein Pferd mit Ohrenzwang lässt sich beispielsweise seine Ohren nicht vom Menschen anfassen, während es sie aber zufrieden an einem anderen Pferd oder dem Zaun reibt! Nicht die Ohren sind das Problem, sondern das Raubtier. Pferde sind am meisten um ihre verletzlichsten Körperstellen besorgt - rund um den Kopf, hinter den Ohren, an den Flanken, unter dem Bauch, unterhalb von Knie und Spunggelenken und unter dem Schweif. Sie wissen, dass ein einziger Hieb mit kräftigen Krallen in einen dieser ungeschützten

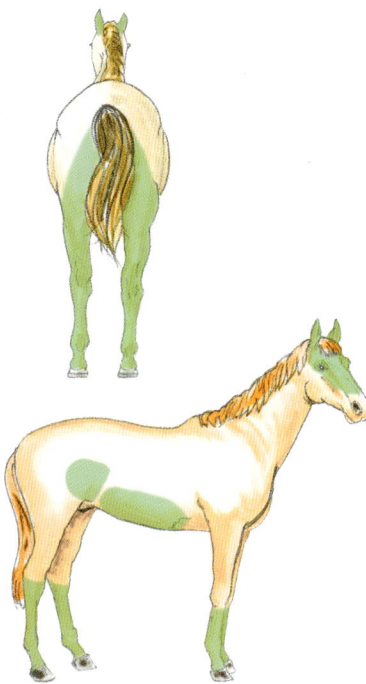

VERLETZUNGSGEFAHR
Die grünen Körperbereiche sind besonders empfindlich - Verletzungen an diesen Stellen können lebensbedrohlich sein.

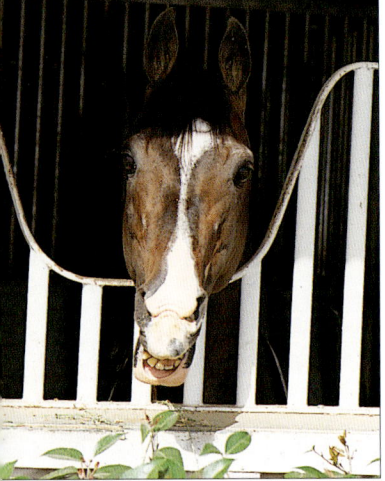

Rechts: Das Wichtigste im Pferdeleben ist Sicherheit, Komfort und ein Spielgefährte. Wir bieten unseren Pferden oft etwas anderes!

Oben und unten: Weben und Koppen sind Symptome von Stress und Langeweile. Das Anbringen eines Gitters an der Box behebt nur das Symptom, nicht die Ursache. Der Schlüssel zur Problemlösung ist vielmehr interessante Beschäftigung des Pferdes.

Körperbereiche ihr Leben bedroht. Anstatt verzweifelt zu versuchen, nach dem Ohr eines kopfscheuen Pferdes zu fassen, tun Sie einfach das Gegenteil. Tun Sie so, als seien Sie gar nicht an dem Ohr interessiert, sehen Sie es nicht einmal an. Arbeiten Sie zuerst daran, Vertrauen und Respekt des Pferdes zu gewinnen. Nach dem Prinzip von Annäherung und Rückzug können Sie seinen Kopf in Ohrnähe kraulen und die Hand zurückziehen, sobald das Pferd sich wehrt. Nähern Sie sich dann wieder und achten Sie darauf, immer zu lächeln und rhythmische Handbewegungen zu machen. Schauen Sie irgendwohin, aber nicht auf das Ohr! Schon bald können Sie rund um das Ohr reiben, während das Pferd ganz entspannt bleibt. Das Prinzip von Annäherung und Rückzug ist ein guter Weg, aber erst, nachdem Sie eine gute Beziehung aufgebaut haben.

Was für Menschen wichtig ist, ist nicht unbedingt auch für Pferde wichtig.

Menschen mögen saubere, gut geputzte Pferde, die eingedeckt im Stall stehen. Sie halten sie getrennt von anderen Pferden, damit sie nicht gebissen oder getreten werden.

Pferde lieben Dreck und hassen Ställe. Sauber zu sein, ist für sie nicht wichtig (der Schmutz im Fell hält sogar die Insekten ab). Für Pferde ist wichtig, sich sicher und wohl zu fühlen und jemanden zum Spielen zu haben. Getreten- und Gebissenwerden ist ein Teil des Herdenlebens und gehört für junge Pferde zum Aufwachsen dazu. Sehen Sie es aus der Sicht des Pferdes. Was wäre Ihnen lieber: 10.000 Morgen zum freien Umherstreifen und Futter suchen und die sichere Geborgenheit einer Herde, oder auf kleinem Raum gefangen zu sein, in einer Isolierzelle bei

täglicher Arbeit oder gelegentlichem Gerittenwerden?

Viele in Gefangenschaft und Isolation gehaltene Pferde entwickeln Verhaltensprobleme. So genannte »Untugenden« wie Koppen, Weben, aggressives Verhalten, gegen die Wände treten, mit den Lippen klappern oder andere stereotype Verhaltensweisen wie Kopfschlagen oder ständiges Scharren sind nur Hinweise auf eine psychische Qual, die durch Entzug von Freiheit und sozialer Interaktion verursacht wurde. In Gefangenschaft und Isolation gehaltene Pferde kommen häufig voll aufgestauter Energie und Aufregung aus dem Stall. Wenn Sie keine Rangkämpfchen mit anderen Pferden ausfechten können, versuchen sie, es mit dem Menschen zu tun! Sie drängeln, schubsen und treten nicht, um uns zu verletzen - für sie ist es einfach die Art zu spielen. Seien Sie nicht überrascht, wenn Ihr Pferd grob zu spielen versucht, es weiß nicht, wie zerbrechlich Menschen sind. Anstatt es dafür zu bestrafen, sollten Sie lernen, die Energie mittels Spiel konstruktiv in die richtigen Bahnen zu lenken.

Halten wir Pferde, sind wir nicht nur für ihre körperliche, sondern auch für ihre geistige und seelische Gesundheit verantwortlich. Das heißt:

1. Geben Sie Ihrem Pferd so viel Platz wie nur irgend möglich.
2. Gönnen Sie ihm die Gesellschaft anderer Pferde oder zumindest den Kontakt zu ihnen.
3. Bieten Sie ihm geistige, körperliche und seelische Beschäftigung.
4. Legen Sie mehr Wert auf seine innere Ausgeglichenheit anstatt auf sein Äußeres.

Das bedeutet nicht, dass Sie das Äußere Ihres Pferdes vernachlässigen sollen, es heißt nur, dass Sie ihm keine Priorität geben sollen. Wir haben Pferde übernommen, die Verhaltensprobleme hatten oder sogar aggressiv zu Menschen waren. Wenn wir sie in eine Herde und auf eine große

> **Sehen Sie es mit den Augen des Pferdes. Was wäre Ihnen lieber: 10.000 Morgen Land zum Umherwandern und Fressen und eine Schutz und Erholung bietende Herde oder Isolationshaft auf engstem Raum bei täglichem Gerittenwerden?**

Koppel brachten, reduzierte sich das Verhalten drastisch oder verschwand nach nur wenigen Wochen ganz. Der Kern der Sache war, dass das Pferd nur seine Grundbedürfnisse erfüllen musste. Stalluntugenden werden oft wie bösartige Verhaltensprobleme behandelt und Pferde werden für sie bestraft oder mit Zwangsmitteln wie Kopperriemen versehen. Der Grund, warum Pferde in Gefangenschaft stereotype Verhaltensweisen wie Koppen, Weben etc. entwickeln, ist, dass sie auf diese Weise die Ausschüttung von Endorphinen (körpereigene Hormone) anregen. Die Endorphine bewirken eine Art Glücks- oder Rauschzustand, der dem Pferd hilft, seine Misere zu ertragen. Es ist wie eine selbst produzierte Droge, von der das Pferd abhängig wird, weil sie eine Art Ausweg bietet. Neuere Studien haben gezeigt, dass es weniger die Gefangenschaft als die Isolation ist, die solche Verhaltensstörungen hervorruft. In Anbindehaltung lebende Pferde, die neben anderen Pferden in Ständern stehen, entwickeln diese Verhalten nicht. Pferde sind wilde Beutetiere, die vom Menschen domestiziert wurden. Wenn ihre Grundbe-

Oben: Ein Leben mit möglichst vielen Freiheiten sorgt für ein glückliches, ausgeglichenes Pferd ohne Verhaltensprobleme.

Unten: Ärgern Sie sich nicht, wenn Ihr Pferd matschig ist. Pferde lieben es, sich schmutzig zu machen.

Rechts: Steigen ist ein von Selbstverteidigung und Widerstand geprägtes Verhalten, das aus Angst, Schmerzen, Verwirrung, Nichtverstehen oder mangelndem Respekt stammt. Bevor Sie solche Handlungen bestrafen, sollten Sie versuchen zu ergründen, was sie ausgelöst hat.

dürfnisse nicht erfüllt werden, werden sie geistig und seelisch geschädigt - und besonders letzteres ist nicht nach außen hin sichtbar. Es ist unsere Verantwortung, zu lernen, wie wir diesen Bedürfnissen Rechnung tragen können, um dem Pferd unter unserer Obhut rundum Wohlbefinden vermitteln zu können.

Denken Sie wie ein Pferd

Wenn ich das Denken von Pferden beschreibe, verwende ich gerne zwei Begriffe: linke und rechte Gehirnhälfte. Wenn Pferde mit der »linken Gehirnhälfte denken«, denken sie rational. Sie sind ruhig, lernbereit und können sich gedanklich mit Situationen und an sie gestellten Anforderungen auseinander setzen.

Wenn sie mit der »rechten Gehirnhälfte denken«, denken sie nicht, sondern handeln instinktgemäß. Sie befinden sich im überlebenswichti-

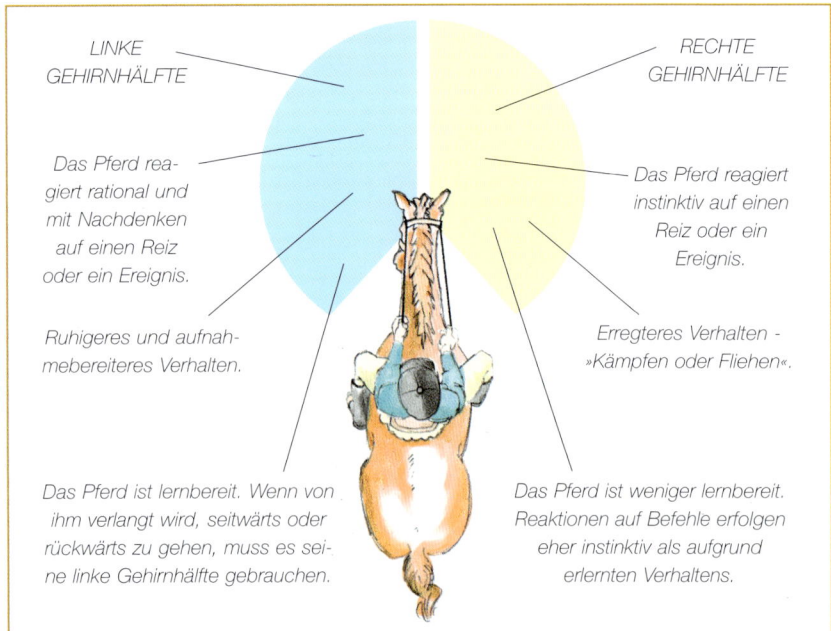

LINKE GEHIRNHÄLFTE

Das Pferd reagiert rational und mit Nachdenken auf einen Reiz oder ein Ereignis.

Ruhigeres und aufnahmebereiteres Verhalten.

Das Pferd ist lernbereit. Wenn von ihm verlangt wird, seitwärts oder rückwärts zu gehen, muss es seine linke Gehirnhälfte gebrauchen.

RECHTE GEHIRNHÄLFTE

Das Pferd reagiert instinktiv auf einen Reiz oder ein Ereignis.

Erregteres Verhalten - »Kämpfen oder Fliehen«.

Das Pferd ist weniger lernbereit. Reaktionen auf Befehle erfolgen eher instinktiv als aufgrund erlernten Verhaltens.

LINKE/RECHTE GEHIRNHÄLFTE
Ein Pferd kann verschieden auf eine Situation reagieren: rational und besonnen (linke Gehirnhälfte) oder intuitiv und emotional (rechte Gehirnhälfte).

gen Zustand »Fliehen oder Kämpfen«, in dem keine Zeit für das Nachdenken bleibt. Ein Pferd kann galoppieren und weiter »rechts denken«, weshalb Longieren nicht besonders gut dazu geeignet ist, Pferde zu beruhigen. Wenn es aber seitwärts oder

rückwärts gehen soll, muss es zwangsweise darüber nachdenken, weil es sonst über seine eigenen Beine oder irgendwelche Gegenstände stolpert. Bleiben Sie ruhig und konsequent, bis das Pferd von der rechten auf die linke Gehirnhälfte umschaltet. Sobald dies geschieht, sehen Sie oft, wie das Pferd seine Lippen leckt oder »kaut«. (Das tut es auch, wenn es gerade etwas Neues von Ihnen gelernt hat).

In der Herde lebende Pferde, egal ob wild oder domestiziert, etablieren ihren Gruppenstatus und ihren Einfluss auf die anderen Pferde, indem sie verschiedene Bewegungsmuster zeigen, welche die Grenzen ihrer Individualsphäre klar machen und das Verhalten der anderen beeinflussen. Pferde können keine Gedanken erraten und der Umgang mit einem so großen Tier kann gefährlich sein - fast jeder Pferdebesitzer ist irgendwann einmal getreten oder durch die Gegend gezogen worden. Wenn wir die Sprache und Bewegungsmuster nachahmen, die Pferde verstehen, können wir Ihnen gewaltlos mitteilen, dass wir uns von ihnen mehr Leichtigkeit und weniger Rüpelei wünschen - indem wir sie führen, ohne am Strick zu zerren und damit zu schlagen.

Pat Parelli hat ein System entwickelt, das »Die sieben Spiele« heißt. Sie ahmen Spiele nach, die Pferde in der Herde untereinander spielen, zum Beispiel Zusammenkommen, im Kreis laufen, Wegjagen und so weiter und werden in bestimmter Reihenfolge vom Boden aus gespielt. Die Übersetzung dessen, was der Mensch vom Pferd will, in Spiele verbessert die Kommunikation zwischen Pferd und Reiter. Das Ergebnis ist eine unmittelbarere Kooperation von Seiten des Pferdes, ohne dass Gewalt angewendet werden muss.

Der Herdeninstinkt

»Seien Sie nicht überrascht von dem Bedürfnis des Pferdes, bei der Herde bleiben zu wollen oder zu anderen Pferden hin zu streben. Die Herde bedeutet Sicherheit, und wenn ein Pferd sich unsicher fühlt, sucht es nach ihr. Es tut das Gleiche mit dem Stall oder der Wiese, weil es gelernt hat, sich dort sicher zu fühlen. Es versucht jedes Mal, wenn es sich unsicher fühlt, dorthin zurück zu kehren.

Je mehr Respekt ein Pferd Ihnen und Ihrer Führungsrolle entgegenbringt, desto weniger klebt es an der Herde oder am Stall. Wenn Sie Sicherheit bieten, wird es bei Ihnen bleiben, anstatt nach der Herde zu suchen.«

Der Oppositionsreflex (Widerstandsreflex)

Ein Pferd neigt dazu, instinktiv das Gegenteil von dem zu tun, was das Raubtier von ihm erwartet - eine Reaktion zur Selbstverteidigung. Der Oppositionsreflex äußert sich z. B. in Angst, Schmerzen, Wut, Verwirrung, Nichtverstehen und auch in mangelndem Respekt. Beispiele für den Oppo-

> **66** Je mehr Respekt ein Pferd für Sie und Ihre Führungsrolle hat, desto weniger »klebt« es am Stall. Bieten Sie Sicherheit, möchte es bei Ihnen bleiben und sucht nicht nach der Herde. **99**

Unten: *Pat Parelli hat viel Übung darin, den Oppositionsreflex beim Pferd zu überwinden. Hier vermeidet er Blickkontakt und erreicht über gezielte Bewegungen Aufmerksamkeit*

Unten: Beutetiere reagieren entweder aggressiv oder defensiv auf Angst oder Schmerzen. Wenn ihre Bewegungen eingeschränkt werden (z.B. beim Reiten), sind die Reaktionen oft auf einen schlagenden Schweif oder zusammmgebissene Kiefer beschränkt.

sitionsreflex umfassen beißen, treten, rückwärts gehen, durchgehen, nach rückwärts ziehen, Widerstand gegen das Gebiss, Schweifschlagen, Zähneknirschen, Ohren anlegen, stehen bleiben, nach rechts ziehen wenn Sie nach links wollen usw. Die meisten Menschen glauben, dass es sich um Untugenden oder Ungehorsam handelt, in Wirklichkeit aber haben diese Handlungen mehr mit der Beziehung zwischen Beutetier und Raubtier zu tun.

Den Oppositionsreflex zu verstehen ist wichtig, um die Reaktionen von Pferden zu begreifen. Es stimmt, dass mangelnder Respekt eine Rolle spielt, aber die Ursachen dafür sind mangelndes Vertrauen in den Menschen. Auch Menschen haben einen Oppositionsreflex! Sie verspannen sich und klammern mit allen ihren »Krallen«. Sie zerren an den Zügeln und klemmen mit den Schenkeln (was dem Pferd Angst macht!). Angst, Frustration und Wut sind seine Hauptauslöser.

Beutetierreaktionen

Wenn Beutetiere ängstlich, unsicher, wütend, frustriert oder verletzt werden, fühlen sie sich gezwungen, wegzulaufen. Wenn sie ihre Beine nicht bewegen können, bewegen sie stattdessen den Schweif, die Kiefer, die Lippen etc. Man nennt dies eine Übersprungs-oder Ersatzhandlung. Typische Reaktionen sind: gegen den Zügel gehen, auf das Gebiss beißen, Kopf- und Schweifschlagen, steigen, nicht vorwärtsgehen, sich nicht verladen lassen, den Hals steif machen, nicht stillstehen, scharren beim Anbinden, den Schweif einklemmen, sich nicht fangen lassen, kleben, und so weiter …

Raubtierreaktionen

Wenn Raubtiere ängstlich, unsicher, wütend oder frustriert sind, bewegen sie nicht die Beine, sondern fahren alle »Krallen« aus. Typische Reaktionen bei Reitern sind: Die Hände krampfen sich

Oben und links: Ein Pferd behandelt seinen Besitzer nicht anders als andere Pferde. Das hier heißt: »Bleib mir von Leib« und Sie müssen äußerst dickfellig sein, wenn Sie diese Warnung ignorieren wollten. Aber warum sind Sie so unbeliebt?

fest um die Zügel, die Beine klammern sich an die Pferdeseiten, die Bauchdecke wird angespannt, der Sitz verkrampft, der Atem wird angehalten, der Blick starr, das Denken setzt aus, sie begeben sich in die Position »Kampf oder Ver-

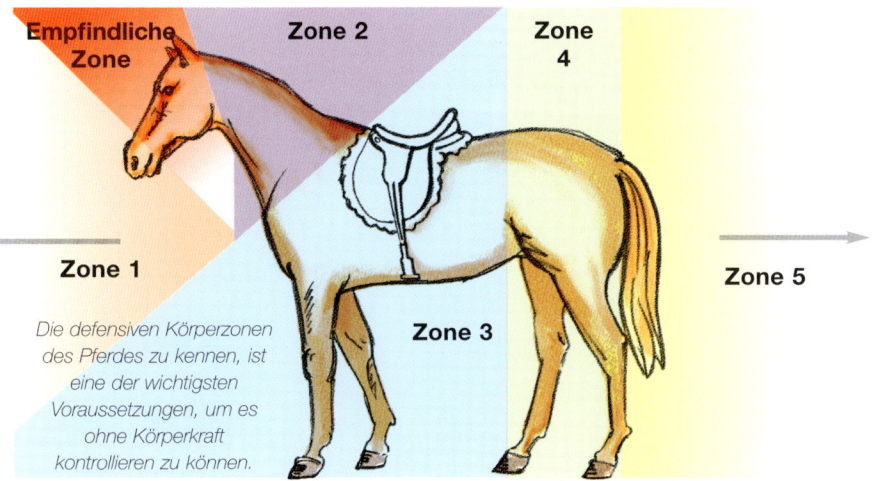

Die defensiven Körperzonen des Pferdes zu kennen, ist eine der wichtigsten Voraussetzungen, um es ohne Körperkraft kontrollieren zu können.

teidigung«, sie schreien, schlagen, treten, ziehen und zerren ...ihr Ehrgeiz, zu siegen und die Oberhand zu behalten kommt ins Spiel.

Die »Zonologie« oder Zonenlehre

Diese Wortschöpfung bezeichnet Pat Parelli's Konzept, das Pferd in Nachahmung des natürlichen Pferdeverhaltens mit Händen, Beinen und anderen Hilfen nach vorn, hinten oder zur Seite zu bewegen. So wie ein Pferd ein anderes Pferd durch Anstupsen oder Schlenkern mit dem Hals in Richtung Kopf, Flanke etc. zum Richtungswechsel bewegen kann, können auch wir das Pferd besser steuern, wenn wir lernen, aus der richtigen Position heraus die richtigen Hilfen zu geben. Er erklärt es so: »Mit diesem System finde ich heraus, in welcher Position ich mich zum Pferd befinden muss, wenn ich etwas von ihm verlange. Es hilft beim systematischen Vorgehen und Entdecken von Körperzonen, auf deren Reizung das Pferd defensiv reagiert.«

Die Kenntnis dieser Zonen ermöglicht Ihnen, dem Pferd das Ausweichen vor Druck beizubringen. Um das Pferd von sich wegzuschicken, befinden Sie sich in Zone 1 und treiben Zone 1, dann positionieren Sie sich in Zone 1 und treiben Zone 4, um die Hinterhand des Pferdes freizumachen und es zu sich zurückzubringen.

Das Pferd hat fünf aktive und eine empfindliche Zone (s. Diagramm). Die Vorderbeine fallen in Zone 3, die Hinterbeine in Zone 4. Die Hinterhand inklusive der Region unter dem Schweif befindet sich in Zone 4. Die Zonen 1, 4 und die empfindliche Zone haben auch eine Innenseite: im Maul, den Nüstern, Ohren und im 'Loch unter dem Schweif.' (Es gibt auch noch die siebte Zone, den Intimbereich des Pferdes).

Die meisten Menschen verlangen nie viel von ihren Pferden oder tun größtenteils um des lieben Friedens willen das, was das Pferd möchte. Manche haben sich so an das respektlose Verhalten ihrer Pferde gewöhnt, dass sie es für normal halten. Unser Ziel ist, all das zu ändern. Machen Sie sich bewusster, wie Ihr Pferd reagiert. Sie können lernen, wie Sie es im Rahmen einer von Liebe, Verständigung und Respekt getragenen Beziehung zum Reagieren bringen.«

Die Dynamik natürlichen Reitens

Um wie ein Naturmensch zu reiten, müssen Sie vieles vergessen, was Sie vielleicht gelernt haben: Absätze tief, Hände tief, treiben, treiben, treiben. Die Steifheit des »Reitschulreitens« wird durch natürlichere Leichtigkeit, Eleganz und eine bessere Beziehung zum Pferd ersetzt. Lassen Sie los, damit das Pferd Sie lehren kann, in Harmonie zu seinen Bewegungen zu kommen. Das sind die ersten Schritte, Teil Ihres Pferdes zu werden ...

Setzen Sie sich nicht einfach aufs gesattelte Pferd! Vergewissern Sie sich, dass Ihr Pferd sich geistig, seelisch und körperlich in der Lage befindet, gut mit Ihnen zusammenzuarbeiten. Übrprüfen Sie Ihr Pferd vor der Arbeit, wie ein Pilot, der vor dem Starten seines Flugzeuges einen Check durchführt. Ein ruhiges und mitdenkendes Pferd ist beim Reiten sicherer als eines, das voll aufgestauter Energie und Spannung steckt oder Angst hat.

DIE SECHS ZONEN
Die Zeichnung zeigt die sechs Zonen, von denen die Reaktionen des Pferdes bestimmt werden.

Unten: Beim Reiten geht es nicht um einfache Beherrschung des Pferdes, sondern darum, eine Partnerschaft zu entwickeln. Echten Erfolg haben Sie , wenn das Pferd mit Ihnen arbeiten will.

Verfassungs- und Gesundheitskontrolle

Ist das Pferd aufmerksam und erfreut Sie zu sehen? **NEIN** **JA**

Ist Ausfluss aus den Nüstern vorhanden? Sind die Augen stumpf oder tränen? **NEIN** **JA**

Sind die Augen klar und glänzend? **NEIN** **JA**

Macht es auf Sie einen gleichgültigen, desinteressierten oder schlecht gelaunten Eindruck? **NEIN** **JA**

Sind die Schleimhäute an Auge, Nüstern und Zahnfleisch von zartrosa Farbe? **NEIN** **JA**

Erscheint das Pferd unruhig, angestrengt und fühlt sich nicht wohl? **NEIN** **JA**

Drückt seine Körperhaltung Gesundheit aus? **NEIN** **JA**

Verlagert es sein Gewicht von einem Bein aufs andere, schlägt mit dem Kopf, wirkt insgesamt unruhig? **NEIN** **JA**

Denken Sie nicht ans Reiten, bevor Sie nicht die Ursache des Problems gefunden haben.

Das Pferd scheint glücklich und gesund zu sein. Sie können weitermachen.

❑ **Sichtkontrolle des Körpers** Überprüfen Sie Rumpf und Beine auf Schnitte, Stichwunden, Bisse, Druck- und Scheuerstellen, Schrammen, Mauke etc. Schauen Sie, ob die Beine nicht dick und geschwollen sind. Kratzen Sie die Hufe aus und überprüfen sie auf unnormale Wärme.

❑ **Kontrolle des Sattelzeugs** Überprüfen Sie Sitz und Passform des gesamten Sattelzeugs. Sind alle Stellen, die mit der Haut in Kontakt kommen, sauber und können keine Scheuerstellen verursachen?

❑ **Ziehen Sie den Sattelgurt allmählich an und kontrollieren Sie das Gebiss** Überprüfen Sie den Sitz des Gebisses im Maul. Ist es dem Pferd bequem oder könnte es Probleme geben? Überprüfen Sie das Maul auf Verletzungen und wunde Stellen.

❑ **Machen Sie Dehnübungen vor dem Aufsitzen** Ziehen Sie die Vorderbeine nach vorne heraus, damit die Hautfalten unter dem Gurt sich glätten. Führen Sie das Pferd rechts und links herum in einem kleinen Kreis, damit es sich lockern und an das Gefühl des Sattelzeugs gewöhnen kann.

❑ **Sitzen Sie langsam auf** Ideal ist ein Aufsitzen von einem Hocker aus. Lassen Sie Ihr Gewicht sanft in den Sattel gleiten.

❑ **Wärmen Sie das Pferd langsam auf** Beginnen Sie mit mindestens fünf Minuten Schritt am langen Zügel, damit es sich strecken kann. Es sollte Interesse und Spaß an seiner Arbeit haben.

Wenn Sie die Sprache und das Denken des Pferdes verstehen lernen, wissen Sie auch, wie man aufgestaute Energie umlenken und ein Pferd zum Mitdenken bringen kann, ohne auf die Erfüllung der gestellten Aufgabe zu verzichten. Wenn Sie den ganzen Tag im Stall verbracht hätten und dann endlich ins Freie kämen, würden Sie nicht auch herumtoben, laufen, sich ausstrecken und spielen wollen? Mehr Disziplin ist nicht das, was ein Pferd in dieser Lage braucht. Es braucht etwas Konstruktives, in das es seine Energien stecken kann.

Das angespannte, ängstliche, fluchtbereite Pferd ist eine tickende Zeitbombe. Sie müssen nicht, ja Sie sollen nicht auf es aufsteigen, bis es wieder ruhig und aufmerksam ist. Manche Pferde brauchen länger als andere, um sich einzustellen. Nehmen Sie sich auf jeden Fall diese Zeit, letztendlich sind Sie damit sogar schneller. Sie und Ihr Pferd überleben und haben Spaß!

Vergessen Sie alte Gewohnheiten

Auf natürliche Weise reiten heißt, alte Gewohnheiten wie in die Seiten treten zum Vorwärtsgehen und an den Zügeln ziehen zum Anhalten zu vergessen. Oft ist die Auflösung von Mustern der beste Weg. Wenn Sie zum Beispiel gewohnt sind, die Zügel in beiden Händen zu halten, werden Sie immer dann, wenn Sie die Zügel in zwei Händen haben, das Gewohnte tun - daran ziehen! In den ersten Stunden lassen wir unsere Schüler deshalb immer einhändig und nur mit einem Halfterstrick reiten! (Keine Sorge, wir bereiten sie gut darauf vor und die Sicherheit wird nie vernachlässigt). Ich kann Ihnen Hunderte von Menschen nennen, die ihre Pferde früher mit scharfen Gebissen und allen möglichen Hilfszügeln ritten und nach ganz kurzer Zeit ruhigere Pferde und weniger Probleme hatten, sie zu kontrollieren … einfach dadurch, dass sie ihre alte Art des Reitens neu überdachten.

Pferde, die nicht anhalten wollen und außer Kontrolle geraten sind weder dumm noch unsensibel, sondern verwirrt. Sie verstehen nicht, was man von ihnen will. Sie verhalten sich wie Beute-

> 66 Das angespannte, ängstliche, flucht-
> bereite Pferd ist eine tickende Zeitbombe. Sie
> müssen nicht, ja Sie sollen nicht auf es
> aufsteigen, bis es wieder ruhig und
> aufmerksam ist. 99

Oben und links: Es ist schon imponierend, Pat Parelli schwierige Lektionen nur mit einem Strick um den Hals des Pferdes reiten zu sehen. Er zeigt, wie wichtig es ist, sich in ein individuelles Tier einzufühlen.

tiere, nämlich defensiv, und versuchen zu fliehen. Sie können all das ändern. Mit ein wenig Psychologie, dem Ändern alter Verhaltensmuster und Entspannung in Körper und Geist haben Sie ein anderes Pferd - weil das Pferd einen anderen Menschen hat. Bruce Lee hat einmal gesagt, dass man zum Erlernen der Selbstbeherrschung nicht die Muskeln, sondern den Geist trainieren muss. Sie müssen auf mentaler und emotionaler Ebene eine ebenso große Entwicklung durchmachen wie auf der körperlichen Ebene.

Wenn Sie das Reiten auf natürlichere Weise neu erlernen, werden Sie feststellen, dass es nur wenig Ähnlichkeit mit den üblichen Reitstunden hat! Bevor Sie versuchen, Ihr Pferd zu steuern, müssen Sie erst einmal ein guter Passagier sein. Und wenn Sie mit dem Steuern beginnen, dann reiten Sie mit dem ganzen Körper, konzentriert und unabhängig von den Zügeln als Festhaltegriff und Kontrollinstrument. Sie werden die natürlichsten Wege entdecken, Ihr Pferd vorwärts, rückwärts und zur Seite treten zu lassen oder die Richtung zu wechseln.

Das Ziel ist, zu lernen, ein Teil des Pferdes zu werden.«

Fazit

In der Regel vermeiden Pferde Konfrontationen und ertragen eine ganze Menge Unangenehmes ohne Gegenwehr. Sie folgen lieber, als zu führen - das hat sie so leicht für den Menschen nutzbar gemacht. Diese Bereitschaft zu dienen macht es auch leicht, sie auszunutzen und zu missbrauchen, sicher ist es aber befriedigender, gute Leistungen mit einem willig mitarbeitenden Pferd zu erreichen anstatt durch rohe Gewalt.

COOL BLEIBEN

Versuchen Sie nie, ein Pferd auszubilden, wenn Sie gestresst oder ungeduldig sind. Ungeduld führt zu Frustation. Machen Sie stattdessen einen Spazierritt und beruhigen Sie sich beide.

KAPITEL 3

Der Stall aus der Sicht des Pferdes

Wenn Sie an den Kauf eines Pferdes denken, lautet die wichtigste Frage: Wo soll ich es halten? Sicher hätten die meisten am liebsten selbst Wiesen und Stall nah am Haus. Eine Alternative bieten Pensionsställe, die nach unterschiedlichen Konzepten von der »Selbstversorgung« bis zur Rundumbetreuung für die Pferde gestresster Berufstätiger arbeiten. Sie können auch einen Stall und Weideland pachten.

Die meisten Menschen gehen davon aus, dass man unbedingt einen Stall braucht. In vielen Situationen ist er ja auch nützlich - zum Beispiel bei miserablem Wetter, zur Erholung nach einer Krankheit oder Verletzung oder einfach nur, um das Pferd sauber zu halten und ihm den letzten Schliff vor einer Veranstaltung zu geben.

Oben: »Wann komme ich endlich raus?« Ein Pferd braucht mehr als einen Stall zum Leben.
Rechts: Ein Gruppenlaufstall ist ideal geeignet, um Schutz und Sicherheit in Gesellschaft zu bieten. Viel mehr Betriebe sollten diese Haltungsform übernehmen.

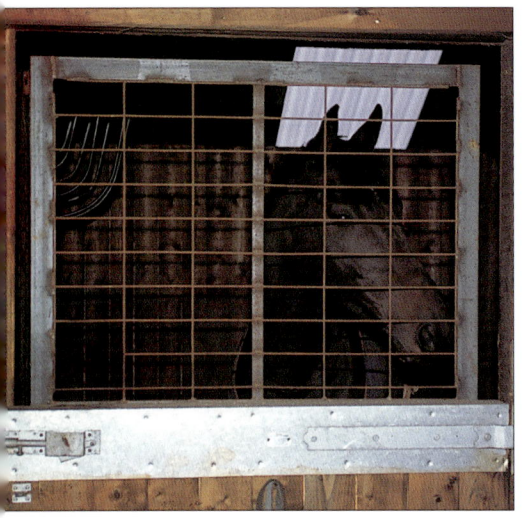

Aber ist ein Stall unerlässlich? Meiner Meinung nach sollten Ställe nur gelegentlich aus Gründen wie den oben genannten benutzt werden und nicht als »normales Zuhause« des Pferdes betrachtet werden. Uns gefallen Reitbetriebe mit blitzblanken Ställen, Blumenampeln, gefegten Hofflächen und ordentlichen Misthaufen, deren Außenanlagen einem Golfrasen mit makelloser Holzeinzäunung gleichen. Aus den halboffenen Boxentüren schauende und zum Gestreicheltwerden bereite Pferdeköpfe runden das idyllische Bild ab.

angebot wählen und das anregende und Sicherheit gebende Leben in der Gemeinschaft mit gut bekannten Artgenossen genießen können.

Warum hat Stallhaltung Tradition?

Seit Jahrhunderten stellen wir Pferde in den Stall. Pferde für den Transport, die Feldarbeit, die Armee oder den Sport wurden aufgestallt, damit sie jederzeit sauber zur Verfügung standen. Heute ist dies für einige Sportpferde immer noch so, aber zum Glück kommen sie in der Regel wenigstens zeitweise hinaus oder genießen, wie manche Poloponys oder Jagdpferde, mehrere Monate Weideurlaub zum Ausgleich für ihren

Ganz oben: Über Käfighaltung im Zoo regen sich viele Menschen auf, über Pferde im Stall aber erstaunlich wenige.

Oben: Pferde finden sich mit der Gefangenschaft ab, würden sie aber nie freiwillig wählen. Die Unterdrückung natürlicher Bedürfnisse wirkt sich auf alle Bereiche negativ aus.

Für die meisten Pferdebesitzer ist dies das Nonplusultra eines gut geführten Stalls und wird von ihnen in der Regel besser bewertet als ein ebenso gut geführter Betrieb mit etwas schäbigen Boxen, einer von Hecken und glattem Elektrodraht umfassten Wiese und über den Hof wandernden Katzen oder einem alten Ziegenbock. Pferde sind zum Draußensein geschaffen und sind am glücklichsten, wenn sie frei über weite Landstriche ziehen, aus einem vielfältigen Futter-

Lebensstil. Die Stallhaltung als »Norm« zu akzeptieren, hat sich als Teil der von uns als korrekt empfundenen Pferdehaltung in unserem Denken zementiert. Viele fühlen sich als bessere Pferdehalter, wenn sie mit einem makellos sauberen, in

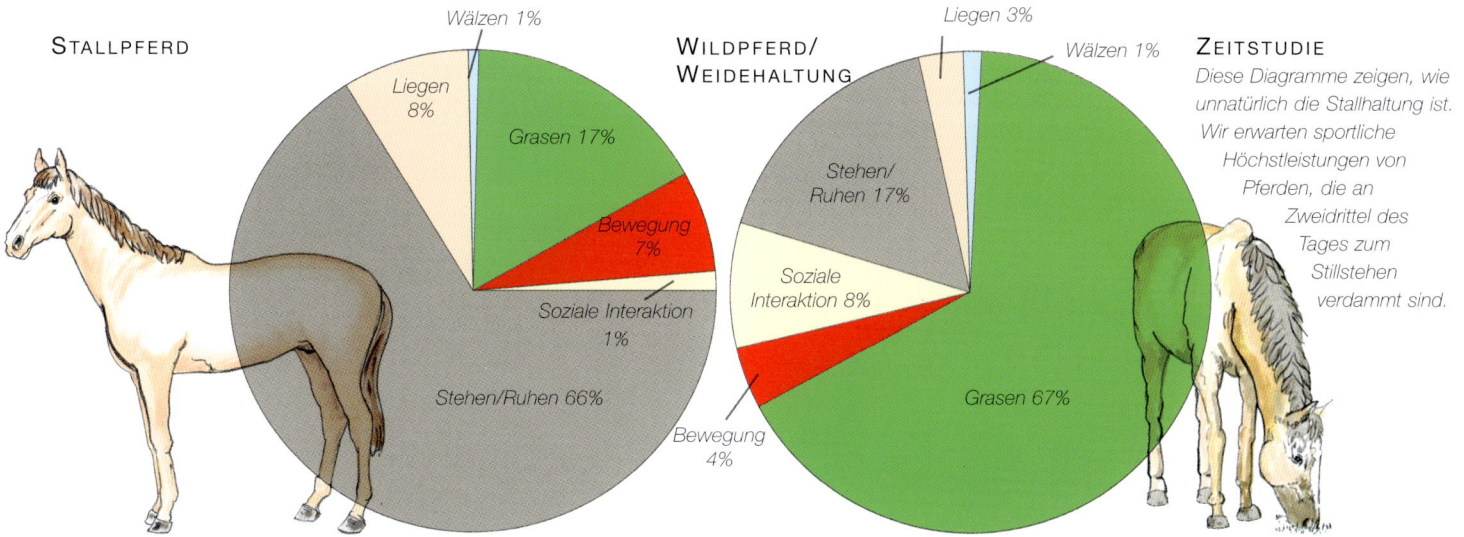

STALLPFERD

Wälzen 1%
Liegen 8%
Grasen 17%
Bewegung 7%
Soziale Interaktion 1%
Stehen/Ruhen 66%

WILDPFERD/WEIDEHALTUNG

Liegen 3%
Wälzen 1%
Stehen/Ruhen 17%
Soziale Interaktion 8%
Bewegung 4%
Grasen 67%

ZEITSTUDIE

Diese Diagramme zeigen, wie unnatürlich die Stallhaltung ist. Wir erwarten sportliche Höchstleistungen von Pferden, die an Zweidrittel des Tages zum Stillstehen verdammt sind.

" **Der Stall sollte nicht als das normale Zuhause eines Pferdes betrachtet werden.** "

teuren Decken gepackten Pferd und farblich passenden Futtereimern in einem schicken Stall gesehen werden. Wir müssen aber unser Empfinden von Ästhetik zurückstellen und zumindest die Zeit der Stallgefangenschaft im Hinblick auf die Bedürfnisse unseres Pferdes anstatt der eigenen Meinung oder der von anderen überdenken. Ein Pferd würde sich niemals freiwillig länger als einige Stunden am Tag in einem Stall aufhalten, und außer bei Verletzungen oder Krankheiten ist es absolut inakzeptabel, es 24 Stunden am Tag einzusperren. Wenn Ihr Stall keinen täglichen Weidegang anbietet und nicht garantiert ist, dass Ihr Pferd täglich beschäftigt wird (z.B. durch

Oben: *Optisch schöne Stallungen sind ein Bonus, aber nicht unbedingt besser aus der Sicht der Pferde. Fragen Sie sich immer, wie und wo ein Pferd hier arbeiten, ruhen und spielen kann.*

Links: *Dieser Stall wirkt ein wenig schäbig, aber seine Bewohner, die aus jeder Seite der Box hinausschauen können, stört das wenig.*

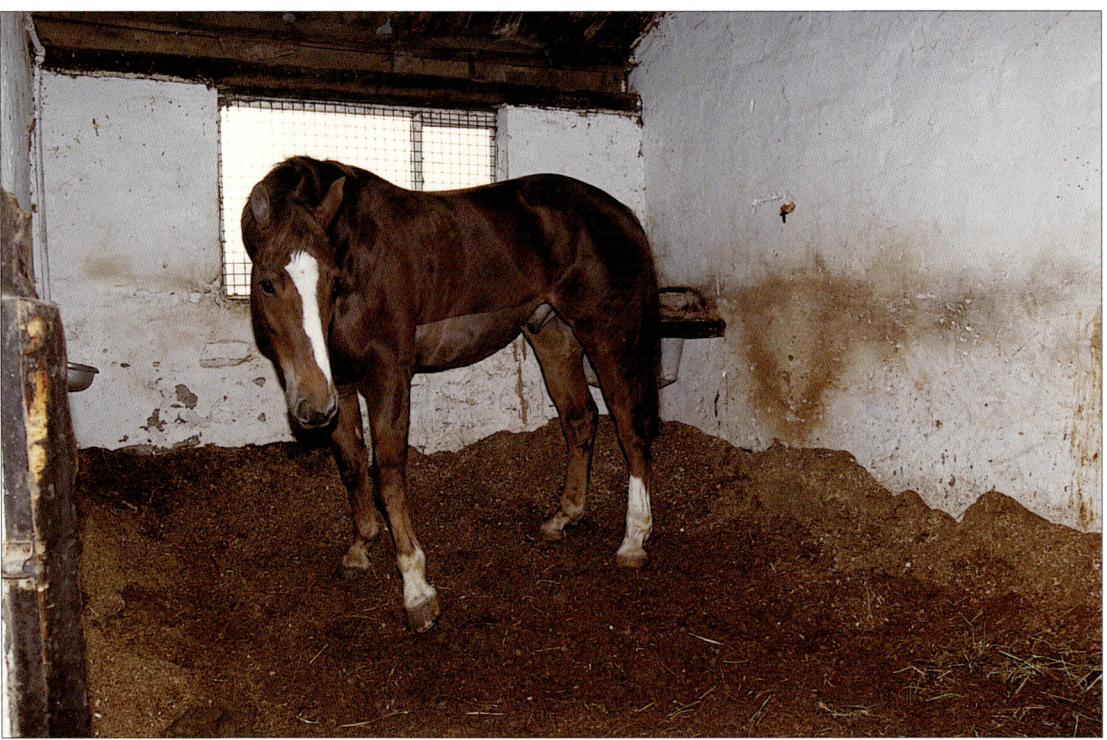

> 66 **Wenn Ihr Stall keinen täglichen Weidegang anbietet und nicht garantiert ist, dass Ihr Pferd täglich beschäftigt wird (z.B. durch Reiten oder gemeinsamen Auslauf mit anderen Pferden), dann wechseln Sie den Stall.** 99

Rechts: Jeder Stall ist letztendlich ein Gefängnis. Außer bei Krankheiten und Verletzungen ist es absolut inakzeptabel, ein Pferd 24 Stunden pro Tag zu »verhaften«.

Gegenüber: Dieses Bild spricht für sich selbst. Das Bemühen um eine möglichst artgerechte Haltung wirkt sich positiv auf Leistung, Temperament und Gesundheit aus.

VERHAFTET

Das Argument, Pferde hätten sich im Laufe der Domestikation an die Stallhaltung gewöhnt, ist nicht haltbar. Oder haben Sie je darüber nachgedacht, Ihren Hund oder Ihre Katze in einem Käfig von der Größe eines Kühlschrankes zu halten?

Reiten oder gemeinsamen Auslauf mit anderen Pferden in der Halle), dann wechseln Sie den Stall. Täglich heißt auch täglich - sieben Tage die Woche! Wenn Sie Montag- und Mittwochmittag je für eine Stunde reiten, am Dienstag aber nicht kommen, steht Ihr Pferd 35 Stunden lang in seiner »Zelle«! Anschließend wartet es vielleicht noch drei weitere Tage, bis es am Wochenende hinausgelassen wird. Leider handeln viele »ehrenhafte« Pferdebesitzer so!

Um sich vorstellen zu können, wie schrecklich diese übliche Praxis für ein Pferd ist, versuchen Sie einmal, sich 24 Stunden lang in einem Raum ohne Fernseher oder etwas zu Lesen aufzuhalten. Sie essen und schlafen alleine in diesem Raum, nur durchs Fenster können Sie andere Menschen sehen. Und bedenken Sie, dass Pferde nicht wie wir 8 von diesen 24 Stunden in tiefem Schlaf verbringen!

Aber mein Pferd will unbedingt rein! Auch wenn man Pferde oft ungeduldig am Koppeltor stehen sieht, die scheinbar darauf warten, endlich hineingelassen zu werden, liegt das meistens daran, dass sie den Stall mit Futter oder der Vorbereitung zum Gerittenwerden in Verbindung bringen. Sobald sie gefüttert wurden oder vom Reiten zurückkommen, würden sie viel lieber wieder zum Grasen nach draußen gehen, anstatt im Stall gefangen zu sein.

Wenn meine Pferde nachts im Stall waren und ich morgens verschlafe, habe ich ein enorm schlechtes Gewissen, weil ich weiß, dass sie ungeduldig darauf warten, hinausgelassen zu werden oder wenigstens Heu zu bekommen. Ein oder zwei Stunden Verspätung machen Pferden, die freien Zugang aus dem Stall zur Koppel haben, nichts aus. Es macht auch Ihnen das Leben leichter, wenn den Pferden 24 Stunden am Tag Futter zur Verfügung steht.

Wenn Pferde aufgestallt werden, weil sie ein hohes Arbeitspensum haben und stets tipptopp aussehen sollen, werden sie möglicherweise »sauer« und beginnen ihre Arbeit zu hassen. Da sie immer damit rechnen, gleich geritten zu werden, können sie nie richtig abschalten und ausruhen. Oft hilft es, wenn sie einen regelmäßigen

WEBEN

Ein Pferd »webt«, wenn es sein Gewicht ständig von einem Vorderbein auf das andere verlagert und dabei Kopf und Hals seitlich bewegt, meistens über der Boxentür. Weben ist Ausflucht aus einer Stress-Situation.

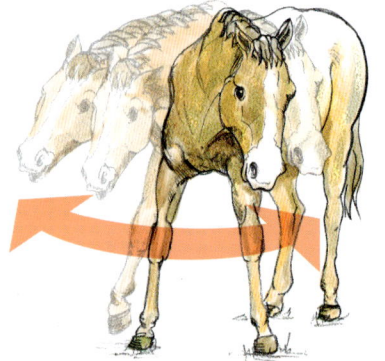

freien Tag bekommen, an dem sie einfach den ganzen Tag draußen sind und nicht angefasst werden, bis sie am Abend wieder in den Stall kommen. So haben sie die Möglichkeit, einfach nur Pferd zu sein, anstatt dauernd zu unserer Verfügung zu stehen. Auch wenn eine solche »Auszeit« nicht jede Woche machbar ist, sollte doch wenigstens der Tagesablauf variiert werden, damit das Pferd nicht glaubt, nur zum Reiten, Longieren oder Putzen geholt zu werden. Wenn es sonst immer ein Halfter trägt, können Sie es zum Beispiel ohne Halfter hinauslassen oder auf eine andere Koppel. So wird der Alltagstrott durchbrochen und das Pferd kann sich voll unter seinesgleichen entspannen.

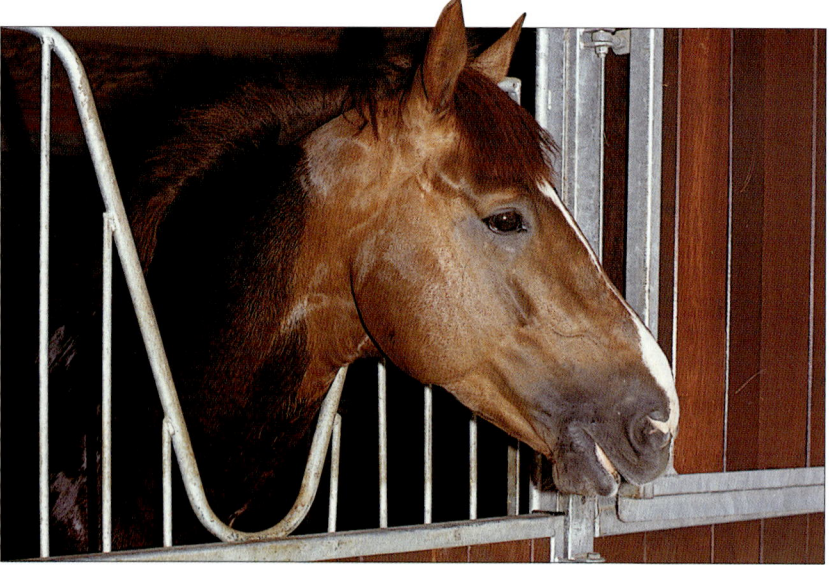

NORMALES GEBISS	STARKE ABNUTZUNG

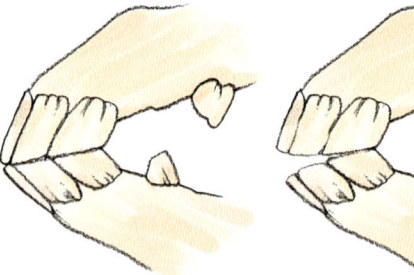

DAS GEBISS EINES KOPPERS

Die Schneidezähne eines Koppers nutzen sich unnatürlich stark ab, was später zu Problemen führen kann. Manche Pferde koppen auch frei.

🐎 **Oben:** *Die Montage solcher Türgitter gegen das Weben zielt nur auf das Symptom, nicht auf die Ursache. Die »Untugend« ist mangelhafte Haltung.*

🐎 **Oben rechts:** *Beim Koppen werden körpereigene Endorphine freigesetzt. Auslauf und Gesellschaft helfen, das Pferd anderweitig zu beschäftigen.*

Stalluntugenden

Lange Zeit aufgestallte Pferde entwickeln oft Untugenden wie Koppen, Weben oder Umherlaufen in der Box, was wiederum zu Stress und Depressionen führt. Selbst Pferde, denen man äußerlich keine Auswirkungen dieser Haltungsform anmerkt, haben oft Probleme mit Kreislauf, Stoffwechsel oder Atemwegen, wodurch Gesundheit und Leistungsfähigkeit beeinträchtigt werden.

Wenn Ihr Pferd lange Zeit im Stall bleiben musste und bereits webt oder koppt, sollten Sie »einfache Lösungen« wie Anti-Web-Gitter etc. vermeiden. Ich erinnere mich an eine Besitzerin, die ein solches Gitter an der Boxentür anbrachte, aber ihr Pferd fand innerhalb kürzester Zeit einen Weg, nur mit dem Kopf zu »weben«, da es den Rest des Körpers nicht bewegen konnte. Als sie schließlich die Tür ganz verbarrikadierte, damit das Pferd nicht mehr den Kopf herausstrecken konnte, begann es, in der Box umherzulaufen. Solche Mittel verstecken also nur die Symptome, ohne das Übel an seiner Wurzel, nämlich der Langeweile, zu packen. Wir können die angeborenen Bedürfnisse dieser bewegungshungrigen und freiheitsliebenden Tiere nur bis zu einer gewissen Grenze unterdrücken.

Was wir als Verhaltensstörung betrachten, ist vielleicht für unser Pferd nur der einzige Weg, seine Frustration oder Anspannung auszudrücken; indem es z.B. gegen die Boxentür tritt, wenn es die Futtereimer klappern hört oder wild mit dem Kopf schlägt, weil es hofft, als nächstes auf die Weide gebracht zu werden.

Genau wie beim Menschen setzt der Körper bei Bewegung Endorphine (körpereigene, stimmungshebende Substanzen) frei, während Stress, Langeweile oder Angst die Ausschüttung des Neurotransmitters Serotonin im Gehirn unterdrücken kann - Depression ist die Folge. Leider sind stereotype Verhaltensmuster sehr schwer wieder abzustellen, wenn sie sich einmal etabliert haben.

Ihr Stall soll ein Palast und kein Knast sein? Dann stellen Sie sich einmal vor, wie sich Ihr Pferd in einer 3x3 Meter großen Box fühlt. Für sich selbst würden Sie sich ein weiches, warmes Bett, genügend Essensvorräte im Kühlschrank und ein spannendes Fernsehprogramm wünschen.

Außer Einstreu und Heu/Futter sollten Sie Ihrem Pferd also auch die Möglichkeit geben, andere Pferde oder Menschen zu beobachten. Wenn das nicht funktioniert, weil es auf Ihrem Hof zu ruhig ist, können Sie das Radio anschalten, um eine bessere Atmosphäre zu schaffen. Es gibt heute auch Spielzeug auf dem Markt, mit dem man aufgestallte Pferde beschäftigen kann. Recht teuer, aber gut sind solche, bei denen das Pferd versuchen muss, an darin verstecktes Futter zu kommen.

Eine gute Alternative ist es, eine Zuckerrübe frei baumelnd an einer Schnur aufzuhängen, Karotten im Stroh zu verstecken oder frische Weidenzweige zur Verfügung zu stellen, an denen Pferde nur zu gerne nagen (mit dem positiven Nebeneffekt, dass die Inhaltsstoffe der Weide beruhigend wirken).

🐎 **Unten:** *Gesellschaft ist durch nichts zu ersetzen, aber Stallspielzeuge bieten zumindest eine kurzfristige Beschäftigung.*

❝ **Was wir Fehlverhalten nennen, ist nichts anderes als der Versuch des Pferdes, uns seine Frustration oder Ungeduld mitzuteilen.** ❞

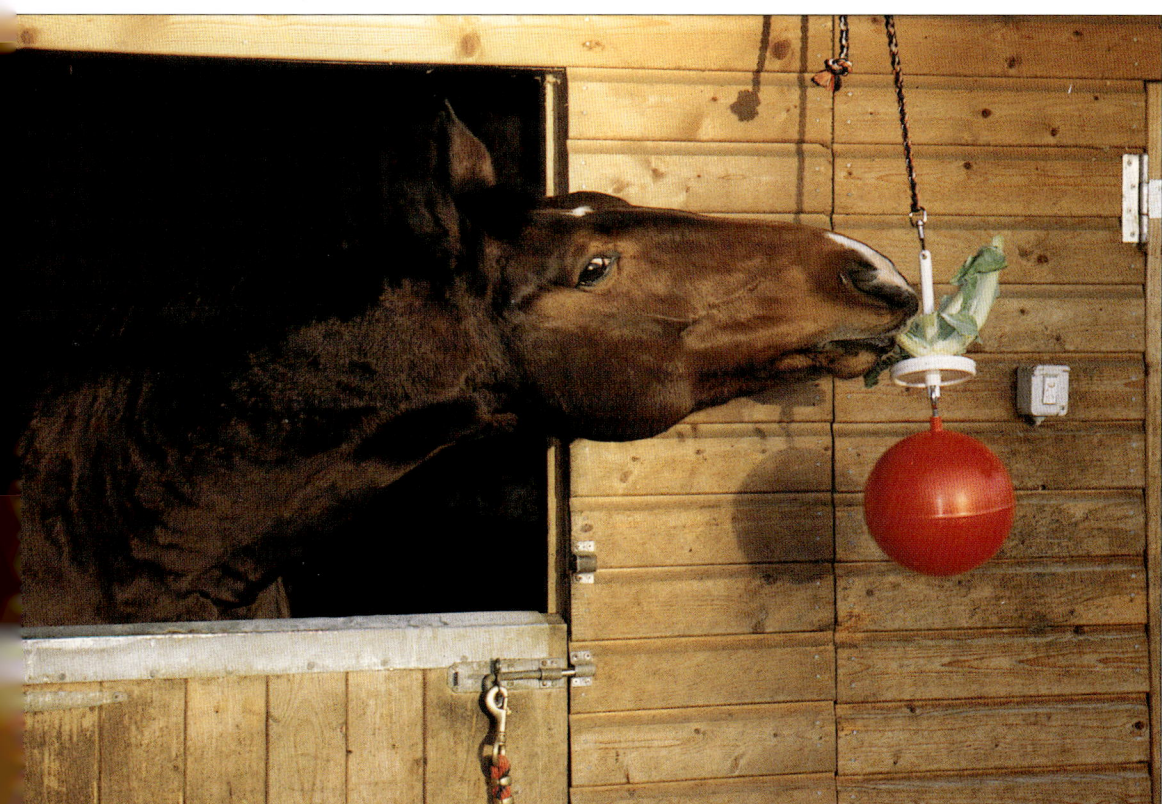

🐎 **Links:** *Pferde sind intelligent und neugierig - dieses hier hat Spaß mit der Kombination aus Spielzeug und Leckerbissen. Sie können auch Karotten zum Suchen in der sauberen Einstreu verstecken - aber Vorsicht vor Mäusen!*

Sieben Schritte zur Vermeidung von Langeweile bei Pferden

Unten: Pferde hassen es, allein zu sein. Diese Stallkonstruktion ermöglicht den Boxennachbarn etwas Kontakt.

Oben: Pferde genießen auch die Abwechslung bietende Gesellschaft anderer Tiere. Letzten Winter wurde bei uns ein Paar wilder Fasane von Pferdefutter angezogen - und meine Pferde teilten bereitwillig mit ihnen.

1 Schaffen Sie einen Ausguck. Die Beobachtung von Bewegungen und Aktivitäten regt den Geist an, egal, ob das Pferd Menschen, Tieren oder landwirtschaftlichen Maschinen bei der Feldarbeit zusieht.

2 Bieten Sie Kontakt zu Artgenossen. Falls Ihr Pferd auf der Weide gehalten wird, geben Sie ihm Pferdegesellschaft »zum Anfassen«. Wenn das nicht geht, sorgen Sie dafür, dass wenigstens auf angrenzenden Weiden Pferde stehen, die es riechen und mit denen es kommunizieren kann. Aufgestallte Pferde müssen andere Pferde sehen können, auch wenn dies kein Ersatz dafür ist, sich frei in der Gruppe zu befinden. Lassen Sie Ihr Pferd deshalb häufig mit wenigstens einem weiteren Pferd zusammen hinaus, mit dem es sich anfreunden kann.

3 Bieten Sie viele Stunden Futterbeschäftigung. Das Verdauungssystem des Pferdes ist darauf eingerichtet, den ganzen Tag über beim Grasen kleine Futtermengen aufzunehmen, und nicht, um wie wir ein oder zwei große Mahlzeiten am Tag zu verarbeiten. Ein engmaschiges Heunetz und mehrere kleine Mahlzeiten pro Tag sind besser für die Verdauung und beschäftigen das Pferd länger.

4 Bieten Sie eine Aufgabe. Pferde sind intelligent und sind in der Wildnis mit Futtersuche beschäftigt. Um Stallpferde geistig anzuregen, können Sie Karottenstückchen unter der sauberen Einstreu verstecken oder eine Zuckerrübe frei an einem Seil aufhängen. Es gibt auch spezielle Spielzeuge, in die Kräuterlutscher eingebaut sind oder solche, die das Pferd über den Boden rollen und schieben muss, um die darin eingeschlossenen Futterwürfel herauszubekommen. All dies hält ein Pferd geistig fit.

5 Bieten Sie Abwechslung. Mit einem Spielzeug kann man ein einsames Pferd ablenken, aber andere Tiere bieten Abwechslung, Unterhaltung und sogar einen Spielkameraden. Eine Stallkatze ist doppelt nützlich - als Mäusefänger und als Gesellschafter!

6 Schaffen Sie eine gute Atmosphäre. Ein einsames Pferd in ruhiger Umgebung wird sich ganz in sich zurückziehen, weshalb Sie eine anregende Atmosphäre schaffen sollten, wenn das Pferd durch sonst nichts angeregt wird. Pferde lieben Musik, lassen Sie deshalb ein oder zwei Stunden lang ein Radio auf »passendem« Sender laufen. Bei Ställen ohne Stromanschluss kann man solar- oder batteriebetriebene Geräte nehmen.

7 Bieten Sie Bequemlichkeit. Außer Futter und Wasser benötigt das aufgestallte Pferd eine geeignete Einstreu, um die Beine zu entlasten, bequem zu liegen und sich wälzen zu können. Denken Sie aber immer daran, dass Pferde nicht dazu geschaffen sind, stundenlang an einer Stelle zu stehen. Außer bei tierärztlich angeordneter Ruhe muss das Pferd sich frei bewegen können, um Steifheit zu vermeiden und damit die Beine nicht durch Flüssigkeitsansammlungen dick werden.

Oben: Auch Radiomusik ist gut gegen Monotonie. Sanfte Musik wirkt beruhigend und erheiternd, aber die Lautstärke sollte so eingestellt sein, dass andere Geräusche nicht überdeckt werden - das Pferd fühlt sich sonst unsicher.

Das Benagen von Holzwänden im Stall kann man auch mit Hausmitteln aus natürlichen Inhaltsstoffen verhindern, z.B. einer scharfen Paste aus Senf und Essig, die man auf die betroffenen Holzteile aufträgt.

Wonach sollen wir also einen Stall bewerten, wenn Wetterschutz, Futter, Wasser und Einstreu nicht alles sind, was ein Pferd braucht?

Konstruktion und Lage

Typische Stallanlagen sind meist eher menschen- als pferdefreundlich konzipiert. Wenn wir die wirklichen Bedürfnisse von Pferden kennen, können wir versuchen, ihnen den Stallaufenthalt so stressfrei wie möglich zu gestalten.

Im Idealfall sieht das Pferd vom Stall aus andere Tiere. Und zwar nicht zwei kilometerweit entfernt auf einem Hügel stehende Pferde, sondern solche, die nah genug zum Beschnuppern sind. Vielleicht meinen Sie, die nächtliche Einsamkeit mache Ihrem Pferd nichts aus, wenn es tagsüber mit anderen auf der Weide war - aber Pferde sind Herdentiere und fühlen sich nur unter vielen sicher. Oft hilft es schon, wenn sie nebenan ein anderes Pferd oder einen Esel hören können.

Der perfekte Stall liegt unmittelbar an einer Weide, einem Auslauf oder wenigstens einer Art Hof. So kann man die Stalltür die meiste Zeit offen lassen und das Pferd kann sich aussuchen, ob es hineingehen und ausruhen oder draußen Luft, Licht oder Regen auf dem Fell spüren möchte. So müssen Sie zwar einige Zäune mehr errichten, aber der positive Effekt dieser einfachen Maßnahme ist enorm.

Wie oft sind wir schon zur Weide geeilt, weil wir unsere Pferde noch schnell vor dem Regen hineinbringen wollten - um dann festzustellen, dass sie die Dusche sehr erfrischend fanden, besonders in Kombination mit dem entstehenden Matsch! Wenn die Stalltür offen ist, haben sie die freie Wahl.

Oben: *Im Idealfall gibt es einen direkten Zugang vom Stall zu Auslauf oder Weide. Viele Ställe sind so konstruiert, aber leider halten immer noch zu viele Menschen die Türen geschlossen.*

Oben: *Das Pferd hat immer den Wunsch, Teil einer Herde zu sein. Es fühlt sich nur dann wirklich ruhig und sicher, wenn bekannte Artgenossen in unmittelbarer Nähe sind.*

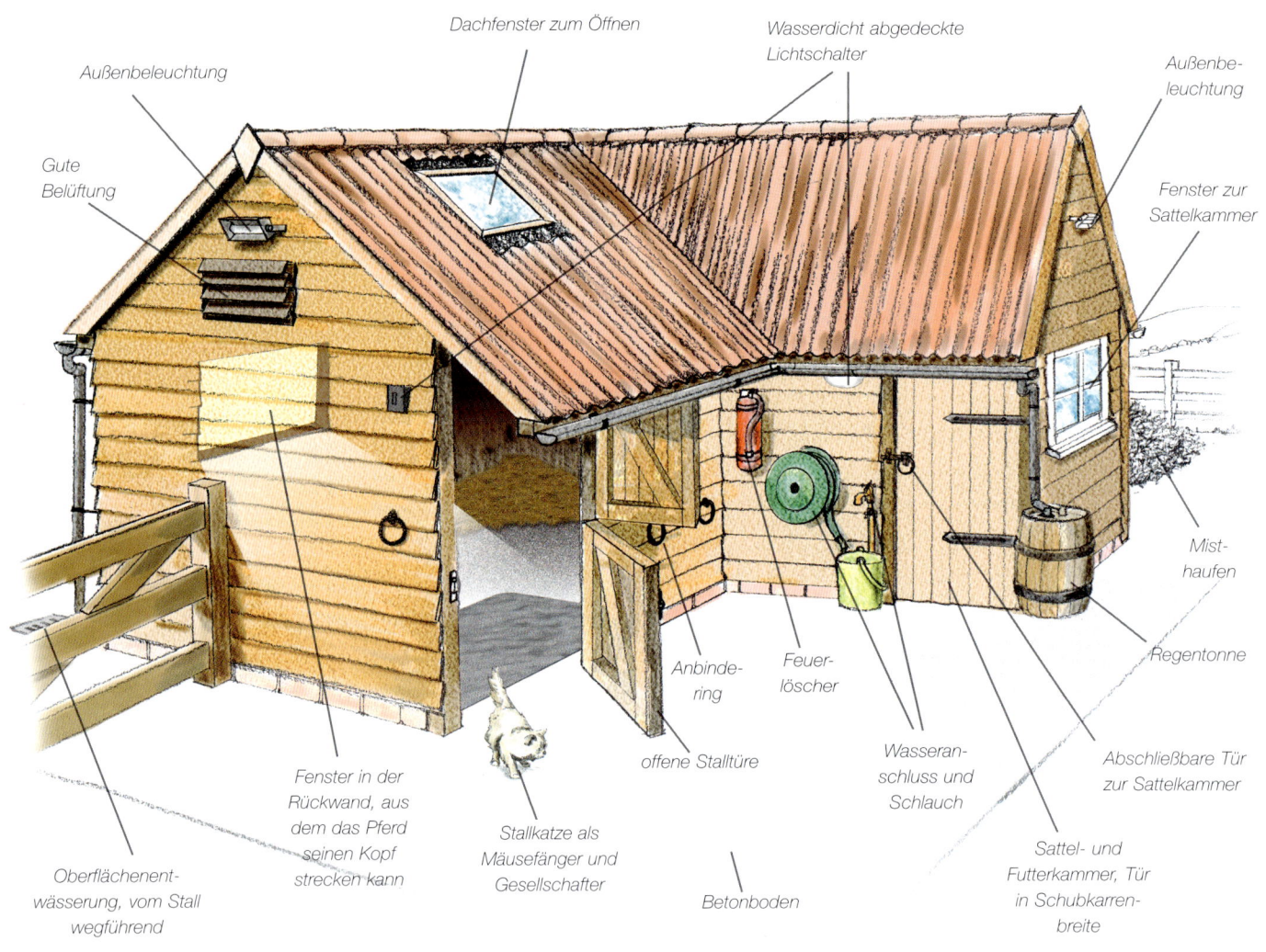

Dachfenster zum Öffnen

Wasserdicht abgedeckte Lichtschalter

Außenbeleuchtung

Außenbeleuchtung

Gute Belüftung

Fenster zur Sattelkammer

Fenster in der Rückwand, aus dem das Pferd seinen Kopf strecken kann

Oberflächenent-wässerung, vom Stall wegführend

Stallkatze als Mäusefänger und Gesellschafter

offene Stalltüre

Anbinde-ring

Feuer-löscher

Betonboden

Wasseran-schluss und Schlauch

Sattel- und Futterkammer, Tür in Schubkarren-breite

Abschließbare Tür zur Sattelkammer

Regentonne

Mist-haufen

Planungsrichtlinien

Oben: *Falls Sie Ihren Stall selbst planen, berücksichtigen Sie dabei unbedingt Sicherheit, praktische Überlegungen und pferdefreundliche Gestaltung. Die Lage ist von entscheidender Bedeutung. Ställe sollten an einen frei zugänglichen Auslauf oder die Koppel grenzen. So können die Pferde selbst zwischen drinnen und draußen wählen, anstatt morgens auf die Koppel und abends in den Stall geführt zu werden.*

Die Baubestimmungen für Stallbauten oder Umbauten vorhandener Gebäude in Stallraum sind recht kompliziert und regional verschieden, so dass hier nur generelle Hinweise gegeben werden können.

❑ Wenn Sie auf Ihrem eigenen Grundstück einen Stall oder Unterstand bauen möchten, sollten Sie sich zuerst über die örtlichen Bauvorschriften informieren und, falls nötig,

eine Baugenehmigung einholen. Anderenfalls riskieren Sie einen späteren Zwangsabriss.

❑ Beachten Sie, dass es schwieriger ist, die Genehmigung zur Errichtung eines einfachen Unterstandes auf Pachtland als zum Bau eines Stalles in Ihrem Garten zu erhalten. In vielen Gemeinden wird Bebauung in Außengebieten nicht geduldet, weil man eine schleichende Zersiedelung der Landschaft fürchtet. Für

Landwirte gelten weitgehende Sonderregelungen und Ausnahmeregelungen. Private Pferdehalter haben beim Bau im Außenbereich meist schlechte Chancen.

❏ Wenn Sie auf Ihrem eigenen Hausgrundstück einen Stall bauen möchten, brauchen Sie je nach Bauvorschrift eventuell gar keine Genehmigung. Die Gesetzeslage ist in den Bundesländern unterschiedlich, auch können in den Gemeinden verschiedene Bebauungspläne existieren, die einen Stallbau vereiteln oder ermöglichen. Oft sind bestimmte Höchstmaße in Grundfläche und Höhe einzuhalten, damit die Genehmigung erteilt wird. Natürlich müssen auch die Grenzabstände eingehalten werden. Oft ist eine Pferdehaltung in reinen Wohngebieten nicht erlaubt.

❏ Die Lagerung des Mistes bietet häufig Grund zur Beschwerden oder Ärger mit den Behörden. Legen Sie den Misthaufen so an, dass Nachbarn nicht durch Geruch und Fliegen beeinträchtigt werden und lassen Sie ihn regelmäßig von einem Bauern abfahren. Vorgeschrieben ist eine undurchlässige Bodenplatte, z.B. aus Beton, damit die auslaufende Flüssigkeit nicht das Grundwasser verunreinigen kann.

❏ Je nach Region und Gemeinde sind die Behörden oft mehr oder weniger pferdefreundlich eingestellt. Erkundigen Sie sich eingehend, bevor Sie etwas bauen und suchen Sie im Zweifelsfall professionelle Hilfe.

Umbau oder Nutzung vorhandener Gebäude

Oft ist die Nutzung bereits vorhandener Gebäude vom Standpunkt der Genehmigung her wesentlich unproblematischer als der Neubau eines Stalles. Alte Viehställe, Scheunen und Schuppen lassen sich oft mit wenig Aufwand und kostengünstig zu guten Pferdeställen umbauen.

❏ Wenn im Zuge der Umbaumaßnahmen von landwirtschaftlichem Gebäude zum Pferdestall eine objektive Verbesserung und Verschönerung stattfindet, ist oft mit Unterstützung der örtlichen Behörden zu rechnen.

❏ Wenn größere Bauten wie Reitanlagen und kommerziell betriebene Pensionsställe geplant sind, kann auch die Frage der Verkehrsanbindung zum Problem werden, besonders wenn die Zufahrtswege schmal und gefährlich sind. Am günstigsten ist es, wenn die Pferde über erlaubte Pfade und Feldwege den Hof verlassen können, ohne die Straße und den Zufahrtsweg benutzen zu müssen.

❏ Wenn in der Genehmigungsphase eines Umbaus schon die Absicht vorgetragen wird, eine Bepflanzung mit Hecken und Bäumen vorzunehmen, wirkt sich dies oft günstig auf die Erteilung einer Genehmigung aus.

Kommerzielle Betriebe

❏ Reitbetriebe und Pensionsställe sind Gewerbebetriebe und haben deshalb in der Regel auch Gewerbesteuer an die Gemeinden zu zahlen.

❏ Bei Stallneubauten muss häufig nachgewiesen werden, dass sie nicht zu Gewerbezwecken, sondern lediglich zum privaten Vergnügen und Hobby der Eigentümer dienen, damit keine Steuer fällig wird.

❏ Bei ohne Baugenehmigung errichteten Ställen und Umbauten von landwirtschaftlich genutzten Räumlichkeiten in Ställe hat der Eigentümer die Pflicht, die lokalen Behörden von der Nutzungsänderung zu informieren. In der Praxis wird dies jedoch selten so gehandhabt.

> 66 **Die Anlage des Misthaufens ist ein ernstzunehmender Punkt und bietet häufig Anlass zu Beschwerden.** 99

Oben: *Lassen Sie sich vor Neubau oder Umbau eines Stalles eingehend beraten. Wenn Sie örtliche Bauvorschriften ignorieren und verletzen, können die Konsequenzen für Sie bitter sein.*

GUTE PLANUNG

Für wenige Stunden am Tag kann der Sall ein sicherer Rückzugsort vor aufdringlichen Artgenossen sein und ruhiges Fressen ermöglichen. Die wichtigsten Kriterien sind genügend Bewegungsfreiheit, ein weicher Untergrund, um die schädlichen Auswirkungen des Stillstehens zu mildern und Sicht- und Körperkontakt zu anderen Pferden.

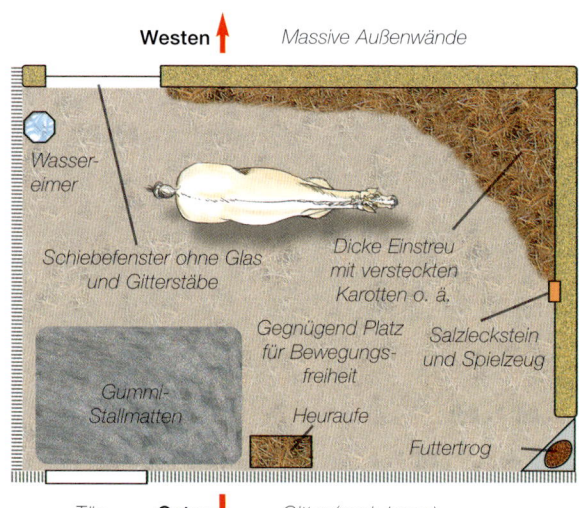

Westen Massive Außenwände

Wasser-
eimer

Schiebefenster ohne Glas
und Gitterstäbe

Dicke Einstreu
mit versteckten
Karotten o. ä.

Gegnügend Platz
für Bewegungs-
freiheit

Salzleckstein
und Spielzeug

Gummi-
Stallmatten

Heuraufe

Futtertrog

Tür **Osten** Gitter (nach innen)

🐎 **Oben:** *Für den Stallbau verwendete Materialien sind Holz, Beton, Hohlblocksteine, Backstein und Metallgitter. Berücksichtigen Sie die jeweiligen Auswirkungen auf Isolation und Stallklima.*

Richtlinien zum Stallbau

Ställe können aus Holz, Beton, Hohlblock- oder Ziegelsteinen oder sogar Metallelementen errichtet werden, wobei Wellblech unbedingt mit einer Holz- oder Gummiverkleidung verstärkt werden muss, um eine bessere Isolation zu schaffen und die Verletzungsgefahr zu verringern. Unerlässlich ist eine gute Belüftung, damit frische Luft zirkulieren und der Stalldunst abziehen kann. Spitzdächer mit Belüftungsöffnungen in den Giebeln oder unter den Dachtraufen sind deshalb am besten geeignet. Bei den meisten Ställen liegen Tür und Fenster auf der gleichen Seite, besser ist es aber, wenn eine weitere Öffnung wie z.B. ein Schiebefenster oder eine halbhohe Tür in Kopf- bzw. Brusthöhe des Pferdes in der Seiten- oder Rückwand angebracht ist. So kann die Luft besser zirkulieren, es kommt mehr Licht hinein und, was am wichtigsten ist, das Pferd hat doppelt so viele Möglichkeiten, mit Augen und Ohren an seiner Umgebung teilzunehmen. Mehrere »Ausgucke« sind von Vorteil, da ein Pferd als Beutetier den ganzen Horizont überblicken können muss, um sich sicher zu fühlen.

Die empfohlene Standardgröße für eine Pferdebox betrug früher 3x3 Meter, inzwischen hat man auf mindestens 4x4 Meter erweitert. Laut Empfehlung der FN sollte die Box mindestens die Fläche der doppelten Widerristhöhe zum Quadrat haben, bei einem 1,60m großen Pferd wären das also 10,2 Quadratmeter. Nur Abfohlboxen sind größer. In England hat man hingegen errechnet, dass 12 Quadratmeter gerade eben für ein Pony von 1,25m Stockmaß ausreichen! Pferde brauchen viel Platz, um liegen und gefahrlos aufstehen zu können (vom Wälzen einmal ganz abgesehen). Wenn Pferde sich im Stall wälzen, laufen sie Gefahr, sich zu verletzen und legen sich möglicherweise dann gar nicht mehr hin. Sicherlich haben sie dort nicht genügend Platz, um sich zu bewegen. Mein 1,54m großer Cob nimmt 2,3 Meter der Länge einer 3,6 Meter messenden Stallwand ein. Um sich vorzustellen, wie eng dies ist, ein Vergleich: Sie stehen in einer 1,2 Quadratmeter großen Zelle, so dass Sie nur zwei Schritte vorwärts und rückwärts machen oder sich drehen können. Sicher keine akzeptable Methode, um so ein athletisches und kraftvolles Tier zu halten und dessen Gesundheit oder Fitness zu fördern.

Überlegen Sie, ob Sie die Größe der Box nicht

🐎 **Links:** *Dieser Boxenstall hat eine gute Belüftung, Decken-ventilatoren sorgen für zusätzliche Luftzirkulation. Bei heißem Wetter macht es Sinn, die Pferde über Mittag in den schattigen Stall zu holen und erst abends wieder hinauszubringen.*

> ❝ **Als Beutetier muss das Pferd den gesamten Horizont überblicken können, um sich sicher zu fühlen.** ❞

🐎 **Oben:** *In der Regel fühlen sich Pferde nur sicher genug zum Hinlegen, wenn sie eine gute Rundumsicht haben. Hinlegen und Wälzen auf beengtem Raum ist gefährlich - das Pferd kann sich festliegen oder am Futtertrog verletzen.*

vergrößern könnten, indem sie mit versetzbaren Zaunelementen oder Gittern einen kleinen Außenpaddock im Hofbereich anschließen. So hätte das Pferd gleichzeitig Komfort und Sicherheit des Stalles und einen »Frischluftbalkon«. Sie können auch die Abtrennungen oder Türen zwischen zwei aneinander grenzenden Paddocks öffnen, beiden Pferden Zugang zum Bereich des jeweils anderen ermöglichen und die Fläche nochmals verdoppeln. So können die Pferde sich aussuchen, ob sie zusammen sein oder lieber auf Distanz bleiben möchten. Auf die gleiche Weise

BEWEGUNGSFREIHEIT

Ein Pferd von 1,60m Stockmaß beansprucht bis zu 2,30m Bodenfläche. Es ist nicht richtig, von Pferden Fitness und Leistung zu erwarten, die in konventionellen Ställen mit wenig Bewegungsfreiheit untergebracht sind.

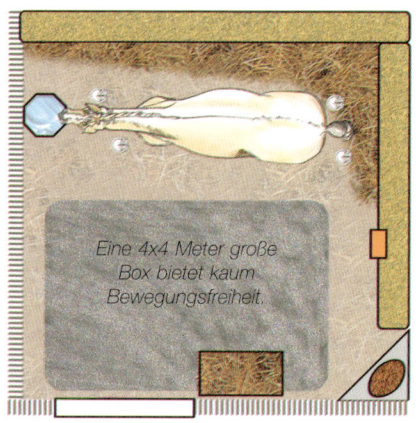

Eine 4x4 Meter große Box bietet kaum Bewegungsfreiheit.

Oben: *Licht und Luft tun gut. In einem Stall wie diesem können die Pferde im Rotationssystem frei auf die Stallgasse gelassen werden, wo sie umherwandern und den anderen Boxenbewohnern Abwechslung bieten.*

anderen trennen, falls das einmal nötig ist.

Auch wenn Ihr Budget begrenzt ist oder Sie nicht Gebäudeeigentümer sind, können Sie traditionelle Ställe so modifizieren, dass die Pferde freien Zugang nach draußen haben. Schon ein mit versetzbaren Zaunelementen umzäuntes Quadrat von 4x4 Metern vor der Boxentür verdoppelt die Fläche der »Einzelzelle«, schafft neue Aussichtspunkte, frische Luft und Sonnenlicht!

Rotations-Freilaufsystem

In Turnierställen, wo die Pferde häufig gearbeitet werden und wo es nicht praktikabel ist, sie jedes Mal aus der Herde herauszufangen, kann man die Pferde im Rotationssystem frei laufen lassen.

Die Mehrheit der Pferde bleibt in den Boxen, während ein oder zwei Pferde bei geschlossener Haupttür oder abgetrenntem Teil des Hofes frei in der Stallgasse und im Hof herumlaufen dürfen. So haben sie nicht nur Bewegung und Kontakt,

Oben: *Gitterabtrennungen ermöglichen den Pferden Kontakt. Sie sind aber nur zwischen verträglichen Tieren einsetzbar, da Tritte durch die Metallstäbe zu Verletzungen führen können.*

kann man auch vorhandene Ställe erweitern oder große Laufställe unterteilen. Ich persönlich halte große Gemeinschafts-Laufställe für die beste Haltungsform - mit einhängbaren Balken oder Zaunelementen kann man leicht Tiere von den

gend Platz, um unsympathischen Artgenossen aus dem Weg zu gehen. Wenn Sie wissen, dass Ihr Pferd sich in Gesellschaft eines bestimmten anderen besonders wohl fühlt, dann versuchen Sie, die beiden nebeneinander aufzustallen. Brusthohe Trennwände zwischen den Boxen er-

Unten: Das Rotations-system ist simpel: Jeweils ein Pferd kann frei umherlaufen und verschafft den anderen Kontakt und Abwechslung.

möglichen gegenseitige Fellpflege, schützen aber immer noch vor Trittverletzungen. Selbst wenn darauf Gitter angebracht sind, können sich die Pferde zumindest noch riechen und berühren.

Nicht alle Pferde sind gut verträglich. Wenn eines beispielsweise zu Futterzeiten extrem unleidlich ist oder auf der Koppel ständig die anderen angreift, kann es seinen unmittelbaren Nachbarn Stress oder Angst verursachen. Seine Box sollte so liegen, dass es nicht unmittelbar mit den anderen konfrontiert ist.

Berücksichtigen Sie die Charaktere. Ein selbstbewusster, neugieriger Haflinger zum Beispiel, der ständig Kontakt zu Menschen sucht und überall mit dabei sein möchte, ist vermutlich

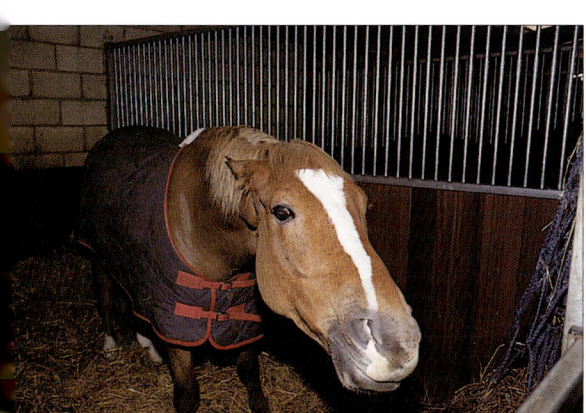

sondern bieten auch den Pferden in der Box Unterhaltung und Abwechslung. Je nach Anzahl der Pferde in einem Stall könnte beispielsweise Ihr Pferd pro Woche eine Nacht so verbringen, um während der übrigen Nächte von den anderen freilaufenden Pferden unterhalten zu werden.

Stallnachbarn

Machen Sie sich Gedanken um die passenden Boxennachbarn. In der Natur könnte sich das Pferd seine Freunde aussuchen und hätte genü-

Oben links: Diese beiden Pferde versuchen, sich zu beschnuppern und zu berühren. Mit einer halb-hohen Zwischenwand oder einer Gitterabtrennung wäre es weniger anstrengend!

Unten links: Nicht alle Pferde mögen sich. Wenn zwei, die sich nicht leiden können, nebeneinander stehen müssen, verursacht dies Stress, Appetitlosigkeit und ständige Unruhe, weil die Tiere sich nicht aus dem Weg gehen oder ihren Konflikt austragen können.

gut gleich am Eingang untergebracht, während ein nervöserer Typ, der nur schlecht seine Ruhe findet und sich leicht stören lässt, besser in einer ruhigeren Ecke steht, zusammen mit nur einem Nachbarn, der die meiste Zeit da ist.

FÜTTERUNG DES STALLPFERDES

Das Futter dient nicht nur zur Deckung des Nährstoffbedarfes, sondern ist auch für die richtige Funktion des Verdauungsapparates und das psychische Wohlbefinden notwendig. Pferde haben sich in der Evolution so entwickelt, dass sie mehr oder weniger ständig grasend über weite Flächen ziehen und dabei immer nur kleine Futtermengen aufnehmen, wobei sie aus einer großen Pflanzenvielfalt mit verschiedenen Nährwerten aussuchen. So ist das Pferd sowohl geistig beschäftigt als auch sein Magen-Darm-System optimal in Form, da immer nur kleine Mengen verdaut werden müssen.

Wenn ein Pferd die meiste Zeit des Tages im Stall verbringt, steht ihm nur begrenzt Sonnenlicht zur Verfügung - folglich bildet der Körper zu wenig Vitamin D. Wir können dies zwar mit einem vitaminisierten Zusatzfutter oder Speiseöl ausgleichen, aber nichts kann das Gefühl von warmer Sonne auf dem Rücken ersetzen! Auch wenn es im Winter noch kalt ist, sollten Sie Ihr Pferd unbedingt wenigstens zeitweise ohne Decke im Hof anbinden oder hinauslassen. So kann es die Sonnenstrahlen in sich aufsaugen und gegenseitige Fellpflege ist möglich. Sie werden staunen, wie viel dieser »Sonnenschein-Wohlfühl-Faktor« ausmacht.

Die richtige Anbringung von Futtertrog und Heuraufe ist ebenfalls sehr wichtig. Ich weiß von einer Vollblutstute, die in ihrem dunklen Stall nichts fraß, bis man auf die Idee kam, den Futtertrog und das Heunetz an die Boxentür zu hängen, so dass sie beim Fressen hinaussehen

Links: *In der Natur wandern Pferde viele Kilometer, um genügend Futter zu finden. Durch möglichst naturnahe Haltung lassen sich viele typische »Stallkrankheiten« vermeiden.*

konnte. Generell ist es empfehlenswert, Raufutter vom Boden zu füttern, da dies der natürlichen Haltung beim Grasen entspricht. Skelett, Muskeln und Atemwege werden so am wenigsten belastet, die Speichelbildung optimal angeregt.

Viele Pferde möchten sich beim Fressen gerne umsehen können. Auf der Weide kein Problem, aber im geschlossenen Stall bedeutet es, dass sie jedes Mal ein Maul voll nehmen und dann den Kopf heben müssen, um über die Stalltür sehen zu können. Ein weiterer Beweis dafür, wie unnatürlich die meisten Ställe sind. Wenn Heunetze oder -raufen in passender Höhe angebracht werden (etwa auf Maulhöhe, damit beim Fressen kein Staub in die Augen fällt) und innen an der oberen Hälfte der

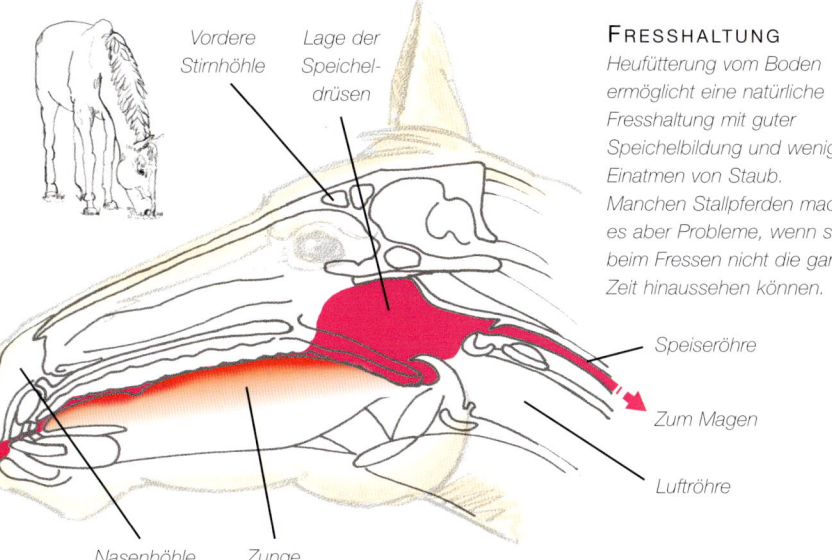

Vordere Stirnhöhle

Lage der Speicheldrüsen

Speiseröhre

Zum Magen

Luftröhre

Nasenhöhle   Zunge

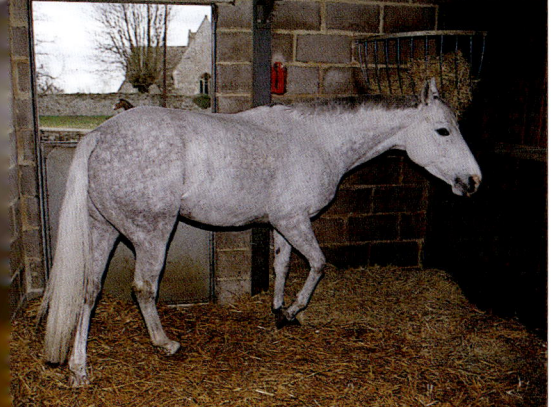

Links und ganz links:
Hängen Sie die Heuraufe so auf, dass das Pferd hinaussehen kann. Der Versuch, mit ständigem Angebot von Raufutter der Langeweile im Stall entgegenzuwirken, hilft nichts, wenn das Pferd dabei stundenlang eine Wand anschauen muss!

geöffneten Boxentür oder einer vergitterten Seitenwand, können sich die Pferde umsehen, ihre Nachbarn im Blick halten und so besser entspannen. Die meisten Pferde bekommen zweimal am Tag Kraftfutter und zwischendurch Heu - ein recht guter Kompromiss, aber die fehlende Abwechslung und die Tatsache, dass häufig Fertigfutter verwendet werden, sind nicht ganz zufriedenstellend. Auf dem Markt ist eine große Fülle an qualitativ hochwertigen Futtersorten erhältlich, die für be-

> 66 **Verbringt ein Pferd oder ein Pony die meiste Zeit des Tages im Stall, kann durch das fehlende Sonnenlicht ein Mangel an Vitamin D entstehen.** 99

stimmte Pferde«typen« entwickelt wurden. Bei im Freien gehaltenen Pferden sind sie gut geeignet, den Bedarf an Energie, Vitaminen und Mineralstoffen zu decken. Da Stallpferde keine Energie zur Erhaltung der Körperwärme oder zur Bewegung bei der Futtersuche aufbringen müssen, ist es nicht ratsam, ihnen rein zur Beschäftigung den ganzen Tag lang Futter zur freien Verfügung anzubieten - leicht werden sie zu fett. Andererseits sind zwei Kraftfuttermahlzeiten und Heu für Stallpferde nicht dazu angetan, die konstante Nahrungszufuhr in klei-

Oben: Nicht nur Ort, sondern auch Höhe der Anbringung sind beim Heunetz wichtig. Wenn es zu hoch hängt, können sich die Beine darin verheddern. Maulhöhe ist eine gute Richtlinie.

🐎 **Oben:** Heu und Stroh kann von unterschiedlicher Beschaffenheit und Qualität sein. Schauen Sie nicht nur auf hohen Nährwert, sondern berücksichtigen Sie die speziellen Bedürfnisse Ihres Pferdes. Drei Netze voll mit weniger nährstoffhaltigem, rohfaserreichem Raufutter sind für ein Stallpferd besser als ein Netz mit Heu von hoher Energiedichte.

nen Mengen, wie sie in der Natur geschieht, nachzuahmen. Um die Qualität des Heus machen wir uns meist zu viele Sorgen; oft ist Spitzenheu mit hohem Nährstoffgehalt nicht einmal die beste Lösung für alle Pferde. (Dass das Heu staub- und schimmelfrei sein muss, versteht sich aber in jedem Fall. Anm.d.Übers.) Bei Pferden mit hohem Bedarf an Rohfaser ist es vorteilhaft, einen Teil der Ration durch Stroh oder Gras zu ersetzen, vorausgesetzt, es ist frei von Giftpflanzen und Schimmel. So ist für mehr Abwechslung gesorgt und der Magen ist beschäftigt - das Pferd fühlt sich satt und zufrieden, ohne allzu viel an Gewicht zuzunehmen.

Saftfutter, wie z.B. Mohrrüben, ist sehr wichtig. Da es hauptsächlich Wasser und Rohfaser enthält, kann es auch an zum Rundwerden neigende Pferde verfüttert werden und sorgt für Feuchtigkeit und Abwechslung im Futter. Schneiden Sie das Saftfutter nicht in Stücke! Egal, ob es sich um Mohrrüben, Äpfel, Kohlblätter oder Grünzweige handelt, lassen Sie sie ganz, damit Ihr Pferd nach Belieben daran knabbern kann. Mir ist völlig unverständlich, warum manche Leute das Futter klein schneiden; Pferde sind gut selbst dazu in der Lage, maulgerechte Stücke abzubeißen und genießen das. Außerdem werden Kiefer und Zähne so besser trainiert als beim Verzehr von zerkleinerter «Baby-Nahrung»!

Das Thema Fütterung wird in Kapitel 7 ausführlich behandelt, hier soll es nur darum gehen, wie man ein Stallpferd etwas naturnäher füttern kann. Das folgende Beispiel einer Fütterung ist sicher in vielen Fällen nicht praktikabel, da selten jemand den ganzen Tag lang am Stall ist. Als Anregung zum weiteren Nachdenken sei es trotzdem aufgeführt:

❑ **7 Uhr.** Sehr kleine Portion Kraftfutter (z.B. Müsli) und Rohfaser in Form von Häcksel oder Alfalfa, je nach Nährstoffbedarf.

❑ **8 Uhr.** Portion (ca. 1 »Scheibe« vom kleinen Ballen) sehr gutes, feines Heu im Heunetz oder vom Boden.

❑ **9 Uhr.** Großes Bündel frischer Zweige, z.B. von Weide, Brombeere, Hagebutte, Wiesenkerbel oder Klebkraut

❑ **10 Uhr.** Mix von gehäckseltem Gras und Heu oder Heu und Stroh aus dem Heunetz oder vom Boden

❑ **12 Uhr.** Sehr kleine Portion Kraftfutter mit niedrigem Energiegehalt, vermischt mit Häcksel

❑ **13 Uhr.** Frisches Gras - Pferd für 1/2-1 Stunde grasen lassen oder frisch gemähtes Gras verfüttern (sehr zeitaufwendig).

❑ **14 Uhr.** Heulage oder Heu in einem engmaschigen Heunetz

❑ **16 Uhr.** Sehr kleine Portion Kraftfutter mit niedrigem Energiegehalt, vermischt mit Häcksel

❏ **17 Uhr.** Mix von gehäckseltem Gras und Heu oder Heu und Stroh aus dem Heunetz oder vom Boden

❏ **19 Uhr.** Sehr kleine Portion Kraftfutter (z.B. Müsli) und Rohfaser in Form von Häcksel oder Alfalfa, je nach Nährstoffbedarf

❏ **21 Uhr.** Ein Eimer Karotten oder anderes frisches Wurzelgemüse

❏ **22 Uhr.** Mix von gehäckseltem Gras und Heu oder Heu und Stroh aus dem Heunetz oder vom Boden für die Nacht, dazu ein »Fress-spielzeug« zum Knabbern.

Dies ist natürlich eine sehr unpraktische Fütterungsmethode, und in den neun Stunden zwischen 22 und 7 Uhr ist immer noch keine Abwechslung geboten. Das Beispiel dient auch eher zur Veranschaulichung, wie unangemessen die üblichen Methoden der Fütterung von Stall-pferden eigentlich sind. Da in freier Wildbahn das

Links: Stallpferde leiden häufig unter Erkrankungen der Atemwege, der Verdauungs-organe und des Lymph-systems.

Unten links: Wenn sich mehrere Pferdebesitzer die Arbeit im Stall aufteilen, ist eine bessere Betreuung der Pferde möglich.

Unten: Pferde in Weide-haltung haben die Wahl, wann, wo, was und mit wem sie fressen.

Futter oft knapp ist, fressen die Tiere nicht stän-dig, sondern suchen in der Zwischenzeit aktiv nach Futter oder Wasser.

Stundenlanges Stillstehen schadet allen le-benserhaltenden Systemen des Pferdeorganis-mus, angefangen von Blutkreislauf über Lymph-system bis hin zu Atmungs- und Verdauungs-apparat. Die Verwendung engmaschiger Heu-netze, das Aufhängen mehrerer kleiner Heunetze oder das Auslegen mehrerer Häufchen von Heu/Stroh/Karotten in verschiedenen Ecken von Stall oder Auslauf bewirkt, dass das Pferd sich zur Futteraufnahme bewegen muss, was die Verdau-ung unterstützt und Koliken vermeidet. Es ist

❝ **Bei Pferden mit hohem Bedarf an Rohfaser ist es vorteilhaft, einen Teil der Ration durch Stroh oder Gras zu ersetzen, voraus-gesetzt, es ist frei von Giftpflanzen und Schimmel.** ❞

🐎 *Unten:* Wechseln Sie das Wasser in den Tränkeeimern komplett, anstatt nur nachzufüllen. Abgestanden schmeckt es nicht mehr.

🐎 *Ganz unten:* Selbsttränken bieten ständig frisches Wasser und kippen nicht um. Der Nachteil ist, dass man die Menge der Wasseraufnahme nicht mehr kontrollieren kann und dass durstige Pferde oft daran verzweifeln, wie langsam sich das Becken füllt.

auch geistig viel anregender, Futter zu »finden« - ein kleiner, aber wichtiger Baustein, um das Pferdeleben interessanter zu machen.

Vielleicht können Sie im Stall auch Arbeitsteilung mit anderen Besitzern vereinbaren, damit zu so vielen verschiedenen Zeiten wie möglich immer Leute zum Füttern oder Hinauslassen der Pferde (oder Grasen an der Hand) da sind.

WASSER

Wasser muss 24 Stunden am Tag verfügbar sein. In der Wildnis haben Pferde nicht ständig »Trink-

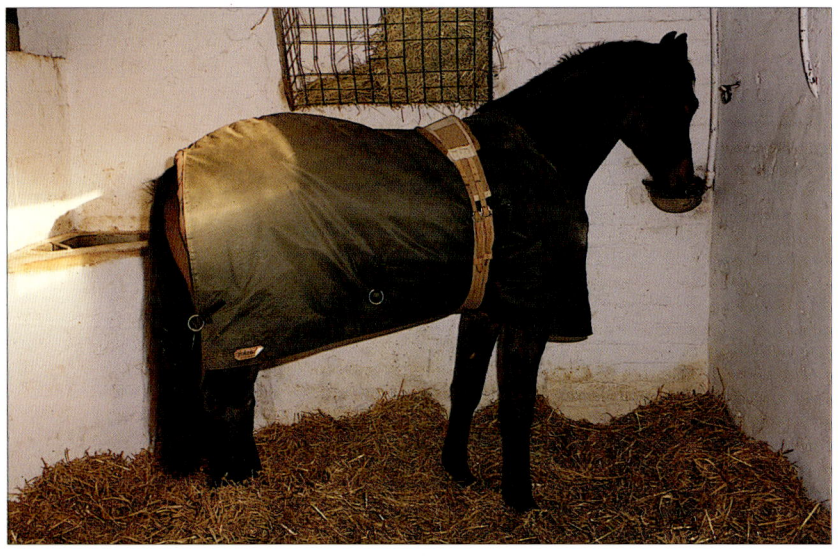

wasser aus der Leitung«, aber sie entfernen sich nie allzu weit von einer Wasserquelle. Sie trinken aus Seen, Flüssen oder Bächen; und auch unsere Hauspferde ziehen häufig Regen- oder Brunnenwasser dem angebotenen Leitungswasser vor.

Selbsttränken Sie sind zwar bequem, erlauben Ihnen aber keine Kontrolle darüber, wie viel das Pferd trinkt, so dass frühe Anzeichen einer Krankheit übersehen werden können. Kleine Selbsttränkebecken füllen sich so langsam,

Links: *Pferde trinken häufig aus Quellen, die uns ungeeignet erscheinen, z.B. aus schlammigen Pfützen oder Regentonnen. Dies kann an purer Bequemlichkeit, aber auch am anderen Mineralstoffgehalt des natürlichen Regen- oder Flusswasser liegen, den Leitungswasser nicht zu bieten hat.*

WASSERBEDARF

Frisches Gras enthält bis zu 80 % Wasser, Heu und Hafer im Schnitt nur 15 %. Bei Anstrengung und Hitze steigt der Wasserbedarf. Ein Pferd braucht pro Tag etwa 25-70 Liter Wasser, wobei ein Teil über das Futter abgedeckt wird.

❝ Oft ziehen Pferde Regen-, Brunnen- oder Bachwasser dem Leitungswasser vor, das wir ihnen bieten. ❞

dass dies für ein durstiges Pferd frustrierend sein kann. Dafür spricht allerdings, dass immer frisches Wasser da ist, das nicht mit Keimen versetzt oder abgestanden ist.

Wassereimer Sie sind dem Pferd lieber als Selbsttränken, weil es daraus große Schlucke nehmen kann. Ein Nachteil ist, dass sie umgeworfen werden können oder man das regelmäßige Auffüllen vergisst. Man kann sie in speziellen, an die Wand geschraubten Eimerhaltern befestigen,

um ein Umkippen zu verhindern. In Ställen besteht immer die Gefahr, dass das Wasser mit Staub, Mist oder Futterresten verunreinigt und nicht mehr getrunken wird. Schütten Sie deshalb nicht nur frisches Wasser nach, wenn Sie die Eimer auffüllen, sondern wechseln Sie mindestens jeden zweiten Tag das Wasser komplett aus. Sie können auch Regenwasser über die Dachrinnen sammeln und in einen Behälter mit Wasserhahn leiten, aus dem Sie die Eimer füllen. So kön-

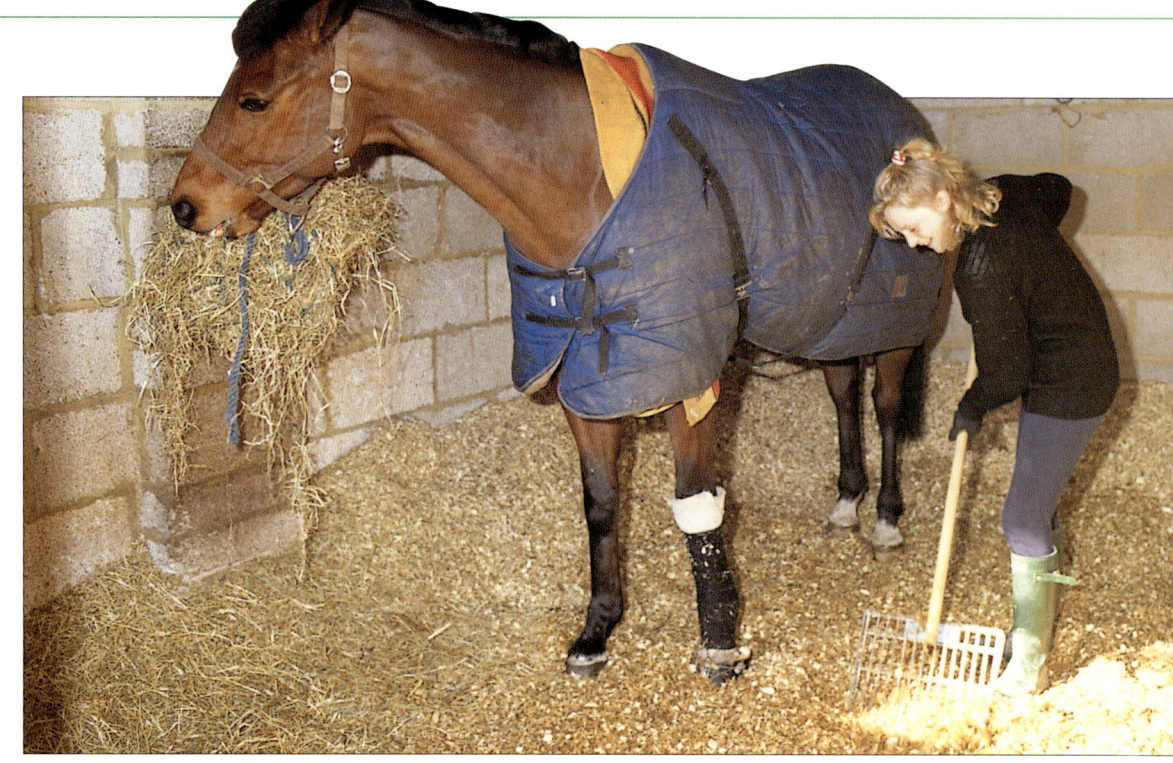

> 66 **Auch draußen lebende Pferde lieben es, in einen frisch und dick eingestreuten Stall zu kommen. Sie scharren, schnauben, drehen und wälzen sich mit großem Vergnügen.** 99

nen die Pferde natürlich weiches Wasser ohne Chlor und alle die Zusätze genießen, welche dem Leitungswasser oft beigemischt werden. Regentonnen müssen mit feinen Gittern abgedeckt sein, damit keine Blätter hineinfliegen können, die sich am Grund ansammeln und einen Fäulnisprozess in Gang setzen.

EINSTREU

Aus Sicht des Pferdes hat die Einstreu folgende Funktionen:

❑ Sie bietet ein bequemes Ruhelager
❑ Beim Urinieren werden die Beine nicht bespritzt
❑ Sie isoliert und schafft ein zugfreies, warmes oder kühles Mikroklima
❑ Sie ermöglicht Scharren, Fressen oder andere natürliche Aktivitäten, die bei blankem Betonboden unmöglich sind.

Uns stehen heute viele gute Einstreumaterialien zur Verfügung, die fast alle die aufgeführten Kriterien erfüllen.

Wintereinstreu Ich persönlich bevorzuge für den Winter Stroh oder alternativ gehäckseltes Stroh, Flachs oder Hanf. Streuen Sie dick ein, um Zugluft abzuschirmen und die Pferdebeine warm zu halten. Eine dicke, an den Seiten höher aufgeschüttete Unterlage verhindert auch Verletzungen beim Wälzen oder Hinlegen (z.B. aufgeschürfte Sprunggelenke) und wirkt stoßdämpfend auf die Gelenke. Das Fressen von Stroh verursacht nur sehr selten Probleme, ist eine gute zusätzliche Rohfaserquelle und bietet Beschäftigung. Vorsicht bei sehr gierigen Fressern - Hanf oder Strohhäcksel können Koliken verursachen. Man kann mit einer Matratzenstreu arbeiten, vorausgesetzt, die Belüftung ist gut und es wird täglich so viel frische Streu aufgebracht, dass das Ammoniak aus den unteren Schichten nicht zu Atemwegs- und Hautreizungen führen kann.

Sommereinstreu Im Sommer bevorzuge ich Sägespäne, weil sie eine weiche Unterlage bieten, ohne dabei zu viel Hitze zu speichern. Selbst ihre helle Farbe scheint einen kühlenden

Effekt auf das Stallklima zu haben. Außerdem lässt es sich schneller ausmisten und der Misthaufen bleibt kleiner - gute Nachrichten für jeden Pferdebesitzer.

Reine Gummimatten oder mit einer leichten Einstreuschicht zum Aufsaugen des Urins versehene Matten sind vom Standpunkt des Pferdes aus nicht ideal, auch wenn sie das Ausmisten sehr erleichtern und viel weniger Mist anfällt. Zunächst urinieren viele Pferde nicht gerne, wenn sie sich dabei die Beine bespritzen. Andere legen sich auf diesem Untergrund nicht gerne hin. Es stimmt, dass Gummimatten weicher sind als der harte Boden, auf dem Pferde sich draußen oft wälzen und hinlegen, aber wenn Sie dem Pferd die Wahl zwischen zwei Boxen lassen, von denen eine mit einer dicken Schicht Einstreu und eine mit Gummimatten ausgelegt ist, wird es vermutlich die mit der Einstreu wählen.

Auch draußen lebende Pferde lieben es, in einen Stall mit frischer und dicker Einstreu zu kommen. Sie scharren darin, schnauben hinein, drehen sich im Kreis und wälzen sich meistens sofort mit sichtlichem Vergnügen.

Gummimatten sind allerdings nützlich als Untergrund für die Einstreu, da sie die Strahlungskälte eines Betonbodens abschirmen oder als stoßdämpfendes Kissen gleich vor der Boxentür, wo meist die Vorderbeine stehen und wenig oder keine Einstreu vorhanden ist. Praktisch sind

sie auch für Weidehütten, in denen nicht jeden Tag frisch eingestreut werden kann.

GESELLSCHAFT IM STALL

Im Stall zu stehen muss nicht heißen, isoliert zu sein. Offen-Laufställe können je nach Größe zwischen zwei und zwanzig Pferden beherbergen. Wenn man bedenkt, wie erfolgreich diese Haltungsform bei Herden von hundert oder mehr Milchkühen praktiziert wird, ist es erstaunlich, dass sie sich nicht stärker bei Pferden durchsetzt. Ich rate aber unbedingt dazu, nicht mehr als zehn Pferde gemeinsam so zu halten, denn sonst könnten Sie die leidvolle Erfahrung machen, dass auf begrenztem Raum zusammen gesperrte Pferde wesentlich aggressiver zueinander sind als Kühe!

Die Laufstallhaltung ist außerdem einfach und weniger arbeitsaufwendig, da die gesamte Einstreu in regelmäßigen Abständen einfach mit dem Traktor entfernt werden kann. Alternativ verwen-

Oben: Lauf- und Offenställe wären für viele Betriebe ein Fortschritt. Die Pferde genießen die Gemeinschaft und der tägliche Arbeitsaufwand ist geringer.

Links: Ein Pferd liegt, wälzt sich und uriniert lieber auf einer dicken Einstreu oder sogar Sand- und Naturboden als auf einer blanken Gummimatte.

🐎 **Oben:** *Unser Ziel muss sein, den Pferden möglichst viel Freiheit zu bieten. Wir verbringen viel zu viel Zeit damit, gegen die Natur zu arbeiten anstatt mit ihr zusammen - und erwarten dann noch, dass unsere Pferde glücklich sind. Sie wünschen sich aber Freiheit, Freunde und Futter.*

🐎 **Rechts:** *Pferde lieben, wir hassen Schmutz im Fell. Aber warum teilen wir eigentlich nicht ihr Glück? Schließlich kann man auch ein schmutziges Pferd reiten!*

det man einen Bodenbelag wie in der Reithalle, von dem nur die Pferdeäpfel entfernt werden.

Falls der Blick auf die Stallhaltung aus Pferdeaugen Sie noch nicht überzeugt hat, dass es keine gute Idee ist, Pferde über lange Zeit in Boxen zu halten, dann können es vielleicht die nachfolgenden Argumente aus menschlicher Sicht:

❏ Weniger Ausmisten
❏ Geringere Kosten, da weniger oder keine Einstreu gebraucht wird
❏ Sie haben mehr Zeit, sich mit Ihrem Pferd zu beschäftigen, anstatt ständig hinter ihm her zu räumen, Heunetze und Wassereimer auszuwechseln etc.

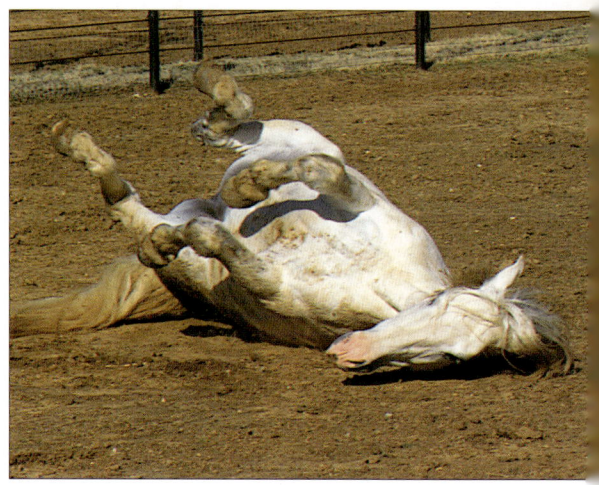

❏ Sie können am Wochenende ausschlafen! Sie müssen nicht mehr früh aufstehen, um Ihr Pferd hinaus zu lassen, wenn es selbst hinein- und hinausgehen kann, wann es möchte.

PUTZEN AUS DER SICHT DES PFERDES

Pferde entsprechen nicht dem Postkarten-Klischee, das wir von ihnen haben. Wir mögen sie sauber, sie mögen sich schmutzig. Sie wälzen sich im Schlamm, um eine natürliche Isolierschicht gegen den Wind auf dem Pelz zu schaffen oder legen sich in sumpfige Stellen, um sich abzukühlen und zu erfrischen. Ein Staubbad dient zum Loswerden von alten Haaren und Insekten. Bei gesunden Pferden sind alle Formen des Wälzens ein Zeichen für Zufriedenheit und zeigen, dass das Pferd sich in seiner Umgebung sicher und glücklich fühlt. Leider ist dieser für Pferde vergnügliche Zeitvertreib für den Pferdebesitzer eine echte Last. Andererseits ist die Zeit, die wir in die Zurückverwandlung vom Schlammungeheuer in unser Wunschbild vom sauberen Pferd

investieren, gut angelegt, denn das Putzen schafft eine soziale Verbindung zwischen Ihnen und dem Pferd. Es regt die Hautdurchblutung an, senkt die Herzfrequenz und wirkt beruhigend. Gleichzeitig können Sie den Pferdekörper auf Kratzer und Schwellungen untersuchen, die Sie aus der Entfernung leicht übersehen hätten.

Das Putzen sollten für beide Seiten angenehm sein, aber beachten Sie dabei immer folgendes:

❏ Putzen Sie immer vor dem Stall, damit Ihr Pferd und Sie keine Staub- und Schmutzpartikel einatmen und Staub und Haare nicht in Tränkewasser und Einstreu verteilt werden.

❏ Auch ein nasses oder schmutziges Pferd kann geritten werden. Wenn Sie wenig Zeit haben, reicht es, die Sattel- und Gurtlage sowie den Kopf zu säubern und mit einem Handtuch abzutrocknen.

❏ Machen Sie sich nichts aus dem schmutzigen Pferd - das Pferd tut es auch nicht!

Aufgestallte Pferde, besonders eingedeckte, sollten im Idealfall täglich geputzt werden, da sie keine Möglichkeit haben, sich an einem Baum zu kratzen oder mit einem Artgenossen Fellpflege zu betreiben, um den Juckreiz loszuwerden. Sie sind deshalb für diese Aufmerksamkeit äußerst dankbar. Ich putze meine im Offenstall gehaltenen Pferde außer in der Zeit des Haarwechsels nur einmal pro Woche gründlich. Sie fühlen sich offensichtlich staubig oder schlammig wohler - was sie mir beweisen, indem sie nach dem Putzen nie lange sauber bleiben!

Oben: Putzen schafft eine Bindung zwischen Pferd und Mensch. Manche Pferde versuchen, sich mit »Fellpflege« beim Menschen zu revanchieren.

> ❝ Pferde entsprechen nicht dem Postkarten-Klischee, das wir von ihnen haben. Wir mögen sie sauber, sie sich schmutzig. ❞

Links: Putzen Sie immer im Freien, damit Staub und Haare nicht eingeatmet werden und das Trinkwasser verunreinigen.

Unten: Wildpferde treffen auf die verschiedensten Untergründe, und trotzdem sind ihre Hufe erstaunlich gesund.

Hufpflege

Die meisten sind gewohnt, die Hufe Ihres Pferdes auszukratzen, bevor es nach dem Reiten oder Weidegang in den Stall zurück kommt. Könnte dies nicht sogar schädlich sein?

Wildpferde treffen alle möglichen Bodenverhältnisse von trocken und steinig bis sumpfig und matschig an, und obwohl sie von Zeit zu Zeit wegen kleiner Wunden oder Quetschungen der Hufsohle lahmen, haben sie selten das Problem

40% Feuchtigkeit enthält, kann die Feuchtigkeit an Sohle und Hufwand weitergegeben werden, die einen Feuchtigkeitsgehalt von etwa 15% hat.

Heute ist es übliche Praxis, einem Pferd, das stundenlang auf einer nassen, matschigen Koppel gestanden hat, vor dem Hineinbringen die Hufe auszukratzen, um es dann auf stark saugende Sägespäne zu stellen. Der größte Teil der im Huf gespeicherten Feuchtigkeit wird schnell absorbiert, Austrocknung, Zusammenziehen des

Oben rechts: Für uns ist es oft schwierig, den Feuchtigkeitsgehalt im Huf konstant zu halten. Huffett kann helfen, die Feuchtigkeit nach dem Abwaschen der Hufe einzuschließen.

DER HUF VON UNTEN
Bei Wildpferden tragen häufig Wände, Sohle, Eckstreben und Strahl die Körperlast. Ihr Strahl ist meist breiter und flacher als bei beschlagenen Pferden, bei denen ein Großteil des Gewichtes nur auf Hufwand und Tragrand ruht.

Weiße Linie (Verbindung zwischen Sohle und Wand)

Hufwand

trockener, splitternder und reißender Hufe, wie wir es heute so häufig sehen.

Die Klimabedingungen ändern sich in der Natur langsam, weshalb der Feuchtigkeitsgehalt in Hufwand, Sohle und Strahl immer relativ konstant bleibt. Über das Strahlgewebe, das bis zu

Ballen

Eckstreben

Strahl

seitliche Strahlfläche

Strahlspitze

Sohle

Gewebes und Risse sind die Folge. Wenn das gleiche Pferd am nächsten Tag wieder auf die nasse Koppel kommt, dehnt sich das Gewebe wieder aus, um nachher in der Einstreu wieder auszutrocknen - ein Prozess, der sich immer weiter verschlimmert.

Das Hauptproblem sind die plötzlichen Schwankungen. Wenn wir die Hufe nicht auskratzen und nur die dicken Steine, nicht aber den Schlamm entfernen, erhalten wir über längere Zeit eine stabile Hufumgebung und die Einstreu trocknet nicht die Hufsohle, sondern den eingeschlossenen Schmutz aus.

Der Strahl sollte leicht über den Tragrand hinausragen, damit er Bodenkontakt bekommt, was wichtig für die Durchblutung ist. Plötzliche Schwankungen in Temperatur und Feuchtigkeitsgehalt, vor allem aber die Einwirkung des Kot-Uringemisches in unsauberen Ställen (Anm.d. Übers.), verursachen eine Vermehrung der

Strahlfäulebakterien. Lose Hornteile müssen unbedingt sorgfältig vom Schmied entfernt werden, damit die Bakterien sich nicht darunter festsetzen.

Seien Sie mutig! Wägen Sie das, was Sie über »korrekte« Pferdepflege gelernt haben, gegen die möglichen schädlichen Auswirkungen ab. Ich wende obiges Hufpflegesystem nun seit über zwanzig Jahren an und meine Pferde hatten nie Probleme mit schlechter Hornqualität. Nur vor

Oben: *Wenn das Pferd von der feuchten Wiese in einen Stall mit trockener, saugender Einstreu kommt, ist es besser, die Hufe nicht auszukratzen (nur Steine werden entfernt). Die Lehmpackung verhindert, dass der Huf zu schnell austrocknet.*

dem Reiten kratze ich die Hufe ganz sauber aus.

Wasser ist gut für die Hufe - besser als jedes Huffett. Gute Fette oder Öle können aber helfen, die Feuchtigkeit im Huf einzuschließen, wenn man sie nach dem Abwaschen der Hufe aufträgt.

»Mein Pferd ist zu empfindlich für Offenstallhaltung«

Während ich diese Zeilen schreibe, haben wir 2 Grad Celsius tagsüber und -5 Grad Frost in der Nacht. Jeden Abend dürfen meine Pferde selbst entscheiden, wo sie die Nacht verbringen möchten. Zwei bleiben nachts bei offenen Stalltüren im Hof und wandern nach Belieben hinein und hinaus, aber meine Vollblutstute bleibt lieber auf

der Koppel. Während der letzten drei Wochen mit schlechtem Wetter hat sie nur zweimal beschlossen, in den Stall zu kommen. Sie wird eingedeckt und bekommt ihr Futter draußen, indem ich ein Heunetz am Zaun aufhänge. So kann das Heu nicht am Boden festfrieren. Die Stute kann frei entscheiden, wo sie übernachten möchte, und ihre Wahl zeigt uns deutlich, wie natürlich ein Leben im Freien für Pferde ist.

Oben: *Pferde aller Rassen können draußen leben! Manchmal sind Weidedecken hilfreich, z.B. bei nasskaltem Wetter und zu feinem Fell. Auch ältere Pferde frieren leichter und verlieren ohne Decke oft zu viel Körpergewicht, weil sie zu viel Energie für die Aufrechterhaltung der Körperwärme verwenden müssen.*

KAPITEL 4

Weide und Weidewirtschaft

Trotz tausender von Jahren Domestikation unterscheidet sich das Verhalten unserer Pferde nur sehr wenig von dem ihrer frei umherziehenden Vorfahren. Selbst wenn sie in kleinen Ausläufen anstatt auf endlosen Flächen leben, gehen sie mit dem Raum genauso um: Sie haben bevorzugte Stellen zum Misten, Wälzen oder Ruhen und Lieblings-Kratzbäume (egal ob natürlich oder künstlich).

Viele von uns haben nicht das Glück, unbegrenzt über eigenes Weideland zu verfügen. Zu bestimmten Jahreszeiten haben wir mit ziemlicher Sicherheit Probleme - entweder ist kein oder zu wenig Gras vorhanden oder es wächst viel zu schnell für die von uns gehaltenen Pferdetypen.

Wir neigen auch bei der Bewertung von Weideflächen zur Vereinfach-

Oben: Pferdelippen können überraschend geschickt sortieren. Geruch und Tastsinn lassen das Pferd erkennen, welche Pflanzen schmackhaft und welche giftig sind.
Rechts: Freier Weidegang bietet die natürlichste Nahrungsquelle. Die ständige Bewegung beim Grasen unterstützt Verdauung und Kreislauf.

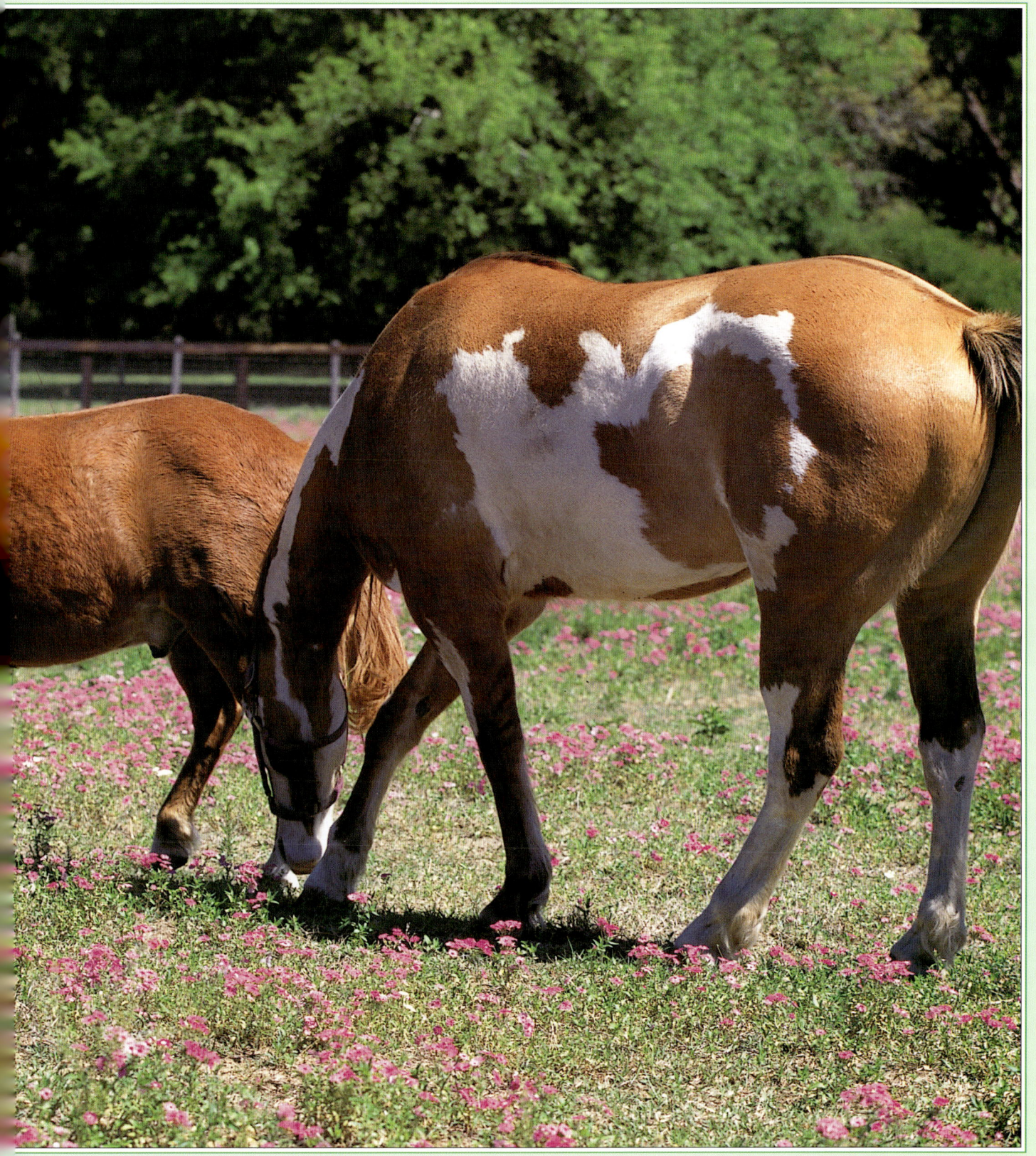

Unten: *Alle Pferde brauchen Gras - die Kunst besteht lediglich darin, für jedes Pferd das passende Gras zu finden. Ein Pony ist auf ungedüngter Extensivweide glücklicher, während ein hochblütiges Sportpferd eventuell eine perfekt gemanagte, hochwertige Wechselweide braucht, um in Form zu bleiben.*

ung aus menschlichem Blickwinkel, indem wir beispielsweise fragen:

❏ Ist das Gras von hohem Nährwert; ähnelt es einem gepflegten Rasen?

❏ Ist der Zaun nach unserem Geschmack (z.B. aus Holz mit Querlatten)?

❏ Ist ein Stall in der Nähe, in den die Pferde gebracht werden können?

❏ Ist die Wiese so flach, dass man auch auf ihr reiten/longieren kann?

❏ Kann sie in mehrere kleine Paddocks unterteilt werden?

Vielmehr sollten wir uns fragen, ob die verwendeten Weiden den individuellen Bedürfnissen der einzelnen Pferde gerecht werden und auch jahreszeitliche Schwankungen berücksichtigen. Deshalb müssen wir unbedingt folgende Fragen stellen:

❏ Entspricht die Gräsermischung dem Nährstoffbedarf des Pferdes/Ponys?

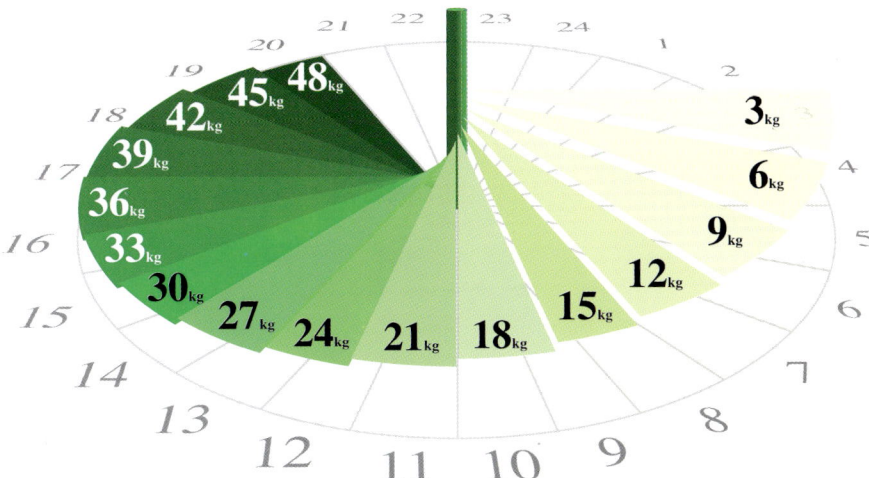

des Tages mit Nahrungsaufnahme, so dass wir mit einfacher Rechnung feststellen können, welche Mengen an Rohfaser sie am Tag vertilgen - etwa 48 kg.

Noch einmal sei gesagt: Pferde brauchen *Freiheit, Futter und Freunde.*

Grasqualität

Gras ist das beste und zugleich billigste Futter überhaupt. Es ist unser wichtigstes Kapital, weshalb wir es so gut wie möglich pflegen müssen. Ein weit verbreiteter Irrglaube ist, dass Pferde Gras in einer Spitzenqualität bräuchten, die der eines Golfrasens ähnelt. Wildpferde pendeln zwischen fruchtbaren Ebenen mit üppigem Nah-

FUTTERMENGE

Pferde haben einen beträchtlichen Appetit auf Gras - sie fressen 16 Stunden am Tag 3 kg Gras pro Stunde und sind fähig, vom frühen Morgen bis etwa Mitternacht zu grasen.

🐎 *Gegenüber und unten: Pferde haben sich als frei wandernde Herdentiere entwickelt. Oft ist es gesünder und natürlicher, ihnen mehr Fläche und Zeit zum Grasen auf weniger hochwertigen Flächen zu geben, anstatt sie nur wenige Stunden auf einem handtuchgroßen Stück extrem nahrhaften Grases weiden zu lassen.*

❏ Ist der Zaun sicher und passend für das Pferd/Pony?

❏ Ist die Weide groß genug fürs ganze Jahr, und falls nein, sind Ausweichflächen vorhanden?

❏ Hat das Pferd Gesellschaft, zumindest die meiste Zeit?

❏ Gibt es auf jeder Weide ausreichenden Wetterschutz?

❏ Gibt es eine ausreichende, natürliche oder künstliche Drainage?

❏ Werden die Flächen im Rotationsprinzip beweidet, und wie wird Verwurmung verhindert?

Die von Pferden benötigte Nahrung besteht hauptsächlich aus Rohfaser, ergänzt durch eventuell fehlende Vitamine und Mineralstoffe. Pferde haben einen starken Drang zu kauen und können Gras in einer Menge von bis zu 8% ihres Körpergewichtes fressen. Sie fressen etwa 3 kg Gras pro Stunde und verbringen etwa 16 Stunden

> 66 **Pferde haben einen starken Drang zu kauen und können Gras in einer Menge von bis zu 8% ihres Körpergewichtes fressen.** 99

> ❝ Gras ist das beste und billigste Futter, das wir bieten können. ❞

GRASEN

Schlechte Futterverwerter brauchen sehr hochwertiges Gras. Gute Futterverwerter und rehEanfällige Pferde benötigen Gras, das durchgehend einen niedrigen Gehalt an Stärke, Zucker und Fruktanen enthält.

rungsangebot und trockenen, unwirtlichen Bergregionen mit knappem Futter. Ihr Körpergewicht ist starken jahreszeitlichen Schwankungen unterworfen, da sie in Zeiten schlechten Wetters oder Nahrungsknappheit von ihren Körperreserven zehren müssen. Wir dagegen können unseren Pferden ein weniger anstrengendes Leben ohne die durch Futter- und Wassermangel oder widriges Wetter verursachten Probleme bieten.

Die Wildpferde zeigen uns, dass der Pferdeorganismus sich trotz Einfluss des Menschen nur sehr wenig verändert hat. Viele Pferde und Ponys kommen immer noch mit spärlichem Gras aus, und der verhätschelnde Lebensstil auf fetten Weiden und mit konzentrierten Futtergaben bei wenig Bewegung ist einer der Gründe, warum Hauspferde so häufig unter bei Wildpferden fast unbekannten Störungen wie Hufrehe, Fettleibigkeit und generellen Hufproblemen zu leiden haben.

🐎 **Oben:** *Wild lebende Pferde können ohne Beschränkung grasen. Auch wenn ihr Körpergewicht vom Winter bis zum Sommer beträchtlich schwankt, leiden sie doch selten unter den Problemen, die bei unseren Pferden so häufig sind (Hufrehe, Kolik, etc.)*

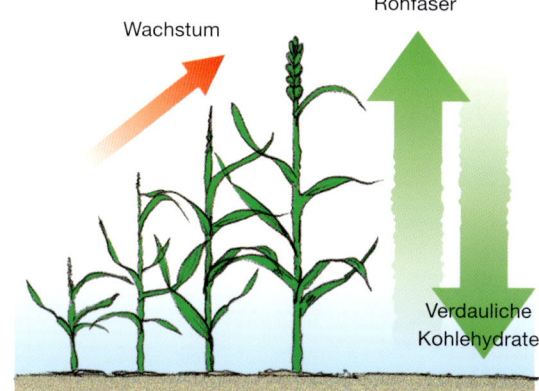

WACHSTUMSPHASEN DES GRASES

Junges, blattreiches Gras hat einen höheren Gehalt an Kohlehydraten und einen niedrigeren Rohfasergehalt als Gras, das in die Höhe gewachsen ist. Dort ist das Verhälnis umgekehrt.

Pferde sind darauf ausgerichtet, neben Gras auch andere Pflanzen zu fressen. Wildpferde leben auf Ödflächen mit nur wenig Gras, so dass ihre Nahrung häufig mehrere Monate lang hauptsächlich aus Stechginster und anderem Gestrüpp oder sogar Zweigen besteht. Auch wenn wieder genügend Gras wächst, ergänzen sie ihre Nahrung nach wie vor mit Laub, Weißdorn oder

Hagebutten, um zusätzliche Vitamine aufzunehmen. Wenn Sie eine Weidefläche auf ihre Eignung hin überprüfen, überlegen Sie immer, ob sie zu den speziellen Nährstoffbedürfnissen Ihres Pferdes passt. Ist es ein schlechter Futterverwerter? Dann ist Gras von hohem Nährwert angebracht, in den Jahreszeiten mit sinkendem Nährwert des Grases auch Zusatzfuttermittel. Für diesen Typ

Pferde, die sich nur von Gras ernähren, sollten einen vitaminisierten Mineralleckstein erhalten, um Defizite auszugleichen. Überprüfen Sie jedes Pferd täglich auf Anzeichen von Krankheiten oder Verletzungen und behalten Sie Gewicht und Verfassung stets im Auge.

In den meisten Fällen ist Quantität wichtiger als Qualität.

Mir ist bewusst, dass es schwierig ist, entsprechende Weideflächen zu finden, aber versuchen Sie es von Anfang an - denn fünf Pferde auf einem Hektar funktionieren nicht. Eine größere Koppel kann in mehrere kleine Parzellen hochwertigen Grases unterteilt werden, die als Wechselweide im Rotationssystem beweidet werden oder aber insgesamt als weniger gehaltvolle Standweide zur Verfügung gestellt werden.

In Freiheit wandern Pferde je nach Jahreszeit und Wetterbedingungen zu

Pferd sind in Parzellen unterteilte Wechselweiden, die in Ruhe nachwachsen können, die beste Lösung. Gute Futterverwerter aber wie die meisten Kleinpferde und viele Warmblüter können auf ältere Flächen mit schon trockenem, ausgewachsenem Gras, sandigen oder felsigen Stellen gelassen werden.

Heute ist es mehr oder weniger üblich, den Weidegang für fette oder reheanfällige Ponys auf wenige Stunden zu beschränken - meist nimmt man dazu eine kleine Fläche guter Weide oder eine speziell abgetrennte Weideecke, auf der das Gras dann durch den Stress starker Beweidung einen besonders hohen Fruktangehalt entwickelt. Beides kann zu Problemen führen. Besser wäre es, den Nährwert des Grases generell zu senken, indem man ganzjährige Weidehaltung mehrerer Pferde auf einer großen Fläche (vier oder mehr Hektar) betreibt, so dass die Tiere sich während der Futtersuche bewegen müssen. Der Verdauungsapparat von Pferden, die auf solchen Flächen ganzjährig draußen gehalten werden, ist viel weniger anfällig und verträgt Schwankungen in Nährwert und chemischer Zusammensetzung der Gräser besser.

Links: *Ponys zuerst aufzustallen und dann auf fette Weiden zu bringen, verursacht fast immer Probleme. Viele Kleinpferderassen sind mit sehr ursprünglichen, z.T. noch wildlebenden Pferden wie Dartmoor, New Forest etc. verwandt, die zwar auch ständig auf Grasland leben, aber trotzdem keine Hufrehe bekommen. Wir meinen es zu gut und schaden ihnen dadurch!*

Unten: *Pferde genießen es, neben Gras auch andere Pflanzen zu fressen. Was uns ungenießbar erscheint, tut ihnen oft besonders gut. Junge Triebe stachliger Gewächse wie Disteln, Stechginster oder auch Fichten werden nicht verschmäht.*

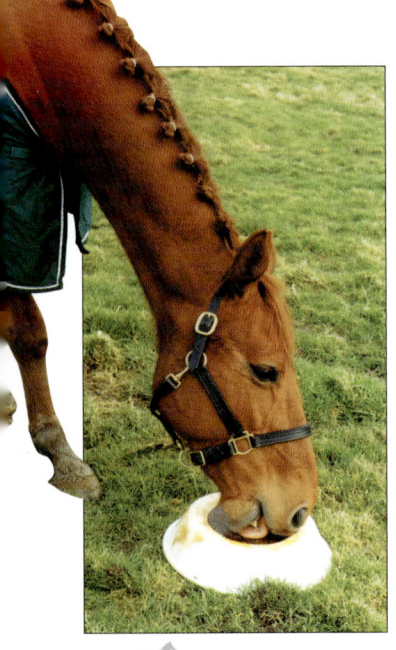

Oben: *Weidepferde sollten freien Zugang zu einem Mineralleckstein haben, um eventuelle Mängel in der Nahrung ausgleichen zu können.*

bestimmten Weidegründen, um immer das bestmögliche Angebot an Futter, Wasser und Schutz zu haben. Auch wenn ihr Territorium sich über viele hundert Kilometer erstreckt, kehren sie doch jedes Jahr immer zu den gleichen Flächen zurück.

Mit dem System der Wechselweide können wir die Natur nachahmen, indem wir den Pferden ermöglichen, auf frische Weideflächen weiterzuziehen. Ihre Freude ist unübersehbar, wenn das Gatter zu einer neuen Parzelle geöffnet wird! Ich rate dazu, die Weide in drei Parzellen zu unterteilen und jede vier bis sechs Wochen lang beweiden zu lassen, um die Pferde anschließend zu entwurmen und auf die nächste Parzelle zu lassen. So hat die Grasnarbe auf jeder Parzelle acht bis zwölf Wochen Zeit, sich zu regenerieren.

Wenn die Vegetationsperiode im Winter beendet ist, können die Trennzäune entfernt werden und die Pferde dürfen einige Monate lang auf der gesamten Fläche grasen, bis das

Links: *Mit dem Prinzip der Wechselweide kann man die Weidesaison verlängern und gibt der Grasnarbe die Möglichkeit, sich von Verbiss und Trittschäden zu erholen.*

> **66** Das System der Wechselweide ahmt die Natur nach, weil es den Pferden ermöglicht, auf frische Weideflächen weiterzuziehen. Ihre Freude ist unübersehbar, wenn das Gatter zu neuen Parzelle geöffnet wird. **99**

Links: *Von einer kleinen Portionsweide lässt sich leichter der Mist absammeln, auch das Gras kann sich so besser erholen, wenn nicht genug Fläche zur Verfügung steht. Artgerechter ist aber die Haltung auf einer großen Fläche.*

Prinzip der Wechselweide

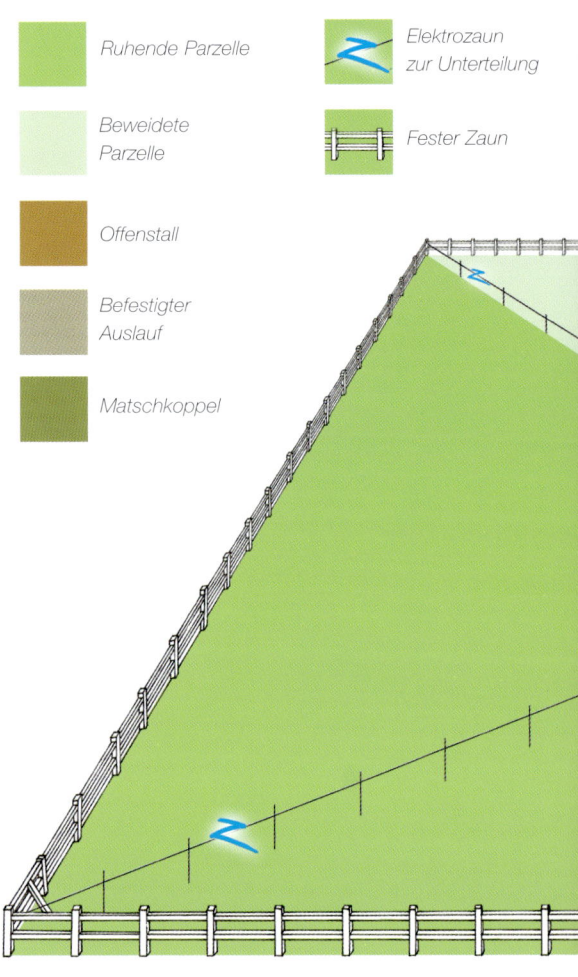

- *Ruhende Parzelle*
- *Beweidete Parzelle*
- *Offenstall*
- *Befestigter Auslauf*
- *Matschkoppel*
- *Elektrozaun zur Unterteilung*
- *Fester Zaun*

Wachstum im Frühjahr wieder einsetzt. So haben sie zusätzliche Bewegungsfreiheit, um aktiv und warm zu bleiben und können mit Beginn des Frühlings umherwandernd neue Futterpflanzen finden.

Da Flächen mit älterem Bewuchs den Huftritten besser standhalten als eine frische Grasnarbe, sollte es auf der größeren Fläche auch bei nassem Wetter keine allzu großen Trittschäden geben.

Planen Sie vor - vielleicht kann auch ein kleinerer Teil als »Matschauslauf« für die extrem nassen Tage geopfert werden.

Wenn Sie Flächen übrig haben, können Sie

An trockenen und frostigen Tagen können die Pferde auf der ganzen Fläche grasen, Heu muss trotzdem zugefüttert werden. An nassen Tagen können die Pferde auf den geopferten »Matschpaddock« und den befestigten Auslauf, anstatt im Stall stehen zu müssen. Heu sollte man aus an den Zaun hängenden Netzen füttern, damit es nicht in den Matsch getreten wird.

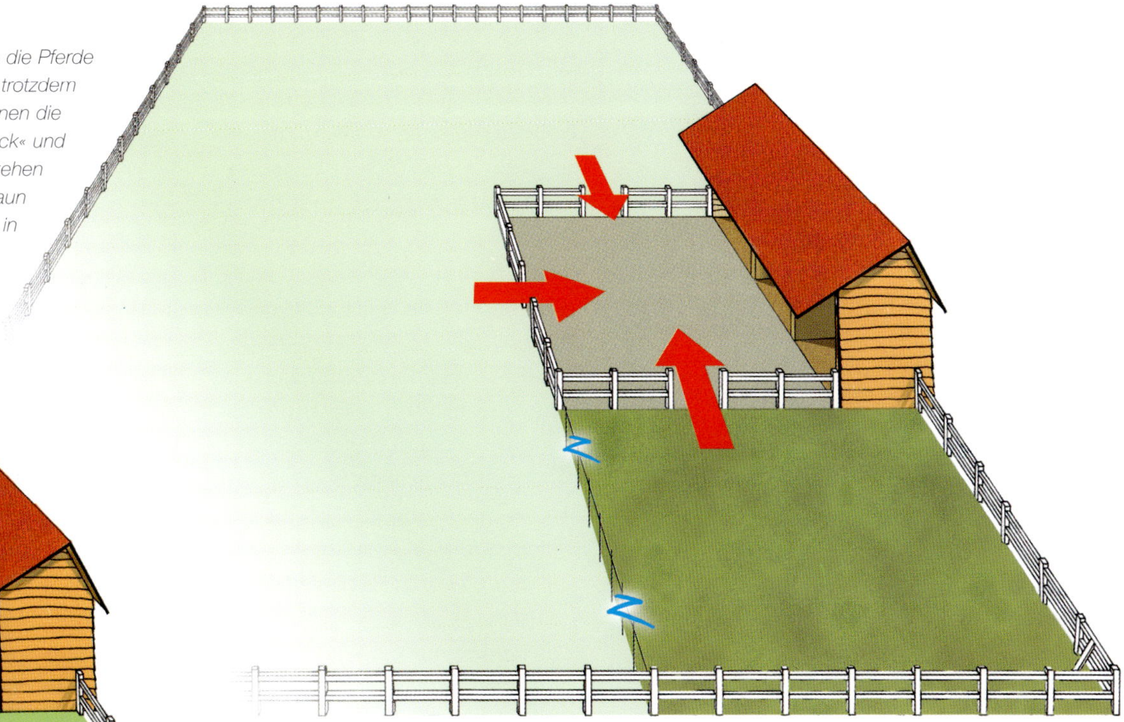

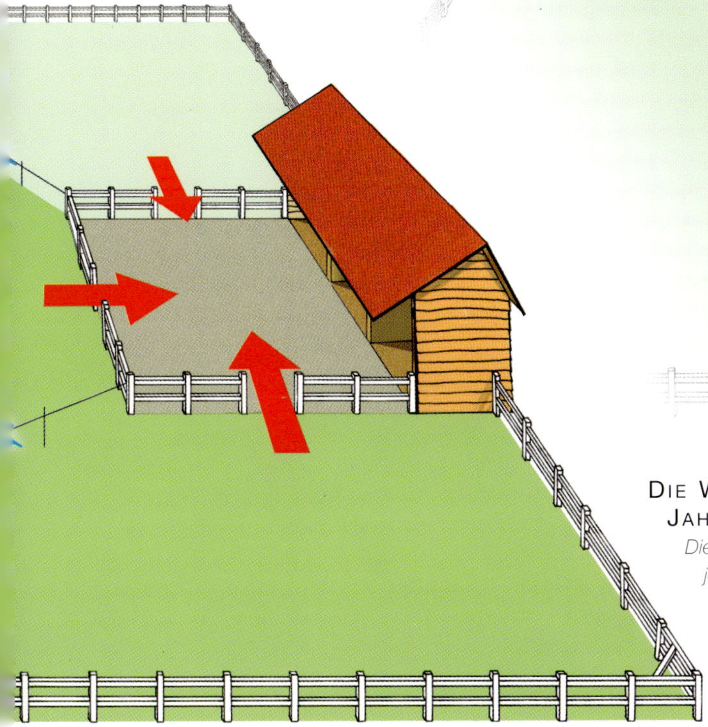

DIE WEIDE IN DEN ÜBRIGEN JAHRESZEITEN (LINKS)

Die Parzellen sollten je nach Graswachstum jeweils für etwa vier Wochen beweidet werden. Die Pferde müssen umgetrieben werden, bevor die Grasnarbe ernste Schäden erleidet, sonst breiten sich Unkräuter aus und die Parzelle braucht länger zur Erholung. Der Stall ist im Idealfall von jeder Parzelle aus zugänglich.

🐴 **Oben:** *Wenn Sie genügend Land haben, können Sie Ihr eigenes Heu machen. Gut zu wissen, aus welcher Quelle es stammt.*

auch Ihr eigenes Heu machen; die dafür vorgesehen Flächen müssen lediglich während der Wachstumsperiode etwa vier Monate lang für die Pferde gesperrt werden. Auch wenn die Heuernte wegen des Wetterrisikos kein ganz einfaches Geschäft ist, haben Sie bei selbst gemachtem Heu doch immer das gute Gefühl, seine Herkunft genau zu kennen.

VERBESSERUNG SCHLECHTER WEIDEN

Wenn die Zahl der Pferde so hoch ist, dass besseres Gras benötigt wird oder wenn die Fläche durch Überweidung so geschädigt wurde,

dass Unkraut sich ausbreitet, müssen Sie zu Maßnahmen greifen, um Ihr Kapital zu erhalten.

Schritt 1: Bodenanalyse

Bevor irgend etwas unternommen werden kann, müssen Sie wissen, wie fruchtbar der Boden ist. Sein Nährstoffgehalt bestimmt die Geschwindigkeit und Qualität des Pflanzenwachstums, Mängel oder Ungleichgewichte führen zu schlechtem Wachstum oder Überhandnehmen von Unkräutern wie Hahnenfuß oder Brennnesseln. Wenn der Boden so stark verdichtet ist, dass das Wurzelwachstum gehemmt wird, muss er gelockert und belüftet werden.

BODENANALYSE

Nur wenn Sie den pH-Wert des Bodens kennen, können Sie die besten Möglichkeiten zu seiner Verbesserung herausfinden. Bodenqualität, Temperatur und Niederschlag wirken zusammen, um die Energie des Sonnenlichts in Pflanzenwachstum umzuwandeln.

pH		
9.0 pH	Zu alkalisch für Pferde	↑
8.5 pH	Alkalisch	↑
7.5 pH	Schwach alkalisch	↑
7.0 pH	Neutral	↔
6.5 pH	Schwach sauer	↓
6.0 pH	IDEAL FÜR PFERDE	↓
5.5 pH	Sauer	↓
4.5 pH	Extrem sauer	↓

🐎 **Oben:** *Umweltschutz und Weidewirtschaft können Hand in Hand gehen. Eine etablierte Extensivweide besitzt eine große Artenvielfalt von Wildkräutern, Gräsern und Blumen.*

Meist kann man direkt an der Behebung des Problems selbst arbeiten, z.B. wenn es sich um einen Mineralmangel durch zu sauren oder zu alkalischen Boden handelt oder wenn Staunässe bzw. Trockenheit die Grasnarbe geschädigt haben. Saure Böden sind gekennzeichnet durch das reichliche Wachstum von Hahnenfuß und Hundskamille, alkalisch sind die Böden in kalkreichen Gegenden. Genauer ist es aber, den pH-Wert des Bodes mit Teststreifen aus dem Gartenmarkt zu messen oder eine Bodenprobe analysieren zu lassen.

Eine Bodenanalyse ist sowohl zur Verbesserung als auch bei der Neuansaat von Weideland wichtig. Für Pferde ist ein pH-Wert von etwa 6 ideal - wenn sie auf Kuhweiden mit pH Werten von 9 oder höher gehalten werden, kann es ernste Probleme geben.

Bevor Sie Flächen neu mit Gras ansäen, sollte der Boden vorher vorbereitet und verbessert werden, z.B. durch das Aufbringen von Kalk oder Seetang bei sauren Böden oder Sand bei schweren Lehmböden, wobei die Menge an Sand, den man zur Auflockerung eines schweren Bodens benötigt, dieses Unterfangen schnell unwirtschaftlich macht.

Schritt 2: Auswahl des Saatgutes

In der intensiven Landwirtschaft wird mehr Wert auf Menge und Schnelligkeit des Aufwuchses gelegt als auf die Pflanzenvielfalt, wie sie noch vor einigen Jahrzehnten bei uns vorhanden war. Dabei ist es wirklich nicht nötig, durch die einseitigen Gräsersorten entstehende Ungleichgewichte in der Ernährung des Pferdes entstehen

zu lassen, wo es doch so einfach ist, eine große Vielfalt an verschiedenen Gräsern und Kräutern bei der Neuansaat oder Nachsaat zu berücksichtigen.

Es gibt viele verschiedene Gräsersorten, deren jeweilige Qualitäten Sie bei der Zusammenstellung der Saatmischung für Ihre Weide berücksichtigen sollten. Manche, wie Wiesenlieschgras, Ährenrispengräser oder Rispengräser bilden eine niedrige Grasnarbe mit weichen Blättern und hohem Nährwert, wachsen aber langsam und sind weniger widerstandsfähig gegen Frost und Trittschäden. Andere, wie z.B. das Deutsche Weidelgras, sind schnellwachsender, haben härtere Blätter und benötigen in der Regel mehr Dünger. Klee gibt Stickstoff an den Boden zurück, so dass der Düngerbedarf geringer wird. Weißklee wird auf Pferdeweiden lieber gesehen als Rotklee, weil man annimmt, dass Rotklee bei der Entstehung der so genannten »Grass Sickness« eine Rolle spielt.

Eine Beimischung von Kleesorten und Luzerne in das Saatgut erhöht den Nährwert des Grases und schafft eine dichte Grasnarbe, die keine Unkräuter wie Sauerampfer oder JakobsKreuzkraut aufkommen lässt.

Kleinere kahle Stellen in einer Weide können auch von Hand nachgesät werden, anderenfalls müssen Sie einen Lohnunternehmer um Hilfe bitten. Nachsaaten müssen im Frühjahr oder Herbst ausgebracht werden.

Schritt 3: Düngung

> 66 **Der ideale BodenpH-Wert einer Pferdeweide ist etwa 6 - Pferde, die auf einer Kuhweide mit einem pH von 9 oder höher grasen, können ernste Probleme bekommen. 99**

Wenn sie ein robustes Kleinpferd oder ein reheanfälliges Pferd besitzen, sollten Sie Kunstdünger völlig vermeiden, da die bewirkte Veränderung in der Grasstruktur und die Erhöhung des Kohlehydratgehaltes leicht zu einem Reheschub führen können.

Wenn eine landwirtschaftliche Beratungsstelle jedoch Nährstoffmängel in Ihrem Boden festgestellt hat und das Gras eine Wachs-

Links: *Übermäßiges Wachstum von Hahnenfuß ist ein Indikator für sauren Boden. Pferde grasen zwar geschickt um ihn herum, aber in größeren Mengen oder im Heu ist er giftig.*

Unten: *Man kann auch organische Mineraldünger wie Gesteinsmehl oder Seetang verwenden, um eine Weide zu verbessern.*

tumsförderung benötigt, sind Frühjahr und Herbst die richtigen Jahreszeiten, um Dünger auf die Wiesen zu bringen. Die meisten Düngersorten enthalten eine Mischung der drei Hauptnährstoffe des Bodens - Stickstoff, Phosphor und Kalium sowie einen Zusatz von Schwefel, Zink, Natrium und anderen Spurenelementen in verschiedenen Anteilen. Stickstoff ist verantwortlich für »Anschub« und Beschleunigung des Wachstums, auf Pferdeweiden dürfen jedoch, im Gegensatz zu Milchviehweiden, höchstens 30-40kg pro Hektar ausgebracht werden. Es ist aber nicht möglich, reinen Stickstoffdünger alleine zu verwenden, da mit jeder im Wachstum verbrauchten Stickstoffeinheit gleichzeitig auch Phosphor und Kalium gebraucht werden. Nur so kann das Gleichgewicht der Bodennährstoffe langfristig aufrecht erhalten werden.

Pferde dürfen solange nicht auf frisch gedüngte Weiden, bis der gesamte Dünger vom Boden absorbiert wurde. Regen oder Wässerung helfen dabei. Ich persönlich bevorzuge natürliche Methoden, und man kann auch mit organischen Düngern oder organischem Flüssigdünger (keine Rindergülle! Anm.d.Übers.), die eher über

die Blätter anstatt über die Wurzeln aufgenommen werden, das Pflanzenwachstum positiv beeinflussen. Auch Kalk, Gesteinsmehle oder Seetang bzw. Algenkonzentrat können den Boden verbessern. Gut verrotteter Stallmist (ohne Einstreu) kann maschinell auf Heuweiden oder größeren Pferdeweiden verteilt werden. Regelmäßiges Auseinanderziehen der Pferdeäpfel bei heißer Witterung mit der Schleppe hilft,

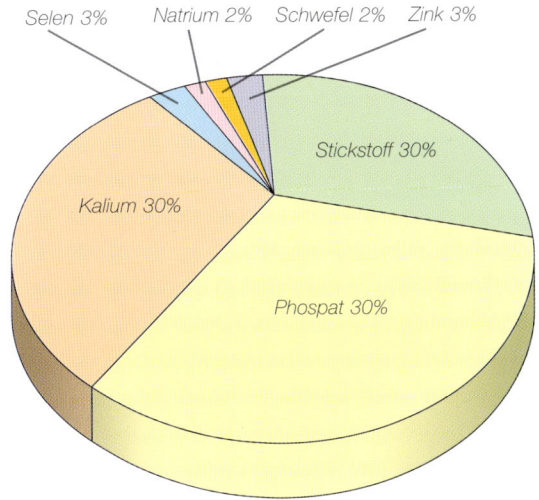

Selen 3%   Natrium 2%   Schwefel 2%   Zink 3%

Stickstoff 30%

Kalium 30%

Phospat 30%

DÜNGER-KOMPONENTEN
Auch wenn sie nicht »organisch« sind, kommen diese Stoffe in allen lebenden Zellen vor. Eine Überdüngung hilft jedoch nur kurzfristig, und plötzliche Änderungen der Grasbeschaffenheit können eine akute Hufrehe auslösen.

66 Pferde dürfen erst wieder auf gedüngte Weiden, wenn der Dünger vollständig vom Boden absorbiert wurde. **99**

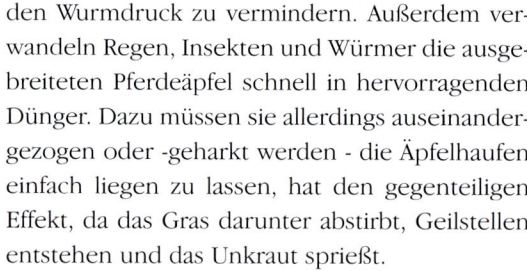

Unten: Gras ist ein wertvolles Kapital. Für alle Pferde ist ganzjähriger Weidegang optimal, aber die Weidebewirtschaftung muss sich nach dem jeweiligen Pferdetyp richten.

Rechts: Verrotteter Mist, der auf ruhenden Weiden ausgebracht wird, ist ein guter organischer Dünger. Er wirkt zwar nicht so schnell wie Kunstdünger, aber er belastet das Grundwasser nicht und vernichtet keine »Unkräuter« (gute wie schlechte). Das Abschleppen der Weiden verteilt nicht nur den Mist, sondern entfernt auch altes Gras und Moos, so dass mehr Luft und Licht an die junge Triebe gelangen kann.

den Wurmdruck zu vermindern. Außerdem verwandeln Regen, Insekten und Würmer die ausgebreiteten Pferdeäpfel schnell in hervorragenden Dünger. Dazu müssen sie allerdings auseinandergezogen oder -geharkt werden - die Äpfelhaufen einfach liegen zu lassen, hat den gegenteiligen Effekt, da das Gras darunter abstirbt, Geilstellen entstehen und das Unkraut sprießt.

Schritt 4: Weidemanagement

Das Graswachstum ist jahreszeitlichen Schwankungen unterworfen, mit dem Ergebnis, dass wir zu bestimmten Jahreszeiten entweder zu viel oder zu wenig Gras haben. Das schnelle Wachstum im Frühjahr und Sommer kann bedeuten, dass Ihre Pferde gar nicht mehr mit der Wachstumsgeschwindigkeit mithalten können und ganze Flecken von hohem, hartstängeligem, bitterem Gras entstehen. Eine gute Lösung ist das Nachmähen mit dem Traktor, um die Gräser zur Bildung von Seitentrieben anzuregen. Eine gleichmäßigere, dichtere Narbe aus süßeren Gräsern entsteht. Eine Grashöhe von 8-10 cm ist ideal, weshalb möglicherweise mehrmals jährlich nachgemäht werden muss.

Einmal im Jahr sollte der Boden gelockert werden, um die Luft- und Wasserleitfähigkeit eines eventuell verdichteten Bodens zu verbessern. Die Weide sollte außerdem zweimal jährlich mit einer Wiesenschleppe oder - bürste bearbeitet werden, um abgestorbenes Gras und Moos zu entfernen und damit Luft und Licht an die frischen Triebe gelangen. Sie können die Schleppe mit dem Traktor, einem Geländewagen oder traditionell auch mit dem Pferd über die Weide ziehen.

Machen Sie es sich zur Angewohnheit, die Pferdeäpfel von kleineren Flächen abzusammeln. Wenn sie länger als 24 Stunden liegen bleiben, entstehen verbrannte und ungenießbare Grasflecken, so dass eine sowieso schon kleine Weide sehr schnell noch kleiner wird, was die Grasmenge angeht. Mit dieser Methode können Sie auch am sichersten verhindern, dass die Pferde sich nicht immer wieder von neuem mit den ausgeschiedenen Wurmeiern infizieren.

Falls die Weide nach einer Regenperiode stark zertreten ist, empfiehlt sich ein Walzen der betroffenen Stellen, wobei darauf geachtet werden muss, die übrige Weide nicht durch ein Arbeiten mit schweren Maschinen auf mit Wasser vollgesogenem Boden unnötig zu beschädigen.

Schritt 5: Unkrautbekämpfung

Erstens: Nicht alles, was kein Gras ist, ist ein Unkraut. Nehmen Sie sich aber die Zeit, alle anderen Pflanzen auf der Weide zu identifizieren und die giftigen sofort zu entfernen.

Oben: *Koppeln, die sich bei Nässe in tiefe Äcker verwandeln, können Lahmheiten und sogar Beinbrüche verursachen, wenn die Schollen trocken und hart werden. Sie müssen im Frühjahr unbedingt glattgewalzt werden.*

Unten: *Auf großen Winterweiden kann der Mist liegen bleiben, er wird schnell vom Regen in den Boden gewaschen. Auf Sommerweiden muss er täglich entfernt werden, er verbrennt sonst das Gras und fördert die Verwurmung.*

Um eine möglichst naturnahe Pferdeernährung zu erreichen, ist es gut, auch einige »Unkräuter« stehen zu lassen - jedenfalls so lange, wie sie unter Kontrolle gehalten werden, denn Unkräuter sind definitionsgemäß Gewächse, die sich schnell ausbreiten und andere Pflanzen ersticken. Sie können beispielsweise einen bestimmten Streifen bestimmen, in dem nützliche »Unkräuter« wie Brennnesseln, Klebkraut,

Löwenzahn, Gänseblümchen, Klee, Brombeeren, Schafgarbe, Pimpinelle etc. stehen bleiben dürfen oder sie dort sogar gezielt ansäen. Wenn Sie darauf achten, dass sie sich nicht über die festgelegte Grenze hinaus ausbreiten, haben Sie das Nahrungsangebot für Ihre Pferde um eine abwechslungsreiche Komponente erweitert und bieten gleichzeitig immer noch wertvolles Gras. Wenn die Pferde diese Unkräuter nicht schnell

Oben: *Nach menschlichem Verständnis ist eine Weide schön, die wie ein Golfrasen aussieht - aber wir müssen ja auch nicht dort grasen! Pferde suchen sich oft die Pflanzen aus, die für uns wie Unkräuter aussehen. Wir sollten die Pflanzenvielfalt erhalten und nur Giftpflanzen oder sich stark ausbreitende Unkräuter bekämpfen.*

> 66 **Schleppen Sie nie eine Weide ab, auf der Jakobskreuzkraut wächst, weil es sich sonst weiter ausbreitet. Abgebrochene Pflanzenteile können nach dem Trocknen von Pferden gefressen werden und zu Vergiftungen führen.** 99

SELBSTBEDIENUNG
Kräuter und Naturmedizin werden immer beliebter. Warum sollen sich unsere Pferde nicht selbst daran bedienen?

genug in Schach halten, kann es nötig sein, ihr Wachstum hin und wieder mit Sense oder Mähbalken zu begrenzen.

Andere Unkräuter wie Sauerampfer, Disteln, Farn und insbesondere Jakobskreuzkraut müssen jedoch entfernt werden, entweder durch Ausgraben von Hand oder gezieltes Spritzen. Benützen Sie zum Ausziehen der Unkräuter Handschuhe, da die Giftstoffe mancher Pflanzen allergische Reaktionen hervorrufen können. Schleppen Sie außerdem nie eine Weide ab, auf der Jakobskreuzkraut wächst, weil es sich sonst weiter ausbreitet. Abgebrochene Pflanzenteile können nach dem Trocknen von Pferden gefressen werden, was zu Vergiftungen führen kann.

Schritt 6: Drainage und Klima

Leider kommen sanfter Regen und warmer Sonnenschein selten so ausgewogen vor, dass das Gras gleichmäßig wächst. Längere Trockenperioden lassen alle bis auf die robustesten Gräser verdorren, so dass viele widerstandsfähige Unkräuter übrigbleiben und die frei gewordenen Stellen besiedeln. In Trockenperioden sollte das Gras nie zu kurz abgeweidet werden. Wenn es machbar

ist, ist Bewässerung mit dem Gartenschlauch hilfreich. (Wässern Sie am frühen Morgen oder am Abend, wenn die Fläche keiner vollen Sonneneinstrahlung ausgesetzt ist).

Starke Regenfälle schaffen überflutete »Sumpfstellen«, in denen die Sauerstoffzufuhr zu den Gräsern unterbunden ist, die Wurzeln geschwächt werden und sich Moos ansiedelt.

Geneigte Flächen und leichte Böden haben in der Regel von Natur aus eine gute Drainage, wenn Ihre Koppel aber eher einem chinesischen Reisfeld ähnelt, besteht die einzige Lösung darin, Entwässerungsgräben auszuheben oder Drainagerohre zu verlegen. Ein offener Entwässerungsgraben kann gleichzeitig auch eine sehr gute Trinkwasserquelle sein und Sie werden feststellen, dass die Pferde dieses Wasser dem von Ihnen angebotenen vorziehen, solange der Graben gefüllt ist. Überprüfen Sie regelmäßig, ob die Gräben nicht verstopft sind, denn die Pferde treten leicht Stücke der Uferböschung hinein oder verunreinigen das Wasser mit Mist.

In längeren Nässeperioden ist es fast unvermeidlich, dass die Stellen an den Koppeleingängen tiefgründig werden und den Pferden, uns

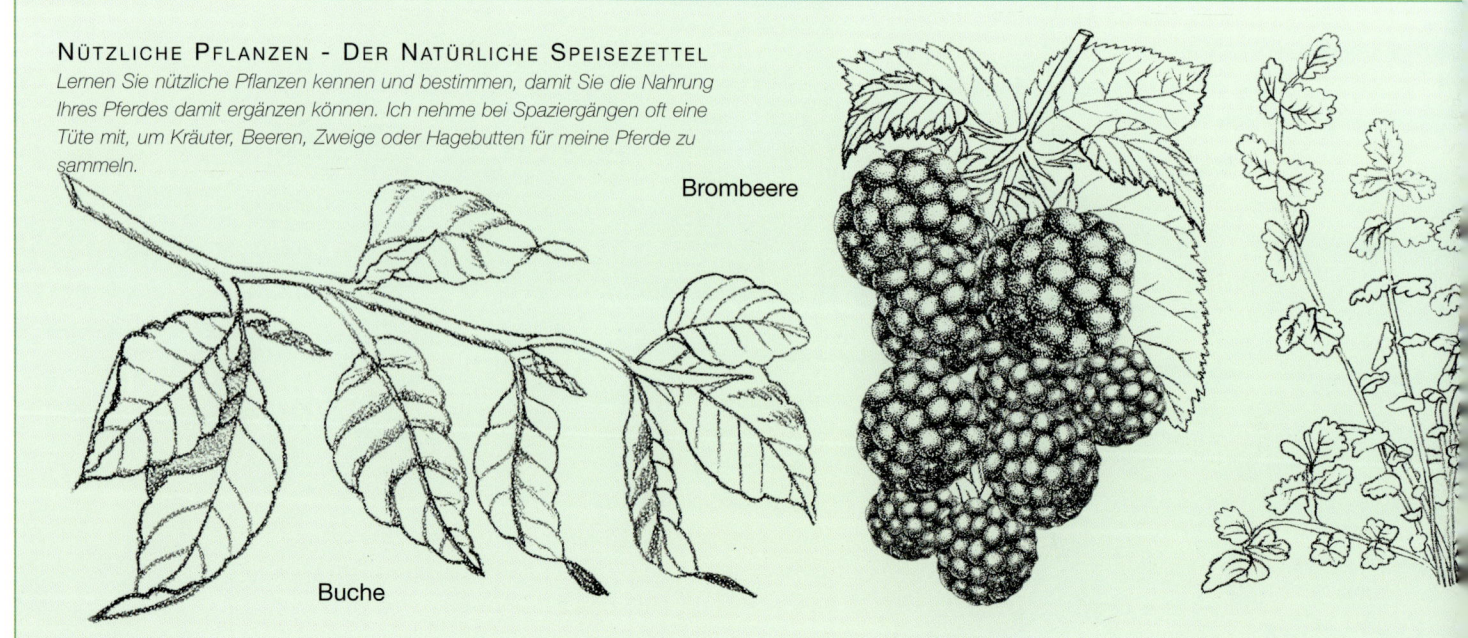

NÜTZLICHE PFLANZEN - DER NATÜRLICHE SPEISEZETTEL
Lernen Sie nützliche Pflanzen kennen und bestimmen, damit Sie die Nahrung Ihres Pferdes damit ergänzen können. Ich nehme bei Spaziergängen oft eine Tüte mit, um Kräuter, Beeren, Zweige oder Hagebutten für meine Pferde zu sammeln.

Brombeere

Buche

Links: Teile der Weide, die monatelang überschwemmt sind, tragen kein gutes Gras mehr, aber trotzdem müssen die Pferde täglich hinaus. Heuzufütterung ist sinnvoll.

Unten: Die meisten Pferde trinken lieber aus einer natürlichen (auch schmutzigen) Wasserquelle als aus der Leitung.

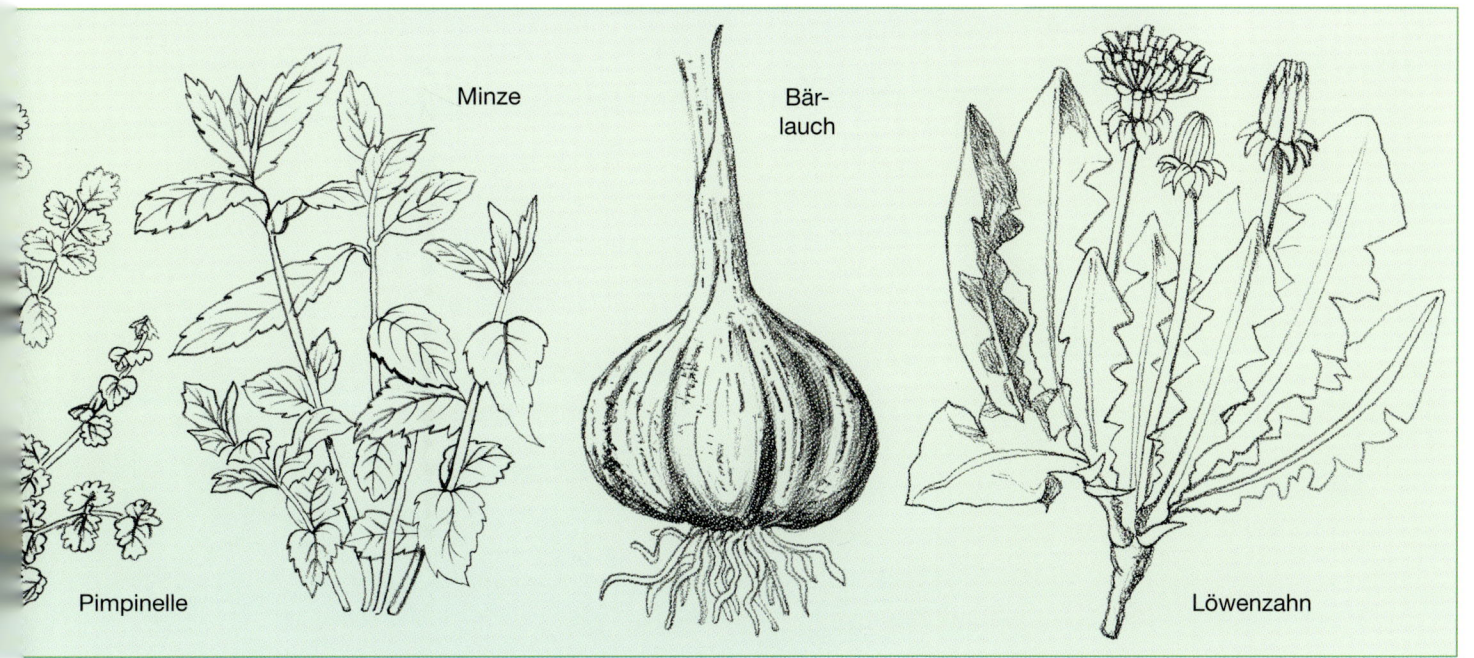

Pimpinelle

Minze

Bär-lauch

Löwenzahn

 **Oben:** *Geben Sie an frostigen Tagen das Heu auf einer umgrenzten Fläche, damit das gefrorene Gras nicht überall zertreten wird und empfindliche Pferde nicht zuviel fressen.*

SANDBÖDEN

Wenn Ihre Pferde auf sandigen Böden mit spärlichem Bewuchs weiden, muss Heu und anderes Futter immer erhöht angeboten werden, da verschluckter Sand zu Koliken führen kann.

und unseren Fahrzeugen Schwierigkeiten machen, wenn wir mit dem schweren, klebrigen Matsch kämpfen müssen.

Es ist pure Zeitverschwendung, irgendwelche Materialien (Schotter inbegriffen) auf diesen Matsch aufzuschütten, solange er nass ist. Sie mischen sich einfach unter. Wenn Sie allerdings etwas unternehmen, bevor das nasse Wetter einsetzt oder die Lehmschicht abtragen, bis Sie auf festen Untergrund stoßen, können Sie diese Bereiche dauerhaft verbessern.

Nach Entfernung der Lehmschicht können Sie entweder

❏ Eine dicke Schicht Schotter oder Lava aufbringen und festrütteln

❏ Gittersteine oder -matten aus Metall oder Kunststoff verlegen, die mit Erde oder Schotter verfüllt und gerüttelt werden

> 66 Alle diese Maßnahmen zur Weidepflege klingen nach harter Arbeit - aber bedenken Sie, dass die Weiden ein wichtiges Kapital und der Schlüssel dazu sind, Ihren Pferden ein natürlicheres Leben zu ermöglichen. 99

❏ Holzhackschnitzel aufbringen - eine billige Lösung, wobei die Schnitzel aber von Zeit zu Zeit nachgefüllt oder ersetzt werden müssen

An frostigen Morgen sollten Sie die Pferde auf begrenztem Raum halten und ihnen Heu füttern, bis der Raureif weggetaut ist. Bei empfindlichen Pferden besteht eine kleine Gefahr, dass sie nach dem Fressen von gefrorenem Gras leichte Kolikanzeichen zeigen, auch wenn dies sehr selten ist. Weil sie mit ihren Hufen aber die gefrorenen Gräser leicht zertreten, vermindert es Schäden an der Grasnarbe, wenn Sie die Pferde solange wegsperren.

Alle diese Maßnahmen zur Weidepflege klingen nach harter Arbeit - aber denken Sie daran, dass die Weiden ein wichtiges Kapital und der Schlüssel dazu sind, Ihren Pferden ein natürlicheres Leben zu ermöglichen.

ZÄUNE UND UNTERSTÄNDE

Bedenken Sie bei der Überlegung, wo Sie Ihr Pferd unterbringen sollen, immer, was das Pferd sich wünschen würde. Es ist ja schön, wenn der Hof schmuck aussieht und alle Koppeln mit Holzzäunen umfriedet sind, aber Pferde teilen

nun einmal nicht unser ästhetisches Empfinden. Es ist zwar angenehm, sich in einer schönen Umgebung aufzuhalten, aber Ihre erste Überlegung muss immer sein, ob die Zäune auch sicher sind.

Es ist egal, ob die Zäune alt oder neu sind, solange sie keine lose durchhängenden Drähte oder wacklige Pfosten aufweisen, so dass Pferde ausbrechen und sich verletzen können.

Für Pferdeweiden darf auf keinen Fall Stacheldraht verwendet werden, da er zu bösen Verletzungen führen kann.

Überlegen Sie auch, welcher Zaun für Ihr Pferd richtig ist. So mancher kräftige Cob hat schon einen gerade frisch und professionell errichteten Holzzaun einfach umgedrückt - ein Elektrozaun wäre bei ihm besser angebracht gewesen. Bei Vollblütern und anderen sehr dünnhäutigen, wertvollen Tieren sind vielleicht Zäune mit Pfosten und Querlatten aus Kunststoff angebracht. Sie sind zwar teuer, geben aber die Gewissheit, dass die Tiere sich nicht an Splittern, Nägeln oder scharfen Kanten verletzen können.

Das Grasen auf kleinen Weideparzellen ist geeignet für Pferde, die sich während des Fres-

SICHERE ZÄUNE
Zaunecken sollten »entschärft« werden, damit kein Pferd von den anderen in die Ecke getrieben werden kann und stets ein Fluchtweg bleibt.

sens nicht viel bewegen (oder aus Verletzungsgründen nicht bewegen dürfen), aber in Freiheit legt ein Pferd etwa 32 km pro Tag zurück. Wenn Sie ein lebhaftes Pferd voller Energie haben, ist

Unten links Eine Kombination aus Holz und Draht ist relativ preiswert und sieht gut aus. Scharrende Pferde können sich aber leicht mit den Hufen in der unteren Litze verfangen.

Unten rechts: Ein Kunststoffzaun sieht sehr gut aus und hat keine Splitter, an denen sich Pferde verletzen könnten. Er ist aber auch die teuerste Lösung.

diese Methode nicht für es geeignet.

Jeder Zauntyp hat seine Vorteile, seien es Stabilität und gutes Aussehen beim Holzzaun, Haltbarkeit beim Kunststoffzaun, günstiger Preis und Vielseitigkeit beim Holz-Draht-Zaun oder die leichte Versetzbarkeit von Metallelementen und Elektrozaun.

Es ist auch ratsam, auf der Koppel eine Ecke abzuteilen, in der ein Pferd zum Füttern oder Putzen abgetrennt werden kann, ohne dass die anderen Pferde in die Quere kommen.

Die freie Wahl
Ein Pferd mehr als ein paar Stunden lang ohne Unterstand auf der Koppel zu lassen, ist genau so

Oben rechts: Ein Holzzaun sieht anfangs gut aus, wird aber schnell schäbig, wenn die Pferde daran nagen oder sich scheuern. Größere Pferde knicken die Pfosten einfach um, wenn sie sich dagegen lehnen.

Oben links: : Elektrozaun kann fest oder als versetzbarer Zwischenzaun gebaut werden. Er ist preiswert und effektiv, aber relativ windanfällig und benötigt ein Stromgerät mit Batterie.

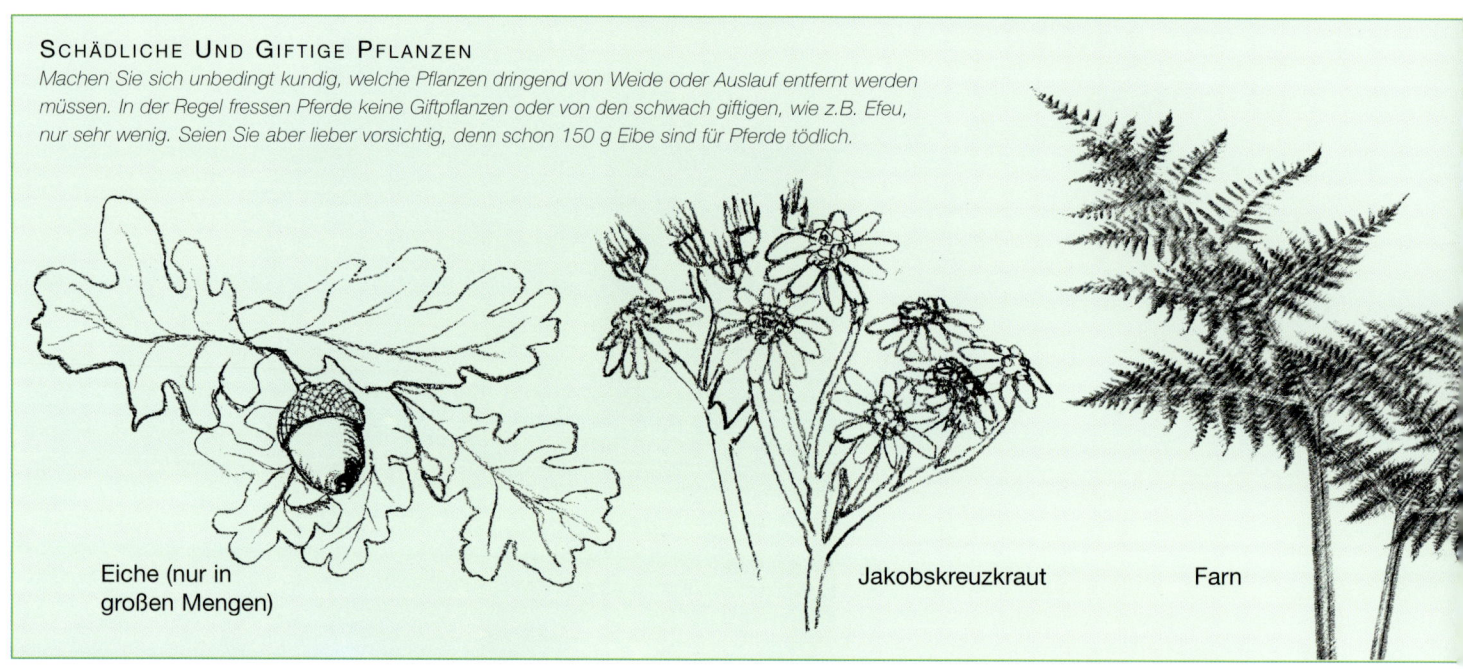

SCHÄDLICHE UND GIFTIGE PFLANZEN

Machen Sie sich unbedingt kundig, welche Pflanzen dringend von Weide oder Auslauf entfernt werden müssen. In der Regel fressen Pferde keine Giftpflanzen oder von den schwach giftigen, wie z.B. Efeu, nur sehr wenig. Seien Sie aber lieber vorsichtig, denn schon 150 g Eibe sind für Pferde tödlich.

Eiche (nur in großen Mengen)

Jakobskreuzkraut

Farn

Oben: *Ein Weideunterstand bietet Schutz vor Regen, Wind und Sonne. Die Pferde haben stets die Wahl, ob sie drinnen oder draußen sein möchten und fühlen sich so rundum wohl. Unterstände müssen nicht so simpel sein wie dieser hier, sie können auch Einstreu und Futterkrippen enthalten.*

unfair, wie es stundenlang im Stall einzusperren. Fliegen, Sonnenhitze, kalter Wind und starker Regen können einem Pferd das Leben zur Qual machen. Leider sind aber die meisten Weiden ohne Schutz angelegt.

Der Schlüssel zum Wohlbefinden ist die freie Wahl. Wenn jede Weide einen natürlichen oder angelegten Wetterschutz hat, können die Tiere immer frei entscheiden, ob sie sich den Elementen aussetzen wollen oder nicht.

DIE LAGE DES UNTERSTANDES

Berücksichtigen Sie beim Bau, aus welcher Richtung meistens Regen und Wind kommen und stellen Sie die Rückwand an die Wetterseite. Lassen Sie genügend Platz, damit die Pferde ungehindert rundum laufen können.

Ideal wäre es, wenn Sie Ihre Anlage so gestalten oder abändern können, dass von jeder Weide aus »Zugangskorridore« zum Stall führen. Davon profitieren nicht nur die Pferde, sondern auch Sie, weil Sie bei drohendem schlechtem

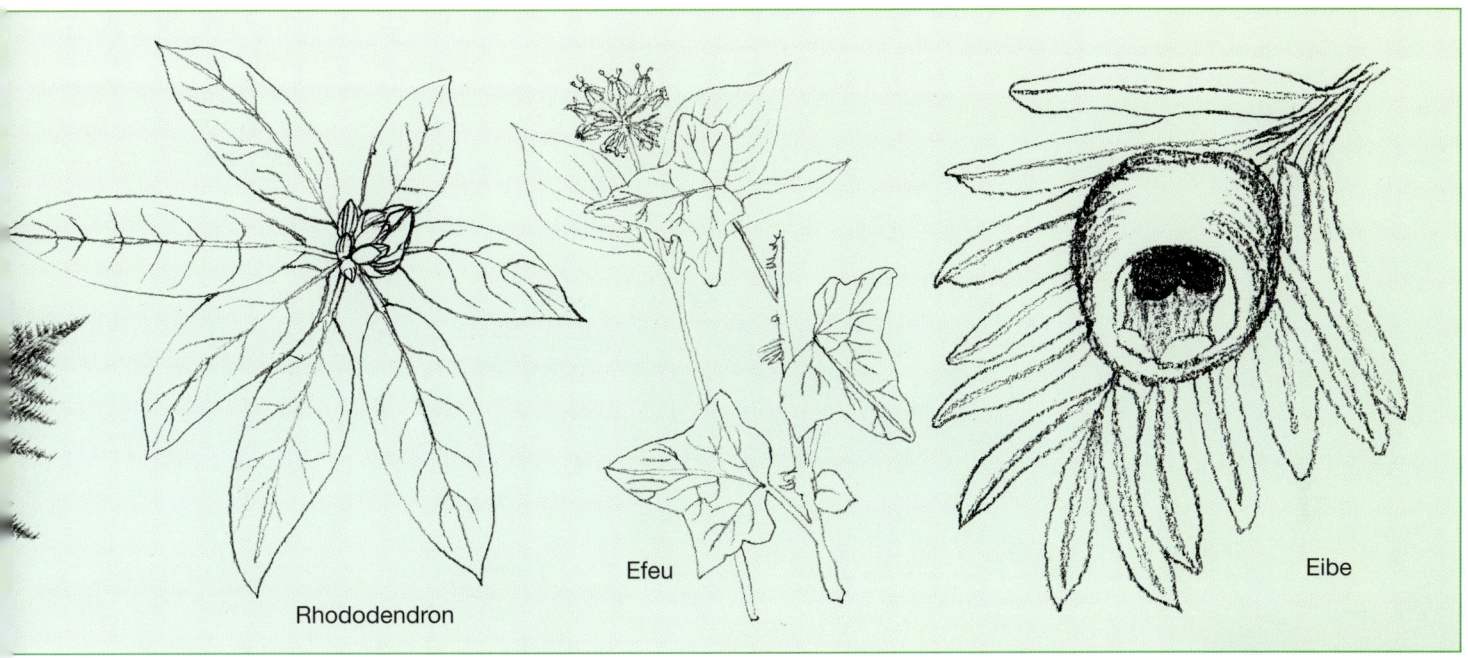

Rhododendron

Efeu

Eibe

Wetter nicht mehr hetzen müssen, um die Pferde hereinzuholen.

Wenn Ihre Weiden weiter außerhalb liegen und Sie dort keinen festen Offenstall errichten möchten, ist eine fahrbare Weidehütte die beste Lösung. Sie ist stabil und bietet guten Schutz. Es gibt Ausführungen mit herausnehmbaren Türen und Trennwänden, so dass Sie Pferde getrennt füttern und gegebenenfalls über Nacht einsperren können. Fahrbare Weidehütten haben eine Mittelachse, abnehmbare Räder und eine Anhängerkupplung, so dass sie von Weide zu Weide gezogen werden können. Sofern die Hütte regelmäßig versetzt wird, ist in der Regel keine Baugenehmigung erforderlich, da es sich um kein festes Bauwerk handelt. Erkundigen Sie sich aber auf jeden Fall bei Ihrer Gemeinde nach den geltenden Bestimmungen, denn mancherorts sind auch mobile Unterstände genehmigungspflichtig.

Natürliche Hecken

Meiner Meinung nach ist eine große, von Büschen und Brombeerhecken eingefasste Weide besser als eine mit schmuckem Holzzaun. Der dichte Bewuchs bietet Schutz, Kratzgelegenhei-

ten und vor allem Abwechslung im Futter, was kein Elektro- oder Holzzaun leisten kann.

Wenn Gewächse wie Brombeeren, Weißdorn, Holzäpfel oder Hagebutten vorhanden sind, kann das Pferd von den enthaltenen Vitaminen und Spurenelementen profitieren und hat außerdem mehr Spaß an dieser aktiven Form der Futtersuche als an einem Dasein als bloßer Rasenmäher. Genau wie bei den Gräsern ändert sich auch das Angebot an Büschen und Bäumen über die Vegetationsperiode und verschafft dem Pferd Abwechslung. Man kann solche Hecken durchaus mit der Beilage und Soße zu unserem Essen vergleichen - ein Steak schmeckt mit einer Sauce Béarnaise und Zwiebelringen doch gleich viel besser!

Kontrollieren Sie, ob keine Giftpflanzen wie Efeu, Eibe oder Nachtschattengewächse vorhanden sind. Vorsicht auch bei Eichen auf der Weide - in größeren Mengen verzehrt, können auch Eicheln und Eichenlaub giftig wirken. Auch wenn Pferde instinktiv nur selten Giftpflanzen fressen, ist Vorsicht auf alle Fälle angebracht: Entfernen Sie die Giftpflanzen oder zäunen Sie diesen Bereich großzügig ab.

Oben: Natürliche Hecken als Koppeleinfriedung können gar nicht hoch genug eingeschätzt werden. Sie sind ökologisch wertvoll, weil sie vielen Tieren Lebensraum bieten, sie spenden Schatten, dienen als Scheuerbürste und bieten reichlich Vitamine und Spurenelemente, an denen sich Pferde nur zu gerne bedienen.

einige von Dornen zerrissene Pferdedecken und lila Flecken auf dem Schimmel, der sich am Brombeerbusch kratzte.

Egal wie Ihre Weide umzäunt ist, versuchen Sie immer, alle nützlichen Kräuter, Büsche und Bäume mit einzubeziehen, anstatt sie aus ihr zu verdammen oder pflanzen Sie sogar welche an. Die jungen Pflanzen müssen geschützt werden, bis sie stark genug sind. In wenigen Jahren ist Ihre Weide so um ein vielfaches wertvoller geworden. Das Sprichwort besagt zwar, dass das Gras auf der anderen Seite des Zaunes immer grüner ist, aber Sie haben sich zum Ziel gesetzt, Ihrem Pferd auf der diesseitigen Fläche ein echtes Paradies zu schaffen!

ALTERNATIVEN ZUR GRASKOPPEL

Möglicherweise steht Ihnen nicht für das ganze Jahr genügend Weideland zur Verfügung oder Ihr Pferd darf aus gesundheitlichen Gründen nur wenige Stunden grasen. Jede sicher umzäunte Fläche kann aber als Auslauf dienen, auf dem Ihr Pferd sich bewegen, nach Futter suchen, hinlegen, wälzen und mit anderen spielen kann.

Auch Reithallen sind geeignet, besser ist es aber, zumindest einen Auslauf im Freien zu

Unten: Wenn das Futter an mehreren Stellen im Auslauf verteilt ist, wird das Pferd eher zur Bewegung motiviert und steht nicht nur an einem Fleck.

Oben: Auch ein Reitplatz kann als Auslauf genutzt werden. Schon wenige Stunden Freilauf im Hof oder auf dem Parkplatz sind besser als Boxenhaft.

Ganz oben: Jede sicher eingezäunte Fläche ist ein möglicher Auslauf. Viele Pferde wälzen sich nur im Freien gerne, weil sie sich hier sicherer fühlen als in der Enge der Box.

Ein natürlicher Heckenzaun braucht fast immer Verstärkung durch einen Drahtzaun, damit auch Lücken zwischen Büschen und Bäumen pferdesicher sind. Vor allem im Winter macht das fehlende Laub mögliche Fluchtwege gut sichtbar. Junge Triebe können Sie, solange sie noch biegsam sind, ineinander verflechten und in horizontale Richtung lenken, damit die Hecke noch dichter wird. Die einzigen nachteiligen Erfahrungen, die ich mit Hecken gemacht habe, waren

haben, damit die Pferde in den Genuss von frischer Luft, natürlichem Licht, Sonne und Regen kommen. Reitplätze, offene Scheunen oder sogar Hof- und Parkplatzbereiche können so genutzt werden, solange die Hofbesucher darauf hingewiesen und die Gatter geschlossen gehalten werden. Betonflächen sollten zumindest eine Wälzecke mit Gras oder weichem Untergrund aufweisen.

Wenn die natürliche Umgebung Ihres Stalles felsig, gebirgig oder sandig ist und nur wenig Grasaufwuchs besitzt, können Sie diese immer noch als Auslauf nutzen (natürlich dürfen keine Löcher oder Spalten vorhanden sein, in denen sich ein Pferd verletzen kann). Bewegung auf diesem Terrain hält die Pferde geistig und körperlich aktiv, das Gras wird durch Raufutter ersetzt.

Anstatt nur eines Heunetzes pro Pferd oder einer Raufe für mehrere können Sie das Futter in viele kleine Portionen aufteilen und in Netzen oder Haufen über den ganzen Auslauf verteilen; Möhren oder anderes Saftfutter können an verschiedenen Stellen versteckt werden. So werden die Pferde zum Herumlaufen ermuntert, anstatt nur am Tor oder ihrem Heunetz zu stehen, sind beschäftigt, zeigen weniger Futterneid und können ihre natürlichen Instinkte zur Futtersuche und zum Aktivsein ausleben.

Es ist aber wichtig, immer im Auge zu behalten, welches Pferd wie viel frisst und gegebenenfalls Pferde zum Füttern voneinander zu trennen.

HERDENMANAGEMENT

Wir haben gesehen, wie wichtig Freiheit und die Möglichkeit zur ständigen Futter- und Wasseraufnahme in der Pferdehaltung sind. Wenn wir uns auch Gedanken um die geistige Gesunderhaltung der Pferde machen, kann das nur zu ihrem Vorteil sein.

Sicher ist es keine gute Idee, ein Pferd oder Pony auf der Weide völlig sich selbst zu überlassen. Alle Pferde brauchen Gesellschaft! Wenn ein Pferd einzeln gehalten werden muss, müssen wir versuchen, dieses Manko ein wenig auszugleichen, indem wir möglichst viel Zeit mit ihm

verbringen. Dies ist eine der wenigen Situationen, in der Stallhaltung die bessere Lösung sein könnte, zumindest, wenn der Stall nah am Wohnhaus liegt und der Besitzer so gezwungen ist, mit Füttern und Misten mehr Zeit mit dem Pferd zu verbringen. Ein einsames Pferd auf einer entlegenen Wiese wird leicht vergessen.

Das Herdenverhalten ist ausführlich in Kapitel eins dargestellt, aber wenn Sie Weidekumpane für Ihr Pferd suchen, sollten folgende Punkte beachtet werden:

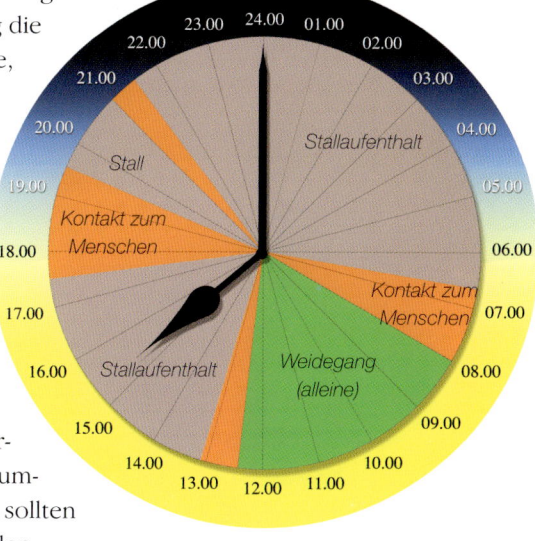

❏ Schaffen Sie keine zu hohe Besatzdichte pro Fläche. Pferde brauchen Platz, um sich sicher zu fühlen, ohne Futterneid fressen und vor vermeintlichen Gefahren fliehen zu können.

❏ Trennen Sie wegen der Verletzungsgefahr sehr dominante oder ihr Territorium aggressiv verteidigende Pferde von schwachen, alten oder sehr jungen Tieren.

❏ Stuten und Wallache können zusammen stehen, müssen aber möglicherweise im Frühjahr oder Sommer wegen drohender Rangordnungskämpfe getrennt werden, wenn die Stuten rossig werden.

GESELLSCHAFT
Ein Pferd ist fast immer unglücklich, wenn es ohne tierische und menschliche Gesellschaft auf der Weide gehalten wird. In einer solchen Situation kann zeitweiser Stallaufenthalt die bessere Lösung sein, weil der Mensch zwangsweise mehr Zeit mit dem Pferd verbringt.

Unten: Ein einsames Pferd auf einer abgelegenen Weide wird leicht vergessen und führt dann ein elendes, sinnentleertes Dasein.

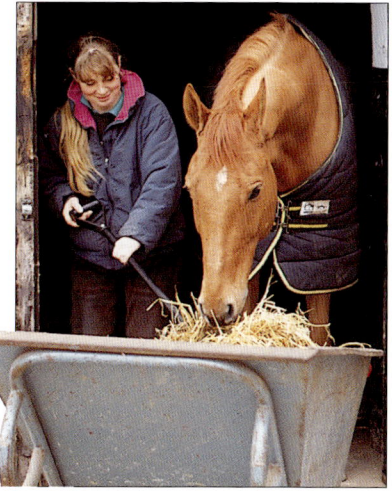

Links: Pferde mögen menschliche Gesellschaft. Wenn Sie neben dem Reiten viel Zeit mit Ihrem Pferd verbringen, schafft dies eine engere Bindung.

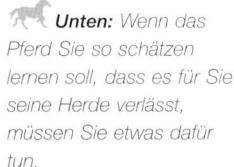

Rechts: Auch wenn die Herde die natürlichste Haltungsform ist, kann es für ältere oder schwache Tiere manchmal besser sein, mit nur einem weiteren Pferd zusammen zu leben. In der Herde würden sie vielleicht von anderen Pferden drangsaliert, während die Partner in einer Zweiergruppe voneinander abhängig sind.

> **66** Als Beutetiere haben Pferde eine tief sitzende Angst, allein gelassen zu werden und fühlen sich instinktiv in Paaren oder Gruppen am wohlsten. **99**

Unten: Wenn das Pferd Sie so schätzen lernen soll, dass es für Sie seine Herde verlässt, müssen Sie etwas dafür tun.

❏ Ältere oder ängstliche Pferde sollten mit ruhigen, verträglichen Tieren zusammen stehen oder alternativ mit nur einem weiteren Pferd, damit sich eine »Zweier-Bindung« bilden kann.

❏ Wechseln Sie nicht ständig die Zusammenstellung der Weidekumpane, sondern versuchen Sie, eine stabile Gruppe zu schaffen, in der sich langfristige Hierarchien und Bindungen aufbauen können.

WAS TUN WENN….? Das Pferd lässt sich auf der Weide nicht einfangen

Dies ist eine der frustrierendsten Erfahrungen für den Besitzer! Es gibt viele Gründe, warum manche Pferde sich nicht gerne einfangen lassen, einige mögliche sind:

❏ Das Pferd grast zufrieden und möchte nicht vom Futter weg.

❏ Es hat Angst, seine Weidekumpel verlassen zu müssen.

❏ Es befürchtet, dass Eingefangenwerden bedeutet, in den Stall gesperrt oder geritten zu werden.

❏ Der Besitzer hat keine gute Beziehung zu seinem Pferd aufgebaut, das ihn deshalb nicht als Freund, sondern als Bedrohung betrachtet.

❏ Es hat gelernt, sich durchzusetzen und dass es sich entziehen kann.

❏ Es wird von den anderen Pferden bedroht und getraut sich nicht durch die Herde hindurch, um zu Ihnen zu gelangen.

❏ Es betrachtet die Angelegenheit als ein Spiel.

Das Problem ist nicht einfach zu lösen. Oft ist eine Änderung der täglichen Gewohnheiten nötig, um den Teufelskreis zu unterbrechen. Pferde sind sehr gesellig und neugierig, aber wenn wir ihnen die bestmögliche Haltung mit Freiheit, Futter und Freunden bieten, kann es auch geschehen, dass wir in ihrem Leben unbedeutend werden.

Es kann auch durchaus gefährlich werden,

wenn das eingefangene Pferd plötzlich umdreht und zur Herde zurück galoppiert, Sie am Strick hinter sich herziehend. In einer solchen Situation muss die Verbindung zwischen Mensch und Pferd wieder neu aufgebaut werden - indem man mehr Zeit miteinander verbringt und Bodenarbeit mit Körpersprache (wie z.B. Join-up, siehe Kap. 2) zur Verbesserung der Verständigung einsetzt. Dies kann bedeuten, das betreffende Pferd für kurze Zeit aufzustallen oder von den anderen zu isolieren, damit es den Mensch mit Gesellschaft und Futter in Verbindung bringt. Es scheint zwar grausam, dem Pferd seinen natürlichen Lebensstil zu nehmen, aber schon bald wird es das Kommen seines Besitzers mit Freude erwarten anstatt mit Gleichgültigkeit oder Angst darauf zu reagieren.

Wenn dies nicht möglich ist, verbringen Sie einfach mehr Zeit auf der Weide (mit Unkraut rupfen oder Sonnenbaden). So wecken Sie die natürliche Neugier der Pferde, die in den meisten Fällen schon bald kommen, um zu sehen, was Sie da treiben oder Ihnen folgen. Wenn Sie dann noch Belohnungswürfel dabei haben, sieht das Pferd Sie umso stärker als einen nützlichen Freund.

Machen Sie dem Pferd seine Arbeit angenehm, indem Sie so viel Abwechslung wie möglich einbauen oder in Gesellschaft spazierenreiten. Das In-den-Stall-Bringen wird weniger schlimm empfunden, wenn es mit den Fütterungszeiten assoziiert wird. Kurzum - geben Sie dem Pferd möglichst viele Gründe, warum es bei Ihnen sein möchte.

Das Pferd regt sich auf, wenn es alleine bleiben soll

Als Beutetiere haben Pferde eine tief sitzende Angst, alleine gelassen zu werden und fühlen sich instinktiv in Paaren oder Gruppen am wohlsten. Das Alleinsein ist für sie unnatürlich, aber für kurze Zeiträume kommen die meisten gut damit zurecht. Manche dagegen drücken geradezu dramatisch Unsicherheit aus, wenn sie alleine gelassen werden: sie wiehern pausenlos, galoppieren rund um die Koppel oder versuchen sogar, den Zaun zu überspringen, um zu ihren Kumpeln zu gelangen.

In fremder Umgebung ist es oft noch schlimmer, aber mit der Zeit lernen die meisten Pferde, sich zu beruhigen, wenn sie erst gemerkt haben, dass die anderen immer wieder zurückkehren.

Wenn sich die Situation nicht verbessert, können Sie versuchen, ein anderes Tier dazu zu kaufen oder auszuleihen wie z.B. ein Pony, Esel, Schaf oder eine Ziege, das einen ruhenden Pol bildet und durch seine Anwesenheit beruhigend wirkt. Wenn Sie das Pony eines Freundes auf Ihre Wiese dazu stellen, entsteht vielleicht das Problem, dass Sie gemeinsam ausreiten möchten und das dritte, ängstliche Pferd wieder von Zeit zu Zeit alleine gelassen werden muss.

Ein anderer Weg ist, diese Zeiten des Alleinseins für das Pferd positiv zu nutzen. Vielleicht bekommt es sonst nicht viel Aufmerksamkeit oder muss ständig um sein Futter kämpfen. Wenn Sie das ängstliche Pferd in den Stall bringen, bevor Sie mit dem

Oben: *Viele Pferde stehen unter starkem Stress, wenn sie alleine gelassen werden, und sei es auch nur für kurze Zeit. Mit der Zeit lernen sie, dass ihre Freunde immer zurückkommen.*

Oben: *Manchmal genießen Pferde das Leben im Freien so sehr, dass der Mensch in ihrem Leben bedeutungslos wird. Andere Pferde lassen sich nicht einfangen, weil sie befürchten, von der Herde getrennt, geritten oder in den Stall gesperrt zu werden. Die natürliche Pferdereaktion auf Angst ist Flucht.*

Oben: *Auch andere Tiere als Weidekumpane bilden einen ruhenden Pol und helfen dem Pferd, sich in seiner Umgebung sicher zu fühlen.*

anderen Pferd weggehen, es vielleicht putzen und es für die Dauer Ihres Rittes mit einem Heunetz im Stall lassen, merkt es möglicherweise überhaupt nicht, dass sein Freund plötzlich nicht mehr da ist.

PFERDE SIND ATHLETEN

Skelett und Muskulatur von Pferden sind ideal an die Anforderungen eines aktiven Lebens in der Freiheit und an hohe Leistungsfähigkeit angepasst. Während jeder vernünftige menschliche Sportler versucht, seine Kondition möglichst stabil zu halten, sich langsam aufzuwärmen und effizient auszuruhen, wird von Pferden oft Leistung verlangt, sobald sie die Stalltür durchschritten haben. Langes Stillstehen in der Box führt mit Sicherheit nicht zum Aufbau von Kondition oder zur Stärkung von Muskeln, Sehnen und Hufen.

Regelmäßige ruhige Bewegung fördert die Bildung von Gelenkschmiere und die Muskeln bleiben warm und trainiert, was das Risiko von Lahmheiten durch Sehnen- und Bänderprobleme drastisch verringert.

Wenn ein Pferd die meiste Zeit des Tages auf einer großen Weide verbringt, stärkt die Bewegung Beine und Kreislauf. Sie hilft auch nicht nur, den im Training erreichten Konditionszustand zu erhalten, sondern auch, den Übermut abzureagieren, den ein lange im Stall eingesperrtes Pferd oft sehr stark verspürt.

> 66 **Pferde müssen sich durch Galoppieren, Buckeln und Toben richtig recken und strecken können.** 99

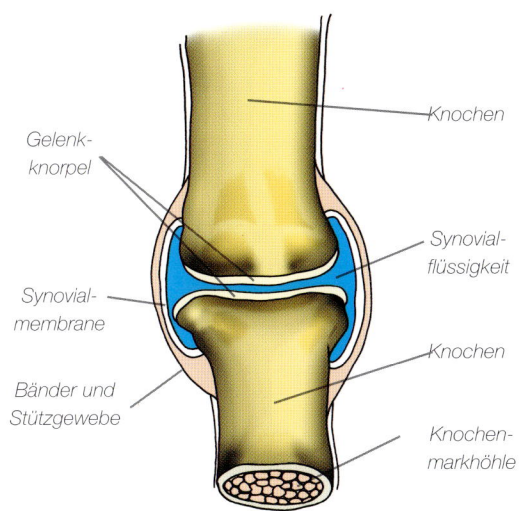

Gelenk-knorpel

Knochen

Synovial-flüssigkeit

Synovial-membrane

Knochen

Bänder und Stützgewebe

Knochen-markhöhle

SO BLEIBEN GELENKE FIT
Regelmäßige Bewegung fördert die Bildung von Synovial-flüssigkeit, einem körpereigenen »Schmierstoff« für die Gelenke.

Pferde müssen sich durch Galoppieren, Buckeln und Toben richtig recken und strecken können. Bei einem Stallpferd mit wenig Bewegungsfreiheit und folglich steifen Muskeln und Gelenken, das beim Reiten »in Haltung« auf verkürzter Basis gezwungen ist, verschlimmern sich die Rücken- und Halsprobleme ständig weiter. Ruhige, gleichmäßige Bewegung und auch einmal ein kräftiges Austoben auf der Koppel tragen unter anderem dazu bei, den Bewegungsapparat zu lockern, wovon letztlich auch die Arbeit unter dem Sattel profitiert.

KÖNNEN ALLE PFERDE DAS GANZE JAHR ÜBER DRAUßEN LEBEN?

Allen Pferden und Ponys tut es gut, täglich hinauszukommen, aber an eine komplette Offenstallhaltung müssen sie erst allmählich gewöhnt werden, die Haltungsumstellung muss also allmählich erfolgen. In der Regel bewirken alleine die im Frühling länger werdenden Tage, dass die Pferde immer mehr Stunden auf den Weiden verbringen dürfen, bis sie im Hochsommer rund um die Uhr draußen bleiben. In heißen Regionen kann es besser sein, die Pferde nur nachts nach draußen zu bringen.

Da in unseren Breiten die Jahreszeit mit angenehmem Wetter aber sehr kurz sein kann, bedeutet das oft, dass die Pferde in neun von zwölf Monaten nur sehr beschränkten Weidegang erhalten - ein äußerst unbefriedigender Zustand.

Alle Pferde und Ponys können in gemäßigten Klimazonen das ganze Jahr über im Freien leben, vorausgesetzt, sie haben Wetterschutz sowie ausreichend Futter und Wasser zur Verfügung. Alle Pferde meint wirklich alle - vom Kaltblut über Warm- und Halbblut bis zum Vollblut, vom Araber bis zum Shetland Pony, ganz gleich, ob ihr Wert wenige hundert Euro oder ein Vermögen beträgt, ganz gleich, ob sie zum Reiten, Rennen oder zur Rancharbeit eingesetzt werden.

Man muss dabei allerdings die Natur jedes einzelnen Pferdes berücksichtigen und die Haltung darauf abstimmen. Ziel ist ein gesundes und glückliches Pferd, das den an es gestellten Anforderungen genügen kann.

Wenn Sie Ihr Pferd im Stall halten, damit es stets sauber und leicht verfügbar ist, denken Sie noch einmal darüber nach. Ich halte dies nicht für akzeptable Rechtfertigungen, natürlich mit Ausnahme seltener Gelegenheiten wie z.B. vor einem Turnier. Auch Turnierpferde können mit

ATEMRHYTHMUS
Bei stärkerer Bewegung verbrauchen die Muskeln mehr Sauerstoff, um richtig zu funktionieren. Im Galopp ist der Atemrhythmus durch die Galoppsprünge vorgegeben, ein Pferd kann nur ausatmen, wenn ein Vorderbein auffußt und die Eingeweide in der Bauchhöhle nach vorn schwingen.

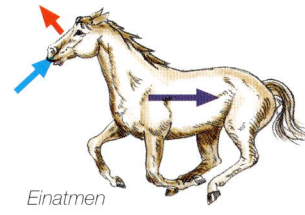

Einatmen

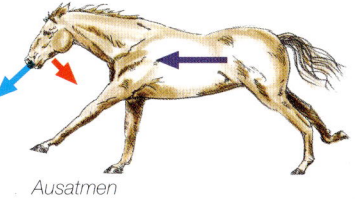

Ausatmen

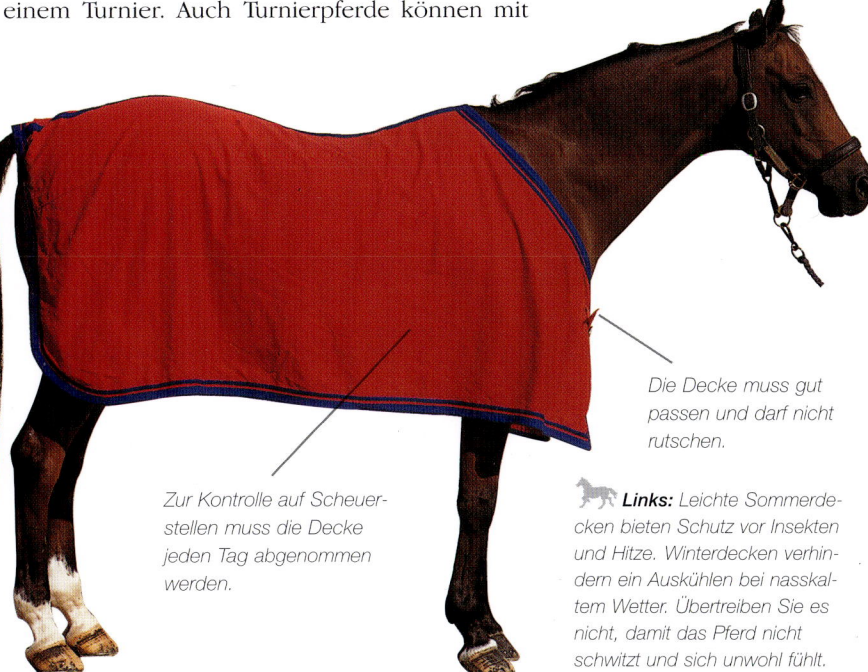

Zur Kontrolle auf Scheuerstellen muss die Decke jeden Tag abgenommen werden.

Die Decke muss gut passen und darf nicht rutschen.

Links: *Leichte Sommerdecken bieten Schutz vor Insekten und Hitze. Winterdecken verhindern ein Auskühlen bei nasskaltem Wetter. Übertreiben Sie es nicht, damit das Pferd nicht schwitzt und sich unwohl fühlt.*

Oben: Die meisten Pferde können ganzjährig draußen leben, vorausgesetzt, sie haben genügend Futter und Wetterschutz. Werden sie geschoren oder konnten sie kein Winterfell bilden, müssen sie eingedeckt werden, um warm zu bleiben.

Oben: Die nötige Energie zum Erhalt der Körperwärme wird vom Raufutter geliefert, da es langsamer verdaut wird als Kraftfutter.

Hilfe von Decken sauber und warm gehalten werden und fühlen sich draußen wohl, sofern sie vorsichtig in die Herde integriert wurden. Der anfängliche Stallmut verliert sich schnell, nach und nach führt die natürlichere Haltung sogar zu einer Verbesserung der Leistung.

Manchmal ist es nicht möglich oder erwünscht, die Pferde das ganze Jahr über draußen zu halten. Wenn dies bedeutet, dass Ihr Pferd die meiste Zeit des Jahres 24 Stunden am Tag draußen verbringt und in Schlechtwetterzeiten Teile des Tages in Box oder Paddock verbringt, ist das in Ordnung, sofern Sie beide damit zurechtkommen.

Immer wieder wird betont, wie wichtig ein regelmäßiger Tagesablauf in der Pferdehaltung ist. Das ist sicher richtig bei Stallpferden, die hinsichtlich Futter oder Abwechslung völlig von uns abhängig sind. Wildpferde hingegen tun stets das, was ihnen gerade richtig erscheint - sie legen sich nicht um 18 Uhr schlafen oder fressen regelmäßig um 7 Uhr morgens und halb 6 abends! Wir sollten uns vielmehr genau wie sie an den Umständen orientieren, und wenn das Wetter heute so ist, dass sie 24 Stunden lang draußen bleiben können, sie morgen aber besser

wegen schlechten Wetters nachts hereingeholt werden müssten, dann sollten wir das auch tun.

Wie gewöhnt man Pferde an ein Leben im Freien?

Der Versuch, ein Stallpferd mitten im Winter plötzlich auf Freilandhaltung umzustellen, ist nicht ratsam, da es so keine Zeit zum langsamen Akklimatisieren und Abhärten hat. Im Idealfall warten Sie damit bis zum Sommer, wenn Ihre Pferde sowieso die meiste (oder ganze) Zeit des Tages draußen verbringen.

Sobald es im Herbst langsam kühler wird, decken Sie die Pferde noch nicht ein, damit sie ein dickes Winterfell bilden können. Wenn ein trockener, zugfreier Offenstall und genügend Futter vorhanden sind, halten die Pferde gut ihr Gewicht und brauchen vielleicht überhaupt keine Decke. Manche allerdings, die schnell an Substanz verlieren oder teilweise geschoren werden müssen, um besser arbeiten zu können, benötigen eine Decke, damit sie nicht den Großteil ihrer Energien auf die Erhaltung der Körpertemperatur verwenden müssen.

Die meisten Reitpferde sind ständig beschlagen. Wenn sie aber für eine längere Ruhepause auf die Weide kommen, sollten die Eisen entfernt werden. So kann sich der Huf regenerieren und das Verletzungsrisiko durch Tritte wird verringert. (Bei der Integration eines neuen Pferdes in eine bestehende Herde müssen allen Pferden immer die Eisen, zumindest die Hintereisen, abgenommen werden! (Anm.d.Übers.)

Wenn einige Pferde Decken benötigen, investieren Sie am besten in einige dünnere, wasserdichte und atmungsaktive Weidedecken, die übereinander angelegt werden können. Es macht wenig Sinn, nicht-wasserfeste Unterdecken zu verwenden, da Sie sonst ständig Ihr Pferd ein- und auspacken, anstatt einfach nur die oberste Decke abzunehmen.

DIE PFLEGE DES OFFENSTALLPFERDES
Auch wenn die Pferde reichlich Gras, Wasser und einen Unterstand zur Verfügung haben, müssen

sie einmal täglich überprüft werden, egal, ob sie geritten werden oder nicht.

Bei Pferden, die sich nur mit Hilfe ihres Winterfells vor den Unbillen des Wetters schützen, muss das Putzen auf ein Minimum beschränkt werden: entfernen Sie nur vor dem Reiten Schmutz und Staub. So wird die natürliche fettige Schutzschicht des Fells nicht zerstört, die wasserabweisend wirkt. Wenn Sie bei einem eingedeckten Pferd eine starke Schuppenbildung unter der Decke beobachten, kann dies darauf hinweisen, dass es ihm zu warm wurde und es geschwitzt hat. Um beurteilen zu können, ob es Ihrem Pferd warm genug ist, fühlen Sie am Ohransatz oder direkt hinter dem Ellbogen. Diese Stellen sollten sich immer warm anfühlen, egal, wie das Wetter ist, und das Pferd darf niemals zittern.

Fühlen Sie mit den Händen die Beine jedes Pferdes hinab und überprüfen Sie den gesamten Körper auf eventuell vom Schmutz verdeckte Kratzer und Schwellungen.

Pferde, die geritten werden, brauchen in der Regel zusätzliches Futter in Form von Heu, das vom Boden gefüttert werden kann. Achten Sie darauf, dass mehr Heuhaufen als Pferde da sind, damit es keinen Streit ums Futter gibt. Wenn zusätzlich Kraftfutter gegeben werden muss, kann dies aus Eimern oder Turnierfutterkrippen geschehen, die über den Zaun gehängt werden, der Idealfall ist aber ein Offenstall auf der Weide. So können die Pferde in Ruhe ihr Kraftfutter fressen und bei schlechtem Wetter trocken und warm ihr Heu verspeisen. Auch Sie haben es hier einfacher, Ihre Pferde auf Verletzungen zu kontrollieren oder zu putzen, anstatt ihnen über die Weide nachzulaufen. Im Offenstall oder Boxenstall mit immer geöffneter Tür können die Pferde jederzeit wieder hinaus, sobald sie das möchten.

Kontrollieren Sie täglich die Tränke, säubern Sie sie und entfernen Sie gegebenenfalls das Eis. Wenn im Frühjahr das Winterfell ausgeht, sollten Sie den Haarwechsel durch regelmäßiges Bürsten unterstützen. An einem milden Tag hilft

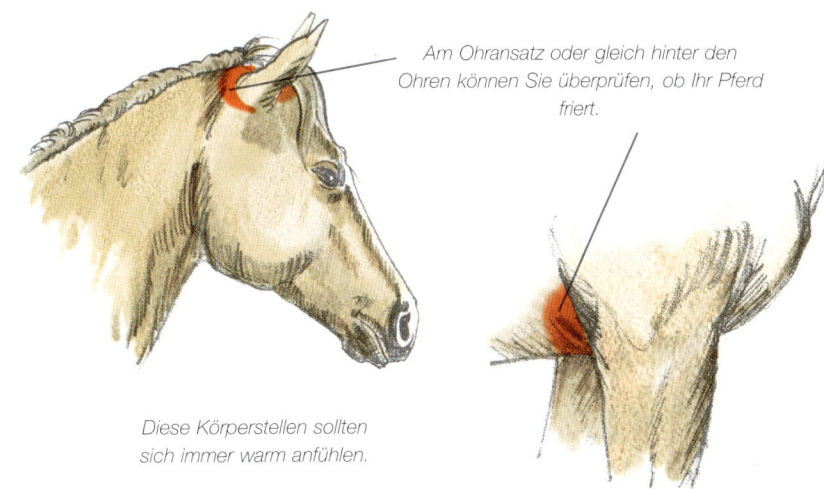

Am Ohransatz oder gleich hinter den Ohren können Sie überprüfen, ob Ihr Pferd friert.

Diese Körperstellen sollten sich immer warm anfühlen.

IST IHR PFERD WARM GENUG?

Bei schlechtem Wetter können Sie die Körpertemperatur Ihres Pferdes durch Befühlen des Ohransatzes und der Ellbogenbeug überprüfen. Bei nasskaltem Wetter frieren und zittern Pferde schneller, weil das Fell dann nicht mehr so gut isoliert.

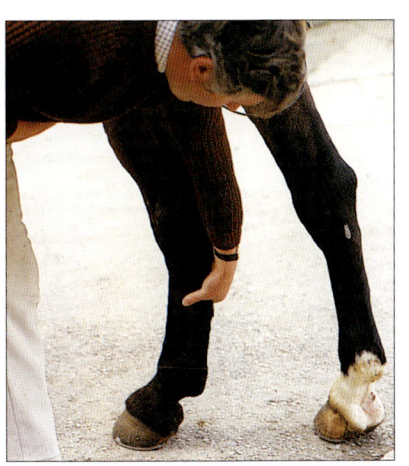

Oben: *Pferde müssen täglich kontrolliert werden. Fühlen Sie an jedem Bein nach Verletzungen oder Schwellungen, die vielleicht unter dickem Fell oder Schmutz versteckt sind.*

Oben: *Bei den meisten Pferden können schmutzige Beine abgespritzt werden und trocknen schnell. Bei kaltblutartigen Pferden mit dichtem Fesselbehang sollte man lieber nicht waschen, da die Haut schlecht trocknet.*

ein Bad, alte Hautschuppen loszuwerden.

Wenn wir unseren Pferden mehr Freiheit und ein aktiveres Leben bieten, werden sie glücklicher, gesünder sowie körperlich und geistig leistungsbereiter und können ihr Bestes geben.

KAPITEL 5

Ein Pferdeleben lang perfekt gepflegt

Genau wie Menschen haben auch Pferde keine vorher festgesetzte Lebensspanne. Sicher ist jedoch, dass ein Hauspferd weit bessere Chancen hat als ein Wildpferd, die zwanzig zu überschreiten. Ponys sind in der Regel langlebiger als Pferde, aber vieles hängt von Pflege, Fütterung und Arbeitsbelastung des einzelnen Tieres ab. Während manche Rassen wie der Tarpan, das ihm ähnelnde Exmoorpony, das Fjordpferd oder von spanischen Mustangs abstammende Pferde sich kaum vom »Wildtyp« unterscheiden, hat die moderne Pferdezucht doch einiges verändert: Die Knochen sind leichter und die Sportlichkeit größer geworden, jedoch auf Kosten solcher Eigenschaften wie Unempfindlichkeit gegen die Witterung oder der Fähigkeit, auch mit knappstem Futter noch auszukommen. Das schnelle Wachstum mancher Rassen (z.B. dem Vollblut) unterscheidet sich

Oben: *Genau wie junge Menschen lernen auch junge Pferde von den älteren, besonders von Eltern und Geschwistern.*
Rechts: *Egal, ob Sie ein Pferd von Fohlenbeinen an besitzen oder erst später kaufen - Sie beide können viel voneinander lernen.*

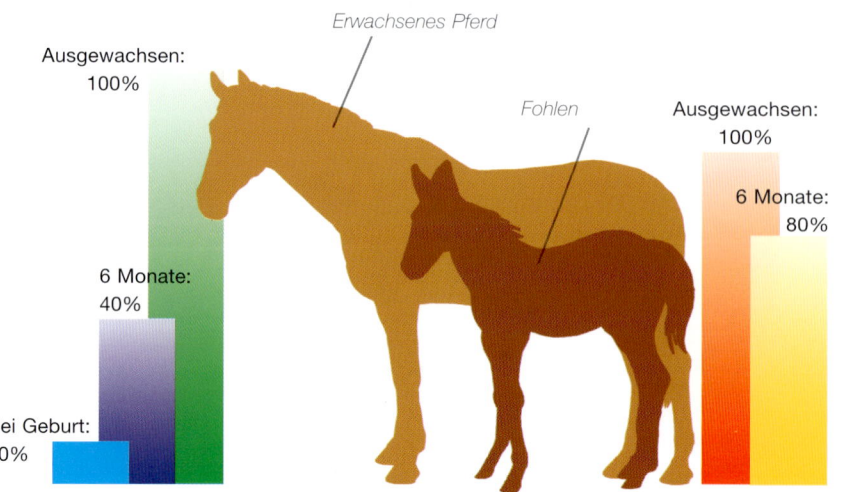

Oben: Nach einer langen Tragezeit von elf Monaten wollen Sie den großen Moment nicht verpassen. Eine Stute wird von März bis Oktober in der Regel alle 21 Tage rossig, eine erfolgreiche Befruchtung ist jedoch nur zwischen dem 18. und 23. Tag des Zyklus möglich.

> ❝ **Ein Fohlen wächst so schnell, dass es mit sieben Monaten fast die Hälfte seines späteren Erwachsenengewichtes erreicht hat.** ❞

rend menschliche Babys, Hundewelpen oder Kätzchen an die Milchquelle ihrer Mutter gelegt werden können, müssen Fohlen innerhalb weniger Stunden stehen können, um die Kolostralmilch trinken zu können. Und im Gegensatz zu den Kindern anderer Tiere, die bei Gefahr einfach von der Mutter weggetragen werden, können Fohlen schon ab dem ersten Tag mit ihren überlangen Beinen erstaunlich gut mit der Mutter mithalten. Ihre Beine besitzen bei der Geburt schon zwei Drittel der späteren Länge. Dieses Phänomen war einer der Hauptgründe dafür, dass Wildpferde sich gegen ihre natürlichen Feinde so gut behaupten konnten.

Bis zum Alter von sechs Monaten (manchmal auch länger) verbringt das Fohlen die Zeit mit saugen, schlafen und wachsen - immer unter Aufsicht der Mutter.

Außer dem täglichen Umgang sollten wir noch nicht viel von einem so jungen Tier verlangen. Sein Wachstum schreitet so rapide voran, dass es bis zum Alter von sieben Monaten fast die Hälfte seines Erwachsenengewichts erreicht hat. Bei einem Fohlen im Alter zwischen zwei Wochen und zehn Monaten muss die Nahrung zu rund 20% aus Proteinen bestehen - beim erwachsenen Pferd sind es nur noch 12%. Dafür haben sie weniger Rohfaserbedarf: nur etwa 6%, während es beim erwachsenen Pferd 25% oder mehr sind

vom natürlichen Vorbild, aber in den meisten Fällen ist doch ein recht stabiles Entwicklungsmuster aller Equiden vom Fohlenalter bis zum Senior zu beobachten.

DIE ERSTEN SECHS MONATE

Ab dem Moment der Geburt ist das Fohlen damit beschäftigt, ums Überleben zu kämpfen. Wäh-

ENDGEWICHT

Ausgewachsen: 100%

Erwachsenes Pferd

Fohlen

6 Monate: 40%

Bei Geburt: 10%

ENDSTOCKMAß

Ausgewachsen: 100%

6 Monate: 80%

DAS WACHSTUM

Beutetiere wachsen in der Regel schnell, damit sie schon früh vor Gefahren fliehen können. Fohlen können wenige Stunden nach der Geburt stehen und wiegen bei der Geburt 10% ihres späteren Endgewichtes. Mit einem halben Jahr haben sie 40% ihres Erwachsenengewichtes und etwa 80% der späteren Größe erreicht. Ein Fohlen, das mit sechs Monaten 1,32 m misst, wird später ein Stockmaß von etwa 1,63 m haben.

(siehe Kap. 7 zur Fütterung). Während der ersten Tage nach der Geburt sollten Stute und Fohlen in Ruhe gelassen und von anderen Tieren getrennt werden, damit sie eine starke Bindung aufbauen können und das Fohlen Kräfte sammeln kann.

Der Fohlenorganismus hat zwar Antikörper von der Mutter mitbekommen, aber es dauert einige Monate, bis er ein eigenes stabiles Abwehrsystem aufgebaut hat. Viele Wildpferdefohlen fallen in dieser Zeit Krankheiten zum Opfer. Wir können unsere Fohlen glücklicherweise gegen viele Krankheiten wie Tetanus und Influenza impfen (s.S. 180-181). Nach dem ersten Lebensmonat sollte auch mit Entwurmungen begonnen werden, da Fohlen sich über die Muttermilch oder das Gras leicht mit Wurmeiern infizieren.

Die Fohlenschule

Auch für die Entwicklung eines in menschlicher Obhut aufwachsenden Fohlens ist es wichtig, die natürliche Sozialstruktur der Herde nachzuah-

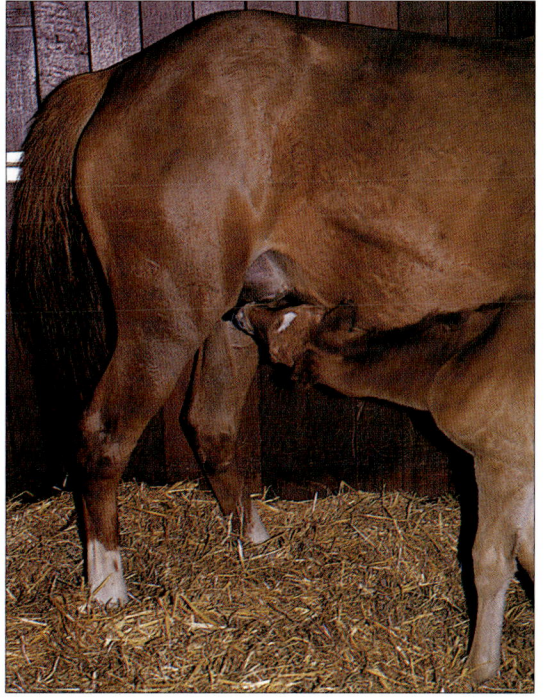

Links: Ein Fohlen muss unbedingt innerhalb der ersten Stunden nach der Geburt die Kolostralmilch (oder Biestmilch) von seiner Mutter erhalten. Sie enthält wertvolle Antikörper, die vor Krankheiten schützen.

Oben: Fohlen werden mit überproportional langen Beinen geboren! Seine Schulter reicht schon bis zu zwei Dritteln von Mamas Beinlänge hinauf. In den ersten Monaten schreitet das Wachstum rapide voran.

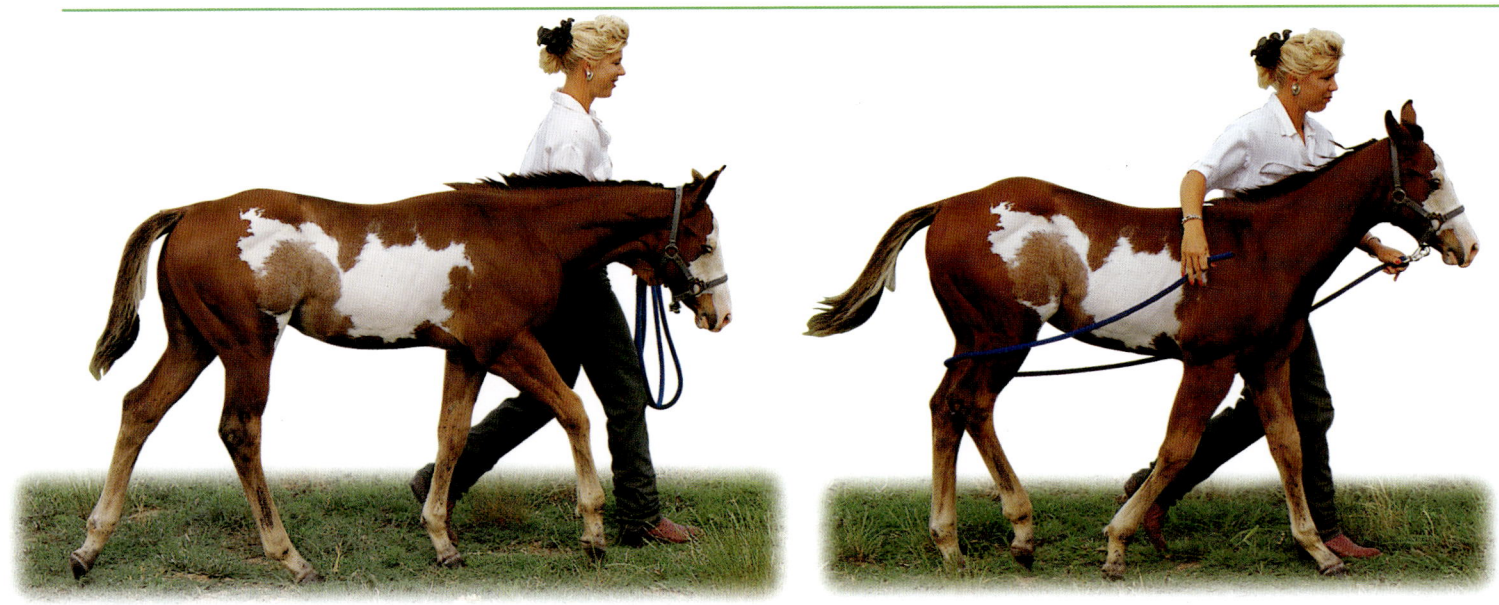

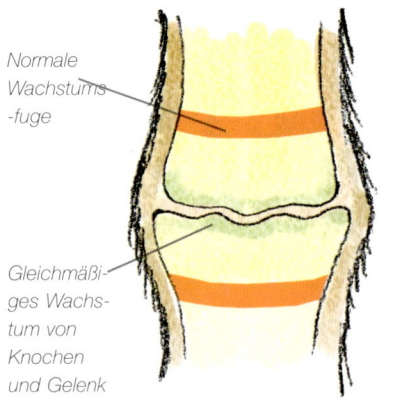

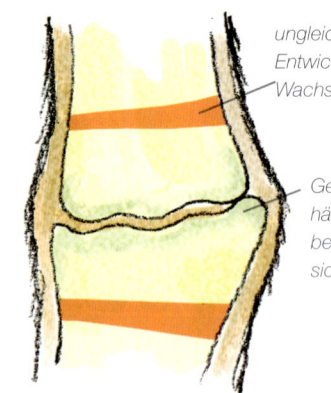

Oben: *Erste Führübungen sollten nur kurz und mit der Mutterstute in der Nähe durchgeführt werden. Die rechts gezeigte Technik macht dem Fohlen seine Bewegung bewusster und gewöhnt es an Druck an empfindlichen Stellen.*

Unten: *Beim Fohlen ist regelmäßige Kontrolle der Beine und Hufe wichtig, weil Wachstumsschübe schnell zu Veränderungen führen können. Nebenbei lernt es, sich anfassen zu lassen.*

men und möglichst »Tanten«-Stuten und andere Pferde dabei zu haben - vorausgesetzt, alle Tiere sind gesund und verstehen sich. Andere Fohlen dienen als Spielkameraden, während die ruhigen Veteranen einen vertrauensbildenden und beruhigenden Einfluss ausüben, wenn das Fohlen die aufregende Welt entdeckt.

Pferde, die im Fohlenalter nur in menschlicher Gesellschaft aufgewachsen sind, zeigen oft gefährliches Verhalten wie Beißen und Steigen, da sie nie in einer Herde die Grundprinzipien von Unterordnung und Sozialverhalten gelernt haben. Oft sind sie auch unfähig, sich in

bestehende Pferdegruppen einzugliedern und geben unabsichtlich die falschen Körpersignale, weshalb sie von den anderen attackiert werden.

Unsere »Ausbildung« des Fohlens sollte sich darauf beschränken, es halfterführig zu machen, es einige Minuten lang zum Putzen anbinden und seine Beine hochnehmen zu können. Die Mutterstute sollte dabei stets in der Nähe sein.

Wichtig ist, Beine und Hufe regelmäßig von Schmied und Tierarzt kontrollieren zu lassen. Die meisten Knochen der Gliedmaßen haben mit Knorpel gefüllte so genannte Wachstumsfugen am proximalen (oberen) und distalen (unteren)

Normale Wachstumsfuge

Gleichmäßiges Wachstum von Knochen und Gelenk

ungleichmäßige Entwicklung der Wachstumsfuge

Gelenkhälften berühren sich

Normales Fesselgelenk   Deformiertes Fesselgelenk

PROBLEMEN BEI DER GELENKENTWICKLUNG VORBEUGEN
Regelmäßige Kontrolle durch den Hufschmied verhindert unebene Hufe, die zu einer ungleichmäßigen Druckverteilung im Gelenk und damit zu schiefem Knochenwachstum führen können.

Ende. Weil dieser Knorpel weich ist, müssen die Beine während des Wachstums einem gleichmäßigen Druck ausgesetzt sein, damit das Bein später gerade wird. Die Wachstumsfugen verknöchern mit der Zeit, und zwar vom Huf beginnend weiter nach oben.

In der Wildnis können Fehlstellungen der Gliedmaßen nicht korrigiert werden und behindern später das erwachsene Pferd, falls es überhaupt so lange überlebt. Durch Eingreifen des Menschen können leichte Fehlstellungen in der Regel behoben werden, sofern die Korrektur früh genug einsetzt.

SECHS MONATE BIS ZWEI JAHRE

Nach etwa sechs Monaten ist das Fohlen bereits wesentlich unabhängiger und

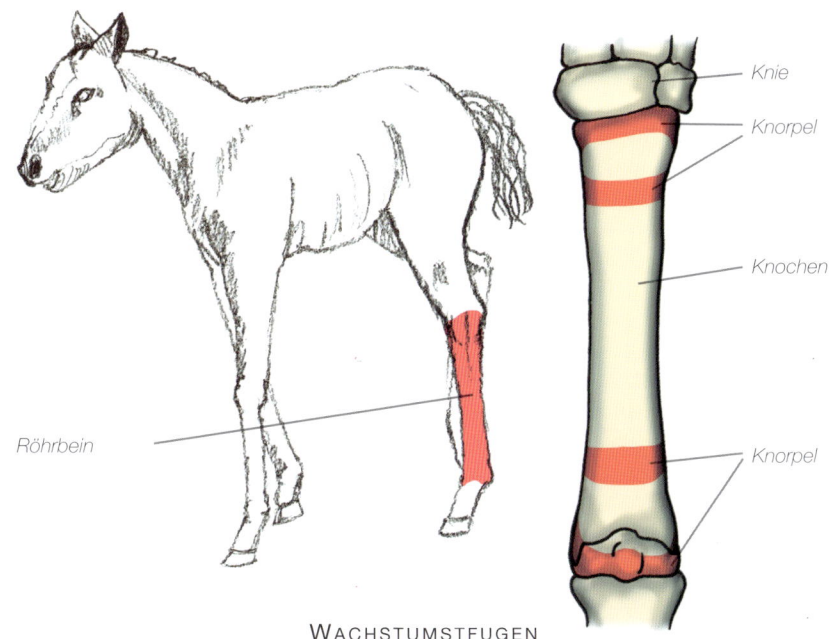

WACHSTUMSFUGEN

Fohlenknochen wachsen aus Knorpelfugen heraus, die sich an den Enden der langen Gliedmaßenknochen befinden und allmählich verknöchern. Jeder lange Gliedmaßenknochen besitzt zwei Wachstumsfugen an jedem Ende. Die Knorpelzellen verdichten sich später zu festen Knochen, und zwar beginnend vom hufseitigen Knochenende weiter nach oben. So ist gewährleistet, dass Wachstum und Gewichtszunahme sich die Waage halten.

> 66 Pferde, die als Fohlen nur in menschlicher Gesellschaft aufgewachsen sind, zeigen oft gefährliches Verhalten, da sie nie in einer Herde die Grundprinzipien von Unterordnung und Sozialverhalten gelernt haben. 99

🐎 **Oben:** *Dieses Fohlenhalfter muss regelmäßig verstellt werden, damit es während des Wachsens nicht zu eng wird. Das Fohlen darf mit dem Halfter nicht alleine gelassen werden, weil es sich damit verfangen und festhaken könnte.*

wir können sein Vertrauen in den Menschen und andere Tiere weiter stärken. In der Wildnis würde das Jungtier von Geschwistern und den anderen Herdenmitgliedern lernen, wo es seinen Platz in der Rangordnung hat. Genauso muss auch das Hauspferd Mitglied seiner menschlichen »Herde« werden. Dabei hilft uns, dass die Fohlen hinsichtlich Futter und anderen Dingen von uns abhängig sind, so dass sie uns als »Versorger« und Freund ansehen. Das erleichtert uns, das gewünschte Verhalten in ihnen zu festigen.

Da Jungpferde während der ersten beiden Jahre enorm schnell wachsen, dürfen wir die natürliche Entwicklung nicht durch zu hohe körperliche oder geistige Belastung behindern. Wir

WACHSEN

Damit die Beine sich gesund und gerade entwickeln, müssen die Knochen die richtigen Nährstoffe erhalten. Unausgewogene Fütterung des Jungpferdes und der Versuch, das Wachstum durch Kraftfuttergaben zu beschleunigen, kann zu Fehlentwicklungen und Schwächen der Knochen führen.

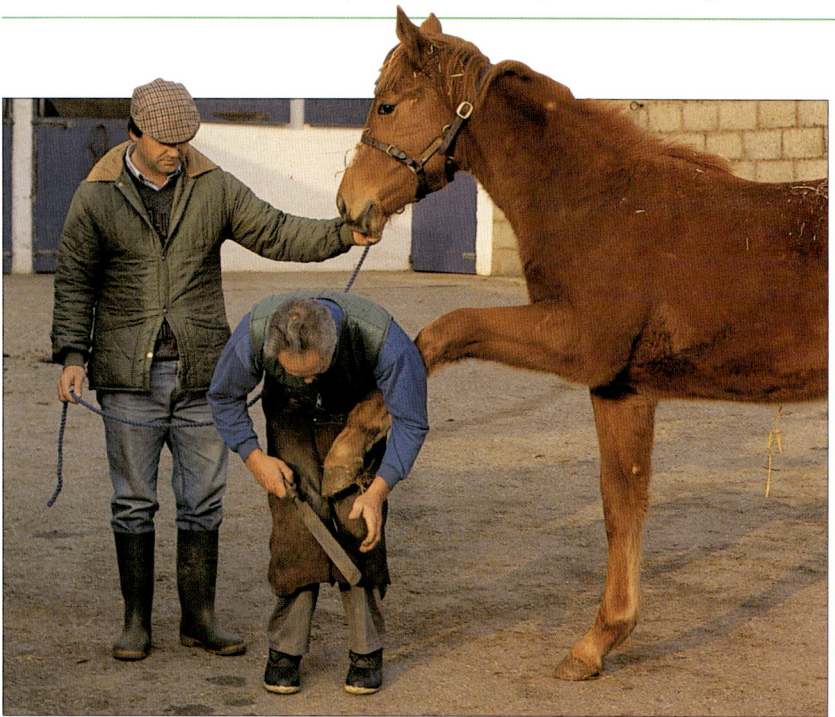

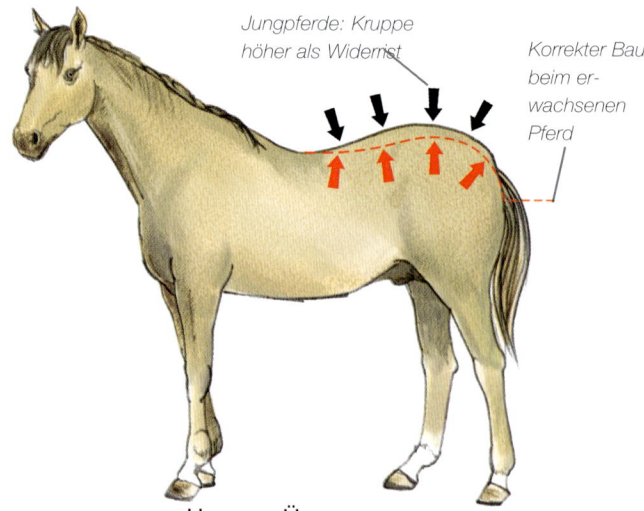

🐎 **Oben:** *Wenn das Fohlen gut vorbereitet wurde, wird der Schmiedetermin nicht zum Trauma. Die Hufe müssen alle 6 Wochen bearbeitet werden.*

🐎 **Oben:** *In Gesellschaft entwickeln sich Jungpferde physisch und psychisch stabil. Das spielerische Raufen mit Artgenossen kann der Mensch nicht ersetzen.*

ters festlegen, dass er mit zwei Jahren mehr oder weniger voll entwickelt ist, wäre es ein riskantes Unterfangen, einen noch schlaksigen Zweijährigen durch hohe Kraftfuttergaben im Wachstum fördern zu wollen - langfristige Schäden wären die Folge. Muskeln und Knochen müssen genügend Zeit bekommen, den wachsenden Körper zu stützen.

Viel besser ist es, einfach Raufutter, ein gutes Mineralfutter für Jungpferde und Gras nach Belieben anzubieten.

Freie Bewegung auf der Weide ist alles, was zur guten Muskelentwicklung nötig ist. Nie sollte versucht werden, möglichst schnell das Aussehen eines erwachsenen Pferdes anzustreben und ähnliche Leistungen abzuverlangen.

So kann z.B. das Longieren eines noch unausgewachsenen Pferdes die Gelenke über Gebühr belasten und zu Schäden wie Knochenabsplitterungen (Gelenkmäusen) führen.

Die Hufe müssen regelmäßig alle sechs Wochen vom Schmied ausgeschnitten werden, um Probleme zu verhindern.

sollten dafür sorgen, dass ihre Bedürfnisse erfüllt werden und sie in der Entwicklung durch möglichst naturnahe Haltung unterstützen. Das bedeutet vor allem, ihnen sowohl die Gesellschaft von Menschen als auch die von Artgenossen zu bieten, damit sie ihren Platz in der »Herde« finden, spielerisch Muskeln aufbauen und wachsen können, ohne ihre noch schwachen Knochen, Bänder und Sehen zu überlasten.

Sobald das Fohlen abgesetzt ist, steht ihm die »maßgeschneiderte« natürliche Nahrung der Muttermilch nicht mehr zur Verfügung, weshalb jetzt auf einen ausgewogenen Gehalt von Kalzium, Mineralien und Proteinen im Futter geachtet werden muss. Die richtige Fütterung von Jungpferden ist ein wichtiges Thema, da eine zu reichliche oder unausgewogene Ernährung später zu Problemen führen kann.

Je nach Rasse und Typ sind Pferde mehr oder weniger schnell ausgewachsen.

Während die Gene eines Vollblü-

Jungpferde: Kruppe höher als Widerrist

Korrekter Bau beim erwachsenen Pferd

HINTEN ÜBERBAUT
Im Wachstum entwickelt sich die Hinterhand schneller als die Vorhand, weshalb das Pferd hinten überbaut ist. Zweijährige sehen deshalb oft unproportioniert aus, bis zum Alter von drei oder vier Jahren hat die Vorhand aber in der Regel aufgeholt.

Wie Pferde lernen

In der Natur lernt das Pferd, Verbindungen zwischen einem Signal oder Ereignis und dem folgerichtigen Verhalten herzustellen, zum Beispiel:

BEUTIER-REAKTION AUF REIZE
Beutetiere sind programmiert, schnell auf Warnsignale zu reagieren. Im Lernprozess wird die Reaktionszeit kürzer.

| Rascheln im Gebüsch | Raubtier springt heraus | Pferd scheut und flieht vor der Gefahr |

Die Reaktionszeit wird bis auf den Anfangsreiz verkürzt

| Rascheln im Gebüsch | Pferd scheut und flieht vor der Gefahr |

| Pferd 1 bedroht Pferd 2 mit angelegten Ohren und geöffnetem Maul | Pferd 1 beißt Pferd 2 | Pferd 2 weicht zurück |

Die Reaktionszeit wird bis auf den Anfangsreiz verkürzt

| Pferd 1 legt die Ohren an und reckt den Kopf in Richtung Pferd 2 | Pferd 2 weicht zurück |

Große Teile seines Verhaltens schaut es sich von anderen Herdenmitgliedern ab. Wenn beispielsweise ein Pferd plötzlich scheut und in eine Richtung losrennt, werden die anderen fast mit Sicherheit folgen, auch wenn sie den auslösenden Reiz gar nicht bemerkt haben. Lernen hat in der Natur den Sinn, das Überleben zu sichern und Pferde lernen, auf eine bestimmte Weise zu reagieren, um unangenehme Konsequenzen zu vermeiden, vor einer Bedrohung zu fliehen oder eine Futterbelohnung zu erhalten.

Um später ein sicheres Reitpferd zu erhalten, müssen wir es möglichst früh und regelmäßig Reizen wie bellenden Hunden, Verkehrslärm etc. aussetzen, bis es nicht mehr so heftig darauf reagiert.

Wenn wir ein Jungpferd an neue Situationen heranführen, müssen wir stets so ruhig und emotionslos wie möglich sein, denn es wird jede nervöse Spannung bei uns sofort bemerken.

- ❏ Sorgen Sie dafür, dass das Pferd den ganzen Tag über regelmäßigen Kontakt mit Ihnen hat, aber lassen Sie ihm auch genügend Zeit zum Ruhen und Entspannen.
- ❏ Sprechen Sie das Pferd an, bevor Sie sich ihm nähern oder es anfassen.

- ❏ Gehen Sie stets ruhig, aber bestimmt mit dem Jungpferd um.
- ❏ Versuchen Sie, die Reaktionen des Pferdes auf Unbekanntes vorauszuahnen.

Oben: *Ruhiger Umgang vermittelt Vertrauen bei der Konfrontation mit neuen Herausforderungen.*

Rechts Spazierenführen an der Hand und Bodenarbeit sind gute Möglichkeiten, unsere Führungsposition mittels Körpersprache und Stimme zu festigen. Auch junge Pferde und Ponys sind sehr stark, und wenn sie uns ignorieren oder schlecht erzogen sind, kann schon ein einfaches Herausbringen auf die Weide zum Desaster werden.

ZWEI BIS VIER JAHRE

Die Jungpferde werden nun selbstbewusster; in der Wildnis würden sie jetzt versuchen, als potenziell »dominante« Stuten oder Hengste andere in der Rangordnung abzulösen.

Körperlich bauen sie weiter Muskeln auf und sind nun beinahe ausgewachsen. Seien sie sich darüber im Klaren, dass ihre Stärke und der hormonelle Überschwang in einigen Fällen auch aggressives und gefährliches Verhalten auslösen kann. Als »Futtergeber« und Pfleger haben wir inzwischen in ihren Augen vermutlich einen hohen Stellenwert erworben, aber jetzt ist es an der Zeit, unsere eigene Position als Herdenführer zu stärken.

Junghengste sind in der Regel problematischer als Stuten, weil in ihnen nun mit Macht der Geschlechtstrieb erwacht. Sobald der Umgang mit ihnen und anderen Pferden zum Problem wird, wissen Sie, dass es Zeit zur Kastration ist, sofern der Hengst nicht später zur Zucht eingesetzt werden soll.

Die Erziehung wird im regelmäßigen Umgang mit dem Festigen stimmlicher und körperlicher Kommandos wie »rum«, »komm« oder »steh« fortgeführt. Hierbei ist die Körpersprache wichtig, um unsere Absichten klar mitzuteilen, genauso wie die Belohnung, wenn das

> 66 Der Mensch genießt bereits erhöhtes Ansehen beim Pferd, aber jetzt ist es Zeit, die Position als Herdenchef zu festigen. 99

Die ersten Lebensjahre können gut zur Schaffung von Grundlagen genutzt werden, indem wir das Pferd mit neuen Anblicken und Geräuschen vertraut machen und vom Boden aus mit Stimm- und körpersprachlichen Signalen arbeiten. Genaueres hierzu finden Sie in Kapitel Zwei. Spaziergänge an der Hand, das Mitnehmen als Handpferd oder Arbeit an der Doppellonge sind gute Methoden, um die Vorwärtsbewegung unter unsere Kontrolle zu bringen.

Mit diesem Training festigen wir bereits gewünschtes Verhalten wie Verkehrssicherheit, durch Wasser gehen, sich eindecken oder sogar sich verladen lassen. Richtiges Verhalten sollte bestärkt und belohnt werden - in der Regel verläuft das Leben so stressfrei für beide Seiten!

Pferd etwas gelernt oder richtig gemacht hat. Die Gewöhnung an ein Trensengebiss hilft uns nun zu verhindern, dass die körperliche Stärke des Pferdes uns zum Nachteil gereicht. Vorsicht aber beim Anpassen jeglicher Zäumung: Das Pferd ist noch im Zahnwechsel, der recht schmerzhaft sein kann - stellen Sie deshalb sicher, dass Gebiss oder Zaumzeug nirgends drücken.

In freier Wildbahn würde rüpelhaftes oder aggressives Verhalten von einem älteren Herdenmitglied bestraft. Wir können zwar nicht die Ohren anlegen oder beißen, um zu strafen, aber wir können strenge Stimmkommandos geben, eine dominante Körperhaltung einnehmen oder nötigenfalls auch in die Pferdehaut kneifen, um einen Biss zu simulieren.

Oben: Arbeit an der Doppellonge (Fahren vom Boden) gewöhnt das Pferd an die Führung durch zwei Zügel. Sie ist gut geeignet, um Geschmeidigkeit und Muskelkraft zu fördern, ohne die Beine wie beim Longieren auf einem kleinen Zirkel zu belasten. Sie müssen allerdings fit genug sein, um mithalten zu können.

Links: Handpferdereiten ist eine gute Möglichkeit, Jungpferden Bewegung zu verschaffen und ihnen über das erfahrene Führpferd Vertrauen zu vermitteln.

Rechts: Alle beim ersten Aufsitzen anwesenden Personen müssen ruhig und erfahren sein. Diese Aufgabe ist nichts für Anfänger.

Das erste Aufsitzen

Im Alter von drei bis vier Jahren ist das Pferd in der Regel körperlich dazu bereit, eine Last auf seinem Rücken zu tragen. Da kein Pferd dem anderen gleicht, kann das erste Aufsitzen so leicht sein wie das Verfüttern einer Karotte oder so schwierig wie der Versuch, das Pferd zusammen mit einem Löwen in einen Stall zu sperren. Ich besaß einmal einen ruhigen dreijährigen Wallach, der mich problemlos satteln und aufsitzen ließ, um dann gehorsam im Schritt, Trab und Galopp mit mir die Weide zu umrunden - und das innerhalb von zehn Minuten! Genauso gut können Sie es aber mit einem buckelnden Rodeopferd zu tun haben. Die meisten Pferde fallen glücklicherweise in eine Kategorie dazwischen.

Wieder ist die gute Kommunikation mit dem Pferd entscheidend. Denken Sie an Ihren festen Stand, Ihre Position zum Pferd und lassen Sie es am Sattel schnuppern, bevor Sie ihn auf seinen Rücken legen. Gebrauchen Sie weiter Ihre Stimme und Körpersprache, nachdem Sie

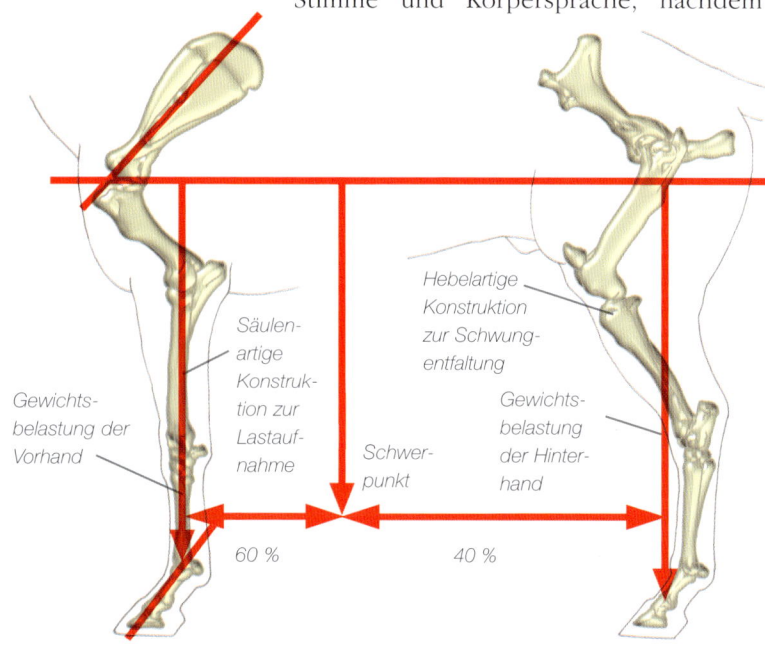

Säulenartige Konstruktion zur Lastaufnahme

Gewichtsbelastung der Vorhand

Hebelartige Konstruktion zur Schwungentfaltung

Gewichtsbelastung der Hinterhand

Schwerpunkt

60 %   40 %

GEWICHTSVERTEILUNG

Etwa 60% des Körpergewichtes werden von der Vor- und 40% von der Hinterhand getragen. Haben Sie Geduld mit Jungpferden, die unter dem Reiter nicht stillstehen möchten. Sie haben noch nicht genug Rückenmuskulatur entwickelt, um das zusätzliche Gewicht im Stand zu unterstützen.

aufgesessen sind. Wenn Sie und Ihr Pferd die gleiche Sprache sprechen, sollte das erste Aufsitzen ohne Aufregung vonstatten gehen.

Ein drei- bis vierjähriges Pferd ist zwar schon körperlich, aber noch nicht geistig ausgereift. Außer Spazierritten und Geradeausreiten auf dem Platz dürfen wir noch nicht viel von ihm verlangen, weil es erst lernen muss, sich mit dem ungewohnten Gewicht auf dem Rücken auszubalancieren. In dieser Phase läuft es noch stark auf der Vorhand, weshalb Sie auf Ihren Schwerpunkt achten müssen, um alle vier Beine gleichmäßig zu belasten und zu einer gleichmäßigen Muskelentwicklung beizutragen. Jede Übungseinheit sollte nur kurz und abwechslungsreich sein, weil Jungpferde genau wie Kinder nur eine kurze Konzentrationsspanne haben und sich

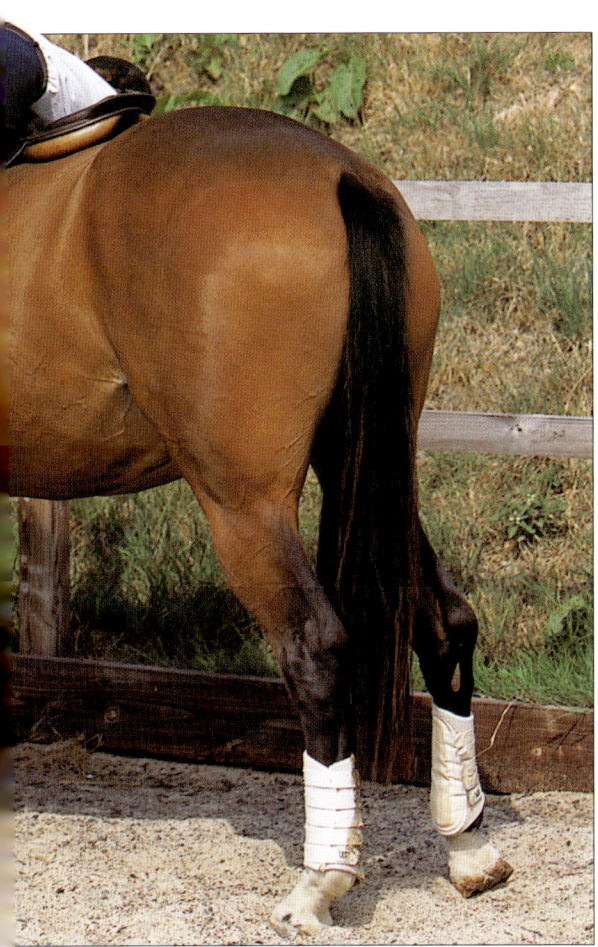

Unsere künstlich kultivierten Weiden und der Effekt von nitrathaltigem Dünger können bei manchen Pferden zu der gefürchteten Hufrehe führen, weshalb Sie Ihr Weidemanagement gut überdenken müssen. Bei anfälligen oder rekonvaleszenten Pferden bevorzuge ich auch weiterhin Weidegang, allerdings auf weniger nahrhaftem Gras, notfalls mit Maulkorb, oder stundenweisem Aufenthalt im Auslauf. Zwei Stunden Grasen auf einer fetten Weide und anschließendes Stehen im Stall sind nicht ideal, weil die Futteraufnahme nicht gleichmäßig ist - üppiges Gras fördert die Erkrankung und die nachfolgende Stehphase ohne Futter ist nicht gut für die Magenfunktion. Zusätz-

Unten: Die Übungsstunden sollten kurz und von Stimmhilfen begleitet sein, die Ihre Absichten klar machen. Ein Streichen über den Hals zeigt dem Pferd, dass es etwas richtig gemacht hat. Wenn die Dinge nicht nach Plan verlaufen, ist es vielleicht einfach verwirrt! Reiten Sie mit losem Zügelkontakt.

Unten: Selbst mit vier Jahren sind Pferde geistig noch nicht ausgereift, sie können sich nur kurze Zeit konzentrieren. Manche kommen mit neuen Anforderungen gut zurecht, andere sind schnell überfordert, wenn zu viel auf einmal von ihnen verlangt wird. Spielen lockert, entspannt und fördert die Konzentration.

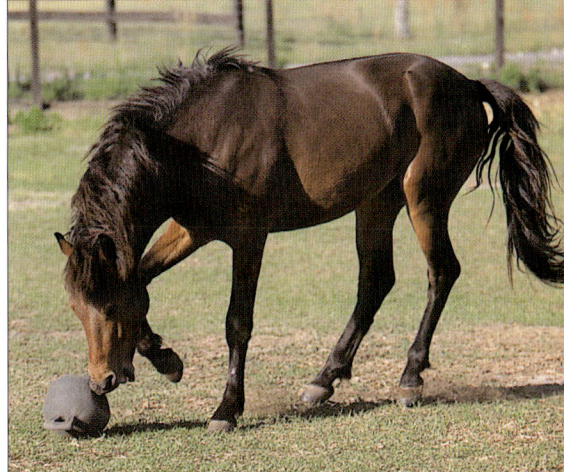

schnell langweilen. Viele schicken Ihr Jungpferd nach dem ersten Anreiten nochmals für ein halbes Jahr auf die Weide, damit es sich dort weiter erholen kann.

Wenn Ihr Pferd ein entspanntes Leben mit viel Auslauf, Gesellschaft und ohne futter- oder wetterbedingten Stress führt, wird es dem ersten Aufsitzen und den ersten Ritten vermutlich mit Interesse begegnen und sie als Herausforderung an seinen Intellekt begreifen.

Fütterungsempfehlungen

Da das Tempo des Wachstums sich nun verlangsamt hat, sollte Raufutter die Grundlage der Ernährung bilden, ergänzt durch Zusatz- oder Kraftfutter je nach Typ und Temperament des Pferdes.

🐎 **Unten:** Pferde aus heißen Klimazonen haben meist harte, steile Hufe um mit dem trockenen, schmirgelnden Untergrund zurecht zu kommen. Ihr Schmied kann Sie beraten, ob ein Beschlag nötig ist.

HUFFORMEN
In ihrer Stammheimat haben hochblütige Pferde steile, eher enge Hufe mit hartem Horn, während Kaltblüter weitere, flachere Hufe haben, bei denen mehr Last von Strahl und Sohle getragen wird.

lich wird die Durchblutung der Gliedmaßen durch das Stehen in der Box herabgesetzt.

Neue Schuhe
Durch das Reiten sind die Hufe nun viel größeren Belastungen ausgesetzt, so dass es nötig sein kann, neben dem bloßen Ausschneiden der Hufe auch einen Hufschutz anpassen zu lassen. In ihrer natürlichen Umgebung können Wildpferde während der Nahrungssuche viele Kilometer zurücklegen und die ständig nachwachsenden Hufe nutzen sich auf natürliche Weise ab. Geographische Klimazone und Ernährung haben ebenfalls einen direkten Einfluss auf die Hufqualität. Pferde aus südlichen Ländern haben in der Regel steile Hufe mit harten Wänden, während nasse Böden weitere und weichere Hufe hervorbringen. Diese angeborenen Eigenschaften, wegen derer ein echtes Exmoorpony so gut in den Moorlandschaften Englands zurecht kommt und der Araber (eine Rasse, die mindestens 3000 Jahre alt ist) meilenweit in trockenem, schmirgelndem Sand laufen kann, können durch Orts- und Klimawechsel stark belastet werden. Das Ergebnis sind geschwächte Hufe, die einen Beschlag nötig machen. Wenn

🐎 **Oben:** Fünfzehn Minuten Longieren förden Ausdauer und Geschmeidigkeit. Beachten Sie, dass das Pferd nicht an der Longe »hängt«, sondern sich wirklich biegt, indem Sie die Zirkelgröße variieren.

🐎 **Unten:** Freispringen fördert das Vertrauen, weil kein Reiter die Bewegung stört. Das Pferd muss vorher gut aufgewärmt sein und der Untergrund muss griffig, aber nicht zu tief sein.

schon das Jungpferd an Geräusche, Gerüche und Anblick des Beschlagens gewöhnt wurde, verläuft der erste Beschlag in der Regel problemlos.

FÜNF BIS ACHT JAHRE
Ihr Pferd ist nun mehr oder weniger erwachsen, in den meisten Situationen geländesicher, akzeptiert Zügel- und Schenkelhilfen und balanciert sich zusehends besser aus. Mit fortschreitender Ausbildung können nun schwierigere Übergänge von einer Gangart zur anderen oder zum Halt, Wendungen und Stangenarbeit als Vorbereitung zum Springen in Angriff genommen werden. Pferde sind von Natur aus gute Springer,

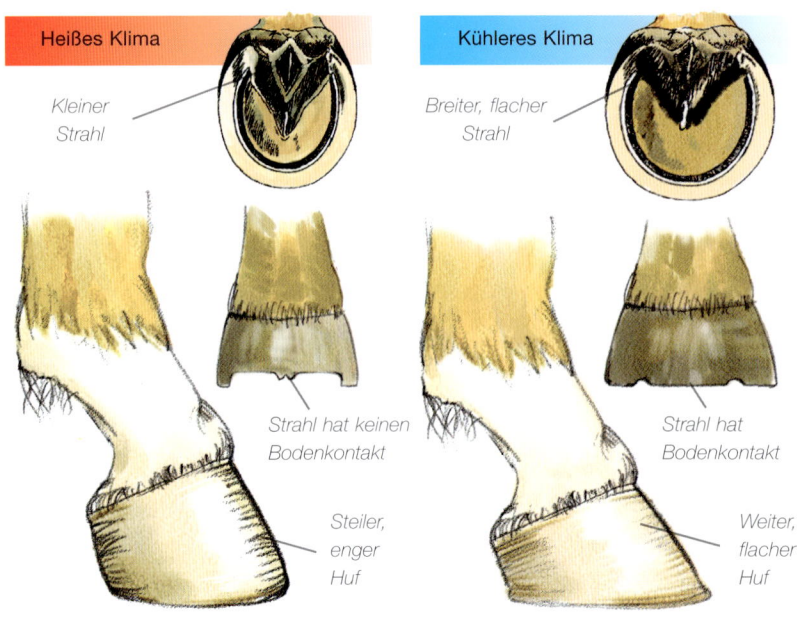

Heißes Klima — Kleiner Strahl

Kühleres Klima — Breiter, flacher Strahl

Strahl hat keinen Bodenkontakt

Strahl hat Bodenkontakt

Steiler, enger Huf

Weiter, flacher Huf

VERGLEICHENDER TRAININGSPLAN

	Vierjähriges Pferd		Achtjähriges Pferd	
MONTAG	**RUHETAG**		**RUHETAG**	
DIENSTAG	15 Minuten	Longieren oder freie Bodenarbeit (Schritt, Trab, Galopp auf beiden Händen)	2 Stunden	Ausritt (mit Trab und Galopp an langen Bergaufstrecken)
	1 Stunde	Ausritt (hauptsächlich Schritt mit kurzen Trab- und Galoppreprisen auf geeignetem Untergrund		
MITTWOCH	15 Minuten	Longieren oder freie Bodenarbeit	1 Stunde	Dressurarbeit (inkl. Übergänge Galopp-Schritt-Galopp und Trab-Halt-Trab, Zirkel und Verstärkungen
	30 Minuten	leichte Dressurarbeit (halbe Paraden, Übergänge, Zirkel)	45 Minuten	Springtraining (Einfache Sprünge bis 1,20 m Höhe und Hochweitsprünge)
DONNERS-TAG	60-90 Minunten	Ausritt (hauptsächlich Schritt mit Galoppreprisen auf weichem Boden	1-2 Stunden	Ausritt
			1 Stunde **oder**	Stangen- oder Cavalettiarbeit Turnierteilnahme
FREITAG	**RUHETAG**		**RUHETAG**	
SAMSTAG	45 Minuten	Bahnarbeit (inkl. Cavaletti und Einzelsprüngen bis 60 cm Höhe)	3 Stunden	Ausritt, **falls keine Turnierteilnahme am Sonntag**
			oder 30Min. + 1 Stunde	Bahnarbeit Ausritt
SONNTAG	2 Stunden	Turnierteilnahme: 1 Start mit Springen und 1 Materialprüfung oder zwei zeitlich knapp aufeinanderfolgenden Materialprüfungen		Teilnahme an einer Vielseitigkeitsprüfung
	oder	60-90 Minuten Ausritt	**oder**	Training auf der Gelände-Hinternisstrecke

allerdings wird ihre Vorhand beim Landen nach dem Sprung sehr stark belastet. Nur ausgewachsene Pferde können dieser Belastung widerstehen. Wildpferde kämen nur selten in die Verlegenheit, über mehr als einen umgefallenen Baum springen zu müssen, wogegen das Sprungtalent bei vielen unserer heutigen Rassen durch langfristige Zuchtarbeit gefördert wurde.

Unten: *Jedes Pferd, egal ob Spitzenturnierpferd oder Familienpony, profitiert vom entspannenden Weidegang.*

Nach Abschluss der anstrengenden Wachstumsphase beginnen nun die besten Jahre des Pferdes, in denen es größeren körperlichen Anforderungen gewachsen ist. Solange es gesund ist, können Sie von Dressur und Springen über Vielseitigkeitsreiten, Polo, Wander- oder Distanzreiten alles mögliche mit ihm unternehmen. Bauen Sie Ihre Fähigkeiten und die des Pferdes auf den Gebieten weiter aus, die Ihnen beiden am besten liegen. Jede Steigerung der Anforderungen muss allmählich erfolgen, damit sich die Muskeln entwickeln können und das Pferd nicht überfordert wird.

Nutzen Sie die Zeit, um Ihre Beziehung zum Pferd zu verbessern. Genießen Sie die Zusammenarbeit und versuchen Sie, das Beste aus sich beiden herauszuholen. Wildpferde sehen sich täglich mit neuen Herausforderungen wie Futtersuche, der Fortbewegung im unwegsamen Gelände oder Streit mit anderen Pferden konfrontiert. Ein gesundes Pferd mit einer Aufgabe führt deshalb ein erfüllteres Leben als eines, das sich langweilt und sinnlos herumsteht.

Fütterungsempfehlungen

In den besten Pferdejahren funktioniert die Verdauung ohne wachstums- oder altersbedingte

VIELE WEGE ...

... führen nach Rom! Pferde merken sich positive und negative Erlebnisse gut. Manchmal hilft es, einen Schnitt zu machen und das Training in einer anderen Umgebung neu zu beginnen.

DAS VERDAUUNGSSYSTEM

Das Verdauungssystem des Pferdes ist darauf ausgelegt, häufig wenig Nahrung aufzunehmen. Der Hauptanteil der Nahrung besteht aus Raufutter, das im Dickdarm aufgeschlossen wird. Bei grasenden Pferden reicht dies aus, während bei stark arbeitenden Sportpferden Kraftfutter in Form von Getreide zugegeben werden muss, um den erhöhten Energiebedarf zu decken.

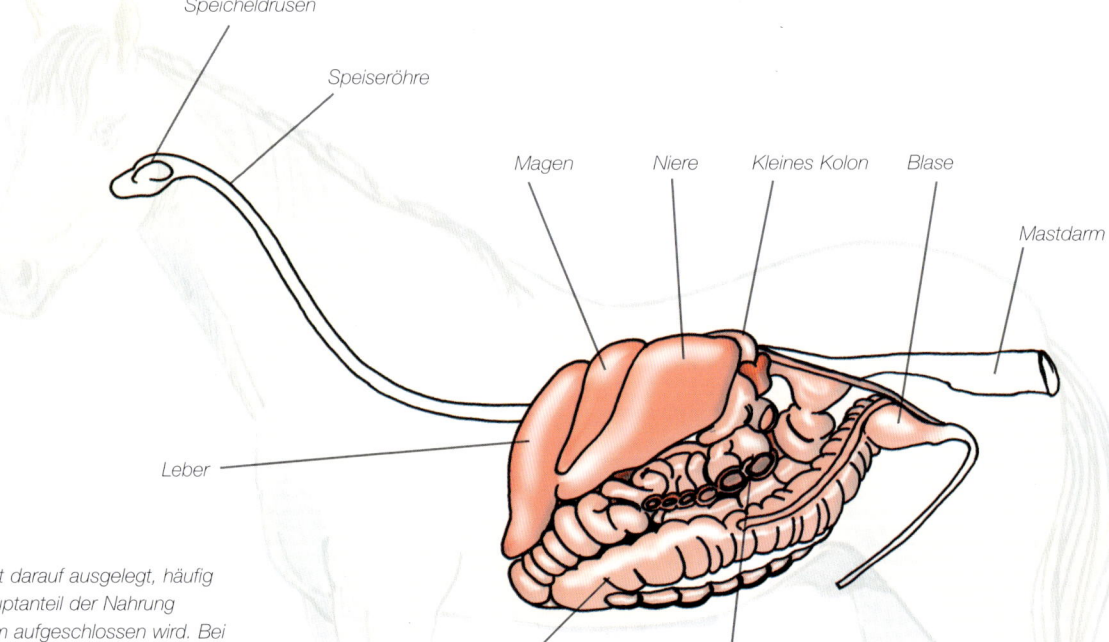

Speicheldrüsen

Speiseröhre

Magen　Niere　Kleines Kolon　Blase

Mastdarm

Leber

Dlickdarm　Dünndarm

Belastungen in der Regel optimal, um gutes Futter richtig auszuwerten. Beim ausgewachsenen Pferd muss das Futter dem Trainingszustand und der Leistungsanforderung angepasst sein. Weidegang sollte so viel wie möglich erlaubt werden, weil das Grasen nicht nur der Futteraufnahme, sondern auch der sanften, gleichmäßigen Bewegung und damit der Lockerung dient.

Raufutter wird im Enddarm aufgeschlossen und setzt langsam Energie frei, die für leichte Arbeit ausreichend ist. Im Winter und bei höheren Leistungsanforderungen kann je nach den individuellen Bedürfnissen des Pferdes eine Zugabe von Kraftfutter nötig sein. Das Futter muss stets dem tatsächlichen Bedarf angepasst sein und alle Zutaten müssen ein ausgewogenes Verhältnis von Nährstoffen ergeben. Vorsicht vor einer Überdosierung von Stärke und Zucker - Kreuzverschlag (eine akute Muskelerkrankung) kann die Folge sein, besonders bei Pferden, die nach einer Pause wieder mit der Arbeit einsetzen.

Ein regelmäßig gearbeitetes Pferd ändert sein Aussehen durch die sich entwickelnde Muskulatur drastisch, überprüfen Sie deshalb, ob Sattel und andere Ausrüstungsgegenstände noch passen. Was das richtige Gebiss angeht, werden Sie möglicherweise eine Zeitlang experimentieren müssen, bis Sie das ideale gefunden haben.

NEUN BIS FÜNFZEHN JAHRE

In diesem Alter befinden sich Pferde und Ponys auf der Spitze ihrer Leistungsfähigkeit. Sie haben einen großen Schatz an Erfahrungen gesammelt und können nun eher ihren Reitern das ein oder andere beibringen, als umgekehrt!

Während dieser Zeit sind Sportpferde meist auf dem Gipfel ihres Erfolges angelangt, aber ab fünfzehn müssen Pferde in Hochleistungsdisziplinen wie z.B. der Vielseitigkeit in der Regel etwas zurückstecken, weil sie die benötigte Kraft und Ausdauer nicht mehr so regelmäßig aufbringen können. Dressurpferde, aber auch in der Westerndisziplin Roping eingesetzte können

jedoch weit über dieses Alter hinaus noch dazulernen und sich verbessern.

Wiederum spielen Rasse und Typ des Pferdes eine große Rolle. Was den Umgang angeht, ist ein Pony in diesem Alter besser als Reittier für ein Kind geeignet als ein jüngeres, während ein hochblütigeres Pony oder Araber schon erste Altersanzeichen zeigen kann. Robuste Kleinpferde altern, zumindest äußerlich, langsamer. Alle Pferde diesen Alters sind jedoch noch gut in der Lage, den üblichen Ponyclub-Aktivitäten zu entsprechen, solange sie gesund sind.

Unten: *Barrel Racing verlangt Geschwindigkeit, Kraft und Beweglichkeit. Ist das Pferd nicht optimal trainiert, drohen Rücken- oder Sehnenschäden.*

Rechts: *Erfahrene Pferde lassen sich nicht in Gold aufwiegen. Sie kennen ihre Aufgabe in- und auswendig, haben mit dem Alter an Vernunft gewonnen.*

ZAHNWACHSTUM

*Nach dem Ausfallen der Milch-
zähne brechen die bleibenden
Zähne durch. Bei manchen
hochblütigen Pferden oder
Ponys kann man die Spitzen
der Zahnwurzeln an der Unterseite des Unterkiefers erfühlen.
Im Alter von etwa sieben
Jahren stoppt das Zahnwachs-
tum und die Zähne werden aus
dem Kiefer nach oben ins Maul
vorgeschoben, um den Abrieb
zu ersetzen. Wenn die Zähne
im Alter von 25-35 Jahren ganz
nach vorn geschoben sind,
werden sie häufig locker oder
sind so abgenutzt, dass das
Pferd nur noch mit Schwierigkeiten fressen kann.*

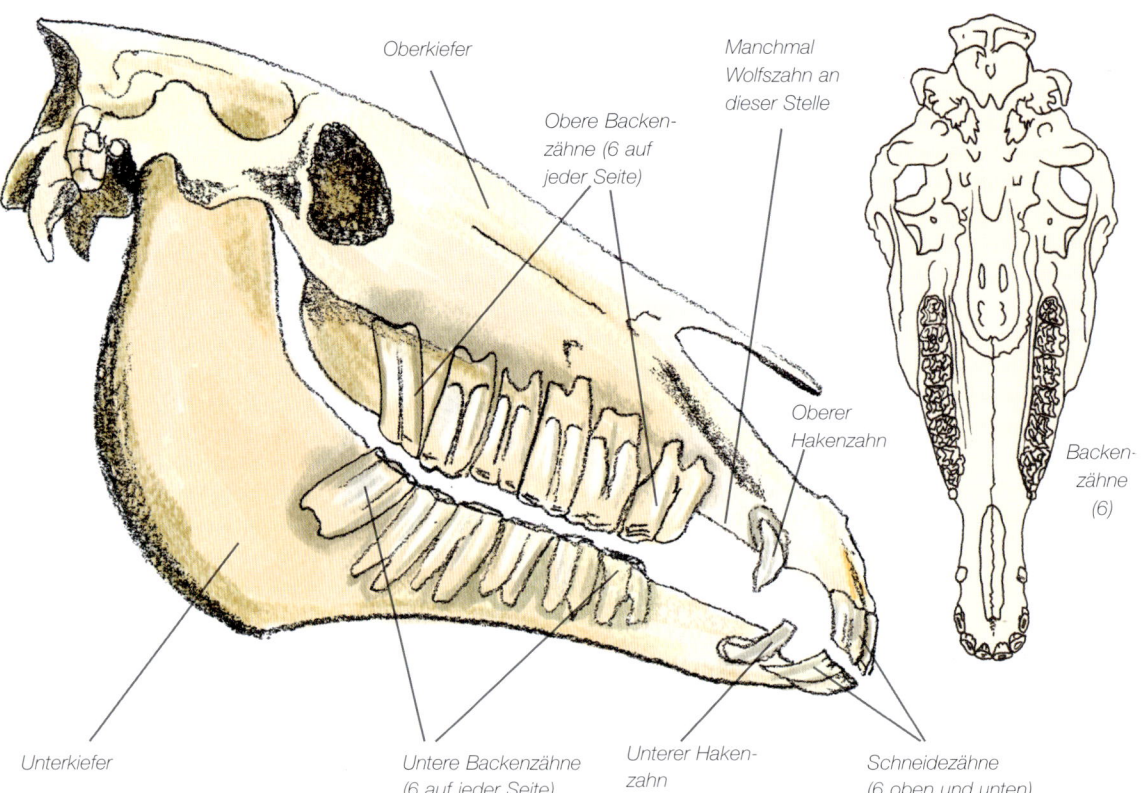

Oberkiefer

Manchmal
Wolfszahn an
dieser Stelle

Obere Backen-
zähne (6 auf
jeder Seite)

Oberer
Hakenzahn

Backen-
zähne
(6)

Unterkiefer

Untere Backenzähne
(6 auf jeder Seite)

Unterer Haken-
zahn

Schneidezähne
(6 oben und unten)

🐎 **Oben:** *Arthroseerkran-
kungen wie der Spat entstehen aus einer Schädigung des
Gelenkknorpels, die zu einer
Entzündung des Gelenkes und
zu Knochenveränderungen
führt. In der akuten Phase ist
Spat sehr schmerzhaft, bessert
sich jedoch mit der Zeit, wenn
das Gelenk versteift.*

16 BIS 24 JAHRE

Pferde in diesem Alter sind in der Regel billig zu
erwerben, haben aber immer noch eine ganze
Menge zu bieten. Für ängstliche Kinder, erwachsene Anfänger oder Menschen, die einfach nur
ruhig ausreiten möchten, sind sie in der Regel
gut geeignet und vermitteln Vertrauen. Sie sind
viel nachsichtiger, haben die menschliche Sprache verstehen und unsere Schwächen kennen
gelernt, auch wenn das andersherum nicht
immer der Fall ist. Wenn Sie das Pferd schon seit
seiner Jugendzeit besitzen, werden Sie jetzt zu
schätzen wissen, wie viel es früher für Sie getan
hat und sind hoffentlich auch bereit, sich mit ein
wenig mehr Aufmerksamkeit und Pflege um das
älter werdende Tier zu kümmern - es verdient
unseren ganzen Respekt.

Gesundheitsprobleme

Mit dem Auftauchen erster Erkrankungen wie der
Arthrose, die in diesem Alter sehr häufig ist

(besonders bei früheren Sportpferden), können
Ihre Tierarztkosten durchaus in die Höhe schnellen. Bei einigen Formen der Osteoarthritis wie
z.B. dem Spat verknöchern und versteifen die
anfänglich entzündeten und schmerzhaften
Gelenkknorpel und Gelenkflächen, so dass das
Pferd nach etwa einem Jahr, wenn die Knochen
miteinander verwachsen sind, nur noch wenig
oder keine Schmerzen mehr zeigt. Das Gelenk ist
dann nicht mehr so beweglich, aber das Pferd
fühlt sich wohler.

In der Wildnis führen altersbedingte Gesund-
heitsprobleme meist zum langsamen Verfall des
Pferdes, weil es entweder nicht mehr mit der
Herde mithalten kann oder wegen Zahnproble-
men nicht mehr richtig fressen kann. Wir
dagegen können mit Zahnbehandlungen, tier-
ärztlicher Hilfe und auch Kräuter- und Naturmedizin Abhilfe schaffen.

Je mehr das Pferd auch im Alter durch Weidegang und vorsichtige Arbeit bewegt wird, desto

länger bleiben seine Gelenke mobil und sein Verdauungsapparat in Form.

Fütterungsempfehlungen

Im Alter verringert sich die Zahl der Darmbakterien, weshalb das Futter schlechter aufgeschlossen und verwertet wird. Wir sollten deshalb die Verdauung unterstützen, um Gesundheit und Kondition des Pferdes zu erhalten.

❏ Füttern Sie wenig und oft.
❏ Das Futter sollte einen höheren Anteil an Eiweiß, Kalzium und Öl enthalten, um die Darmfunktion zu stärken.
❏ Wenn das Kauen Probleme macht, füttern Sie als Alternative zum Heu Häcksel oder pelletierte Heucobs.
❏ Gestatten Sie dem Pferd so viel Auslauf und Weidegang wie möglich.
❏ Beigaben von Knoblauch und Kräutern können helfen, kleinere Beschwerden auch ohne den Einsatz von Medikamenten zu lindern.

Pferde, die früher intensiv genutzt wurden, sollten nicht einfach nur auf die Weide gestellt und sich selbst überlassen werden. Sie kommen nur schlecht damit zurecht, auf die mit ihrer Arbeit verbundene Aufmerksamkeit und Abwechslung verzichten zu müssen und sollten erst dann endgültig in die Rente geschickt werden, wenn ihr Gesundheitszustand es diktiert. Manchmal können Pferde sogar in diesem fortgeschrittenen Alter noch eine neue Aufgabe finden, zum Beispiel im Fahren. Beim Ziehen eines leichtgängigen Wagens ruht die Last eher auf Brust und Schultern und nicht wie beim Reiten konzentriert und punktuell auf der Wirbelsäule.

Ein Pferd, das nicht mehr geritten wird, kann trotzdem mit den anderen Pferden zusammen auf Turniere fahren, wo es die Atmosphäre genießen und beruhigend auf die aufgeregten Jungtiere oder wirken kann.

ÄLTER ALS 25 JAHRE

Sicher würden nur wenige ein so altes Pferd oder Pony kaufen, obwohl es noch viel Gutes für uns tun kann - zum Beispiel einem anderen Pferd Gesellschaft leisten. Unsererseits können wir ihm ein leichtes und sorgenfreies Leben bieten.

Wichtig ist, ihm das Gefühl zu geben, ein geschätztes Mitglied der Stallgemeinschaft zu sein und nicht nur ein »Bestandsüberschuss«. Während des Putzens mit ihm verbrachte Zeit hilft, seinen Geist wach zu halten. Ein Pferd, das ohne jede menschliche oder tierische Gesellschaft auf der Weide alleine gelassen wird, wird leicht depressiv und introvertiert. Andererseits kann es in der Herde aber auch zum »Mobbing-Opfer« werden, wenn nicht sorgfältig und regelmäßig auf die Gruppenzusammenstellung geachtet wird.

Völliges Stehenlassen bewirkt sogar in diesem Alter eher eine weitere Verschlechterung des Zustandes. Für solche Pferde ist es viel besser, gelegentlich spazierengeritten oder -geführt zu werden, als Handpferd mitzugehen oder sogar mit auf den Hundespaziergang zu kommen! Sie können selbst am besten beurteilen, ob und wann es Ihrem Pferd zuviel wird. Wenn alte Pferde mit einem Kumpel zusammen gehalten werden, gehen sie gerne mit ihm hinaus, sind aber recht gestresst, wenn sie alleine die Sicherheit der vertrauten Umgebung verlassen sollen. In der Natur würde ein altes Pferd nie die Herde verlassen, weil es ein leichtes Opfer von Raubtieren werden könnte. Dies könnte der Grund dafür sein, warum so manches alte Pferd sein letztes gibt, um während eines Ausrittes mit den anderen mitzuhalten, alleine aber nur unlustig voranschlurft und ständig nach seinen Gefährten wiehert - obwohl es ihm in früheren Jahren nichts ausgemacht hat, alleine geritten zu werden.

Unten: Älteren Pferden tut es gut und sie haben Spaß daran, mit auf gemütliche Spazierritte genommen zu werden. So haben sie weiter eine Aufgabe und bleiben fit. Stehen im Wasser tut bei Entzündungen gut.

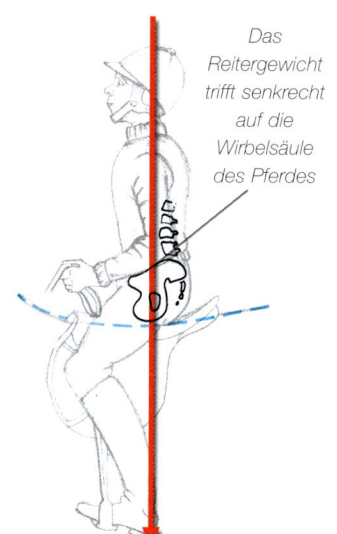

Das Reitergewicht trifft senkrecht auf die Wirbelsäule des Pferdes

GEWICHTSVERTEILUNG

Beim klassischen Sitz fällt das Gewicht des Reiters in einer senkrechen Linie auf den Pferderücken. Bei schwachen oder untrainierten Pferden sollte man sich in den leichten Sitz begeben, um den Rücken zu entlasaten.

**Oben:** Ältere Pferde werden oft von anderen drangsaliert oder von Kindern ausgenutzt. Sie wirken zwar nachsichtig, leiden aber vielleicht trotzdem innerlich an Stress. Sie sollten von uns die Aufmerksamkeit und den Respekt erhalten, den sie verdienen.

> ❝ **Das Fell ist der natürliche Schutz vor Wärmeverlust. Wenn alte Pferde frieren und zittern, verlieren sie schnell und nachhaltig an Kondition.** ❞

Wenn Ausflüge nicht mehr in Frage kommen, geben Sie Ihrem alten Freund mehr Freiheit, indem Sie ihn frei auf dem Hof umherstreifen lassen, während die anderen Pferde in der Box sind. Oder lassen sie ihn sich im Garten als Rasenmäher betätigen, während Sie Unkraut jäten. Meine alte Stute »besuchte« einmal eine Grillparty in einem Reitstall und stellte sich zum großen Amusement aller Anwesenden in der Warteschlange an. Sie bettelte sogar mit dem Vorderhuf um eine zweite Salatportion!

Im Alter werden Pferde entweder sanftmütiger oder mürrischer. Auch wenn Ihres in die angenehmere Kategorie fällt, heißt das nicht, dass es mehr ertragen kann als ein junges Tier. Es wäre nicht fair, das gutmütige Tier zur Unterhaltungsattraktion eines Kindergeburtstages zu machen, nur weil es nicht mehr den Willen oder die Energie hat, sich dagegen zu wehren, wenn es am Schweif gezogen wird! Ebenso kann ein altes Pferd in der Herde drangsaliert werden und leiden, weil es den anderen nichts mehr entgegensetzen kann. Die Natur kann grausam sein, was den Wettbewerb ums Überleben angeht. Dieses Problem kann tief verwurzelt sein und Sie bemerken es möglicherweise erst, wenn körperliche Anzeichen sichtbar werden. Meine eigene ältere Stute erlitt Epilepsie-ähnliche Anfälle, wenn sie in eine große Herde kam - vor lauter Stress. Es ist deshalb entscheidend, die passenden Weidegefährten oder nur einen »besten Freund« zu finden, bei dem das alte Pferd als gleichwertig akzeptiert ist.

Ein über 25 Jahre altes Pferd leidet möglicherweise unter Muskelschwund und brüchigen Knochen, genau wie ein alter Mensch. Genau wie beim Fohlen ist jetzt der Protein- und Kalziumbedarf höher. Die Futtermenge muss erhöht werden, da vermutlich ein größerer Anteil nicht mehr richtig verdaut wird. Die Verdauungsenzyme und -bakterien sowie das Lymphsystem arbeiten im Alter nicht mehr so gut. Achten Sie aber darauf, dass das Pferd nicht übergewichtig wird, um Beine und Organe nicht unnötig zu belasten.

Altersanzeichen

Vermutlich sind inzwischen typische Altersanzeichen erkennbar - Senkrücken, Hängebauch, steife Beine, graue Haare am Kopf und in der Regel ein längeres Fell als in jungen Jahren.

Das Fell ist der natürliche Schutz vor Wärmeverlust. Wenn alte Pferde frieren und zittern, verlieren sie schnell an Kondition und bauen sie auch nicht so schnell wieder auf. Selbst in den Sommermonaten behalten sie oft ihr dickes Fell, was ihnen in kalten Nächten zugute kommt. Sie können die Haare aufstellen, um mehr Luft dazwischen zu speichern, oder bei Wärme flach anlegen und so die Isolation regulieren.

Auch im Stall braucht das Pferd nun möglicherweise eine Decke, weil die mangelnde Bewegung sich auf den Kreislauf auswirkt und deshalb ein Kältegefühl bewirkt. Am besten kaufen Sie ein oder zwei dünne, wasserdichte (und atmungsaktive) Decken und mehrere dünne Unterdecken, damit Sie das Pferd je nach Temperatur nach dem Zwiebelschalenprinzip an- oder ausziehen können. Lange Fresszeiten helfen, das Pferd durch die Verdauungsaktivität warmzuhalten, weshalb ständig gutes Raufutter in Form von Gras, Heu oder Luzerne zur Verfügung stehen muss, ergänzt durch ein der Situation angepasstes Kraftfutter. Bieten Sie zusätzlich Mohrrüben an und gegebenenfalls gut eingeweichte Pellets oder Zuckerrübenschnitzel, wenn Sie den Eindruck haben, dass Ihr Pferd nicht mehr richtig kauen kann. Verwöhnen Sie also das alte Pferd ein bisschen, ohne es dabei zu verhätscheln. Sie müssen selbst merken, wann dem Pferd die ihm entgegengebrachte Aufmerksamkeit zu viel wird. Manche haben eine so feine

Haut, dass sie stundenlanges Putzen einfach nicht mögen. Ihr Pferd sagt Ihnen mittels Körpersprache, ob es weiter beschäftigt oder lieber in Ruhe gelassen werden möchte.

Kleinere Unpässlichkeiten verschlimmern sich nun, zunehmende Steifheit und Muskelschwund können Schwierigkeiten beim Aufstehen bewirken. Für ein so großes Tier wie das Pferd ist das Aufstehen eine echte Anstrengung und seine Lungen verengen sich, wenn es zu lange liegt. Selten sterben Pferde einfach aus Altersgründen; in der Wildnis erreichen sie gar

nicht erst ein so hohes Alter. Sobald sie schwächer und unbeweglicher werden, fallen sie einem Raubtier zum Opfer, verhungern oder sterben langsam an einer Verletzung. Was den Tod angeht, haben es Hauspferde Gottseidank besser, denn in den meisten Fällen zwingt eine Krankheit oder Verletzung uns die Entscheidung auf, das Pferd einschläfern zu lassen, um ihm weitere Leiden zu ersparen.

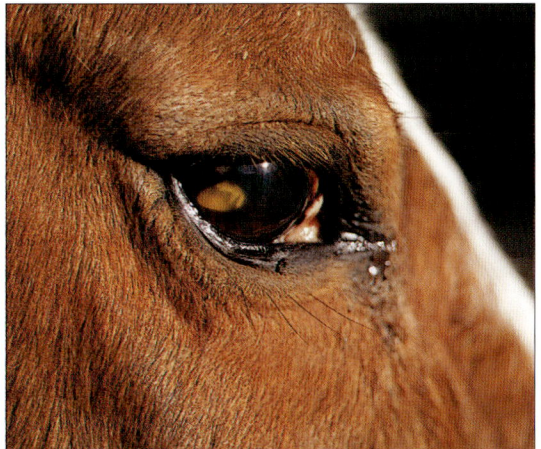

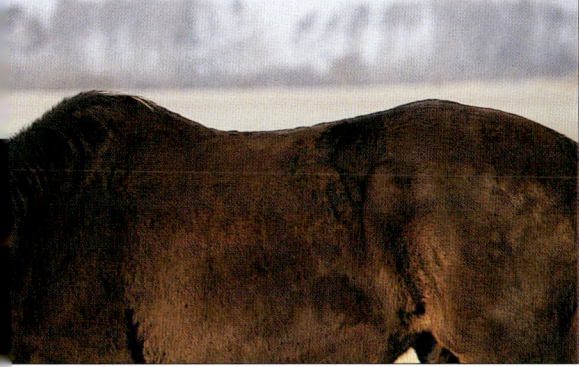

Oben: *Viele alte Pferde verlieren ihr Winterfell selbst im Sommer nicht vollständig. Wenn es aber so dick und lockig wird wir hier, könnte dies ein Symptom für das Cushing-Syndrom sein.*

Links: *Genau wie Menschen bekommen auch alte Pferde graue Haare und werden steifer. Häufig macht ihnen das Aufstehen Schwierigkeiten und sie verharren längere Zeit in der »Sitz«-Position, bis sie endgültig auf die Beine kommen.*

Oben: *Viele ältere Pferde haben einen Senkrücken, der das Reiten oft unmöglich macht. Sie können aber stattdessen gut einen leichten Wagen ziehen, um nicht ganz in den Ruhestand gehen zu müssen.*

Ganz oben: *Im Alter trübt oft Grauer Star den Blick, dies ist in vertrauter Umgebung kein größeres Handicap. Da solche Pferde die Drohungen anderer nicht mehr rechtzeitig sehen, muss man die Weidegefährten sorgfältig aussuchen.*

> **Dem unwürdigen Sterben eines leidenden Menschen müssen wir hilflos zusehen. Unsere Tiere haben es besser - wir können ihnen langes Leiden und endlose Schmerzen ersparen.**

Es ist sehr wichtig, dass Sie Ihr Pferd gut kennen und einschätzen können. Auch wenn es alt und langsam ist und einige Gebrechen hat, kann es noch glücklich sein und Lebenswillen haben. Erst wenn das Pferd sich langsam selbst aufgibt oder ständig leidet, sollten wir uns von ihm verabschieden.

DIE LETZTE ENTSCHEIDUNG

Leider haben Besitzer selten das Glück, dass ihr Pferd eines natürlichen Todes auf der Weide stirbt oder (noch unwahrscheinlicher) einfach aus Altersgründen friedlich einschläft. Manche Pferde kommen in schrecklichen Unfällen um, was zum Glück selten ist.

Wildpferde haben selten einen schönen Tod und verhungern häufig. Vielleicht wurden sie auch verletzt und verbluten langsam oder können wegen Lahmheit oder Schwäche nicht mehr mit der Herde mithalten. Für sie ist kein Mensch in der Nähe, der ihre Qualen erleichtert. Unsere Hauspferde haben da bessere Aussichten.

Wir betrachten sie häufig als Familienmitglieder, aber während wir dem langsamen, unwürdigen Sterben eines geliebten Menschen hilflos zusehen müssen, können wir unseren Tieren langes Leiden und endlose Schmerzen ersparen.

Euthanasie wird im Wörterbuch als »das gewollte Herbeiführen eins schmerzlosen und schnellen Todes bei einem unheilbar kranken Patienten« umschrieben. Es gibt verschiedene Situationen, in denen eine Euthanasie die humanste Lösung ist.

❑ Eine plötzliche Notfall-Erkrankung (z.B. Kolik). In manchen Fällen kann versucht werden, das Pferd mit einer Operation zu retten. Die Untersuchung kann aber auch ergeben, dass die Prognose ungünstig ist, so dass man sich entschließt, das Pferd nicht mehr aus der Narkose aufwachen zu lassen.
❑ Schwere innere Verletzungen, Knochenbrüche und große Gewebeverluste als Unfallfolgen. Die Schmerzen bei solchen Verletzungen

können immens sein. Nur der Tierarzt kann abschätzen, ob Heilungschancen bestehen.
❑ Die Lebensqualität des Pferdes ist stark beeinträchtigt, evtl. durch eine chronische Erkrankung. Hier muss im Einzelfall entschieden werden. Manche Menschen leben trotz schmerzender Gelenke ein glückliches Leben, während andere nicht damit zurecht kommen und den Mut verlieren. Das gleiche gilt auch für Pferde. Wenn für ein chronisch krankes Pferd kein akzeptables Wohlbefinden mehr geschaffen werden kann oder psychischer Stress bzw. Angst (egal welcher Ursache) nicht beseitigt werden können, ist eine Tötung realistisch betrachtet die bessere Lösung.
❑ Finanzielle Gründe oder persönliche Umstände. Ich würde nie ein gesundes Pferd töten lassen, weil ich mich verpflichtet fühle, für es zu sorgen oder ein gutes neues Zuhause zu finden. In manchen Situationen ist dies aber absolut nicht praktikabel. Manche Pferde sind nicht gut verkäuflich, und sie in die falschen Hände zu geben, könnte zu weiteren körperlichen und geistigen Leiden oder sogar zu Gefahr für die damit umgehenden Menschen führen. Wir alle sind unseren Tieren gegenüber verantwortlich, aber es ist eine traurige Tatsache, dass viele alte Pferde zugunsten eines »Nachfolgemodelles« getötet werden. Vielleicht ist dies manchmal sogar besser, als sie durch viele Händlerhände gehen zu lassen oder irgendwo zu vergessen. Leider gibt es stets mehr Pferde und Ponys auf dem Markt als verantwortungsvolle Besitzer.

Wenn der Besitzer letztendlich die definitive Entscheidung über das Ende seines Pferdes fällen muss, ist dies oft ein schwerer Moment. Stets sollten wir uns dabei von den nüchternen Tatsachen und tierärztlichem Rat leiten lassen.

Einschläfern oder zum Schlachter?

Es gibt nur zwei akzeptable Methoden zur Euthanasie bei Pferden:

❑ Einschläfern mittels vom Tierarzt gespritzten Mitteln (Barbiturate und Anaesthetika), die das zentrale Nervensystem lähmen und zu Atem- und Herzstillstand führen.

❑ Erschießen mit dem direkt an die Schläfe angesetzten Bolzenschussapparat. Der Schuss zerstört das Gehirngewebe und führt zum sofortigen Tod.

Das Erschießen geschieht in der Regel im Schlachthof, nur in Notfällen, d.h. wenn das Pferd nicht mehr transportfähig ist, kann der Schlachter auch auf den Hof kommen.

Beide Methoden sind nicht unbedingt schön mit anzusehen und es kann für den Besitzer einen tiefen Schock bedeuten, wenn das große Tier umfällt oder seine Beine in unkontrollierten Reflexen zucken. Auch wenn das Zusehen beim Setzen einer Spritze weniger schrecklich erscheint, als den Knall des Bolzenschussapparates hören zu müssen, so kommt es doch vor, dass bis zu fünf Spritzen gegeben werden müssen, bevor es vorbei ist. Sie können sich jedoch sicher sein, dass beide Methoden, falls richtig durchgeführt, für das Pferd schmerzlos und schnell sind. Für den Besitzer, der dabei zusieht, können sie eine lang anhaltende emotionale Krise bewirken.

Es ist deshalb manchmal besser, sich in einem stillen Moment von dem Pferd zu verabschieden, wegzugehen, wenn es soweit ist und das Pferd den Händen des Tierarztes oder eines guten Freundes zu überlassen.

Die Entsorgung des Körpers

Für das Pferd bedeutet es wesentlich weniger Stress, wenn es nicht transportiert werden muss und es entspannt in seiner vertrauten Umgebung zuhause sterben kann. Es ist in Deutschland nicht erlaubt, Pferde zu begraben, auch nicht auf eigenem Grundstück, so dass Sie sich um die Entsorgung des toten Körpers kümmern müssen.

Wenn das Pferd von einem Schlachter getötet wurde, übernimmt dieser in der Regel auch das weitere. Wurde es jedoch eingeschläfert, muss es einer Tierkörperverwertungsanstalt zugeführt

werden, deren Anschriften Ihnen der Tierarzt mitteilen kann. Inzwischen gibt es sogar Pferdebestattungsunternehmen, die Einäscherungen anbieten.

> 66 Wenn der Besitzer letztendlich die definitive Entscheidung über das Ende seines Pferdes fällen muss, ist dies oft ein schwerer Moment. Stets sollten wir uns dabei von den nüchternen Tatsachen und tierärztlichem Rat leiten lassen. 99

Oben: Pferde sind majestätische, intelligente und gesellige Tiere. Wir können sehr starke Beziehungen zu ihnen entwickeln, die menschlichen Freundschaften gleichwertig oder sogar überlegen sind. Wenn man ein Pferd 40 Jahre lang täglich gepflegt hat, bedeutet sein Tod einen echten Einschnitt ins eigene Leben.

KAPITEL 6

Sattel, Zaum-zeug und Co.

Pferde haben eine außergewöhnliche Fähigkeit, unsere Gefühle zu erkennen - sei es Angst, Konzentration oder Aufregung. Oft versuchen sie, unsere Gedanken zu erraten und uns zuvorzukommen. Sie können Stimmkommandos lernen, aber hauptsächlich findet unsere Verständigung mit ihnen über Berührung und Signale unserer Körpersprache statt, und zwar sowohl vom Boden aus als auch im Sattel. Pferde haben einen sehr feinen Tast- und Berührungssinn. Wenn wir dementsprechend sensibel mit ihnen umgehen, können wir eine gute, von Verständnis getragene Partnerschaft aufbauen.

Manche Reiter haben von Natur aus eine »gute Hand« und besitzen die fantastische Fähigkeit, nur über feine Hilfen mit dem Pferd zu kommunizieren. Es ist faszinierend, dass der Kontakt über den Sitz des Reiters, seine Schenkel und Hände eine so eigene Methode der gegenseitigen Verständi-

Oben: *Benützen Sie nie einen Ausrüstungsgegenstand nur um seines Aussehens willen. Lernen Sie zuerst die Wirkungsweise und die Konsequenzen für das Pferd verstehen.*
Rechts: *Unabhängig von Reitweise oder Disziplin sollte jeder Reiter sich bemühen, eine gute Partnerschaft mit seinem Pferd aufzubauen, anstatt es lediglich zu »kontrollieren«. Viele Wege führen zum Ziel, manche davon verlangen aber mehr Einsatz von Seiten des Menschen.*

> **Heutzutage gibt es genügend Kurse, auf denen Sie und Ihr Pferd am besseren Reiten arbeiten können. Sie lernen dort, Ihre Verständigung zu verbessern und die Reitkunst aus der Sicht des Pferdes zu verstehen.**

DER BERÜHRUNGSSINN

Alle Pferde haben einen höchst empfindlichen Berührungssinn. Ihre sensorischen Nerven senden Botschaften von Druck, Schmerz, Kälte und Hitze an das zentrale Nervensystem. Die motorischen Nerven reagieren darauf, indem sie z.B. die Muskeln an der Haarwurzel zum Anspannen bringen, die Durchblutung steigern oder das Pferd zum Weggehen veranlassen.

gung hervorbringt. Die Konzentration des Pferdes auf seinen Reiter ist offensichtlich, wenn es mit einem nach hinten gedrehten Ohr auf dessen stumme »Befehle« lauscht.

Ich habe viele Jungpferde angeritten und finde es erstaunlich, wie schnell und leicht sie begreifen, unsere Schenkel- und Zügelhilfen richtig zu interpretieren. Egal, welches Pferd wir uns vornehmen, fast (!) jedes wird verstehen, dass wir uns eine Vorwärts- oder Seitwärtsbewegung in einer bestimmten Richtung und Gangart wünschen.

Leider lernen wir zu wenig, klar mit unseren Pferden zu kommunizieren und folglich mit Leichtigkeit zu reiten, anstatt missverständliche und widersprüchliche Signale ans Pferd zu senden und so in einen echten Teufelskreis zu geraten. Die Folge sind unvorhersehbare Reaktionen des Pferdes und stärkerer Einsatz von Hilfen oder schärferer Gebisse unsererseits, um das Gewünschte zu erreichen.

Viel zu viele Reitanfänger haben kein richtiges Gespür für die Zügelhilfen und beschränken die Reitkunst auf Klopfen mit den Schenkeln zum Vorwärtsgehen und Ziehen an den Zügeln zum Anhalten. Zum Glück sind Schulpferde meist geduldig und die meisten Reiter bemühen sich ja auch, ihre Technik zu verbessern.

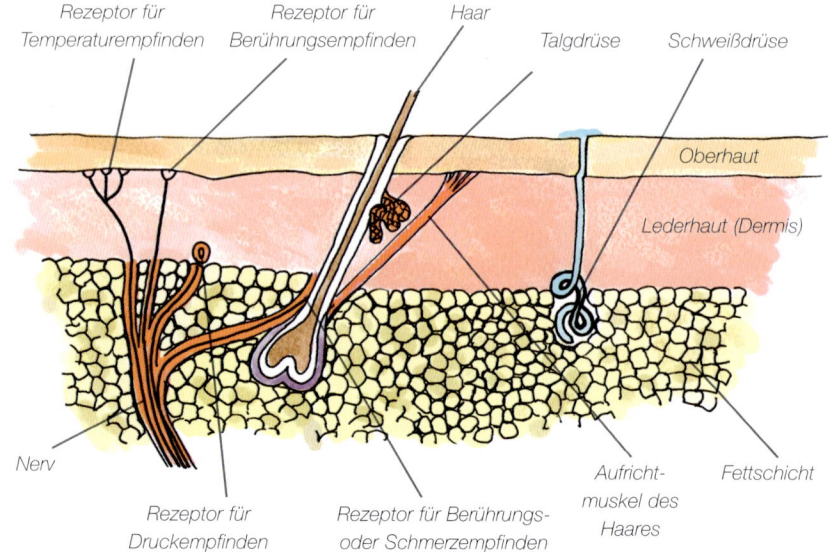

Rezeptor für Temperaturempfinden — *Rezeptor für Berührungsempfinden* — *Haar* — *Talgdrüse* — *Schweißdrüse*

Oberhaut

Lederhaut (Dermis)

Nerv — *Rezeptor für Druckempfinden* — *Rezeptor für Berührungs- oder Schmerzempfinden* — *Aufricht-muskel des Haares* — *Fettschicht*

Ich hege eine große Bewunderung für diejenigen Reiter, die ihre Pferde mit einem Minimum an Kraft und Ausrüstung kontrollieren können.

Heutzutage gibt es überall Kurse und Seminare, auf denen Sie und Ihr Pferd am besseren Reiten arbeiten können. Sie lernen dort, ihre Verständigung zu verbessern und die Reitkunst aus der Sicht des Pferdes zu verstehen. Bei einem guten Lehrer können Sie beide Ihr Verständnis

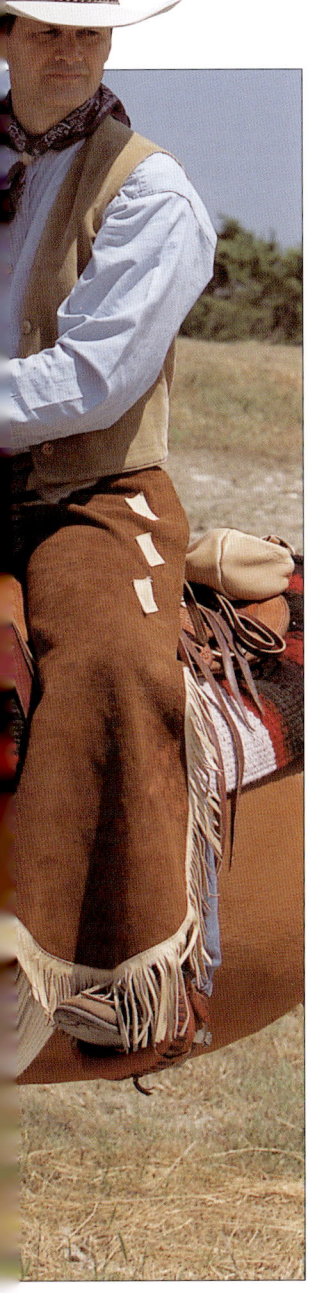

Links: *Egal, ob Sie »western« oder »englisch« reiten: Ihre Hand sollte stets leicht sein. Das Westernreiten beweist, dass man auch ohne ständigen Zügelkontakt ein leicht und fein gerittenes Pferd haben kann. Die Gewichtshilfen sind hier wichtiger als die Zügelhilfen.*

Oben: *Ein schönes Beispiel für ein schweres Pferd, das wirklich leicht an den Hilfen seines Reiters steht. Dass sein Maul leicht geöffnet ist, sollte nicht als Zeichen für Widerstand, sondern als natürliche Konsequenz der Anstrengung gewertet werden.*

Unten rechts: *Auch wenn dieses spanische Pferd etwas mit Zäumung überladen erscheint, so dient das meiste doch nur zur Dekoration und hat keine besondere Funktion. Das Stangengebiss erfordert eine gefühlvolle Reiterhand.*

füreinander vertiefen und so Ihre Leistungen enorm steigern.

DIE AUSRÜSTUNG

Ich glaube, dass wir nur deshalb so viele verschiedene Ausrüstungsgegenstände benutzen, weil wir uns von den Praktiken und Ansichten der Menschen um uns herum beeinflussen lassen. Lieber sollten wir uns ein wenig auf das Wesentliche zurückbesinnen: Jedes Detail sollte nur mit dem Ziel eingesetzt werden, Sicherheit und Verständigung zu fördern und nicht, um irgendetwas zu erzwingen oder zu verhindern.

80% der Ausrüstungsgegenstände dienen dem Wohl des Reiters und nur 20% dem der Pferde. Ein Sattel bietet in erster Linie dem Reiter einen bequemen und sicheren Sitz; er hilft aber auch, das Reitergewicht gleichmäßiger auf den

HALFTER / GEBISS

Von Fohlenbeinen an führt man Pferde an Halftern, die durch Druck auf Nase und Genick wirken. An das fremde Gebiss im Maul müssen sie sich erst gewöhnen.

Ganz rechts: Englische Sättel sind so geschnitten, dass sie den Sitz des Reiters unterstützen - entweder mit sehr geraden Kniepauschen wie beim Dressursattel (links) oder mit nach vorn gezogenen, dickeren Pauschen wie beim Vielseitigkeits- oder Springsattel (Mitte u. rechts).

Pferderücken zu verteilen, insbesondere in schnelleren Gangarten oder beim Springen. Nur wenige Reiter sind in der Lage, ohne Sattel aus dem Galopp zum Halt durchzuparieren, über Hürden zu springen oder enge Wendungen zu nehmen, ohne dem Pferd grob in den Rücken zu plumpsen oder einen Abflug zu machen. Der Sattel dient also gewissermaßen dazu, die schlechte Balance des Reiters auszugleichen. Ob Sie einen Vielseitigkeitssattel, Dressur-, Spring-, Westernsattel oder Australischen Stocksattel benutzen, hängt davon ab, in welcher Disziplin und Reitweise Sie vornehmlich aktiv sind.

Zaumzeug, Gebiss und Zügel sind ein wichtiges Verbindungsglied zwischen Reiterhand und Pferdemaul. Sie können sich fördernd oder zerstörerisch auf die Partnerschaft auswirken. Wenn ein Pferd grob im Schnellverfahren eingeritten wurde und die zarte Haut im Maul keine Zeit hatte, sich an das Metallgebiss zu gewöhnen, ist die feine Kommunikation unterbrochen und ein

geschädigtes oder so genanntes »totes« Maul die Folge.

Auf den meisten Turnieren und Wettbewerben verschiedenster Disziplinen ist die Ausrüstung genau und bis ins Detail vorgeschrieben, so dass wenig Spielraum bleibt. Hinzu kommt,

Oben: Geben Sie Acht, dass die Haut an den Pferdelippen nicht in den Ringen der Wassertrense eingeklemmt wird. Dieses englische Reithalfter ist nützlich, behindert nicht.

Oben: Eine mechanische Hackamore wirkt auf Nasenrücken, Genick und Kiefer. Wegen ihrer Hebelwirkung ist diese Zäumung recht scharf, auch wenn das Pferd kein Gebiss im Maul hat.

Oben: Ein kombiniertes Reithalfter - ein unnützes Übel! Es sperrt das Pferdemaul fest zu und verursacht Spannung, wo wir uns Weichheit und Nachgiebigkeit wünschen.

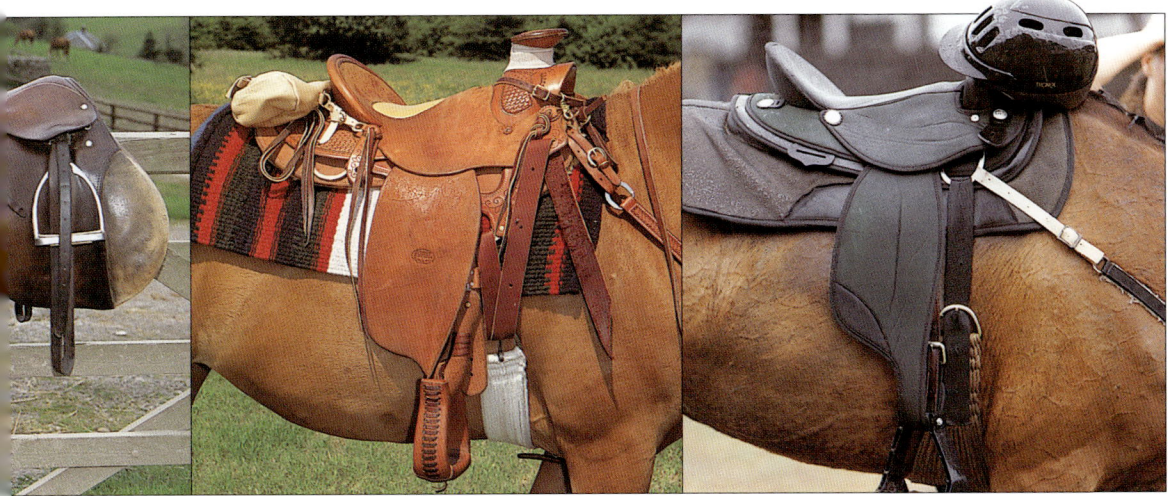

Mitte links: *Auch unter den Westernsätteln gibt es viele verschiedene Modelle für die unterschiedlichen Anforderungen. Sie sind zwar meist sehr schwer, aber so gebaut, dass sie das Gewicht über eine große Fläche verteilen.*

Links: *Sättel für das Distanzreiten sehen Westernsätteln häufig ähnlich, da beide dem Reiter Komfort über lange Strecken bieten müssen. Der Gewichtsersparnis halber werden sie oft aus modernen Kunststoffmaterialien hergestellt.*

dass die Nachwuchsreiter das nachmachen, was sie bei den anderen sehen. So ist in Dressurprüfungen immer zwingend ein Reithalfter, ab der Klasse M Kandarenzäumung vorgeschrieben. Springreiter verwenden meist kombinierte Reithalfter und ein Martingal, während beim Polo fast immer Pelhamgebisse eingesetzt werden. Es spricht prinzipiell nichts dagegen, die Vielfalt der angebotenen Gebisse auch zu nutzen, aber ich bin der Meinung, dass ein Gebiss nie zur schnellen Lösung eines bestehenden Problems dienen sollte und dass es keine Universallösung für alle

Oben: *Eine Aufziehtrense wirkt in zwei Richtungen - auf das Genick und die Maulwinkel. Sie ist nützlich bei starken Pferden, die so gegen sich selbst ziehen.*

Oben: *Die klassische Kandarenzäumung besteht aus zwei Gebissen, einer Unterlegtrense und dem Kandarengebiss. Sie wird mit vier Zügeln geritten und eignet sich nicht für Anfänger.*

Oben: *Bei der Olivenkopftrense sind die Ringe fest mit dem Mundstück verbunden, die Ringe sind leicht D-förmig. Es gibt einfach und doppelt gebrochene Ausführungen.*

🐎 **Oben:** *Eine Knebel-trense verhindert das seitliche Durchrutschen des Gebisses im Maul.*

🐎 **Unten:** *Dieses Martingal ist zu kurz verschnallt, es zieht ständig nach unten. Die Zügel müssen stets in einer ungebrochenen Linie vom Pferdemaul bis zur Reiterhand verlaufen.*

gibt. Die Zäumung sollte stets dem Vorwärtskommen des *individuellen Reiter-Pferd-Paares* dienen.

Aus eigener Erfahrung wissen Sie, dass Ihr Zahnfleisch und Ihre Zunge viel empfindlicher sind als die Haut auf Ihrer Nase oder im Gesicht - beim Pferd ist das nicht anders. Beim Einreiten von Jungpferden schnalle ich deshalb immer ein Paar Zügel in das Gebiss und ein Paar in die Ringe eines Kappzaumes. Da das Jungpferd es schon kennt, am Halfter geführt zu werden (welches hauptsächlich Druck auf den Nasenrücken ausübt), kann man dieses Prinzip auch auf das Reiten übertragen, indem man zusätzliche Zügel in Kappzaum oder Nasenriemen des Reithalfters schnallt und das Pferd darüber lenkt. So fällt die Gewöhnung an das Gebiss leichter, weil vorerst kein unangenehmer Zug daran entsteht.

Nach und nach setzt man die Trensenzügel immer mehr ein, bis man die Kappzaumzügel ganz weglassen kann.

Wir alle streben Leichtigkeit in unserem Reiten an, weshalb es nur begrüßenswert wäre, wenn die offiziellen Turnierreglements auch sanftere Zäumungen wie z.B. Hackamores und andere gebisslose Zäumungen zulassen würden. Ich finde es beeindruckend, wenn jemand eine klassische Dressurprüfung am westernähnlich durchhängenden Zügel oder sogar mit einem einfachen Halfter reiten kann - leichte Gewichtsverlagerungen und kaum merkliche Schenkelhilfen sind alles, was er braucht, um selbst schwierigste Lektionen reiten zu können. Alternative Zäu-

> 66 **Es ist beeindruckend, wenn jemand eine klassische Dressurprüfung am westernähnlich durchhängenden Zügel oder sogar mit einem einfachen Halfter reiten kann - leichte Gewichtsverlagerungen und kaum merkliche Schenkelhilfen sind alles, was er braucht, um selbst schwierige Lektionen reiten zu können.** 99

mungen sollten meiner Meinung nach in Dressurprüfungen zugelassen anstatt, wie es heute der Fall ist, ausgeschlossen zu sein. Ich finde es auch nicht richtig, dass ein wirklich nützlicher Ausrüstungsgegenstand, der Pferden mit Allergieproblemen oder Headshakern große Erleichterung verschaffen kann, nämlich ein Netz über den Nüstern, in Wettkämpfen nicht zugelassen ist, während eine so große Zahl anderer Gebisse und Zäumungen erlaubt ist.

Über die Jahre hinweg haben wir uns daran gewöhnt, aus Imagegründen Ausrüstungsgegenstände zu kaufen, die, realistisch betrachtet, eine echte Partnerschaft mit dem Pferd eher behindern als fördern. Imagebewusstsein kann auch durchaus positiv sein, z.B. wenn es darum geht, in der Öffentlichkeit nur mit gesunden und gepflegten Pferden aufzutreten, aber was die Ausrüstung angeht, sollten wir uns in erster Linie von Sicherheit, Bequemlichkeit und Nutzen für die Verständigung zwischen Pferd und Reiter leiten lassen. Natürlich schadet es dem Pferd nicht, wenn Sie zu Ihrem persönlichen Vergnügen eine farbige Satteldecke kaufen, aber wenn Korrekturzäumungen und Hilfszügel lediglich aus Imagegründen benutzt werden, ist dies nicht in Ordnung. Viel zu häufig sieht man Pferde, denen der Kopf mit Schlaufzügeln, kurz geschnallten Martingalen und ähnlichem ständig gewaltsam heruntergezogen wird. Wie der Name schon sagt, sind dies Hilfszügel, die nur über einen beschränkten Zeitraum zur Korrektur und keinesfalls dauerhaft verwendet werden dürfen. Viele Reiter sind geradezu zwanghaft darum besorgt, dass ihr Pferd immer das Maul geschlossen hält - dabei ist ein Pferd mit entspannten Kiefern, das mit dem Gebiss spielen, speicheln und nachgeben kann, das, was wir brauchen.

Hilfszügel - Pro und Contra

Ein Martingal hindert das Pferd daran, Kopf und Hals so hoch zu nehmen, dass es sich der Einwirkung des Gebisses entziehen kann. Bei vielen Pferden ist der kurzfristige Einsatz sinnvoll, aber warum sieht man diesen Hilfszügel so häufig? Der Pferdehals muss frei und beweglich sein, damit das Pferd sich ausbalancieren und biegen kann. Man sieht Martingale, und zwar in der Regel kurz geschnallte, häufig bei Pferden, die stark vorwärts gehen - dabei hat der Reiter meist selbst das Problem verursacht, indem mit ungeeignetem Gebiss in den Zügeln hängt und versucht, das Pferd zu bremsen oder zu versammeln. Für ein solches Pferd wäre es besser, am längeren Zügel nach vorwärts-abwärts geritten zu werden.

Es erscheint unlogisch, dass so viele Springpferde ein Martingal tragen, wo man doch von ihnen verlangt, sich über dem Sprung weit zu strecken und eventuell plötzlich zu stoppen.

Die so genannten »Hilfszügel« würden besser »Ausbildungszügel« heißen, weil sie nützlich sein können, um dem Pferd den richtigen Weg zu zeigen. Die besten Hilfszügel sind diejenigen, die das Pferd sofort belohnen, wenn die gewünschte Haltung erreicht ist. Ein Pferd, das ständig den Kopf hochnimmt oder sich auf das Gebiss legt kann sicherlich kurzfristig humaner mit einem Martingal, Köhler- oder Schlaufzügel korrigiert werden als durch ständiges nutzloses Rupfen und Ziehen am Trensengebiss. Im kurzfristigen Einsatz können auch Ausbindezügel nützlich sein, zum Beispiel bei Schulpferden im Anfängerunterricht, wenn die Reiter noch keine korrekten Zügelhilfen geben können. In diesen Fällen muss aber ständig ein Reitlehrer anwesend sein, der jeden Missbrauch der Hilfszügel verhindert.

Ein Pferd benutzt seinen Kopf und Hals als Balancierstange, indem es ihn je nach Richtung und Gangart nach oben, unten oder zur Seite bewegt. Mit Hilfszügeln üben wir direkt oder indirekt über das Gebiss Druck auf verschiedene Stellen des Pferdekopfes aus - die Laden und Maulwinkel, die Zunge, Genick und Kinnkettengrube. Generell lässt sich sagen, dass Druck auf Genick und Unterkiefer das Pferd zum Senken des Kopfes bewegt, Zug an den Maulwinkeln und

🐎 **Oben (beide):** *Um einen Sprung flüssig überwinden zu können, muss das Pferd sich ungehindert strecken dürfen. Das Vertrauen vieler Pferde wird oft durch die Furcht vor einem Ruck im Maul geschmälert und sie springen »ohne Rücken«, indem sie nur die Hinterbeine hochziehen, den Rücken nicht aufwölben. Das Vorderzeug auf dem rechten Bild hindert den Sattel am Zurückrutschen, das Martingal ist eher ein Störfaktor.*

KANDARENZÄUMUNG

Sie kombiniert die Wirkung des Trensengebisses zur seitlichen Biegung mit der des Kandarengebisses zur besseren Aufrichtung, Beizäumung und zum Geraderichten.

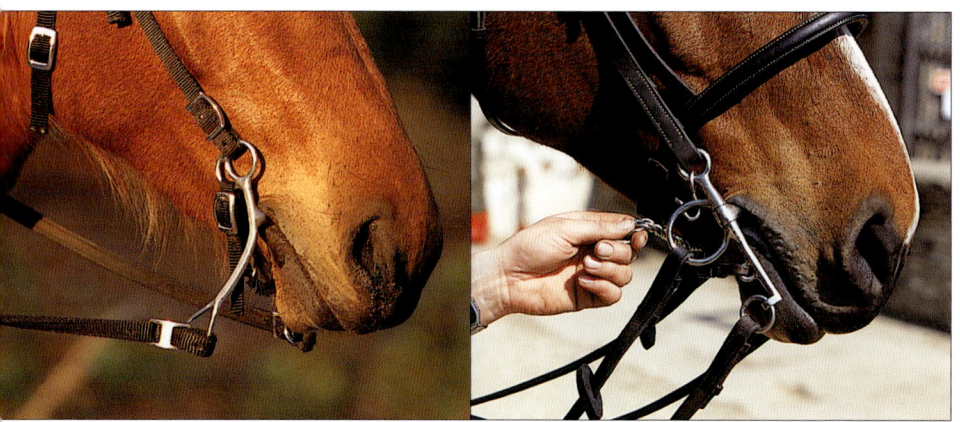

🐎 **Oben:** *Dieses Westerngebiss ähnelt der Kandare, wird aber ganz anders gebraucht. Sie wird nicht beid- sondern einhändig und mit lockerer Zügelführung geritten.*

🐎 **Oben:** *Pelhamgebisse unterstützen die Beizäumung durchs Genick. Gebrochene Pelhams wirken schärfer als ungebrochene. Die Kinnkette muss immer flach ausgedreht sein.*

das Gebiss für ein Pferd hin und wieder zu wechseln oder ein Gebiss für eine bestimmte Disziplin zu benutzen. So bringt das Pferd ein bestimmtes Gebiss mit einer bestimmten Anforderung in Verbindung.

Wenn die unangenehme Einwirkung einer Zäumung nicht sofort nachlässt, sobald das Pferd die gewünschte Haltung einnimmt, wird es sich immer mehr verspannen und andere Wege suchen, um dem Schmerz auszuweichen. Wenn Sie die Bewegungen des Pferdes einschränken, werden Sie nie Harmonie erreichen. Die langfristige Anwendung von Hilfszügeln kann zu Steifheit, Verspannungen, Muskel- und Rückenproblemen führen.

Jedes Pferd kann immer nur so gut sein wie sein Reiter und kein Hilfszügel der Welt kann reiterliche Unfähigkeit auf Dauer kompensieren.

Gebisse mit Hebelwirkung üben Druck auf das Genick aus.

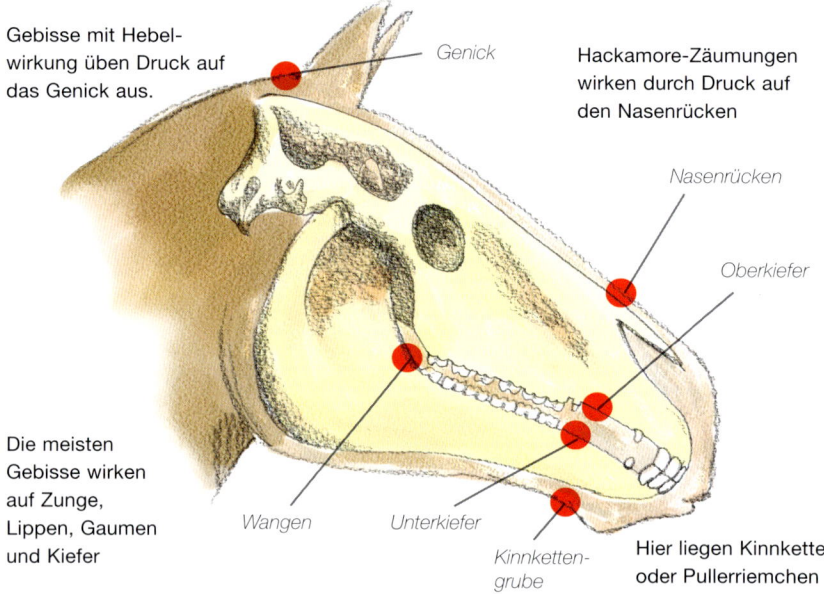

Genick

Hackamore-Zäumungen wirken durch Druck auf den Nasenrücken

Nasenrücken

Oberkiefer

Die meisten Gebisse wirken auf Zunge, Lippen, Gaumen und Kiefer

Wangen

Unterkiefer

Kinnkettengrube

Hier liegen Kinnkette oder Pullerriemchen

Züumungen für Kinderpferde

Sowohl Kinder als auch Eltern lassen sich häufig von dem beeinflussen, was sie bei Freunden sehen und was ihnen als die »korrekte« Züumung erscheint. Ich bin jedes Mal entsetzt, wenn ich kleine Kinder in Pony-Materialprüfungen mit Kandarenzäumung reiten sehe (Das ist in Deutschland nicht erlaubt, Anm.d.Übers.). Sicher gibt es auch unter den Kleinen gute Reiter, aber viele wollen einfach nur gut aussehen - zum Schaden ihrer Reittiere.

Als ich reiten lernte, ritten wir oft ohne Sattel und nur mit einem am Halfter befestigten Strick, sogar über Sprünge - so lernten wir, ein Gefühl für das Pferd und unsere Balance zu finden. Leider müssen Reitschulen heute so sehr auf Sicherheit achten, dass eine solche Art des Reitens heute leider nur noch selten angeboten wird.

Mit einem guten Reithelm und einer Sicherheitsweste (und auf weichem Reitbahnuntergrund, falls es doch Stürze gibt) sind Kinder sicher mehr als angemessen geschützt, um einmal so das Reiten zu versuchen. Auf lange Sicht würden sie ihr Körpergefühl beim Reiten verbessern und damit auch sicherer werden.

WIE GEBISS UND ZÄUMUNG WIRKEN
Dieses Diagramm zeigt, wie wichtig das genaue Anpassen von Zäumung und Mundstück ist, um die gewünschte Kontrollwirkung zu erreichen und dem Pferd bequem zu sein. Ständiges Ziehen im Maul verursacht nicht nur Schmerzen, sondern stumpft auch langfristig ab.

Druck gegen den Oberkiefer bringt es zum Kopfheben und Druck in der Kinnkettengrube bewirkt, dass es die Nase in Richtung seiner Brust bewegt. Je nach ihrer Konstruktion lenken die verschiedenen Gebisse den von der Reiterhand ausgehenden Druck auf einen oder mehrere dieser Punkte. Die klassische Kandarenzäumung mit Unterlegtrense ermöglicht eine sehr feine Einwirkung, da sie die Wirkungsweise von Hebel- und Trensengebiss verbindet.

Meiner Meinung nach kann es nützlich sein,

Meiner Meinung sollte es auch Wettbewerbe im Reiten ohne Sattel geben, um generell die Fähigkeiten der Reiter zu verbessern.

AUSWAHL UND ANPASSUNG

Wir alle wissen um die Bedeutung einer gut passenden Ausrüstung. Der Sattel sollte fast wie ein erweitertes Körperteil des Pferdes sein - zur Bequemlichkeit von Pferd und Reiter. Ein schlecht passender Sattel kann Satteldruck, ein Verschieben der Rückenwirbel, ungleichmäßige Muskelentwicklung und generell großes Unbehagen verursachen, manchmal sogar aggressives Verhalten. Ähnliche Probleme treten auch bei anderen nicht passenden Ausrüstungsgegenständen auf oder bei Schnallen, die an bestimmten Stellen drücken und scheuern.

Der größte, oft begangene Fehler ist der, dem Urteil anderer ohne großes Hinterfragen zu trauen, besonders, wenn es um den Kauf eines Pferdes geht. Der Käufer freut sich darüber, dass ihm das Pferd zusammen mit Sattel und Zaumzeug verkauft wurde und geht davon aus, dass alles perfekt passt, wo doch der Vorbesitzer es jahrelang benutzt hat. Besser wäre es aber, den Sattel von einem Fachmann (z.B. einem Sattler) bei nächster Gelegenheit überprüfen zu lassen. Es mag sein, dass der alte Sattel viele Jahre lang

»gepasst« hat, nach so langer Zeit aber dringend einmal aufgepolstert werden muss. Vielleicht hatte der Vorbesitzer auch einen Sitzfehler und hing beispielsweise immer etwas nach einer Seite, was dazu geführt hat, dass das Polster sich dort stärker zusammengedrückt hat und das Pferd eine ungleichmäßige Rückenmuskulatur entwickelt hat. Bei auftauchenden Problemen sollten sie sich immer zuerst vergewissern, ob nicht Sattel oder Rücken die Ursache sind. Wenn

Links und oben: Diese Showponys geben ein schönes Bild ab, aber sind sie auch in kompetenten Händen? Viele Kinderponys werden für fünf Minuten Vorstellung auf dem Turnier völlig »überzüchtet«. Stattdessen sollte lieber das Reiten ohne Sattel gefördert werden, da es das Gefühl für Gleichgewicht und Bewegung enorm schult.

Der Oberkörper soll aufrecht, aber nicht steif sein. Lendengegend und Sitz sollen geschmeidig sein, um den Pferdebewegungen zu folgen.

Richtungsänderungen werden eher mit Schenkel- als mit Zügelhilfen eingeleitet. Die Steigbügel sind länger als beim englischen Reiten.

Die freie Hand kann das Zügelende ergreifen, auf dem Oberschenkel ruhen oder gerade herabhängen.

Der Blick geht in die Bewegungsrichtung. Zur Richtungsänderung wird das neue Ziel mit Augen, Kopf, Schultern, Hüften und Zehenspitzen anvisiert.

Die Zügelhand wird knapp vor dem Sattelhorn gehalten.

Der Druck auf das Maul lässt nach, sobald das Pferd reagiert.

Der Oberkörper soll gerade sein, nicht zurückgelehnt wie hier. Lendengegend und Sitz sollen geschmeidig sein, um den Pferdebewegungen zu folgen.

Das Pferd soll mit stärker gebeugten Sprunggelenken unter sein Gewicht treten und erhabenere Gänge zeigen.

🐎 **Oben:** In Western-Pleasure-Prüfungen werden Schritt, Trab und Galopp auf beiden Händen und in korrekter Haltung verlangt. In Trailprüfungen müssen Geschicklichkeitshindernisse wie z.B. Tore überwunden werden.

🐎 **Oben rechts:** Ein ganz anderer Reitstil wird (leider schlecht) von dieser Einsteigerin in den Dressursport gezeigt. Hier werden streng vorgeschriebene Lektionen gefordert. Bewertet werden die Genauigkeit der Ausführung und die Rittigkeit des Pferdes.

Sie beides ausschließen können, sollten Sie einmal Ihre Reitkünste kritisch betrachten!

Ein anderes Problem kann die Menge des Sattelzeugs sein, das Sie mit dem Pferd erhalten - damit meine ich alle die Extras wie Hilfszügel, verschiedene Gebisse usw. Oft ist dies nur das Resultat von Modeerscheinungen; manche Reiter möchten auch, dass ihr Pferd »schwierig zu reiten« aussieht. Ihrer Ansicht nach erweckt diese Ausrüstung den Eindruck, dass sie besonders lange experimentiert hätten, wie dieses Pferd am besten zu reiten sei - oft ist das Gegenteil der Fall. Viel zu viele Reiter verwenden Hilfszügel, die gar nicht nötig sind und eher das Gegenteil des erwünschten Effektes erzielen; besonders beim

Springen, wo die Pferde sich doch möglichst stark dehnen und strecken sollten. Fragen Sie sich einmal, wie Sie sich mit so einem Hilfszügel fühlen würden und ob er Sie unterstützen oder behindern würde. Oder haben Sie schon einmal Läufer oder Balletttänzer mit Hilfsriemen für eine bessere Körperhaltung gesehen?

Für Gebisse gilt das Gleiche. Beginnen Sie zunächst mit einer einfachen Wassertrense. Wenn Sie (nicht der ehemalige Besitzer oder sonst jemand) wirklich nicht damit zurechtkommen, leihen Sie sich andere Gebisse aus und probieren Sie diese mehrere Tage lang in verschiedenen Situationen aus, bevor Sie sich endgültig entscheiden. Vielleicht finden Sie auch heraus, dass

Die Hände werden tief und vor dem Vorderzwiesel des Sattels gehalten. Die Ellbogen sind leicht gebeugt und folgen der Bewegung des Pferdes. Von den Ellbogen bis zum Pferdemaul sollte eine ungebrochene Linie verlaufen.

Es besteht die ganze Zeit über ein leichter Kontakt (Anlehnung) zum Pferdemaul. Hier hängt der Reiter aber zu stark im Zügel, da er sich nach hinten lehnt.

Ihr Pferd bei der täglichen Arbeit wunderbar mit einer Wassertrense zurechtkommt, sich beim Springtraining im Gelände aber besser mit einem Pelham kontrollieren lässt. Oft wirkt es sich positiv aus, ein bestimmtes Gebiss nur für eine bestimmte Disziplin zu verwenden, weil das Pferd lernt, dass eine besondere Leistung von ihm erwartet wird, wenn es dieses Gebiss trägt.

Oft gilt die Devise: *Weniger ist mehr!*

Weniger Krafteinsatz, weniger Hilfszügel und mehr gefühlvolles und gutes Reiten führen zu einer besseren Partnerschaft zwischen Pferd und Reiter. Dies gilt besonders für Jungpferde, deren Maul (und Arbeitswille!) von einem übermäßig ehrgeizigen Reiter ruiniert werden können - wie

gut seine Absichten auch gewesen sein mögen. Wenn Sie die Sprache Ihres Pferdes verstehen lernen, haben Sie es einfacher, ihm Ihre Wünsche so mitzuteilen, dass es Sie versteht und kein Krafteinsatz mehr nötig ist.

Westernreiten

Das Westernreiten gestattet dem Pferd eine wesentlich freiere Selbsthaltung. Das Pferd »trägt sich selbst«, wenn seine Energie zur Versammlung konzentriert wird, fast wie eine gespannte Feder. Der Impuls geht sowohl nach oben als auch nach vorn, die Gänge des Pferdes sind leicht und erhaben, so dass sich das Reiten leicht anfühlt und das Pferd nicht schwer nach vorn auf dem Gebiss hängt. Die Zügeleinwirkung des Reiters ist geringer, er versucht eher, Richtung und Tempo durch »Fühlen« und »Vorausdenken« zu bestimmen, anstatt etwas zu erzwingen.

Versuchen Sie einmal, Ihr Pferd auf einem umzäunten Platz nur mit einer Decke auf dem Rücken und einem zu Zügeln verknoteten Strick am Halfter zu reiten. Die Decke lässt Sie weniger auf dem Pferderücken umherrutschen, trotzdem jede Bewegung spüren. Mit dem Halfter ist es Ihnen unmöglich, dem Pferd im Maul zu hängen.

Sie werden feststellen, dass dieses Reiten überraschend einfach ist und ohne Sattel merken Sie erst, wie schnell Ihr Pferd reagiert, wenn Sie die korrekten Hilfen geben. Die meisten Pferde können nur mit Gewichts- und Schenkelhilfen sowie etwas leichter Führung durch Zupfen am Strick gelenkt werden. Die meisten Reiter schaffen es auch, ihr Pferd ohne Gebiss »an den Zügel« zu reiten! So zu reiten macht großen Spaß. Jetzt, wo Sie festgestellt haben, dass man auch ohne komplizierte Gebisse, Hilfszügeln und pinkfarbene Gamaschen reiten kann, sind Sie ermutigt, an

Oben: *Auch wenn ein Pferd im Alltag gut mit der Trense zurecht kommt, ist für manche Situationen oft ein Gebisswechsel nötig.*

> **Im normalen Einsatz hat ein korrekt gebautes Pferd ohne besondere Gangfehler keinerlei Bedarf an Beinschutz.**

RICHTIGES BANDAGIEREN
Baumwoll- oder Fleecebandagen, die über ein Wattepolster angelegt werden, bieten guten Schutz zur Stützfunktion für die Beine. Poloponys werden so bandagiert.

einer Verbesserung Ihrer Technik zu arbeiten.

Fazit: Geben Sie Ihrem Pferd einen Vertrauensvorschuss und gehen Sie davon aus, dass es die Hilfszügel nicht braucht. Selbst wenn sich herausstellt, dass dies nicht der Fall ist, fragen Sie noch einen Reitlehrer um seine Meinung.

Größen- und Gewichtsverhältnisse

Körpergröße und -bau von Reiter und Pferd spielen eine wichtige Rolle in der Kommunikation zwischen beiden. Auch wenn ein guter Reiter seine Absichten einem Pferd oder Pony jeder Größe mitteilen kann, müssen Intensität und Häufigkeit der Hilfen jedoch oft von Pferd zu Pferd verschieden sein.

Ich persönlich reite gerne große, starkknochige Pferde. Auf ihnen fühle ich mich sicher und genieße das Gefühl, trotz meiner gerade einmal 50 Kilo die Kraft eines so großen Tieres unter mir kontrollieren zu können. Andererseits bin ich auf ihnen aber auch eine Art mitreisender Passagier - wenn ich mein Gewicht leicht verlagere oder meine Schenkelposition verändere, hat dies geringere Auswirkungen als bei einem leichter gebauten Pferd. Bei schnellen Geländeritten, wie z.B. in der Vielseitigkeit, ist dies durchaus von Vorteil, da ich mein Pferd beim Versuch, im Sattel zu bleiben, nicht so schnell durch ungewollt gegebene Hilfen verwirren kann.

Wenn ich feiner gebaute Pferde oder Ponys reite, besteht das Vergnügen in der Präzision, mit der ich die Bewegungen meines Reittieres über

meinen Körper beeinflussen kann. Schon eine einfache Schulterdrehung oder ein tieferes Einsitzen in den Sattel kann eine Änderung von Richtung oder Geschwindigkeit bewirken, während bei einem weniger sensiblen Pferd hierzu deutlichere Zügel- und Schenkelhilfen erforderlich sind. Sicher gibt es auch empfindsame großrahmige Pferde, aber in der Regel lassen sich Pferde mit höherem Vollblutanteil leichter durch die Hilfen des Reiters beeinflussen - und zwar sowohl im Guten wie auch im Schlechten. Dies hängt sicher auch mit dem Temperament dieser Pferde zusammen, die stärker auf Reize aus ihrer Umgebung reagieren.

Bandagen: Pro und Contra

Bandagen und andere Produkte zum Schutz der Pferdebeine wie Gamaschen, Sehnenschoner, Streichkappen, Springglocken etc. haben ihre Berechtigung in der Sattelkammer für den Einsatz bei besonderen Anforderungen oder Pferden, die sich gelegentlich durch Greifen oder Streichen selbst verletzen. Meiner Meinung nach werden sie aber im Alltag häufig unnötig eingesetzt, weil viele Reiter entweder nur auf das Aussehen achten oder sich um ihr Pferd in übertriebener Weise sorgen. Das unnötige Anlegen eines Beinschutzes mit Stützwirkung schafft sogar eine regelrechte Abhängigkeit und bewirkt langfristig eine Schwächung der Muskeln und Sehnen, die ständig durch die Bandage gestützt werden und sich folglich nicht so stark festigen, wie es ohne Bandage der Fall wäre. Dann ist es in der Tat riskant, ein so an die Bandagen gewöhntes Pferd einmal ohne Beinschutz zu reiten.

Ein weiteres Problem ist das warme und sauerstoffarme Klima unter der Bandage, das schädlichen Bakterien idealen Nährboden bieten kann. Benutzen Sie deshalb möglichst atmungsaktive Materialien und nehmen Sie den Beinschutz so schnell wie möglich wieder ab.

Im normalen Einsatz hat ein korrekt gebautes Pferd ohne besondere Gangfehler keinerlei Bedarf an Beinschutz. Poloponys oder Militarypferde benötigen aber besonderen Schutz vor

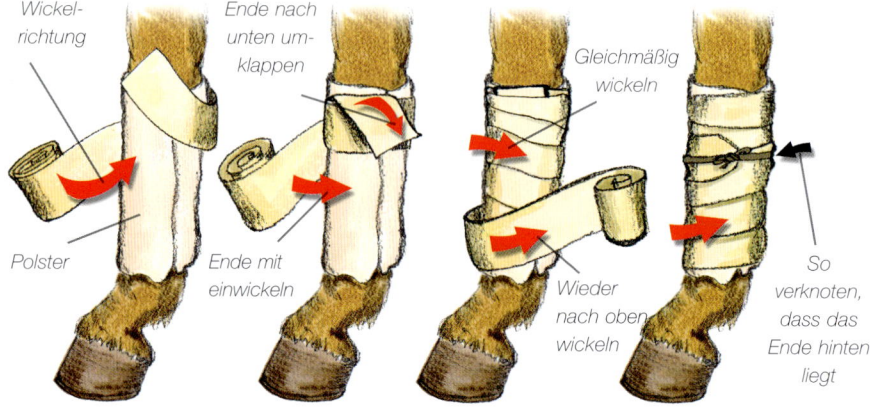

Wickelrichtung

Ende nach unten umklappen

Gleichmäßig wickeln

Polster

Ende mit einwickeln

Wieder nach oben wickeln

So verknoten, dass das Ende hinten liegt

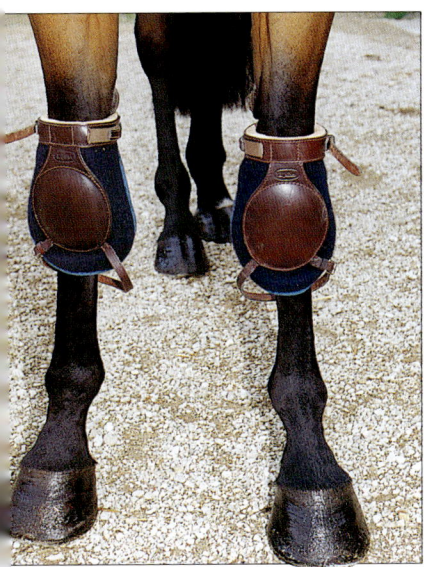

🐎 **Oben:** »Knieschoner« für die Vorder-fußwurzelgelenke sind allenfalls bei jungen, unausbalancierten und evtl. bei Fahrpferden, die viel auf Straßen arbeiten, nützlich.

🐎 **Oben:** Sehnenschoner stützen Bänder und Sehnen; Sprungglocken sind sinnvoll bei Pferden, die sich mit den Hintereisen in die Ballen der Vorderhufe treten.

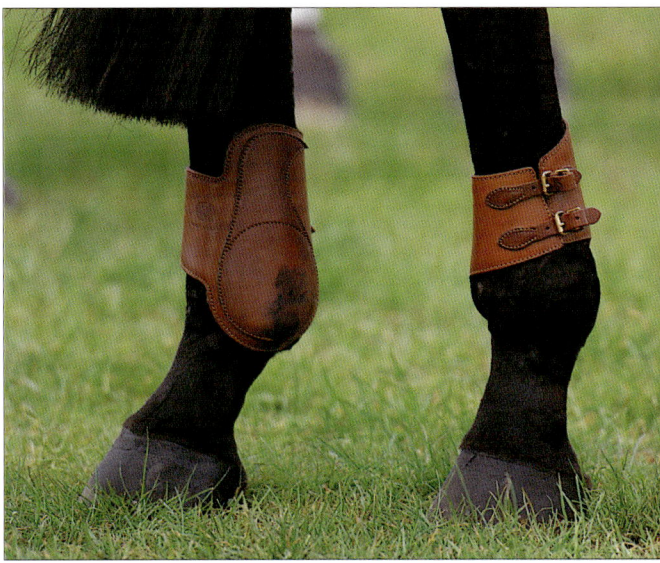

🐎 **Oben:** Streichkappen sind sinnvoll bei Pferden, deren Hinterglidmaßen sich in der Bewegung berühren (»streichen«). Bedenken Sie immer, dass ein gut gebautes und richtig auf seine Aufgabe vorbereitetes Pferd nur selten einen Beinschutz benötigt.

Schlägen oder Abschürfungen, wie sie bei diesen Sportarten vorkommen können. Bei Jungpferden, die ihre Bewegung unter dem Reiter noch nicht richtig koordinieren, können Bandagen oder Knieschoner hilfreich sein, um Verletzungen zu vermeiden.

Sofern ein Pferd richtig geritten wird und für seine Aufgabe fit ist, sind meistens keine Bandagen erforderlich.

DIE RICHTIGE PFERDEDECKE

Pferde haben einen sehr effektiven Schutzmechanismus vor Wetterbedingungen, indem sie ihre Fellhaare flach anlegen oder aufstellen können, um dazwischen eine isolierende Luftschicht festzuhalten. Am liebsten sehe ich es, wenn Pferde und Ponys aller Rassen ganzjährig ohne Decke gehalten werden können - vorausgesetzt, sie haben geeigneten Wetterschutz und die Möglichkeit, ein dichtes Winterfell zu entwickeln. Viele Besitzer könnten ihren Pferden mit dem Weglassen der Decken einen Gefallen tun - ich kenne einige, die übergewichtige Tiere eindecken und dann versuchen, mit Kürzung der Futterration

🐎 **Oben:** Bandagen gehören zur Standardausrüstung auf dem Dressurplatz, weil sie die Bewegung des Pferdes optisch hervorheben. Die meisten Pferde bräuchten sie nicht wirklich.

Unten: *Auch wenn moderne Decken gut geschnitten sind, passen manche nur gut, wenn das Pferd den Kopf oben hat und zwängen die Luftröhre ein, sobald es den Kopf zum Grasen senkt. Zum Ausgleich muss der obere Brustverschluss um einiges lockerer geschnallt werden als der untere.*

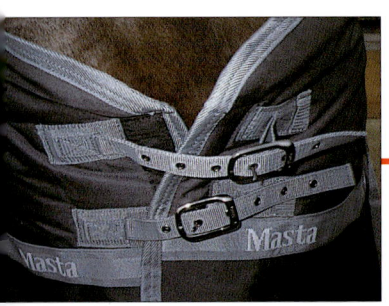

PASST DIE DECKE?

Decken müssen nicht nur die richtige Rückenlänge, sondern auch einen passenden Halsausschnitt haben, damit sie nicht verrutschen. Wenn die Decke zu klein ist, behindert sie die Bewegung der Schultern; ist sie zu groß, rutscht sie insgesamt zurück und scheuert am Widerrist. Beinschlaufen und unter dem Bauch durchgeführte Kreuzgurte müssen so verschnallt sein, dass etwa eine Handbreit Spielraum ist.

gegen die Pfunde anzugehen. Lassen Sie lieber die Decke weg, damit das Pferd seine Körperwärme aus der Energie von Futter und Körperfett erzeugt - so, wie die Natur es vorgesehen hat!

Die meisten Pferde kommen auch im Winter gut draußen zurecht, aber lang anhaltendes nasskaltes oder extrem kaltes Wetter kann Frieren und Gewichtsverlust verursachen, was wir den Pferden in unserer Obhut ersparen sollten.

Sehr dünnhäutige oder empfindliche Pferde müssen gegebenenfalls auch bei Hitze vor stechenden Insekten geschützt werden, da ansonsten Sommerekzem oder andere allergische Hautreaktionen entstehen können. Wenn Sie einmal den Temperaturunterschied auf dem Fell eines

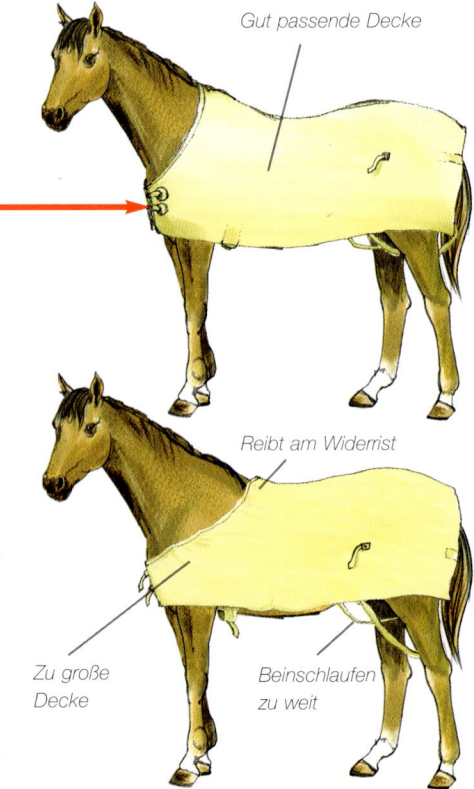

Gut passende Decke

Zu große Decke

Reibt am Widerrist

Beinschlaufen zu weit

> **Wenn Sie schon einmal den Temperaturunterschied auf dem Fell eines Schimmels und dem eines Rappen bei Sonne gefühlt haben, wissen Sie den Vorteil einer leichten, hellen Baumwolldecke für ein dunkles Pferd zu schätzen.**

Schimmels und dem eines Rappen bei Sonne gefühlt haben, wissen Sie den Vorteil einer leichten, hellen Baumwolldecke für ein dunkles Pferd zu schätzen. Die meisten Pferde brauchen also irgendwann im Jahr einmal eine Decke - sei es gegen Kälte, Hitze, Fliegen oder zum Sauberbleiben vor einem Wettkampf.

Wägen Sie beim Kauf einer Decke nach den folgenden Kriterien ab, anstatt sich von der Mode oder einem Sonderangebot locken zu lassen, bei dem sie eventuell an der falschen Stelle sparen.

Rasse/Typ Hiervon hängt das Gewicht der Decke ab.

Einsatz Stall, Weide, oder beides - entsprechend muss das Material beschaffen sein. Heute gibt es hervorragende Decken aus wasserdichtem und atmungsaktivem Material, die man für alle Zwecke verwenden kann.

Ruhiges Pferd oder Randalierer So manche schöne Decke war schon nach wenigen Tagen ruiniert! Wenn Ihr Pferd eher zur zerstörerischen Sorte gehört, ist es vielleicht besser, zwei billigere Decken zu kaufen. Dann ist Ihr Schmerz nicht so groß, wenn es schon bald so aussieht, als wären die Motten darin gewesen!

Wetter Bei Haltung im Freien benötigen Sie zwei Weidedecken, damit eine vom Regen durchweichte stets in Ruhe trocknen kann. Nach der Arbeit tut eine leichte Abschwitzdecke gute Dienste, die ein gleichmäßiges Trocknen und Verdunsten des Schweißes ermöglicht und so eine Erkältung des Pferdes verhindert.

Hohe Luftfeuchtigkeit Unter ständiger ho-

her Luftfeuchtigkeit können Pferde, die besser Kälte als heißes und schwüles Wetter vertragen, sehr leiden. Bei hoher Luftfeuchtigkeit ist es manchmal besser, die Pferde tagsüber im Stall zu lassen und nachts auf die Weide zu bringen.

So passt die Decke

Die Rückenlänge wird ermittelt, indem man vom Widerrist bis zum Schweifansatz misst. Wichtig ist, dass die Decke richtig sitzt und nicht rutscht - auch nicht beim Liegen oder Wälzen. Pferde fressen vom Boden - verschnallen Sie den Brustverschluss deshalb nicht, wenn das Pferd den Kopf oben hat. In fast allen Fällen muss der obere Brustverschluss viel weiter geschnallt sein als der untere, damit das Pferd den Kopf zum Grasen senken kann, ohne dass der obere Verschluss sich spannt und Luft- und Speiseröhre quetscht.

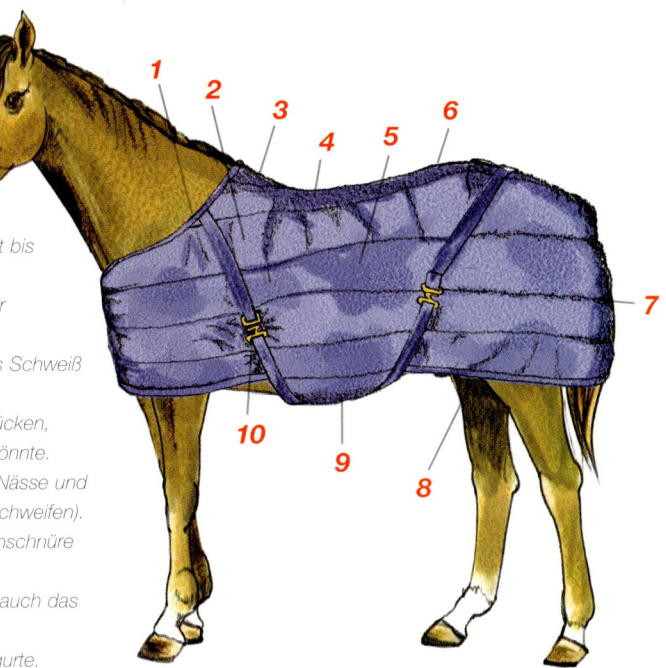

1 Passender Halsausschnitt.
2 Gehfalten im Schulterbereich ermöglichen mehr Bewegungsfreiheit.
3 Richtige Länge vom Widerrist bis zum Schweifansatz.
4 Abnäher auf dem Rücken zur besseren Formgebung.
5 Atmungsaktives Material, das Schweiß nach außen leitet.
6 Keine Längsnaht auf dem Rücken, durch die Wasser eindringen könnte.
7 Schweiflatz zum Schutz vor Nässe und Zugluft (bes. bei verzogenen Schweifen).
8 Übereinander verkreuzte Beinschnüre sorgen für besseren Halt.
9 Seitenteile so lang, dass sie auch das liegende Pferd noch schützen.
10 Verstellbare, sichere Kreuzgurte.

WORAUF ACHTEN?

Typ und Stärke des Materials müssen zum Pferd, zum Klima und zum Einsatzzweck (Stall oder Weide) passen. Die »Pferdegarderobe« kann umfangreich sein, wenn Sie eine Sommerdecke, eine Abschwitzdecke, eine wärmende Stalldecke, eine wasserdichte Weidedecke und noch eine Nierendecke für das Training an kalten Tagen verwenden.

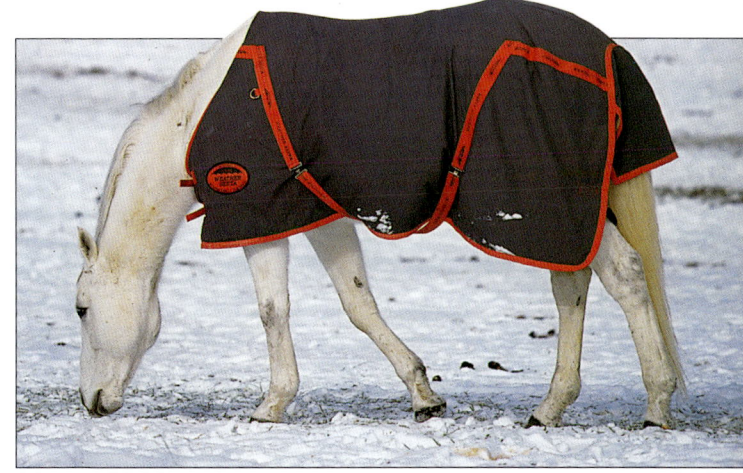

SCHEREN - EINE GUTE IDEE?

Die meisten Pferde bekommen im Winter ein längeres, dichteres Fell, das gut isoliert, sie bei Arbeit aber auch zum Schwitzen bringt. Dies wiederum bewirkt ein Gefühl von Unbehaglichkeit und eventuell Konditionsverlust. Damit

Oben links und rechts: Pferde vertragen Minusgrade problemlos, besonders, wenn sie, wie links, ein gutes Winterfell haben. Anhaltend nasskaltes Wetter bekommt ihnen jedoch schlecht. Nach einer plötzlichen Regenschauer oder nach dem Reiten, wenn das Pferd geschwitzt hat, ist ein Frieren am wahrscheinlichsten. Bei älteren und schwerfuttrigen Pferden hilft eine Decke, Gewichtsverluste zu vermeiden.

🐎 **Hals- und Brustschur:** *Ideal für Pferde in Weide-haltung, die beim Reiten schwitzen. Ich persönlich führe die Schurlinie **nicht** unter dem Bauch entlang weiter, da die Decke hier keinen Schutz bietet.*

🐎 **Strichschur:** *Eine nützliche Schur, bei der die Schutzfunktion des Fells teilweise erhalten bleibt und nur Stellen mit stärkerer Schweißbil-dung geschoren werden.*

🐎 **Jagdschur:** *Ähnelt der Strichschur, aber zusätzlich wird auch der Kopf geschoren. Das sieht zwar besser aus, ist aber nicht optimal für das Pferd.*

SCHUREN

Eine Schur sieht gut aus, er-leichtert das Putzen und ist wohltuend für hart arbeitende Pferde, die viel schwitzen. Wenn Sie nur ein- oder zweimal pro Woche reiten, ist es aber bes-ser, das Haar in Ruhe zu lassen.

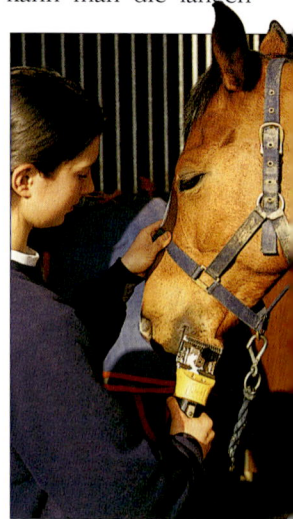

🐎 **Oben:** *Beim Scheren brauchen Sie einen Helfer, der die Beine nach vorn zieht, um Hautfalten an Stellen wie den Ellbogen zu glätten. Bei einem unruhigen Pferd hilft es oft, ein Vorder-bein hochzunehmen, damit es ruhig steht. Wechseln Sie das Bein aber oft, damit das Pferd nicht ermüdet.*

das Pferd sich wohler fühlt, kann es deshalb ge-schoren werden. Wenn die Art der Schur zur Nutzung des Pferdes passt, sollte es keine weiteren Probleme geben.

Sommerschur

Manche Pferde verlieren ihr Winterfell nicht gut oder haben das ganze Jahr über einen dicken Pelz. Für sie ist es besser, im Sommer geschoren zu werden. Als Besitzer sollten Sie sich immer fragen, was dem Pferd zu mehr Wohlbefinden verhilft, anstatt sich nach dem zu richten, was die anderen tun.

Nicht scheren sollte man alle Pferde und Ponys, die nur wenige Male pro Woche oder je-weils nur kurz geritten werden. Es ist besser, ein paar Stunden pro Woche zu schwitzen, als während der übrigen 166 Stunden zu frieren!

Hals- und Brustschur Geeignet für die meisten Pferde und Ponys, die im Freien leben, beim Reiten aber schwitzen

Irische Schur Bei dieser Schur wird ein Streifen entlang der Halsunterseite, Bauch und Flanken geschoren - die Stellen mit der meisten Schweißbildung. An Beinen und Rücken bleibt das Haar stehen, bei kühlem Wetter muss das Pferd aber eingedeckt werden.

Deckenschur, Jagdschur Das Haar wird bis auf einen decken- oder sattelförmigen Rest auf dem Rücken geschoren. An Kopf und Beinen kann das Haar geschoren oder stehen gelassen werden. So geschorene Pferde müssen bei kühlem Wetter eingedeckt werden.

Ganzschur Das gesamte Haar vom Kopf bis zu den Hufen wird entfernt. Diese Schur eignet sich nur für Pferde, die sehr hart arbeiten und in heißem Klima. Wenn ich Pferde im Sommer schere, schere ich am Unterkiefer (und lasse das Haar im Gesicht stehen), den gesamten Körper und entferne von den Beinen nur die langen Haare und den Fesselbehang.

Ich bin gegen ein Scheren des Kopfes, da die Haut hier sehr dünn ist. Da Pferde am Kopf nicht schwitzen, ist es auch völlig überflüssig. Des guten Aussehens halber kann man die langen Barthaare unter dem Kinn abschneiden, ohne den gesamten Kopf zu scheren. Bei

🐎 **Rechts:** *Das Entfer-nen der Tasthaare ums Maul herum gibt dem Kopf zwar eine schönere Kontur, nimmt dem Pferd aber einen wichtigen Teil seines Tastsinnes. Falls Ihr Pferd vor dem Geräusch der Schermaschine Angst hat, ist es manchmal besser, auf eine stumpfe Schere zurückzugreifen.*

Irische Schur: Eine ebenfalls sinnvolle Schur, bei der das Haar nur von Körperstellen mit starker Schweißbildung entfernt wird.

Deckenschur: Gut aussehend und nützlich für stark arbeitende Pferde oder Pferde mit Stehmähnen.

Hunterschur: Das gesamte Körperhaar bis auf einen sattelförmigen Rest wird weggeschoren.

> ❝ Fragen Sie sich stets, was dem Pferd gut tut, anstatt sich nach dem zu richten, was die anderen tun. ❞

höher gezüchteten Pferden empfehle ich auch, die Beine nicht zu scheren, da man ansonsten den wertvollen natürlichen Schutz vor Verletzungen und Hautirritationen entfernt.

Bei Pferden mit wenig Fesselbehang (nur der sog. »Kötenzopf«) ist es besser, diesen im Winter stehenzulassen, da er das Wasser von der empfindlichen Fesselbeuge ableitet. Bei Pferden mit sehr starkem und langem Fesselbehang, die häufig Nässe und Schlamm ausgesetzt sind, finde ich das Scheren jedoch angebracht, da sich Schmutz und Feuchtigkeit so in den Haaren festsetzen, dass die Haut nie richtig trocken wird und Bakterien sich rasant vermehren - unter anderem solche, die Mauke verursachen. Einmal geschoren, kann Luft an die Haut, die dann schnell trocknet.

Ohren und Tasthaare

Während der Turniersaison schneide ich die längeren Tasthaare ums Maul herum ab. (Nicht empfehlenswert, da das Pferd so einen wichtigen Teil seines Tastsinnes verliert! Anm. d. Übers.) Man kann die Haare außen an der Ohrkontur entlang vorsichtig in Form schneiden, darf aber nie die Haare im Inneren des Ohres antasten, da das Risiko, dass beim Scheren ein Haar ins Ohr-

innere fällt, viel zu groß ist. (Außerdem ist die Behaarung im Ohr ein wichtiger natürlicher Schutz vor Schmutz und Insekten, Anm.d.Übers.)

BESCHLAGEN ODER NICHT?

Genau wie bei der Wahl der Ausrüstung hängt

Unten: Die regelmäßige Betreuung durch einen kompetenten Hufschmied stellt sicher, dass die Hufe stets in gutem Zustand bleiben. Viele Freizeitpferde können ohne Beschlag auskommen.

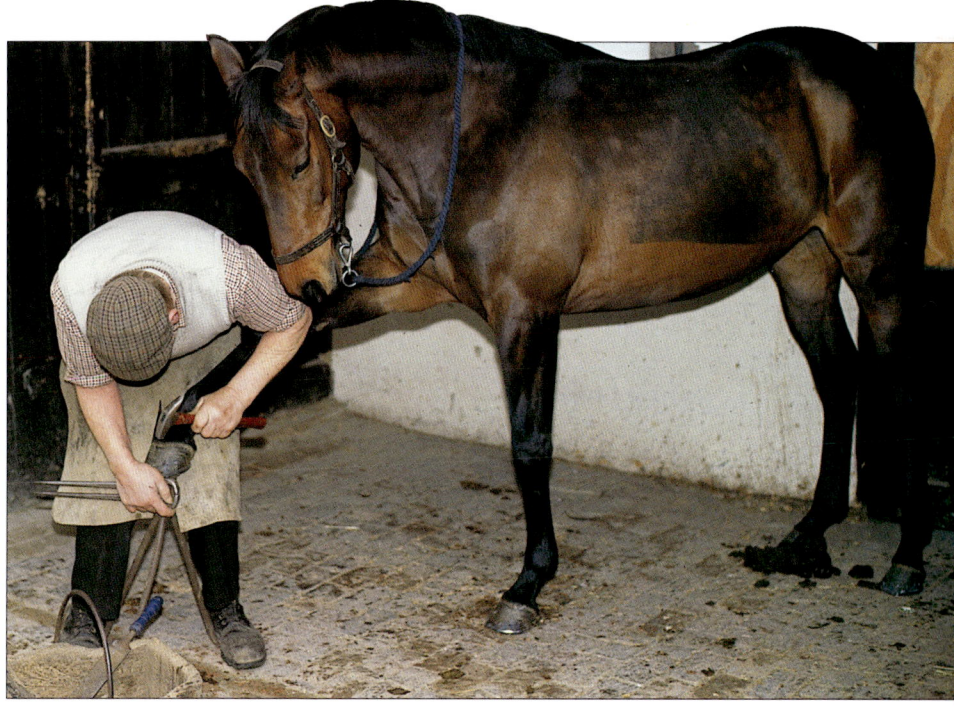

auch bei dieser Frage viel vom Gruppenzwang, aber auch von den geographischen Gegebenheiten ab. Ob das Pferd einen Hufschutz benötigt oder nicht, hängt ab von:

> **❝ Orthopädische Beschläge helfen bei Fehlstellungen, Krankheiten oder Altersproblemen, die anderenfalls Schmerzen und Unbrauchbarkeit des Pferdes nach sich ziehen würden. ❞**

❑ Körperbau, Gliedmaßenstellung und Hornstruktur

❑ Nutzung des Pferdes

❑ Bodenbeschaffenheit

❑ Der Möglichkeit des schmerzfreien Laufens ohne Beschlag

Man kann den Huf sehr grob mit einem Finger- oder Zehennagel vergleichen. Wenn wir unsere Fingerspitze über einen schmirgelnden Untergrund ziehen müssten, würde der Nagel die empfindliche Fingerkuppe schützen und wir würden kaum etwas spüren. Sobald der Nagel aber gerissen oder zu kurz geworden ist, muss die Fingerkuppe oder Zehenspitze die Belastung des rauen Untergrundes ertragen und wird vermutlich wund. Mit der Zeit würden sich Abnutzung und Nachwachsen des Hornes aneinander angleichen und unsere Haut würde dicker und schwieliger (vergleiche die Hornhautbildung beim Barfußgehen), so dass wir auch mit den verschiedensten Untergründen zurecht kämen.

Wildpferde kommen bestens ohne Hufeisen auf allem möglichen Untergrund zurecht. Ihr aktives Leben unterstützt die Schaffung eines Gleichgewichtes zwischen Abrieb und Nachwachsen des Hufhorns. Der Druck auf Sohle und Strahl durch den direkten Bodenkontakt sorgt für eine gute Durchblutung des Hufes und damit besseres Hornwachstum. Gleichmäßige Klimabedingungen, seien sie heiß und trocken oder nass und kalt, sorgen auch für einen gleichmäßigeren Wassergehalt des Hufes als beim Hauspferd, das ständig zwischen nassen Wiesen und trockener, saugender Einstreu wechselt. All diese Faktoren sind neben der Ernährung für die Bildung guten, gesunden Hufhorns verantwortlich.

Wir beschneiden und beschlagen die Hufe unserer Pferde in erster Linie deshalb, um ihnen ein gesundes und komfortables Laufen zu ermöglichen. Sie müssen auf den verschiedensten Untergründen von Gras über Sand bis zu Beton zurechtkommen und starke Belastungen der Gliedmaßen aushalten, z.B. durch das Reitergewicht oder beim Springen. Es wäre sicher ungewöhnlich (aber nicht unmöglich), dass auch ein Fahrpferd, das weite Strecken auf Asphalt zurücklegt, ohne Hufschutz zurechtkommt.

Leider missbrauchen manche Menschen den Beschlag auch dazu, mittels Gewichten und Einlagen die natürliche Bewegung des Pferdes zu manipulieren. Diese Praxis kann sich nur negativ auf die Gesundheit auswirken und sollte meiner

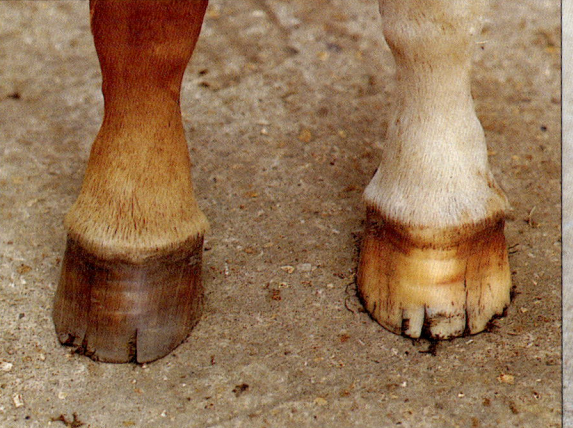

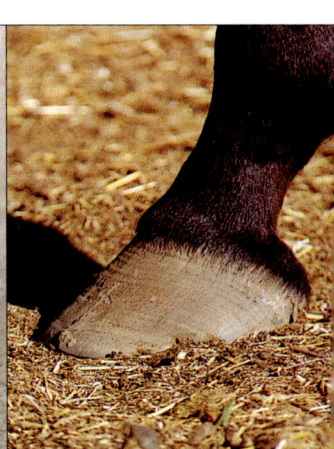

🐎 **Oben:** *Dieser Huf ist viel zu lang gewachsen. Der spitze Winkel der langen Zehenwand belastet die tiefe Beugesehne über Gebühr und führt zum Stolpern.*

🐎 **Oben:** *Diese Hufe sind mit zahlreichen Rissen und Spalten von der Zehe bis zum Kronrand in schlechtem Zustand. Nach dem sorgfältigen Beraspeln müssen auch die Risse besonders versorgt werden. Gutes Futter unterstützt das Nachwachsen gesunden Horns.*

🐎 **Oben:** *Dieses Pony hat einen kompakten, gut beschlagenen Huf; das Eisen ist im hinteren Teil aber etwas zu eng. Die steile Hufform könnte irgendwann zum Problem werden.*

🐎 **Oben:** *Ein Huf mit langer Zehe und untergeschobenen Trachten. Wenn das Pferd belastet werden soll, besteht dringender Korrekturbedarf.*

Ansicht nach verboten werden.

Wichtig ist, dass die Hufe unserer Pferde in regelmäßigen Abständen von einem qualifizierten Hufschmied betreut werden, um ihr Leben lang gesund und schmerzfrei zu bleiben. Orthopädische Beschläge helfen bei Fehlstellungen, Krankheiten oder Altersproblemen, die anderenfalls Schmerzen und Unbrauchbarkeit des Pferdes nach sich ziehen würden. Genauso ist es aber auch bei vielen Pferden möglich, sie unbeschlagen laufen zu lassen und trotzdem auf jedem Untergrund leistungsfähig zu erhalten. In vielen Ländern, darunter Argentinien, Südafrika und manchen Teilen der USA, werden unbeschlagene Pferde verschiedenster Rassen über ein unwegsames, felsiges Gelände geritten, das einem Mitteleuropäer blankes Entsetzen bescheren würde! Leider ist es bei uns immer noch häufig so, dass man den Besitzern unbeschlagener Pferde eher mangelnde Sorgfalt unterstellt, anstatt sie für ihre natürliche Haltung zu loben.

Vielleicht sind auch nur an den Vorderhufen

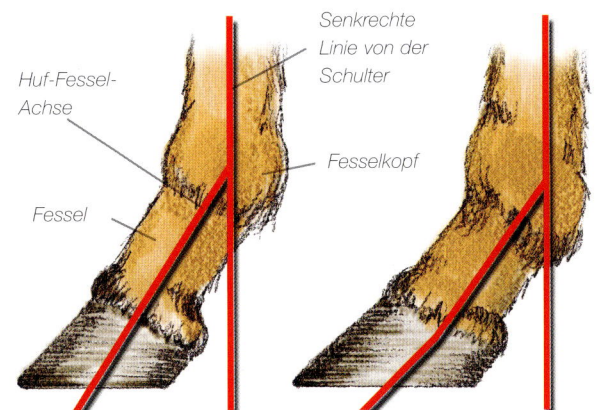

Korrekte Huf-Fessel-Achse   Nach hinten gebrochen   Nach vorn gebrochen

Eisen nötig, damit das Pferd sich wohl fühlt. Ihr Hufschmied kann Sie auch zu Alternativen wie Klebeschuhen, anschnallbaren Hufschuhen und ähnlichem beraten. In der Frage des Hufschutzes gibt es kein Richtig und kein Falsch, sondern nur die Überlegung und Abwägung, was für das individuelle Pferd das Beste sein wird.

Die besten Kandidaten für das unbeschlagene Laufen sind Jungpferde oder Pferde, die längere Zeit nicht beschlagen waren (z.B. über den Winter oder während einer Verletzungspause). Die Hufwand eines Pferdes, das ständig beschlagen war, ist zunächst durch Nagellöcher geschwächt - bedenken Sie dies, bevor Sie die Eisen abnehmen lassen. Aller Voraussicht nach macht das Pferd eine eher unangenehme Übergangsphase durch, bis sich Hufwände, Sohle und Strahl wieder gefestigt haben. Während dieser Zeit muss die Nutzung des Pferdes entsprechend angepasst werden.

Draußen gehaltene Pferde, die Klima- und Futterumstellungen allmählich miterleben, haben in der Regel weniger Hufprobleme als Stallpferde, für die aber ein unbeschlagenes Laufen auch nicht prinzipiell ausgeschlossen werden sollte. »Natürliche« Hufpflege heißt natürlich auf gar keinen Fall Vernachlässigung! Vor- und Nachteile des unbeschlagenen Laufens müssen sorgfältig gegeneinander abgewogen werden, bevor man eine Entscheidung fällt.

RICHTIGE/FALSCHE HUF-FESSEL-ACHSE
Um durch Fehlstellungen oder Verletzungen verursachte Schwachstellen am Huf auszubalancieren, ist unbedingt die regelmäßige Arbeit eines kompetenten Fachmannes nötig. Der Verlauf der Huf-Fessel-Achse wirkt sich gravierend auf die Belastungsverhältnisse der Gliedmaße beim Auffußen aus. Wenn der Huf zu spitz und die Achse nach hinten gebrochen ist, drohen Sehnenprobleme und zerstörte Trachten; wenn der Huf zu steil steht, sind oft durch die schlechte Stoßdämpfung verursachte Probleme die Folge.

Links: *Viele »traditionelle« Reiter können sich kaum ein Reitpferd ohne Hufeisen vorstellen und bringen einen unbeschlagenen Huf mit mangelnder Pflege in Verbindung. Wer schon einmal in Ländern wie Argentinien, Südafrika oder den USA geritten ist, stellt fest, dass unbeschlagene Pferde auch prima mit felsigem Gelände zurechtkommen, auf das sich andere Reiter auch mit beschlagenem Pferd niemals wagen würden.*

Labels on figure: Huf-Fessel-Achse, Fessel, Senkrechte Linie von der Schulter, Fesselkopf

KAPITEL 7

Natürliche Pferdefütterung

In den vergangenen Jahren hat sich die Zahl der Futterprodukte für Freizeit- und Sportpferde explosionsartig erhöht und es scheint fast, dass man einen Universitätsabschluss in Fütterungskunde braucht, um den Nutzen all dieser neuentwickelten Substanzen und Zusätze zu verstehen. Heute eröffnen sich in der Tat ganz eigene und lukrative Berufsfelder in der Futtermittelindustrie: neue Ernährungsformeln werden ermittelt und ihr Nutzen den Pferdebesitzern nahe gelegt.

Sicher sind heute einige hervorragende Futtermittel auf dem Markt erhältlich, aber müssen wir uns das Leben wirklich so schwer machen? Insbesondere, wenn man bedenkt, dass Pferde selbst nach tausenden von Jahren der Domestikation immer noch darauf eingerichtet sind, sich in erster Linie von Gras zu ernähren? Ein erfolgreiches Fütterungsmanagement steht und fällt mit dem Erkennen des Nährstoffbedarfes, des natürlichen Fressverhaltens und dem Know-how, wie man die aus beiden Punkten erwachsenden Anforderungen am besten erfüllt.

Oben: Auch nach jahrtausendelanger Domestikation ist Gras immer noch die Nahrungsgrundlage von Pferden.

Rechts: Der Schlüssel zur erfolgreichen Fütterung ist eine gute Raufuttergrundlage, ergänzt durch ein genau an die Bedürfnisse des einzelnen Pferdes angepasstes Zusatzfutter.

Unten: *Wenn Pferde neben Gras auch andere Pflanzen und Kräuter zur Verfügung haben, wirkt sich dies sehr positiv aus. Wann immer es möglich ist, sollten bei der Anlage von Weiden artenreiche und ungiftige Wildhecken so integriert werden, dass die Pferde Zugang zu ihnen haben.*

Oben: *Pferde fressen fast ständig, aber immer nur wenig auf einmal und sind dabei stets in Bewegung. Es ist für sie unnatürlich, eine große Portion zu fressen und dann stundenlang stillzustehen.*

Heutzutage betrachtet man Gras häufig als den Auslöser von Hufrehe, auch Koliken hängen oft ursächlich mit Grasverzehr zusammen. Dabei wird aber schnell vergessen, dass Pferde mit ganzjährigem Zugang zu Gras von mittlerer Qualität und Quantität nur selten derlei Probleme haben - im Gegensatz zu denen, die auf fetten, rasenähnlichen Weiden grasen. Viele Pferde- und Ponyrassen, die besonders anfällig für Hufrehe sind, stammen ursprünglich aus Gebieten mit spärlichem Graswuchs und hartstängeligen Kräutern. Sie verloren über den Winter hinweg eine Menge Körpergewicht; und wenn sie im Frühjahr ihre Nahrung wieder mit frischen Pflanzen aufbessern konnten, fand der Übergang allmählich statt.

Verschiedener Energiebedarf

Man muss allerdings auch berücksichtigen, dass viele Pferde auf der Grundlage von Gras alleine es nie zu ihren persönlichen Bestleistungen bringen. Ein Pferd, das an einer drei Tage dauernden Vielseitigkeitsprüfung teilnimmt, verbraucht etwa 160 Megajoule (MJ) verfügbarer Energie (s.a. S. 154). Wollte man diesen Bedarf allein aus Gras oder Heu abdecken, müsste man mindestens 20 kg davon täglich füttern - eine Menge, die ein Pferd kaum schaffen kann. Mit Hilfe von Getreide und Öl kann diese Energie auch aus leichter verzehrbarer Kost gewonnen werden. Die Veranlagung einiger Pferderassen, die Anforderungen der Domestikation und die Leistung, die wir von unseren Pferden erwarten, macht eine »verbesserte« Ernährung nötig. Außerdem möchten wir auch über das gesamte, 20-30 Jahre dauernde Pferdeleben einen möglichst gleichmäßigen Standard von Gewicht, Gesundheit und Fitness aufrecht erhalten - länger, als ein Wildpferd je bei Gesundheit bleiben könnte.

> **❝** Auch nach tausenden von Jahren der Domestikation sind Pferde immer noch darauf eingerichtet, in erster Linie Gras zu fressen. **❞**

In diesem Kapitel möchte ich eine meiner Meinung nach ausgewogene Darstellung davon vermitteln, was zur Verfügung steht und wie wir Futterrationen zusammenstellen können, die zwei Forderungen erfüllen: den Nährstoffbedarf zur Sicherung von Leistung und Erhalt des Körpergewichtes abdecken und gleichzeitig dem psychologischen Bedürfnis des Pferdes Rechnung tragen, wenig, aber häufig zu fressen.

Auch wenn Pferde neben dem Fressen umherwandern, sich hinlegen, einfach stillstehen oder Kontakte zu Artgenossen pflegen, sind sie doch 14-16 Stunden des Tages mit Nahrungsaufnahme beschäftigt. Spätestens nach ein paar Stunden haben sie wieder das Bedürfnis, zu fressen. Wildpferde schnappen oft im Vorübergehen nach Zweigen und Pflanzen, und auch unsere Hauspferde fühlen sich nicht wohl, wenn sie über längere Zeit leere Mägen haben.

Alle Equiden brauchen eine ausgewogene Nahrung, die Wasser, Rohfaser, Protein, Fette, Stärke, Zucker, Vitamine und Mineralien enthält, um alle lebenserhaltenden Körperfunktionen in Gang zu halten, Gewebe aufzufüllen und zu ersetzen, die Körpertemperatur aufrecht zu erhalten und genügend Energie für Blutkreislauf, Verdauung und Bewegung zur Verfügung zu haben.

ANATOMIE DES VERDAUUNGSSYSTEMS

Um die Nahrungsanforderungen des Pferdes zu verstehen, ist es nützlich, sich eine Vorstellung von seinem Verdauungssystem und den dort ablaufenden Prozessen zu machen. Der gesamte Verdauungstrakt eines erwachsenen Pferdes ist etwa 30 Meter lang und in der Bauchhöhle gefaltet. Der Magen eines erwachsenen Pferdes ist ungefähr so groß wie ein Fußball - das sind nur 10% des Verdauungsapparates und wenig im Vergleich zum Dünndarm (30%) und Dickdarm (60%). Der Magen eines

Menschen macht dagegen 30% seines Verdauungssystems aus, beim Hund sind es sogar 60%.

Die Futterpassage durch das Verdauungssystem geschieht sehr schnell; es bewegt sich mit einer Geschwindigkeit von 30 cm pro Minute durch den Darm. Im Dünndarm nicht verdautes Futter wird innerhalb von zwei bis vier Stunden an den Blinddarm (Caecum) und das Kolon (Abschnitt des Dickdarms) weitergegeben. Egal, was das Pferd gefressen hat - ob Gras, Kraftfutter, Heu oder eine Kombination von alledem - alles wird gleich verarbeitet. Das Verdauungssystem spaltet die chemischen Komponenten auf und trennt sie in Substanzen, die in Kombination mit Sauerstoff Energie erzeugen. Enzyme und Bakterien spalten das Futter in Nährstoffe auf, die vom Körper absorbiert werden; unverdauliches Material wandert in den Mastdarm und wird ausgeschieden.

Der Magen-Darm-Trakt des Pferdes hat sich in tausenden von Jahren der Evolution nicht verändert und ist immer noch darauf ausgerichtet, in erster Linie Raufutter zu verarbeiten. Am wenigsten Probleme treten deshalb auf, wenn der Großteil der Nahrung aus Gras, Kräutern oder Heu besteht. Die schwerwiegendsten ernährungsbedingten Probleme beim erwachsenen Pferd sind Koliken und Hufrehe. Hufrehe ist ein entzündlicher Vorgang im Huf, der eine schwere Lahmheit hervorruft. Die Erkrankung hat verschiedene Ursachen, einer der Hauptauslöser

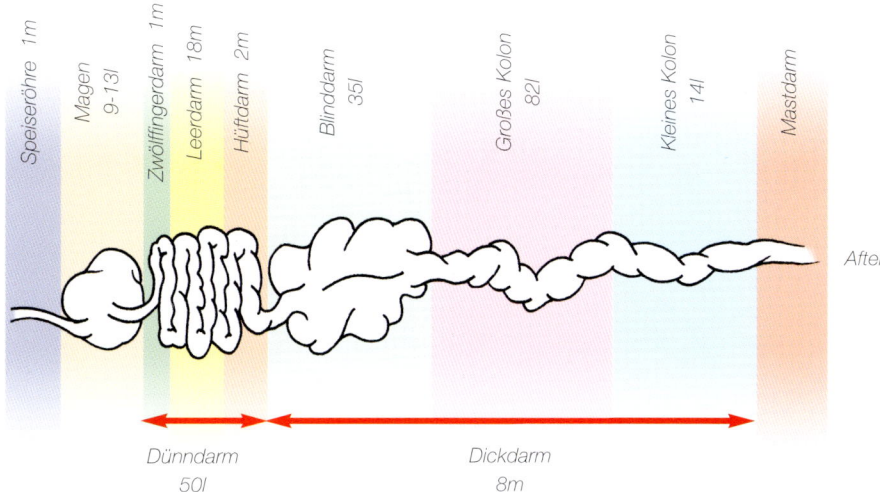

ist aber die übermäßige Aufnahme energiereichen Grases oder Futters.

Koliken, also Bauchschmerzen des Pferdes, gehen meist mit Verstopfungen, manchmal auch mit Darmverschlingungen einher. Plötzliche Futterumstellungen, hastiges Fressen und Futter mit niedrigem Rohfasergehalt sind häufige Ursachen. Wegen der schnellen Futterpassage in den vorderen Teilen des Verdauungstraktes ist das Fassungsvermögen von Magen und Dünndarm relativ schnell überschritten. Folglich werden unverdaute Getreidekörner an Blind- und Dickdarm weitergegeben, wo die schnelle Fermentierung

DER VERDAUUNGSTRAKT
Im Verhältnis zur Körpergröße ist der Pferdemagen sehr klein - etwa fußballgroß, macht er nur 10% vom Volumen des gesamten Verdauungsapparates aus. Die Nahrung wandert recht schnell durch den Verdauungstrakt, da die Mengen im Idealfall aber immer klein sind, ist eine gute Ausnutzung der Nährstoffe möglich.

Links: *Gras wird heute oft geradezu als »Feind« betrachtet, dabei ist es das beste und billigste Futter überhaupt. Leider sind seine Inhalts- und Nährstoffe nicht wie auf einem Futtersack aufgedruckt und ändern sich außerdem mit den Jahreszeiten. Die große Kunst besteht darin, einen Graswuchs zu kultivieren, der zu den Bedürfnissen Ihrer Pferde passt (siehe auch Kapitel 4).*

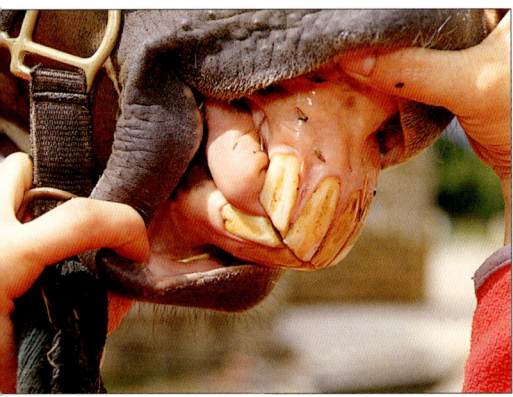

🐎 **Unten:** *Gute Zähne sind in der Wildnis wichtige Voraussetzung zum Überleben. Unsere Pferde haben das Glück, auch in hohem Alter dank moderner Zahnmedizin und spezieller Futtermittel noch schmerzfrei kauen zu können.*

🐎 **Oben:** *Der Tierarzt raspelt scharfe Haken und Gratbildungen an den Zähnen glatt, die zu Schmerzen und Verletzungen der Mundschleimhäute beim Fressen und Reiten führen können. Auch Zahnwechsel bei Jungpferden ist manchmal schmerzhaft. Bei jedem Pferd sollten die Zähne einmal jährlich untersucht werden.*

zur übermäßigen Bildung von Gasen und Milchsäure und schließlich zur Kolik führt. Daher ist es so wichtig, die Gesamtfuttermenge eines Tages in mehrere kleine Rationen aufzuteilen.

ZÄHNE

Pferde zerkleinern Raufutter mit etwa einer Kaubewegung pro Sekunde, was, wenn man 15 Stunden Fresszeit voraussetzt, zu insgesamt etwa 54.000 Kaubewegungen pro Tag führt, je nachdem, ob das Gras spärlich oder reichhaltig ist. Die flachen Backenzähne (Molaren) zerkleinern in einer mahlenden Bewegung vor dem Abschlucken jedes Maulvoll in wenige Millimeter kleine Segmente.

Gute Zähne sind für jedes wildlebende Pferd eine wichtige Voraussetzung zum Überleben. Zahnprobleme wie Kieferabszesse oder fehlende Zähne beeinträchtigen seine Gesundheit erheblich. Wenn das Futter nicht richtig zerkaut wird, werden die Zellstrukturen der Rohfaser nicht mehr genügend aufgebrochen, so dass die Verdauungsenzyme und -bakterien in Magen und Darm die enthaltenen Nährstoffe nicht mehr aufschließen können. Langstängeliges Raufutter kann zu Verstopfungen und Kolik führen; langfristigere Schäden sind schlechte Futterverwertung und folglich allgemeine Schwäche oder sogar Verhungern.

Für ältere Pferde mit abgenutztem Gebiss sind heute glücklicherweise nahrhafte, leicht verdauliche und vorab zerkleinerte Futtermittel im Handel, so dass eine zur Gesunderhaltung ausreichende Versorgung mit Nährstoffen und Rohfaser gewährleistet ist.

ENERGIEBEDARF

Die zur Muskeltätigkeit benötigte Energie wird aus dem Futter erzeugt, das wir unseren Pferden

Normal

Zahnverlust und Stufenbildung

Hakenbildung am ersten oberen und letzten unteren Backenzahn

»Wellengebiss«

Normal (Winkel ca. 10–15°) Wange Zunge

»Winkelgebiss« (Winkel größer als 15°) Wange Zunge

ABNUTZUNGSERSCHEINUNGEN DER ZÄHNE

Diese Zeichnungen zeigen einige typische Abnutzungsmuster von Zähnen, die zur Bildung von scharfen Haken und einer unregelmäßigen Anordnung der Kauflächen führen.

geben; Vitamine und Mineralien sorgen dafür, dass der gesamte Organismus störungsfrei funktioniert. Zu wenig Energiezufuhr bewirkt, dass das Pferd lethargisch wird und an Gewicht verliert, während zu viel oder die falsche Sorte zu unruhigem Verhalten, Übergewicht und Gesundheitsstörungen aufgrund der unausgewogenen Ernährung führen kann.

Energie wird in Kalorien gemessen. Eine Kalorie (Kilokalorie) entspricht 4,3 Kilojoule. Wegen des hohen Körpergewichtes von Pferden rechnet man bei ihnen eher in Megajoule (1 MJ = 1000 KJ). Ein mit 500 kg durchschnittlich schweres Pferd benötigt etwa 12,5 kg Futtermenge pro Tag, die 70 MJ Energie enthalten muss. Nach menschlichen Maßstäben wären das etwa 16.666 Kalorien! Wenn man weiß, dass der

Verdauungsprozess bei Pferden bemerkenswert schnell verläuft, kann man leichter verstehen, wie stark die Energieversorgung Leistung, Temperament und Gewicht eines Pferdes beeinflusst. Während die Nahrung beim Menschen 48 Stunden benötigt, um mit einer Geschwindigkeit von etwa 1 cm pro Minute den Verdauungstrakt zu passieren, beträgt die Geschwindigkeit beim Pferd etwa 30 cm pro Minute. Futter wird also schnell absorbiert und kann folglich auch zu dramatischen Konsequenzen führen.

Energie wird aus der Verdauung der verschiedenen Inhaltsstoffe gewonnen, die ein gutes Pferdefutter enthält:

Rohfaser (schwer verdauliche Kohlenhydrate) Enthält verhältnismäßig wenig Energie. Wird vor allem im Dickdarm verdaut. Wegen der groben Zellstruktur des faserhaltigen Futters und der niedrigeren Menge an Bakterien und Enzymen im Dickdarm wird Rohfaser langsamer verdaut. Sie wirkt sich kaum kurzfristig auf die Steigerung der Energie aus, sorgt aber wegen der längeren Verdauungszeit für Körperwärme und Wohlbefinden. Stark rohfaserhaltiges Futter sollte den Hauptteil der Futterration ausmachen.

Leicht verdauliche Kohlenhydrate und Zucker Sie bestehen hauptsächlich aus Glukose, die schnell von den Enzymen im Dünndarm aufgeschlossen wird. Gras kann bis zu 30% Zucker enthalten; ein auf einer üppigen Weide grasendes Pferd kann leicht 10-15 kg Gras (Trockengewicht) pro Tag fressen, was vier oder fünf Tüten Zucker entspricht! Die schnelle Aufnahme des einfachen Zuckers erklärt die Temperamentsausbrüche von Pferden auf frühlingsgrünen Weiden.

Stärke Sie ist in allen Pflanzen vorhanden, sehr stark jedoch im Getreide. Die meiste Stärke ist im Getreidekern enthalten, also innerhalb der faserigen Schale. In modernen Kraftfuttermischungen werden die Getreidekörner in der Regel gequetscht, gewalzt oder thermisch aufgeschlossen, um die Verdauung der Stärkemoleküle zu erleichtern. Übermäßige Aufnahme von Stärke kann zu Hufrehe oder Lymphangitis führen.

Öle Das natürliche Pferdefutter hat nur einen sehr geringen Ölgehalt, in den letzten Jahren sind Öle aber als »Wundermittel« in der Pferdefütterung entdeckt worden. Sie werden aus Soja, Weizen, Sonnenblumen oder Leinsamen gewonnen und enthalten Fettsäuren und Glyzerin, Stoffe, die leicht verdaulich und gute Energiespeicher sind. Öle enthalten etwa zweieinhalb mal mehr Energie als die gleiche Menge Kohlenhydrate und sind deshalb ideal, um die Ration mit dem Ziel einer Gewichtszunahme und Leistungssteigerung zu ergänzen. Außerdem hat Öl einen positiven Nebeneffekt auf Haut, Haare und Hufe.

Seien Sie aber beim Verfüttern von Öl vorsichtig, denn es kann den körpereigenen Bedarf an Antioxidanten erhöhen, welche die schädlichen freien Radikale in Schach halten. Eine ausgewogene Vitaminzufuhr ist deshalb wichtig.

Man kann der Futterration einen Teelöffel bis zu zwei Tassen Öl zugeben - aber Vorsicht: die meisten Fertigfuttermischungen enthalten bereits Öl in ihrer Zusammensetzung. Zu viel Öl bringt nicht nur die Nahrung aus dem Gleichgewicht, sondern verdirbt auch den Geschmack und kann einen unerwünschten abführenden Effekt haben. Der Energiegehalt von einem Liter Öl entspricht dem von 4 kg Heu; es darf aber nur einen wirklich geringen Anteil der Gesamtfuttermenge ausmachen.

Nicht pflanzliches Öl wie z.B. Lebertran- oder Dorschöl wird zwar hin und wieder an Pferde verfüttert, ist aber keine natürliche Nahrungsquelle für einen Pflanzenfresser.

Wie viel Energie braucht mein Pferd?
Um genau zu bestimmen, wie viel Futter und wie viele Kalorien Ihr Pferd benötigt, müssen Sie

Energiegehalt versch. Futtermittel (MJ/kg)

	BE	vE	NE
Heu	16	8	5.5
Hafer	17	11.5	8.7
Weizenkeimöl	39	32	28
Futtermischung niedriger Energiegehalt	16	10	7.3
50:50 Heu:Hafer	16.2	9.8	7.2
45:45:10 Heu:Hafer:Öl	18.5	12	9.3

FUTTERSORTEN

Bei der Zusammenstellung einer Ration ist der Energiegehalt wichtig. Ein hoher Energiegehalt ist aber nicht automatisch positiv, das Futter muss dem individuellen Pferd angepasst sein (BE: Bruttoenergie; vE: verdauliche Energie; NE: Nettoenergie)

Oben: Pellets sind in verschiedenen Zusammensetzungen mit mehr oder weniger Energiegehalt auf dem Markt. Sie sehen für unser Auge nicht so ansprechend aus wie ein Müslimix, enthalten aber meist alle wichtigen Nährstoffe in leicht verdaulicher Form.

> **❝ Das Pferd ist von Natur aus ein Athlet, der problemlos mit reinem Erhaltungsfutter 32 km pro Tag zurücklegen kann, vorausgesetzt, seine Kondition wurde allmählich aufgebaut. ❞**

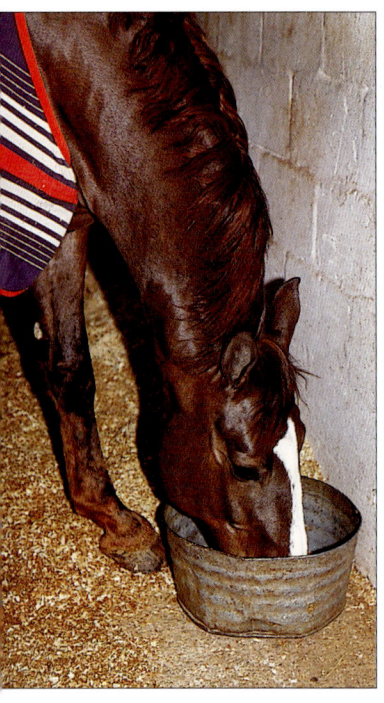

🐎 **Links:** *Die Ration muss Körperbau, Temperament und Arbeitsbelastung des Pferdes angemessen sein. Füttern Sie mehrmals täglich nicht vor, sondern nach der Arbeit.*

mehrere Faktoren in Betracht ziehen.

Typ und Temperament Ich bevorzuge den Begriff »Typ« gegenüber dem der »Rasse«, weil die Futterverwertung auch bei Pferden einer Rasse verschieden sein kann. Solche, die sich nur von Licht und Luft zu ernähren scheinen, bezeichnet man als gute Futterverwerter. Daneben gibt es die schlechten Futterverwerter, die stets wie Haut und Knochen aussehen, egal, welche Mengen an Futter man in sie hineinstopft. In der Regel (auch wenn man das nicht verallgemeinern kann) haben gute Futterverwerter ein eher ruhiges Gemüt, während die schlechten Futterverwerter häufig nervösere Tiere sind. Der Grund hierfür ist, dass Stress das Säuremilieu des Magens verändert und die Verdauungsbakterien gestört und geschwächt werden, so dass die Nährstoffaufnahme behindert wird. Man kann dies plastisch am häufigen und dünnen Kotabsatz von ängstlichen oder aufgeregten Pferden erkennen. Ein von Natur aus schon eher unruhiges

Pferd braucht nicht noch große Mengen an kurzfristig verfügbarer Energie aus dem Futter, vermutlich aber große Mengen an Kalorien, um sein Gewicht zu halten.

Leistung und Belastung Wenn Menschen die Arbeitsleistung ihrer Pferde bewerten sollen, gibt es häufig Missverständnisse. Viele halten einen Ausritt oder Bahnunterricht drei- bis viermal die Woche für »mäßige Belastung«. Wenn man aber bedenkt, dass ein Wildpferd ständig von einem Weidegrund zum nächsten zieht, zwischendurch noch vor Räubern flieht und nur von einem Erhaltungsfutter lebt, wirkt die Arbeitsbelastung unserer Pferde nicht mehr so groß. Besonders Stallpferde ruhen den Großteil des Tages und kauen im Warmen gemütlich ihr Heu, wobei sie nur sehr wenig Energie verbrauchen.

Die Beispiele in der gegenüber liegenden Tabelle sollen nur als Anhaltspunkt dienen. Neben der aktuellen Arbeitsbelastung müssen auch Faktoren wie Alter (z.B. wachsendes Jung-

ERHALTUNGSBEDARF	LEICHTE ARBEIT	MÄßIGE ARBEIT	SCHWERE AREIT
80% Raufutter 20% Zusatzfutter oder bis zu 100% Raufutter	70% Raufutter 30% Zusatzfutter	60% Raufutter 40% Zusatzfutter	50% Raufutter 50% Zusatzfutter
Pferde in Weidepause	Alte Pferde mit höherem Energiebedarf	Schulpferde bei 4 Stunden Einsatz pro Tag	Turnierpferde in schweren Prüfungen
Alte, aber noch gut futterverwertende Pferde	Aktiv genutzes Reitpferd	Regelmäßig in Klasse A startende Turnierpferde	Rennpferde
Rekonvaleszenten	Wachsende Jungpferde		Distanzpferde auf Strecken bis 120 km
Kinderreitpony	Zu dünne Pferde	Distanzpferde auf Strecken bis 80 km	
Ein- bis dreimal die Woche genutzte Freizeitpferde, gute Futterverwerter	Turnierpferd in leichten Prüfungen oder Distanzpferde auf Strecken bis 30 km	Laktierende Stuten oder Deckhengste im Einsatz	*Die meisten Freizeitpferde fallen in die Kategorie »Erhaltungsbedarf« und »Leichte Arbeit«!*
Sportpferde außerhalb der Saison in Ruhepause	Fahrpferde	Aktiv genutzte Jagd- und Polopferde	

pferd), verminderte Fähigkeit zur Futterverwertung (altes, krankes oder gestresstes Pferd) sowie der individuelle Typ berücksichtigt werden. Ein Jährlingshengst und ein 30-jähriger Pferderentner können deshalb bei gleicher Arbeitsbelastung (nämlich null) einen Energiebedarf haben, der an den eines im schweren Vielseitigkeitssport eingesetzten Pferdes heranreicht. Nur das Verhältnis von Raufutter zu Kraftfutter ist ein anderes.

Das Pferd ist von Natur aus ein Athlet, der problemlos mit reinem Erhaltungsfutter eine Strecke von 32 km pro Tag zurücklegen kann, vorausgesetzt, seine Kondition wurde allmählich aufgebaut.

Es ist nicht gut, einfach nur Kraftfutter zu geben und dann zu erwarten, dass das Pferd Leistung zeigt. Auch Muskeln und Ausdauer müssen trainiert werden! Sie erreichen ansonsten höchstens eine temperamentsmäßige Überreaktion, die leicht zu Überlastungen oder Verletzungen führt.

Körpergewicht Hierzu zählen nicht nur Gewebe, Fett und Muskeln, sondern auch die Skelettstruktur des Pferdes oder Ponys. Ein starkknochiges Tier braucht eine größere Futtermenge als ein leichter gebautes, aber auch hier müssen Temperament und Arbeitsbelastung berücksichtigt werden. Der Futterzustand muss zu Größe und Körperbau passen.

Für eine hundertprozentig genaue Gewichtsermittlung müssen Sie Ihr Pferd wiegen (z.B. auf der Fahrzeugwaage einer landwirtschaftlichen Genossenschaft). Es gibt aber auch einige Formeln, nach denen man das Körpergewicht eines Pferdes und folglich den Futterbedarf errechnen kann. Wie mir Futterexperten bestätigt haben, sind diese Formeln aber nicht sehr genau und auch unterschiedlich, so dass es im Ergebnis zu enormen Abweichungen kommen kann.

Eine gebräuchliche Formel zur Errechnung des Körpergewichtes ist

$$\frac{\text{Brustumfang (cm)}^2 \times \text{Rumpflänge (cm)}}{11900}$$

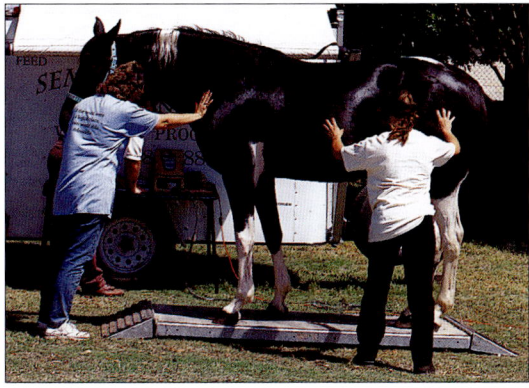

(Eine zweite Formel führt einen wesentlich niedrigeren Teilungsfaktor im Nenner auf, nämlich 8717.) Nach dieser Formel habe ich versucht, das Gewicht meines schweren, 1,54 m großen Shire-Cob-Wallachs zu ermitteln. Das Ergebnis schwankte zwischen 620 kg nach der ersten Formel und 847 kg nach der zweiten Formel.

Es gibt auch genormte, vorgefertigte Maßbänder zur Gewichtsermittlung, aber auch diese gehen wieder von bestimmten Formeln aus. Mit einem solchen Gewichts-Maßband ermittelte ich bei meinem Wallach ein Gewicht von 740 kg, was bei seinem Körperbau realistisch erscheint.

Sobald Sie das Körpergewicht ermittelt haben, können Sie die Formel (Körpergewicht in kg ./. 100) x 2,5 verwenden, um das ungefähre Gewicht der benötigten Futtermenge zu errechnen (Ration aus Heu und Kraftfutter). Nach meiner Erfahrung ist diese Formel ziemlich exakt - bei einem Gewicht von 740 kg kam ich auf einen Futterbedarf von 18,5 kg. Dieses Pferd bekommt in der Regel täglich etwa 14 kg Heu und 6 kg Kraftfutter, also insgesamt 20 kg (wenn es nicht auf der Weide steht).

Meiner Meinung nach ist der einzige Weg, den Futterzustand eines Pferdes richtig zu beurteilen, das genaue Anschauen und Abtasten.

Den Futterzustand beurteilen

Ich halte die manuelle und visuelle Beurteilung eines Pferdes auf seinen Futter- und Gesamtzustand hin für die genaueste Methode. Dabei wird der Körper normalerweise an Rücken, Rippen,

RICHTIG ✔

FALSCH ✘

Links: *Die einzig genaue Methode zur Gewichtsermittlung des Pferdes ist das Wiegen.*

RICHTIGES MESSEN
Wenn Sie die Maße zur Gewichtsberechnung ermitteln, ist die richtige Lage des Bandmaßes für die Genauigkeit des Ergebnisses wichtig. Bei einem speziellen Maßband zur Gewichtsermittlung muss nur der Brustumfang wie im oberen Bild gezeigt gemessen werden.

Typ, Konstitution und Gewicht

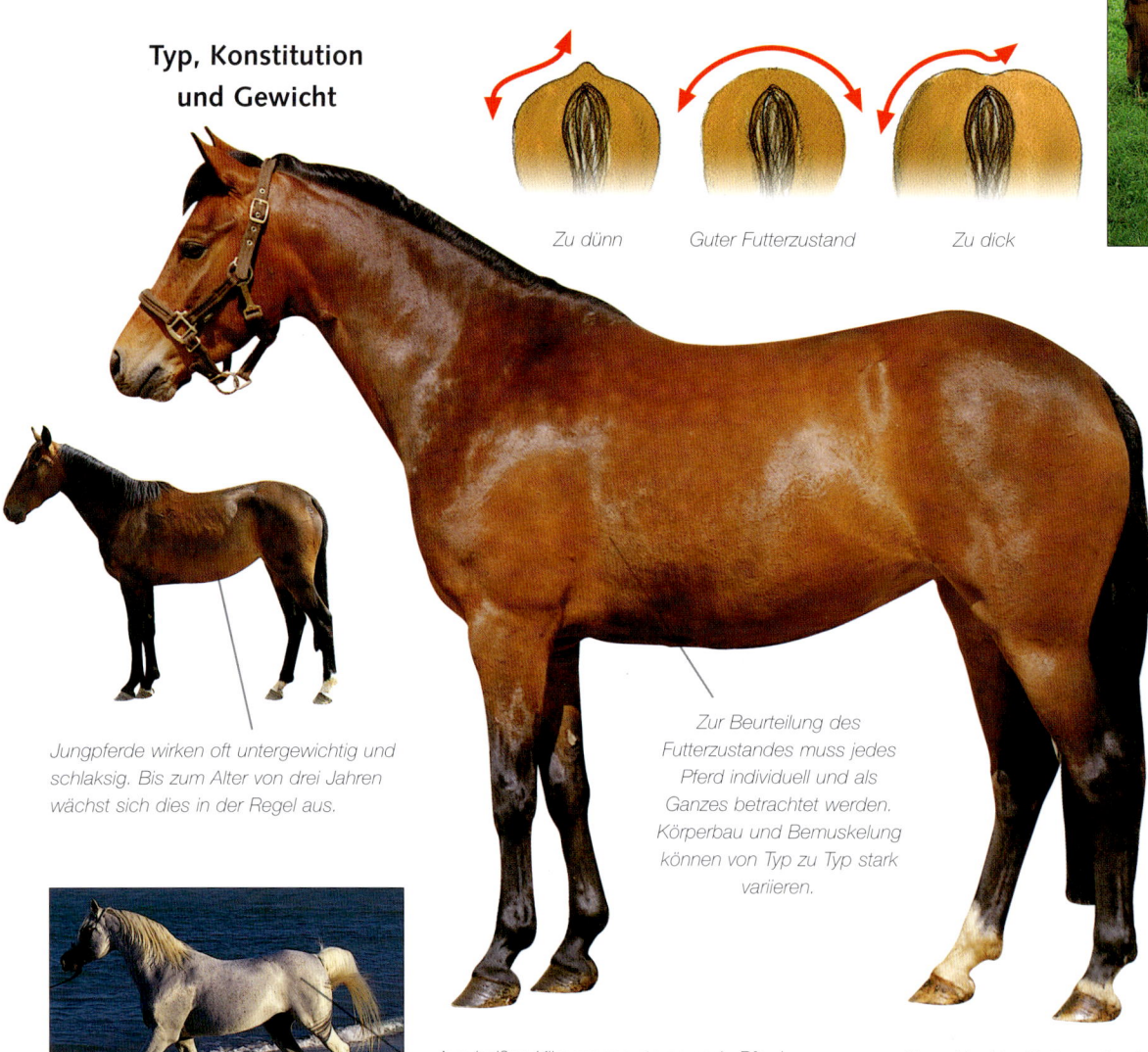

Zu dünn   Guter Futterzustand   Zu dick

Fettpolster am Rumpf geben weitere Hinweise auf den Futterzustand, aber Vorsicht: nicht mit Muskeln verwechseln! Dieses Pferd ist übergewichtig.

Jungpferde wirken oft untergewichtig und schlaksig. Bis zum Alter von drei Jahren wächst sich dies in der Regel aus.

Zur Beurteilung des Futterzustandes muss jedes Pferd individuell und als Ganzes betrachtet werden. Körperbau und Bemuskelung können von Typ zu Typ stark variieren.

Ein Anfänger könnte aus dem dicken Bauch schließen, dass dieses Pferd übergewichtig ist; an Schultern und Flanken ist jedoch kein Fett zu sehen. Vermutlich ist dieses Pferd entweder tragend oder massiv von Würmern befallen.

Aus heißen Klimazonen stammende Pferde sind oft schmaler, als es unserem Ideal entspricht. Überflüssiges Körperfett würde bei Hitze nur unnötig belasten.

Ein schlechter Futterzustand ist gekennzeichnet durch vorstehende Hüftknochen und eingefallene Flanken.

RÜCKANSICHT

Die Rückansicht eines Pferdes gibt besseren Aufschluss über die Fettverteilung als der Blick von vorne. Vielleicht sieht der Bauch von vorn nur deshalb so groß aus, weil das Pferd eine schmale Brust hat.

Hals, hinter den Schultern, am Widerrist und am Schweifansatz nach Fetteinlagerungen abgetastet. Manche Experten raten, die geschätzte Dicke der Fettschicht mit einer Bewertungszahl aus einer Tabelle zu belegen und so einen Konditionswert zu errechnen, ich halte dies aber für irreführend. Zahlentabellen können gar nicht so genau spezifiziert werden, da die Pferde zu verschieden sind. Stattdessen ziehe ich es vor, zu erklären, wo man hinschauen muss und weise besonders auf Körperstellen hin, die viele Men-

schen häufig für zu dünn oder dick halten. Beurteilen Sie Ihr Pferd zunächst mit dem Auge. Achtung: langes Winterfell verwischt das Bild, weshalb auch ein Abtasten (z.B. über den Rippen) nötig ist. Verwechseln Sie Fett nicht mit Muskeln bei einem trainierten Pferd. Die meisten Menschen schauen zur Gewichtsbeurteilung auf Hals und Flanken, was aber irreführend sein kann, wenn man Größe und Körperbau nicht ebenfalls berücksichtigt. Ein stark gewölbter Oberhals (Mähnenkamm) bei einem Cob-ähnlichen Pferd kann lediglich ein Erbe seiner kaltblütigen Ahnen sein, während das gleiche Merkmal bei einem Pony weniger erwünscht und tatsächlich ein Hinweis auf Übergewicht sein kann. Ähnlich kann auch ein leichteres Pony mit Vollblutanteil, Tendenz zum Hirschhals und schwacher Oberlinie untergewichtig wirken, obwohl es sich lediglich um mangelnde Muskulatur handelt.

Alte Pferde sind eher von Untergewicht bedroht, weil ihr Organismus die Nährstoffe nicht mehr richtig verwertet. Trotzdem ist ihr Aussehen oft eher vom Alter als tatsächlich von Untergewicht bestimmt. Möglicherweise haben sie trotz sichtbarer Rippen und eingefallenen Flanken einen runden Bauch und sind vollkommen gesund. Es ist normal, dass im Alter alles etwas nach unten sackt - genau wie beim Menschen!

Anzeichen für Übergewicht

Anzeichen für Übergewicht sind Fettpolster zu beiden Seiten des Widerristes (unmittelbar vor den Kniepauschen des Sattels). Wenn Sie die Finger mit leichtem Druck über die Seiten des Pferdes streichen und keine Rippen fühlen können und wenn der Bauch von hinten gesehen über Hüften und Flanken hinaussteht, trägt das Tier vermutlich mehr als einen angemessenen Anteil Fett mit sich herum.

Untergewicht lässt sich nicht einfach durch dünnes Aussehen mit knochigem Rückgrat und sichtbaren Rippen diagnostizieren, dies kann auch einfach an mangelnder Muskulatur liegen oder an der Schlaksigkeit eines Zwei- oder Dreijährigen, der noch nicht ausgewachsen ist. Ein untergewichtiges Pferd hat ein stumpfes Fell, sieht insgesamt schlecht aus und hat wenig Energie.

Richtige Pferdefütterung kann man nicht alleine aus einem Buch oder aus Berechnungstabellen lernen. Echter Pferdeverstand, oder »Horsemanship«, wie man auf englisch sagt, gründet sich immer noch auf sorgfältige Beobachtung und genaue Beurteilung jedes einzelnen Pferdes. Der Pferdebesitzer muss auch abschätzen, welcher Körperfettanteil zu der Arbeitsanforderung an das Pferd und zu dem jeweiligen Klima passt.

Körperbau und Nutzung

Sportpferde wie Vielseitigkeits- oder Rennpferde sehen möglicherweise etwas hagerer als das Ideal aus; eine Überfütterung hätte auf sie jedoch schädliche Auswirkungen. Mit höherem Körpergewicht ist das Pferd weniger schnell und ausdauernd, das Herz könnte überlastet werden und das Völlegefühl könnte die Lungentätigkeit beeinträchtigen. Das Pferd würde sich so fühlen wie wir, wenn wir nach einem opulenten Mahl einen Marathonlauf absolvieren sollten!

Auf der anderen Seite kann ein schweres Pferd wie ein Shire Horse oder Irish Draft »fett« wirken, obwohl es in gutem Futterzustand ist, weil sein schweres Skelett einfach von einer dickeren Gewebeschicht aus Fleisch und Fett bedeckt ist. Pferde von diesem Typus sind untergewichtig, wenn sie nicht einen deutlich aufgewölbten Oberhals und füllige Flanken aufweisen. Sie wurden nicht auf Schnelligkeit, sondern auf Masse und Kraft gezüchtet, was sich im Körperbau wiederspiegelt.

Pferde aus heißen Ländern erscheinen nach unseren Vorstellungen oft untergewichtig. Dies kommt daher, dass es in heißem Klima ungünstig für das Pferd wäre, zu viel Gewicht mit sich herumzutragen. Hier wird keine Futterenergie zur Erhaltung der Körperwärme benötigt, das überflüssige Gewicht würde nur zu Schwitzen und Lethargie führen. Der Körper reguliert sich von selbst: Wasseraufnahme, Temperatur, Aktivität und die von uns zur Verfügung gestellte Nahrung müssen diesen Anforderungen entsprechen.

Die verdauliche Energie ist die im Futter enthaltene Energie abzüglich der Energie, die den Körper durchläuft und im Kot ausgeschieden wird; also die tatsächlich verdaute und vom Körper absorbierte Energie.

WASSER - DAS LEBENSELIXIER

Der Pferdekörper besteht zu etwa 70% aus Wasser; ein 600 kg schweres Pferd besteht also zu 420 kg aus Wasser und nur zu 180 kg aus Knochen, Gewebe, Muskeln und Fett. Ohne Wasser können die Nährstoffe aus dem Futter nicht ver-

> 66 Die meisten Menschen schauen zur Gewichtsbeurteilung auf Hals und Flanken, was aber irreführend sein kann, wenn man Größe und Körperbau nicht ebenfalls berücksichtigt. 99

VERDAULICHE ENERGIE
Energie kann aus verschiedenen Quellen gewonnen werden. Dieser Vergleich der gängigsten Futtermittel hilft bei der Berechnung einer individuellen Ration, je nachdem, welche Futtermittel Ihnen zur Verfügung stehen.

Energiegehalt in MJ pro Kilogramm Futter	
Alfalfa	9MJ
Müslimix *(niedriger - mittl. Energiegehalt)*	10-14MJ
Trockenes Gras	13MJ
Gutes Heu	8MJ
Heulage	7-9MJ
Hafer	11.5MJ
Öl	32MJ
Frühlingsgras	10-13MJ/kg
Gras im Sommer/Winter	7-9MJ/kg

Zeichen für Dehydratation

- Abgeschlagenheit
- Appetitverlust
- Krämpfe
- Eingefallene Augen
- Schlechte Erholung nach der Arbeit
- Hochgezogene Hautfalte legt sich nicht sofort wieder glatt.

Unten: Ein hart arbeitendes Pferd kann am Tag nur über den Schweiß bis zu 20 Liter Flüssigkeit verlieren, die ersetzt werden muss. In gutem Wasser sollten weniger als 1mg/Liter Ammonium und Nitrate sowie höchstens 0,05mg Blei pro Liter enthalten sein.

wertet werden. Es ist unerlässlich zur Verdauung, da es die Nährstoffe in gelöster Form transportiert und die Absorption ermöglicht. Wassermangel kann eine der Ursachen für Kolik sein. Schon ein zu 20% dehydriertes Pferd kann sterben, weshalb es wichtig ist, dass frisches Wasser immer zur Verfügung steht.

Auch die Rasse beeinflusst bis zu einem gewissen Grad den Wasserbedarf. So schwitzen zum Beispiel englische Vollblüter sehr stark, während Araber, die aus der Wüste stammen, nur sehr wenig schwitzen.

Die Gesamtmasse des Körpers bestimmt ebenfalls den Wasserbedarf mit - ein 1,50 m großes, schweres Pferd mit viel Fleisch und Fett benötigt mehr Wasser als ein 1,70 m großes, aber leicht gebautes Pferd. Ein erwachsenes Pferd trinkt im Durchschnitt etwa 38-45 Liter Wasser pro Tag, wenn es schwitzt oder ein Fohlen säugt mehr. Ein arbeitendes Pferd braucht im Schnitt 40-60 Liter Wasser pro Tag, je nach Temperatur und Arbeitsbelastung. Wenn man bedenkt, dass ein hart arbeitendes Pferd bis zu 20 Litern Schweiß pro Tag verlieren kann und insgesamt etwa 60 Liter Flüssigkeit ausscheidet, weiß

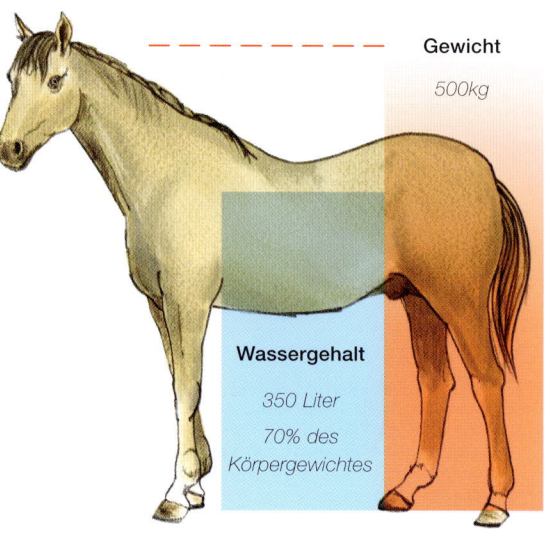

Gewicht
500kg

Wassergehalt

350 Liter

70% des Körpergewichtes

WASSERGEHALT

Wasser macht 70% des Körpergewichtes beim Pferd aus. Ständiger Zugang zu Trinkwasser ist deshalb lebenswichtig.

man erst die lebenswichtige Bedeutung des Wassers zu schätzen.

Eine säugende Stute verliert über die Milch bis zu 20 Litern Wasser pro Tag. Eine ständige Wasserversorgung ist deshalb für sie und ihr Fohlen, das im Vergleich zum erwachsenen Pferd einen relativ höheren Wasserbedarf hat, wichtig.

Eine Dehydratation (Austrocknung) kann sogar im Winter vorkommen, weil ein Pferd sich

> 66 Schon ein zu 20% dehydriertes Pferd kann sterben, weshalb es wichtig ist, dass frisches Wasser immer zur Verfügung steht. 99

vielleicht weigert, die Eisschicht auf seinem Wassertrog aufzubrechen oder das eiskalte Wasser zu trinken. In der Konsequenz frisst es weniger und die Gefahr von Verstopfungskoliken ist größer.

Die optimale Trinkwassertemperatur für Pferde beträgt etwa 5-10 Grad Celsius; bei großer

Kälte können Sie deshalb dem Tränkewasser heißes Wasser zufügen, um die Pferde zum Trinken zu bewegen.

Pferde, die auf saftigen Weiden grasen, decken einen Teil ihres Wasserbedarfes bereits über den Feuchtigkeitsgehalt des Grases, so dass Sie bei kühler Witterung einen drastischen Rückgang der verbrauchten Wassermenge feststellen werden.

Alle Futtermittel enthalten Wasser: Getreide etwa 10%, Heu 15% und Gras oder anderes Saftfutter 70-90%. Um die Wasseraufnahme zu erhöhen, kann man dem Futter warmes Wasser, Mohrrüben oder eingeweichte Zuckerrübenschnitzel beigeben.

Das Futter darf aber nicht zu breiig werden, da sonst die Speicheldrüsen nicht mehr genügend angeregt werden.

Oben links: Im Winter muss die Tränke regelmäßig von Eis befreit und im Sommer regelmäßig geleert werden, um Algenbefall und Fäulnis zu verhindern.

Oben rechts: Pferde können zwar Eis mit den Hufen zerbrechen, scheuen sich aber meist, zum »Eisbrechen« in Tränkebecken Maul und Nase einzusetzen.

Oben: Eine säugende Stute hat einen größeren Wasserbedarf, weil mit der Milch bis zu 20 Liter Flüssigkeit pro Tag verloren geht.

Zusammensetzung von Heu und anderen Futtermitteln

FUTTER	Roh-protein (%)	Roh-faser (%)	Verdauliche Energie (MJ/kg)	Trocken-masse (%)
Heu	4.5-10	30-40	7-10	80
Heulage	8-14	30-38	9-11.5	55-65
Stroh	3	40	6	88
Zuckerrübenschnitzel	7	34	10.5	eingeweicht
Luzernehäcksel	15-16	32	9-10	80
Luzerne-/Strohhäck.	10.5	38	7	80
Heucobs	9	20	8.5	85
Gras	16	36	9-10	85

Oben: *Pferde genießen Geschmack und Vielfalt verschiedener Kräuter, Zweige und Blätter. Oft wählen sie selbst die Pflanze aus, deren Inhaltsstoffe der Körper momentan braucht, um die Verdauung zu unterstützen oder einen Mangel zu beheben.*

FESTES FUTTER
Rohfaser

Sie sollte den Hauptanteil in der Pferdeernährung ausmachen. Pferde haben sich in der Evolution darauf spezialisiert, aus verdaulichen Faserstoffen die benötigten Nährstoffe zu entziehen. Auch wenn sehr faseriges Futter an sich zum Teil nicht oder schwer verdaulich ist, hilft es doch beim Aufschließen und Verdauen der übrigen Nahrung. Einfaches Gras ist wohl das natürlichste Pferdefutter der Welt, zu bedenken ist aber, dass junges Frühlingsgras einen so hohen Wasser- und so niedrigen Rohfasergehalt hat, dass Verdauungsstörungen und dünnflüssige Ausscheidungen die Folge sind. Sehr rohfaserarmes Futter führt zu einer Verminderung der nützlichen Mikroorganismen im Darm - Beeinträchtigung der Verdauungstätigkeit, Gasbildung und eventuell Kolik oder schlechte Futterverwertung sind die Folge. Wildpferde suchen instinktiv faserhaltige Zweige oder Kräuter, um diesen Effekt auszugleichen. Unseren Pferden auf frischen Frühlingswiesen sollten wir deshalb Heu oder Stroh anbieten, damit die Nahrung durch mehr Rohfaser ergänzt und die Verdauung unterstützt wird. Während die meisten Getreidearten innerhalb von drei oder vier Stunden verdaut sind, kann Rohfaser bis zu zwei oder drei Tagen lang im Körper unterwegs sein und sorgt während des Verdauungsprozesses für Körperwärme und langfristig verfügbare Energie.

Pferde haben ein natürliches Kaubedürfnis, das am besten durch Rohfaser gestillt wird. Leider besteht bei Hochleistungs-Sportpferden die Futterration oft nur zu 50% aus Raufutter und zu 50% aus Kraftfutter, so dass sie weniger Kaubewegungen ausführen müssen, um die Ration zu vertilgen. Ein auf der Weide gehaltenes oder mit Raufutter ernährtes Pferd verbringt bis zu 16 Stunden pro Tag mit Fressen, während ein Sportpferd mit energiereicher Nahrung nur die halbe Fresszeit hat und sein Kaubedürfnis deshalb unbefriedigt bleibt. Stalluntugenden wie Koppen kommen besonders häufig bei Pferden vor, die wenig Raufutter erhalten.

Gras

Gras ist das Hauptnahrungsmittel wilder Pferde. Ergänzt mit anderen Pflanzen und Kräutern, die weitere Nährstoffe liefern, ist es ein exzellentes und einfaches Futter. Leider führen überweidete Flächen, Sortenarmut der Gräser und schlechte Nährstoffverhältnisse im Boden entweder dazu, dass arbeitenden Pferden zu wenig Energie zur Verfügung steht oder bei anderen dazu, dass der zu hohe Gehalt an Kohlenhydraten und Zucker Probleme verursacht. Gras hat zwei Hauptbestandteile: die teilweise unverdauliche Zellwand aus Rohfaser und komplexen Kohlenhydraten und den Zellinhalt mit den sehr nahrhaften Proteinen, Stärke, Zucker, Fruktanen, Vitaminen, Mineralien und Fetten. Es ist energiereich und enthält etwa 10-13MJ/Kg Energie.

In den USA und Australien gibt es heute sogar mit Wasserkraft betriebene »Grasmaschinen«, in denen Gras aus Samen ständig herangezüchtet wird. Sie sind ein großer Vorteil für große Ställe ohne Weideflächen, da so die Möglichkeit besteht, den Pferden neben dem trockenen Heu

auch eine lebendige Quelle von Enzymen, Proteinen, Aminosäuren, Vitaminen, Stärke und Zucker zur Verfügung zu stellen. Die nährstoffreichen Wurzeln werden dabei gleich mitgefressen, da ja keine Erde daran haftet.

Heu

Heu ist getrocknetes Gras, das entweder von Weide- oder Ödflächen gewonnen wird. Sein Nährwert hängt von vielen verschiedenen Faktoren ab. Wenn es aus Grassorten stammt, die zur Gewinnung von Grassamen angebaut wurden oder sehr spät gemäht wurde, ist es sehr stängelig, ligninreich und blattarm. Sein Rohfasergehalt ist sehr hoch (fast wie der von Stroh) und sein Nährwert gering. Es ist ideal für übergewichtige Tiere, die trotzdem eine große Futtermenge benötigen, um ihr Kaubedürfnis zu erfüllen.

Im Idealfall besteht Heu aus einer Mischung verschiedener Gräser (zu den einzelnen Sorten s. Kap. 4), die unterschiedliche Vitamine und Nährstoffe enthalten. Eine sorgfältige Ernte vorausgesetzt, hat es einen guten Energiewert von etwa 8MJ pro Kilogramm und je nach den Bodenverhältnissen einen akzeptablen Vitamin- und Nährstoffgehalt. Das beste Heu der Welt kann während der Ernte durch schlechtes Timing (und Pech!) ruiniert werden. Das gemähte Gras muss

langsam über mehrere Tage hinweg trocknen, um seinen Feuchtigkeitsgehalt auf etwa 15% zu reduzieren. Wenn Regen und Feuchtigkeit dies vereiteln, beginnen die Ballen zu faulen und zu schimmeln und werden zur Fütterung völlig unbrauchbar. Zu viel Sonne bewirkt andererseits, dass das Heu ausbleicht, der Vitamingehalt sinkt, die Blätter wegen des geringen Feuchtigkeitsgehaltes zerbröckeln und ein großer Anteil zu Staub zerfällt. Heu bietet dem Pferd meist genügend Energie zur Erhaltung oder bei leichter Arbeit, weist aber aller Voraussicht nach Defizite in der Nährstoffversorgung auf. Ein gutes Mineralfutter ist nötig, um Mangelerscheinungen vorzubeugen. Pferde, die zu 100% mit Heu ernährt werden, können trotz guten Körpergewichtes äußere Mangelerscheinungen wie stumpfes Fell oder schlechte Qualität des Hufhorns zeigen.

Versichern Sie sich beim Kauf von Heu, dass es keine Giftpflanzen wie Jakobskreuzkraut oder andere Toxine enthält.

Silage/Heulage

Bei der Silage wird nur leicht angetrocknetes Gras mit einem Feuchtigkeitsgehalt von 35-50% in luftdichte Kunststoffballen gepresst und verpackt. Die so genannte Heulage wird nach dem aber noch etwas länger trocknen als bei der Sila-

Oben links: *Im Winter hat das Gras viel von seinem Nährwert verloren und reicht bei manchen Pferden nicht mehr aus, um den Energiebedarf zu decken. In diesem Fall muss Heu zugefüttert werden, um den Erhaltungsbedarf zu sichern.*

Oben rechts: *Falls kein Gras zur Verfügung steht, muss Heu den Hauptanteil der Fütterung bilden. Die in ihm enthaltenen Nährstoffe variieren sehr stark je nach Herkunft, Gräserzusammensetzung und Erntezeit, was bei der Zusammenstellung der übrigen Ration berücksichtigt werden muss.*

> **" Pferde haben ein starkes natürliches Kaubedürfnis, das am besten durch Rohfaser gestillt wird. "**

ge (etwa 2 Tage), so dass der Feuchtigkeitsgehalt noch geringer ist. Wegen der kürzeren Erntezeit ist beides je nach Klima einfacher herzustellen als Heu. Dieses Futter ist ideal für Pferde mit Stauballergien oder anderen chronischen Atemwegserkrankungen, da es so gut wie staubfrei ist und die Sporen an den Halmen hängen bleiben, anstatt eingeatmet zu werden. Der größte Nachteil besteht jedoch darin, dass ein geöffneter Ballen höchstens vier Tage lang haltbar ist, da bei Luftzufuhr sehr schnell Schimmel- und Fäulnisprozesse einsetzen. Verschaffen Sie sich beim Kauf von Silage oder Heulage Klarheit über den Feuchtigkeitsgehalt. Ein zu hoher Wassergehalt von über 50% reduziert den Rohfasergehalt drastisch, eine ausgeglichene Versorgung mit Eiweiß, Energie und anderen Nährstoffen ist nicht mehr gewährleistet.

> 66 **Ein aus Leguminosen und Gräsern gemischtes Heu ist ein ideales Pferdefutter.** 99

Luzerne/Alfalfa

Dies ist eigentlich kein Gras, sondern eine Legu-

minose (Hülsenfrucht), die zur Familie der Kleegewächse gehört. Besonders für schlechte Futterverwerter und alte Pferde ist diese Pflanze wertvoll. In vielen Ländern ist Heu aus Luzerne weit verbreitet, in Deutschland findet man es eher selten. Es ist mit seinem hohen Eiweiß- und Kalziumgehalt wesentlich nahrhafter als selbst das beste Wiesenheu und enthält etwa 9MJ/Kg verdauliche Energie. Langstängeliges Luzerneheu kann als Grundfutter und Hauptrohfaserquelle gegeben werden und muss bei mäßig arbeitenden Pferden in der Regel nicht oder nur wenig mit Kraftfutter ergänzt werden. Um Übergewicht zu verhindern, muss die Ration oft noch mit Heu oder Stroh »verdünnt« werden! Heu aus Leguminosen (Alfalfa, Buschklee, Rotklee oder Hornklee) hat im Vergleich zu Gras einen höheren Gehalt an Eiweiß, Kalzium und Vitamin A (Karotin). Heu aus den üblichen Gräsersorten (Rispengras, Wiesenlieschgras, Weidelgras etc.) enthält weniger Eiweiß und Protein, aber mehr Rohfaser als Legu-

ALFALFA oder Luzerne ist ein für Pferde sehr wertvolles Raufutter, da es trotz eines hohen Gehaltes an verdaulicher Rohfaser reich an Proteinen, Vitaminen und Mineralien ist. Kann als Heu oder gehäckselt verfüttert werden.

GERSTE (rechts) wird meist gequetscht oder wärmebehandelt und zu Flocken verarbeitet, damit die harte Schale des Korns aufgebrochen und die Verdaulichkeit verbessert wird. Gerste ist ein energiereiches, aber eiweißarmes Futter, das nicht in großen Mengen gegeben werden sollte.

HÄCKSEL (rechts) aus kleingeschnittenem Stroh. Wird in der Regel leicht melassiert, um ihn schmackhafter und staubärmer zu machen. Häcksel wird verwendet, um die Ration zu »strecken« und so das Kaubedürfnis des Pferdes zu stillen.

MAIS (rechts) kann ganz verfüttert werden, ist aber in Flockenform wesentlich besser verdaulich. Er enthält viel Energie bei wenig Eiweiß und ist deshalb gut geeignet für Pferde, die zunehmen sollen.

minosenheu. Wenn Sie die Möglichkeit haben, ist eine Mischung aus beiden Heusorten als Pferdefutter ideal. Alfalfa wird mitunter auch gehäckselt und gepresst angeboten und ist zur Anreicherung der Ration mit Eiweiß und Kalzium sehr gut geeignet. Ein Warnhinweis: bei einigen wenigen Pferden, besonders im arabischen Typ stehenden, hat man allergische Hautreaktionen im Bereich der unteren Gliedmaßen festgestellt, die dem Erscheinungsbild der Mauke ähnelten.

Stroh

Hafer- und Gerstenstroh kann die Heuration teilweise ersetzen, wenn die Kalorienzufuhr gesenkt, die Rohfasermenge jedoch beibehalten werden soll. Oft decken die Pferde einen Teil ihres Raufutterbedarfes bereits aus der Einstreu. Es ist ein billiges Futter und eine gute zusätzliche Rohfaserquelle, man muss aber wissen, dass Stroh wegen seiner schlechteren Verdaulichkeit zu Verstopfungskoliken führen kann, wenn es in großen Mengen gefressen wird und dem Pferd nicht genügend Wasser zur Verfügung steht.

Häcksel

Häcksel, in etwa 4 cm kurze Stücke kleingeschnittenes Stroh oder Heu, war in Deutschland früher ein verbreitetes Pferdefutter, ist aber heute kaum noch zu finden. In englischsprachigen Ländern sind Häckselmischungen aus Stroh, Heu und/oder Alfalfa beliebt und verbreitet. Da Pferde den Häcksel gut kauen müssen, ist er geeignet, um die Futterzeit zu verlängern oder zu hastiges Fressen von Kraftfutter zu verhindern. Ergänzt mit einem guten Mineralfutter kann er einen Teil der Heuration und bei guten Futterverwertern sogar ganz oder teilweise das Kraftfutter ersetzen. Verfüttern Sie nicht zu große Mengen melassierten Häcksel, da das Pferd sonst unerwünscht viel Zucker aufnimmt.

Graspellets

Wenn Sie hufrehegefährdete oder übergewichtige Pferde bzw. Ponys haben und sie zur Fütterungszeit nicht leer ausgehen lassen möchten, sind Graspellets eine gute Ergänzung in der Futterküche. Sie müssen mindestens 20% Rohfaser enthalten und werden mit Vitaminen

Unten: Futtertröge, die man in den Zaun einhängen kann, sind bei Weidepferden besonders nützlich, da Eimer zu leicht umgestoßen werden. Die einzelnen Tröge müssen weit genug auseinander hängen, damit der Futterneid nicht zu groß wird.

ZUCKERRÜBENSCHNITZEL (unten links) sind ein Abfallprodukt der industriellen Zuckergewinnung. Sie dürfen nur eingeweicht verfüttert werden und sind ein billiges, schmackhaftes und saftiges Futter, das viel Eiweiß, Rohfaser, Energie und Kalzium liefert.

KLEIE (unten) wird aus den faserreichen äußeren Schichten des Weizenkorns gewonnen und enthält viel unverdauliches Lignin. Sie ist hilfreich, um Rationen zu »strecken« und bildet die Grundlage für warmes Mash.

HAFER (oben) ist das traditionelle Leistungsfutter für Pferde. Er enthält mehr Rohfaser und Öl als Gerste.

PELLETS (rechts) werden aus verschiedenen kleingehäckselten Futtermitteln zusammengepresst. Zusammensetzung und Energiegehalt können je nach Fabrikat sehr verschieden sein, achten Sie deshalb auf die Angabe der Inhaltsstoffe.

Unten: *Nichts ist mit einer natürlichen Nahrung vergleichbar. Frische Gräser und Kräuter enthalten fast alle wichtigen Nährstoffe und Viramine.*

Oben: *Mohrrüben führen selbst die mäkeligsten Fresser in Versuchung. Mit ihrem hohen Gehalt an Vitaminen und Wasser sind sie eine wertvolle Ergänzung zu jeder Ration (oder ein Leckerbissen für Dickerchen!)*

und Mineralien ergänzt. (Achtung! Es gibt auch sehr energiereiche Pellets für Hochleistungspferde, lesen Sie die Inhaltsangabe auf dem Beipackzettel ganz genau! Anm.d.Übers.) Stark rohfaserhaltige Graspellets können auch die Rohfaseraufnahme älterer Tiere erhöhen, die langstängeliges Futter nicht mehr so gut zerkleinern und verdauen können. Um die Verdaulichkeit weiter zu erhöhen, können sie eingeweicht oder mit aufgequollenen Zuckerrübenschnitzeln vermischt werden.

WEITERE WICHTIGE KOMPONENTEN

Die meisten Fertigfutter enthalten eine Vitamin- und Mineralvormischung, die in der Regel passend ist. (In diesem Fall muss mit weiteren Beigaben von Mineralfuttern vorsichtig umgegangen werden, da ansonsten Ungleichgewichte entstehen! Anm. d. Übers.) Vitamine und Mineralien sind für viele biologische Prozesse unerlässlich. Während ein Wildpferd genügend Vitamine und Mineralien aus den verschiedenen und auf unterschiedlichen Böden wachsenden Pflanzen entnehmen kann, verursachen die modernen Methoden der Landwirtschaft, begrenzter Weidegang und Arbeitsbelastung bei unseren Pferden oft Defizite. Pferde mit ständigem Zugang zu vielfältigem, frischem Gräser- und Kräuterangebot erhalten die meisten, wenn nicht sogar alle der für ihr Wohlbefinden wichtigen Nährstoffe (Vitamine, Mineralien, Rohfaser, Eiweiß, Energie etc.). Die Aufnahme dieser Stoffe wird durch das Sonnenlicht begünstigt, weshalb Pferde, die lange Zeit im Stall stehen, fast immer Mängel haben und Zusatzfutter benötigen.

Eiweiße und Aminosäuren

Eiweiß an sich enthält nur wenig Energie, ist aber für Erhalt und Wiederherstellung von Körpergewebe wichtig, besonders bei Hochleistungspferden. Ohne ausreichende Eiweißversorgung verliert ein arbeitendes Pferd schnell an Kondition, da das Muskelgewebe nicht wieder aufgebaut wird. Aminosäuren sind die Bausteine der Ei-

weiße. Alle größeren Organe wie Herz und Lunge benötigen große Mengen von Eiweißen (Proteinen). Zwar kann der Körper auch selbst Eiweiße bilden, aber bei Fohlen, Zuchtpferden und älteren Tieren können Mängel auftreten. Es gibt mindestens 22 verschiedene Aminosäuren, die am häufigsten in Futterzusätzen vorkommenden sind Lysin und Methionin.

Asche

Sie ist oft auf den Inhaltsgaben von Futtermittelsäcken aufgeführt und ist das Abfallprodukt der Verarbeitung von organischen Futterstoffen. Ein hoher Aschegehalt weist in der Regel auch auf einen höheren Mineralanteil des Futters hin.

Kalzium

Alle Pferde benötigen eine kalziumreiche Nahrung, besonders wichtig ist Kalzium aber für Jungpferde, säugende Stuten und alte Tiere. Zusammen mit Phosphor und Vitamin D sorgt Kalzium für eine gesunde Knochen- und Gewebebildung. Da im Winter mit dem Ende des Pflanzenwachstums auch der Kalziumgehalt im Gras abnimmt, sind auch Weidepferde in dieser Jahreszeit von einer Unterversorgung bedroht. Die meisten Futtermischungen und Pellets enthalten genügend Kalzium, bei Bedarf kann etwas Futterkalk hinzu gegeben werden.

Achten Sie beim Kauf von Pferdefutter auf die Inhaltsstoffe, Vitamine und Mineralien. Die folgenden Erklärungen helfen Ihnen beim Verständnis.

Vitamine

Diese organischen Substanzen sind für eine optimale Körperfunktion lebenswichtig. Man unterteilt sie in fettlösliche Vitamine, die langsam freigesetzt werden wie die Vitamine A, D, E und K und wasserlösliche Vitamine wie B und C. Wasserlösliche Vitamine können nicht lange gespeichert werden und müssen ersetzt werden, während die fettlöslichen Vitamine bei Überdosierung toxisch wirken können, weil der Überschuss nicht vom Körper ausgeschieden werden kann. Die meisten Weidepferde haben eine ausreichende Vitaminversorgung, während Stallpferde, die nur wenig frisches Gras und Sonnenlicht bekommen, fast mit Sicherheit Defizite haben. Zwar sind auch in gutem, blattreichem Heu Vitamine enthalten, aber in viel geringerem Maß als in frischem Gras.

Die wichtigsten Eigenschaften der einzelnen Vitamine sind:

Vitamin A (Retinol) Wichtig für Sehkraft, Wachstum, Haut, Hufe und weiches Gewebe. Es stammt aus den karotinhaltigen Pigmenten im frischen Gras (z.B. Betakarotin) und natürlich aus den als wichtige Karotin-Quelle bekannten Karotten. Leider enthält Heu so wenig Vitamin A, dass sein Gehalt nach sechs Monaten Lagerung beinahe auf null gesunken ist. Erstaunlicherweise haben Pferde aber die Fähigkeit, Vitamin A bis zu sechs Monaten lang im Körper zu speichern. So waren Wildpferde in der Lage, Zeiten der Vitaminknappheit (z.B. im Winter oder in Dürreperioden) zu überstehen, weil der Körper genügend Reserven für diese harten Zeiten gespeichert hatte. Ein domestiziertes Pferd kann in einem Monat auf der Weide (theoretisch) so viel Vitamin A speichern, dass der Vorrat für die nächsten sechs Monate reicht.

Anzeichen für Vitamin-A-Mangel sind schlechtes Hufwachstum, langsame Entwicklung bei Jungtieren, Leistungsschwäche, schlechte Sicht im Dunkeln und bei Stuten Unfruchtbarkeit.

B-Komplex Vitamine Diese wasserlöslichen Vitamine werden zwar von den Dickdarmbakterien auf natürliche Weise synthetisiert, können aber nicht im Körper gespeichert werden. Die B-Vitamine unterstützen die Nährstoffabsorption bei gestressten Tieren oder wenig faserhaltigem Futter. Sie unterstützen die Funktion des Nervensystems und die Blutzusammensetzung; sorgen so für Vitalität und bekämpfen Stress. Weiterhin sind sie wichtig für die korrekte Funktion der Nebenniere und Schilddrüse.

Vitamin C (Ascorbinsäure) Es wirkt als Antioxidant und sorgt so für Widerstandsfähigkeit gegen bakterielle und virale Infektionen. Da es wasserlöslich ist, kann es nicht für längere Zeit im Körper gespeichert werden. Auch dieses Vitamin ist in frischem Gras enthalten.

Vitamin D Das »Sonnenschein-Vitamin«. Es unterstützt den Kalzium- und Phosphorstoffwechsel sowie die Absorption von Zink, Eisen, Magnesium und Kupfer, die neben anderen Stoffen zur gesunden Knochenbildung beitragen. Vitamin D wird aus in der Haut eingelagerten Vorstufen gewonnen, die durch Sonnenlicht aktiviert werden. Eingedeckte oder aufgestallte Pferde, die nur wenig natürliches Licht erhalten, können deshalb nicht mehr genügend Vitamin D produzieren.

Vitamin E Wichtig für Zuchttiere, aber auch hart arbeitende Pferde. Zusammen mit Selen kann es Zellschäden oder degenerative Muskelerkrankungen verhindern und unterstützt den Fettstoffwechsel.

Vitamin K Unterstützt die Blutgerinnung und korrekte Funktion des Nervensystems.

Biotin (Vitamin H) Dieses Vitamin wird im Verdauungstrakt synthetisiert und zusammen mit der Aminosäure Methionin verarbeitet. Es spielt eine Rolle bei der Verbesserung von Haut-und Hufqualität und wird oft bei Pferden mit Huf-

VITAMIN	VORKOMMEN IN	
Vitamin A	Mohrrüben Kolostralmilch (nur für Fohlen!) Frisches Gras und Kräuter u. a. Löwenzahn	✔ (rot)
Vitamin B1 (Thiamine) Vitamin B2 (Riboflavin) Vitamin B3 (Niazin) Vitamin B12 (Cyanocobalamin)	Alfalfa/Luzerne Getreide Lebertranöl/Sojaöl Frisches Gras/Kräuter Erbsen und Bohnen Hefe	✔ (violett) ✔ (grün)
Vitamin C	Mohrrüben/Äpfel Frisches Gras/Kräuter	✔ (violett)
Vitamin D	Kolostralmilch (nur für Fohlen!) Frisches Gras Sonnenlicht	✔ (rot)
Vitamin E	Alfalfa/Luzerne Getreidekeimlinge Frisches Gras/Kräuter	✔ (rot)
Vitamin K	Alfalfa/Luzerne Frisches Gras/Kräuter	✔ (rot)

✔ Fettlöslich

✔ Wasserlöslich

✔ Wird in kleinen Mengen von Bakterien im Dünndarm synthetisiert.

- **Biotin** Frisches Gras und Kräuter, Mais, Hagebutten, Hefe

- **Kalzium** Alfalfa/Luzerne, Seetang, Futterkalk, Zuckerrüben

- **Phosphor** Weizenkleie, Löwenzahn, Hafer, Gerste, Mais

- **Eiweiß** Alfalfa/Luzerne Getreide, Frisches Gras und Kräuter, Leinsamen

- **Magnesium und Zink** Alfalfa/Luzerne Kleie, Getreide, Frisches Gras und Kräuter, Löwenzahn, Hefe

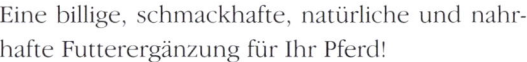

Oben: *Ein Löwenzahn*

" Die ganze Löwenzahnpflanze samt Blüte, Stengel, Blätter und Wurzeln kann verfüttert werden. Eine billige und natürliche Futterergänzung für Ihr Pferd! **"**

problemen verfüttert. Die positiven Auswirkungen auf das Horn können aber erst nach mehreren Monaten Biotinfütterung beobachtet werden. Natürliche Quellen sind Gras, Hefe, Mais und Hagebutten.

Löwenzahn Diese weit verbreitete, gelb blühende Pflanze wird in der Regel als wertloses Unkraut betrachtet - zu Unrecht, denn sie ist eines der nährstoffreichsten Gewächse der Welt! Löwenzahn enthält sogar mehr Vitamin A als Karotten, daneben in geringeren Mengen die Vitamine B, C und D sowie Kalium, Natrium, Phosphor, Zink, Magnesium und Eisen. Die Fütterung von Löwenzahn wirkt außerdem unterstützend auf Leber und Niere, blutreinigend und harntreibend. Löwenzahn ist das einzige natürliche Diuretikum (harntreibendes Mittel), das wegen seines hohen Kaliumgehaltes nicht zu einer Verringerung des Kaliumhaushaltes im Körper führt. Füttern sie ein oder zwei Pflanzen täglich. Sie können die ganze Pflanze samt Blüte, Stengel, Blätter und Wurzeln geben.

Eine billige, schmackhafte, natürliche und nahrhafte Futterergänzung für Ihr Pferd!

Mineralien und Spurenelemente
Dazu gehören:

Salze Sie sind unerlässlich für viele biologische Prozesse, darunter das Säuregleichgewicht des Körpers, Regulierung von Flüssigkeitshaushalt und Körpertemperatur. Der Körper verliert Salze über Schweiß und Urin, weshalb stark arbeitende Pferde, besonders bei hohen Temperaturen, zusätzlich Salz erhalten müssen. Alle Pferde benötigen täglich etwa 28 g Salz, um 0,1 ppm (ppm = parts per Million - ein Tausendstel Gramm pro Liter) Selen zu sich zu nehmen. Freier Zugang zu einem Salzleckstein stellt die Versorgung sicher, dabei muss aber ständig Wasser zur Verfügung stehen.

Zink und Selen Zusammen mit den Vitaminen A, C und E unterstützen diese Stoffe die Bildung von weißen Blutkörperchen und sorgen so für eine Stärkung der Immunabwehr. Der Selengehalt im Boden schwankt je nach geographischer Lage erheblich. Da Selen vom Körper nur in sehr geringen Mengen (0,15mg/kg) benötigt wird, kann eine Überdosierung zu Vergiftungserscheinungen führen.

MSM (Methylsulfonylmethan) Dies ist eine natürlich vorkommende Schwefelverbindung, die wichtig für gesunde Muskeln und Bindegewebe ist. Sie steigert die Sauerstoffversorgung der Zellen und begünstigt die Gewebereparatur nach starker körperlicher Anstrengung oder Stress. Außerdem wird MSM im Kohlenstoff-Stoffwechsel benötigt.

Mangan und Zink Sie aktivieren die zum Aufschließen der Nahrung benötigten Verdauungsenzyme und setzen Energie für den Zellstoffwechsel frei. Die in frischen Pflanzen enthaltenen Enzyme können bei Trocknung oder Kochen zerstört werden, weshalb Stallpferde hier unterversorgt sein können.

Links *Ein Pferd benötigt über 40 verschiedene Nährstoffe in bestimmter Balance, um fit und gesund zu bleiben.*

Magnesium Es ist ein wichtiger Baustein für die gute Entwicklung von Knochen und Zähnen. Außerdem wird es im Stoffwechsel von Vitamin C, Phosphor, Kalium und Natrium gebraucht. Magnesium beeinflusst den Blutdruck und unterstützt das Nervensystem.

Eisen und Kupfer Diese Spurenelemente sind für die Bildung von Hämoglobin im Blut und für den Knorpelaufbau wichtig. Über den Schweiß gehen große Mengen dieser Stoffe verloren, weshalb bei stark gearbeiteten Pferden auf genügende Zufuhr geachtet werden muss. Konditionsverlust und Leistungsschwäche können ansonsten die Folge sein.

Futterzusätze - brauchen Pferde sie wirklich?

Viele Besitzer sind durch die Verunsicherungstaktiken der Hersteller davon überzeugt, dass ihr Pferd den ein oder anderen Futterzusatz benötigt. Es gibt eine Vielzahl von entsprechenden Produkten auf dem Markt, von allgemeinen Vitamin- und Mineralzusätzen bis hin zu einzelnen Ergänzungskomponenten wie Biotin, Magnesium, Öl oder Kombinationspräparate.

Auch probiotische Futtermittel mit Hefekulturen, welche die nützlichen Verdauungsbakterien im Dickdarm und damit die gesamte Verdauung und Futterverwertung unterstützen sollen, werden immer beliebter.

Futterzusätze sind, wie der Name schon sagt, als Zusätze gedacht, um Mängel in der Nahrung auszugleichen und sollten nicht einfach »vorsichtshalber« gegeben werden.

Hier einige Richtlinien zur Beurteilung, ob Ihr Pferd einen Futterzusatz benötigt.

❑ Wenn Ihr Pferd klare Augen, ein glänzendes Fell, feste Hufe hat und insgesamt glücklich und gesund wirkt, ist unwahrscheinlich, dass es irgendein Zusatzfutter braucht. Eine artgerechte Haltung und Zugang zu natürlichem Futter spielen die Hauptrolle in der Gesunderhaltung des Pferdes.

❑ Wenn Sie Kräuter verfüttern, um das Futter eines Stallpferdes aufzuwerten, geben Sie diese aus der Hand, anstatt sie mit der Futterration zu vermischen. Wechseln Sie die Kräuter regelmäßig.

❑ Pferde, die ausschließlich von Gras oder Heu ernährt werden, profitieren von einem guten Mineralfutter.

❑ Pferde, die mehr als eine Futterschippe voll Pellets oder Müslifutter erhalten, brauchen meist kein zusätzliches Mineralfutter. Lesen Sie sich die Inhaltsangaben auf dem Futtersack genau durch und überprüfen Sie, ob das Futter bereits vitaminisiert/mineralisiert wurde. Falls ja, kann die durch weitere Zugabe von Mineralfutter verursachte Überdosierung sogar zu einem toxisch hohen Gehalt einzelner Stoffe wie z.B. Selen führen.

❑ Mit »reinem« Getreide wie Hafer oder Gerste gefütterte Pferde benötigen größere Mengen von Mineralzusätzen, um das entstehende Ungleichgewicht im Verhältnis von Kalzium zu Phosphor auszugleichen.

❑ Manche Futterzusätze sind für bestimmte Probleme gedacht wie z.B. schlechtes Hufhorn, Atemwegsprobleme etc. Ziehen Sie aber immer auch die Haltung des Pferdes und andere Faktoren in Betracht.

❑ Das Fressen von Erde oder Baumrinde kann Anzeichen für Mineralstoffmangel sein. Gehen Sie der Sache nach.

FUTTERBEDARF DURCHSCHNITTLICHER PFERDE

Je nach Arbeitsbelastung und Gesamtzustand muss ein Pferd täglich 1,5-3% seines Körpergewichtes an Futter zu sich nehmen. Bei einem durchschnittlichen Pferd heißt das, dass es pro Tag 2,5% seines Körpergewichtes in Trockenmasse zu sich nimmt. Die meisten Ponys und

Oben: *Pferde, die sich nur von Gras ernähren, brauchen in der Regel als Ergänzung ein gutes Mineralfutter - nicht nur im Winter.*

Oben: *Das Fressen von Erde und das Benagen von Holz kann Anzeichen für einen Mineralstoffmangel sein. Ein Mineraleckstein (Mitte) hilft, dies zu verhindern.*

 **Oben:** *Durch die räumliche Einschränkung haben wir unseren Pferden weitgehend die Möglichkeit genommen, selbst die benötigten Futterpflanzen auszuwählen. Regelmäßiger Weidegang ist besser als langer Stallaufenthalt mit immer gleichem Futter.*

> 66 **Unsere Pferde sind uns völlig ausgeliefert, was den Zugang zu Futter und auch den Entzug von Bestandteilen einer natürlichen Ernährung angeht.** 99

Kleinpferde kommen aber mit kleineren Mengen aus und benötigen pro Tag nur etwa 1,5-2% ihres Körpergewichtes als Trockengewicht des Futters.

Die wichtigsten Kriterien bei der Zusammenstellung einer Futterration sind das Pferd selbst (Typ, Gewicht, Alter, Arbeitsbelastung etc.) und die Verfügbarkeit einzelner Futtersorten. Die Grundlage jeder guten Ration ist hochwertiges Raufutter. Auch große Mengen Getreide können schlechte Heuqualität nicht ausgleichen. Wirtschaftlich sinnvoller und für das Pferd gesünder ist es, sehr gutes Heu oder eine gute Weide als Grundlage der Ernährung zu nehmen. Die Heuration wird dann je nach Bedarf mit Vitaminen, Mineralien oder probiotischen Zusätzen ergänzt.

Im Idealfall sollten Pferde so viel Zeit wie möglich auf der Weide verbringen. Dabei ist es natürlich schwierig zu beurteilen, wie viel das Pferd tatsächlich frisst und wie hoch der Nährwert des Grases ist, da dieser mit den Jahreszeiten schwankt. Im Schnitt frisst ein Pferd auf einer guten Weide etwa 0,8kg Gras (Trockengewicht) pro Stunde, aber nur 0,1 kg/Stunde auf

Ödflächen und mageren Weiden.

Als Grundlage einer Berechnung habe ich 0,8kg Gras/Stunde (Trockengewicht) im Sommer und 0,4kg/Stunde im Winter angenommen.

Wichtig ist, jedes Pferd als Individuum zu betrachten. Auch wenn wir Tiere oft in Kategorien und ihre durchschnittlichen Bedürfnisse in Standards packen, ist es unerlässlich, regelmäßig die Leistungsfähigkeit und den Gesamtzustand zu beurteilen und gegebenenfalls die Fütterung entsprechend anzupassen. Unsere Pferde sind uns völlig ausgeliefert, was den Zugang zu Futter und auch den Entzug von Bestandteilen einer natürlichen Ernährung angeht.

Allgemeine Fütterungsempfehlungen

❏ **Halten Sie die Pferde so wenig wie möglich im Stall.** Wenn wegen Grasmangel oder Witterung kein Weidegang möglich ist, lassen Sie die Pferde auf Ausläufe oder in Laufställe, anstatt sie in Einzelboxen zu sperren. Legen Sie Heu in mehreren Häufchen aus (immer mehr Heuhaufen als Tiere). Nur wenn einzelne Pferde Kraftfutter bekommen, sollten sie zum ruhigeren Fressen von den anderen getrennt werden. Vermeiden Sie eine Überweidung und Verunkrautung der Grasflächen. Wenn die Weide das ganze Jahr über die Nahrungsgrundlage bilden soll, muss man mit mindestens 0,75 ha Fläche pro Pferd rechnen.

❏ **Füttern Sie Heu (oder anderes Raufutter) möglichst vom Boden.** Dies entspricht der natürlichen Fresshaltung und reduziert das Einatmen von Staub. Ein draußen grasendes Pferd nimmt den größten Teil des Tages diese Haltung zum Fressen ein, während ein Stallpferd, das aus einer Raufe oder dem Heunetz gefüttert wird, oft stundenlang in einer unnatürlichen Position ausharren muss. Bei meinem eigenen Wallach stellte ich fest, dass die Fütterung aus einem Heunetz, das ganz oben an der Ecke der Boxentür angebracht war, zu einer unnatürlichen Muskelentwicklung an der linken Halsseite führte - was daher kam, dass er stets den Kopf nach rechts wenden musste, um Heu aus dem Netz zu rupfen. Wenn Sie ein Heunetz verwenden, sollten Sie es deshalb von Zeit zu Zeit etwas anders aufhängen. Bei einer Einstreu aus Sägespänen oder Papierschnipseln besteht bei Heufütterung vom Boden die Gefahr, dass Teile der Streu mit aufgenommen werden. Heuraufen oder -netze niedriger anzubringen, ist ebenfalls keine Lösung, da die Pferde mit den Beinen hineingeraten könnten. Lieber sollte man aus einer Art großem Futtertrog füttern, der näher am Boden angebracht werden kann.

❏ **Weichen Sie Heu höchstens zwei bis fünf Minuten lang ein.** Ein kurzes Eintauchen des Heus in Wasser bindet die Staubpartikel und verhindert so, dass sie eingeatmet werden. Waschen Sie aber nicht alle Nährstoffe heraus. Pferde mit Stauballergien und chronischen Erkrankungen der Atemwege sollten vorbeugend nur nasses Heu bekommen. Manche Pferde verschmähen sogar nasses Heu, besonders bei nasskaltem Wetter, da es ein

schon kaltes Pferd noch weiter auskühlt.

❏ **Geben Sie Kraftfutter in kleinen Portionen.** Pferde schlingen ihr Kraftfutter oft gierig hinunter. Vermischt mit Speichel und Verdauungssäften kann es im Magen bis zu einem dreifachen seines ursprünglichen Volumens anschwellen! Bedenken Sie, dass der Pferdemagen nur die Größe eines Fußballes hat und teilen Sie das Kraftfutter deshalb in mindestens zwei Tagesrationen auf. Geben Sie nicht mehr als 3kg auf einmal. Eine Überladung des Magens bewirkt nur, dass das Futter schneller weitergeschoben wird, was zu einer schlechteren Auswertung der Nährstoffe führt.

❏ **Viele Wege führen nach Rom.** Verschiedene Kombinationen einzelner Futtermittel können am Ende zur gleichen Energiebilanz und zum gleichen Ergebnis führen. Letztendlich wird alles Futter im Verdauungssystem nur in chemische Stoffe aufgebrochen, wobei lediglich in manchen Futtersorten die Nährstoffe schneller verfügbar sind als in anderen.

❏ **Geben Sie das Raufutter vor dem Kraftfutter.** Dies ist aus zwei Gründen wichtig: erstens sollte Raufutter die Grundlage der

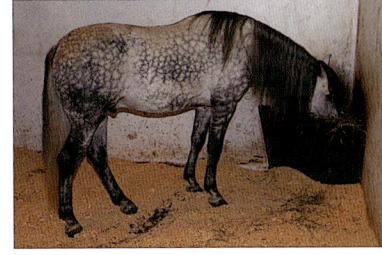

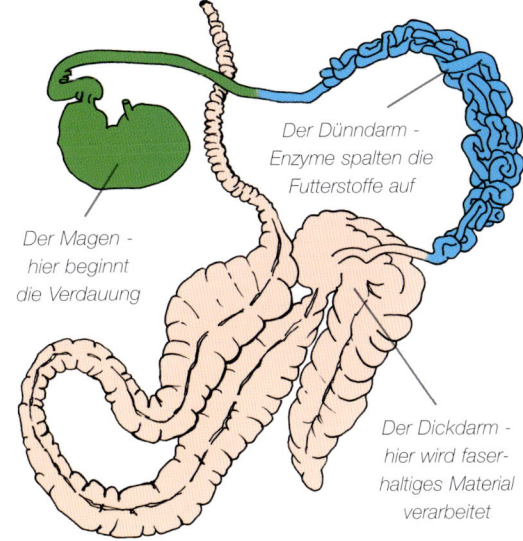

MAGENKAPAZITÄT
Der Pferdemagen ist auf kleine Futtermengen eingerichtet. Wenn er überladen wird, können die Nährstoffe schlechter absorbiert werden.

Der Dünndarm - Enzyme spalten die Futterstoffe auf

Der Magen - hier beginnt die Verdauung

Der Dickdarm - hier wird faserhaltiges Material verarbeitet

Oben (beide): *Eine Heuraufe ist ungünstig, weil daraus Staub in die Augen fällt und eingeatmet wird. Füttern Sie Heu besser aus einem niedrigen Trog oder vom Boden, weil dies der natürlichen Fresshaltung entspricht.*

Oben: *Für Pferde, die an Stauballergien leiden, kann das Heu vor dem Verfüttern eingeweicht werden, um den Staub zu binden. Vorsicht vor zu starker Auskühlung bei kaltem Wetter.*

Oben: Das Gewicht eines kleinen Ballens Heu schwankt zwischen 25-35kg, das einer Schaufel voll Futter zwischen 300g (Weizenkleie) und 2kg (Hafer). Anstatt zu schätzen, sollten Sie die Rationen lieber auswiegen.

Oben: Überprüfen Sie die Heuqualität genau und passen Sie die übrige Futterration daran an.

Ernährung bilden und Kraftfutter nur zugegeben werden, wenn das Raufutter alleine nicht genügend Energie liefert. Zweitens ist die Gefahr, dass das Pferd seinen Magen durch zu hastiges Fressen des Kraftfutters überlädt, geringer, weil das Pferd schon vorgesättigt ist und die faserigen Bestandteile des Raufutters länger brauchen, um verdaut zu werden.

❏ **Frisches Wasser muss immer zur Verfügung stehen.**

❏ **Einen Salzleckstein** sollten alle Pferde haben, egal ob im Stall oder auf der Weide.

❏ **Überprüfen Sie das Heu genau** und passen Sie die übrige Futterration dann an die Heuqualität an. Suchen Sie nach Heu, das gut riecht, feine Stängel und viele Blätter hat, nicht staubt, schimmelig oder feucht ist und keine Giftpflanzen enthält. Staub und Schimmelpilze können zu Erkrankungen des Verdauungsapparates und der Atemwege führen.

❏ **Führen Sie jede Futterumstellung allmählich über einen Zeitraum von 7 - 10 Tagen durch.** So kann sich die Verdauung an ungewohnte Nährstoffe anpassen, was besonders bei der Fütterung energiereicher Rationen wichtig ist. Wenn Sie nur die Marke der Kraftfuttermischung wechseln und beide Futter ungefähr den gleichen Energiegehalt haben, ist die Umstellung nur minimal und kann innerhalb weniger Tage erfolgen. Wenn die Energiezufuhr drastisch erhöht wird, ist es besser, die alte und neue Futtersorte anfangs zu mischen und den Anteil des neuen Futters allmählich zu erhöhen, bis es das alte völlig ersetzt hat. Ähnliche Vorsichtsmaßnahmen müssen auch angewendet werden, wenn das Pferd von ausschließlicher Heufütterung auf Weidegang umgestellt werden soll. In den ersten Tagen sollten die Pferde nur etwa eine halbe Stunde auf die Weide, steigern Sie dann eine Woche lang jeden Tag die Zeit, bis die Pferde ganz draußen bleiben können. Wenn dieses allmähliche »Anweiden« nicht möglich ist, geben Sie den Pferden Heu, bevor sie auf die Weide kommen, damit der erste Hunger schon gestillt ist. Wichtig ist, das Pferd nach jeder Futterumstellung mindestens zwei Wochen lang genau zu beobachten, um Veränderungen im Gesamtzustand oder im Fressverhalten rechtzeitig zu bemerken.

❏ **Vermeiden Sie eine übermäßige Gabe von Futterzusätzen und Aufbaumitteln,** sondern geben Sie diese nur, wenn die Grundration wirklich ergänzt werden muss (z.B. bei reiner Heu-/Haferfütterung). Käuflich erhältliche Komplettfutter und Futtermischungen enthalten meist schon Beimischungen aller wichtigen Vitamine und Mineralien im richtigen Verhältnis. Bei Pferden, die nur eine Handvoll Kraftfutter erhalten oder nur von Heu leben, ist die Gabe einer Vitaminmischung sinnvoll.

❏ **Bestimmen Sie die Futtermenge nach Gewicht, nicht nach Volumen.**

❏ **Füttern Sie die Pferde getrennt, wenn irgend möglich.** So wird vermieden, dass futterneidische Pferde sich überfressen oder rangniedere Tiere einschüchtern. Fohlen und Jungpferde können meistens problemlos in der Gruppe gefüttert werden. Mit dem Erwachsenwerden entwickeln sie jedoch eine Rangordnung und können insbesondere beim Fressen sehr starkes Konkurrenzverhalten zeigen.

Machen Sie deshalb nicht den Fehler, einfach die Tröge zu füllen oder die Eimer auf den Boden zu stellen und dann wegzugehen.

❏ **Geben Sie nie Futtermischungen oder Zusatzfutter, die Rumensin enthalten.** Dieser wachstumsfördernde Zusatzstoff ist in manchen Rinderfuttern enthalten und für Pferde tödlich.

❏ **Geben Sie dem Pferd nach dem Fressen eine Stunde Verdauungspause.**

❏ **Lassen Sie die Zähne regelmäßig überprüfen.** Der Tierarzt oder ein spezieller Pferdezahnarzt sollte mindestens einmal im Jahr das Gebiss kontrollieren. Beobachten Sie, wie das Pferd frisst, um Zahnprobleme früh zu entdecken. Wenn es Futter aus dem Maul fallen lässt oder zu Röllchen geformtes Heu oder Gras ausspuckt, kann das an Zahnhaken oder lockeren Zähnen liegen.

❏ **Untersuchen Sie die Beschaffenheit der Pferdeäpfel.** Wenn ganze Körner oder größere Pflanzenteile in den Pferdeäpfeln enthalten sind, kann dies auf ungenügendes Kauen und/oder mangelhafte Verdauung hinweisen.

❏ **Entwurmen Sie die Pferde regelmäßig ,** d.h. viermal jährlich, um durch massenhaften Befall verursachte Organschäden zu verhindern (siehe Kapitel 8, S. 181)

❏ **Beobachten Sie Ihr Pferd gründlich.** Plötzliche Änderungen in Appetit oder Fressverhalten weisen möglicherweise auf ein Problem hin.

Fütterung von Jungpferden

Ein Saugfohlen erhält alle wichtigen Nährstoffe aus der Muttermilch. Meiner Meinung nach ist es unklug und unnatürlich, ein Fohlen vor dem vierten Lebensmonat von der Mutter abzusetzen. Ab etwa einem Monat können Sie kleine Mengen von Zusatzfutter geben. Dies ist der einzige Zeitpunkt im Leben eines Pferdes, zu dem es mehr Kraftfutter als Raufutter erhalten kann. Dies liegt daran, dass der Dickdarm sich mehrere Monate lang entwickeln muss, bevor er Raufutter verdauen kann. Bis zum Alter von drei Monaten wird das Fohlen deshalb nicht viel mehr tun als gelegentlich am Gras zu knabbern.

Bei trockener Witterung kann ein im Frühjahr geborenes Fohlen Tag und Nacht auf der Weide bleiben. Das Umhertoben und Laufen neben der

Oben: Wasser ist die Voraussetzung für alle biochemischen Vorgänge im Körper.

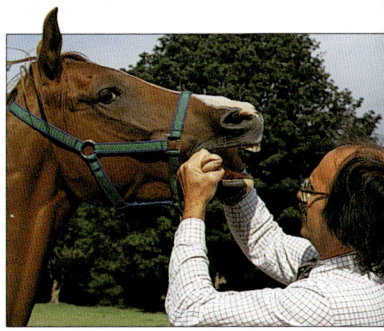

Oben: Lassen Sie die Zähne regelmäßig kontrollieren - das Pferd ist auf ihre gute Funktion angewiesen.

> **❝** Frisches Gras und anderes Saftfutter ist wertvoll, da reich an Nährstoffen. Besonders Stallpferde wissen frisches Futter zu schätzen. **❞**

Unten: *Dieses Pferd fühlt sich sichtlich wohl! Freiheit, Freunde und Futter sind die wichtigsten Dinge, die ein Pferd braucht. Sind sie gegeben, verrichtet es auch seine Arbeit gerne für uns!*

Saftfutter - Abwechslung und Vitamine im Pferdefutter
Saftfutter muss immer frisch und frei von Schimmel sein. Nicht zu klein schneiden.

Zuckerrübenschnitzel – Sie bleiben übrig, nachdem der Zucker aus der Rübe entzogen wurde und werden getrocknet in Pellets gepresst. Sie dürfen nur aufgequollen gefüttert werden und enthalten viel Energie und Kalzium. Höchstmenge: bis zu 1,4 kg Trockenmasse/Tag.

Mohrrüben – Können in Mengen bis zu 1,8 kg pro Tag verfüttert werden. Kalorienarm und bei allen Pferden beliebt!

Äpfel (verschiedene Sorten) – Pferde müssen nicht unbedingt Granny Smiths fressen – jede Sorte ist recht. Geben Sie ruhig mehrere täglich.

Blumenkohl, Brokkoli, Erbsen – Die meisten Kohlarten und Hülsenfrüchte (Bohnen, Erbsen) schmecken Pferden in kleinen Mengen gut.

Maiskolben – Pferde lieben es, ganze Maiskolben genüsslich abzunagen.

Steckrüben – Für Pferde schmackhaft, dürfen aber nur in kleinen Mengen verfüttert werden, da sie die Jodaufnahme beeinträchtigen können.

Kirschen, Melone, Kürbis, Papaya, Brombeeren, Mango, Banane – Vitaminreiche Leckerbissen zur Belohnung.

Datteln, Pflaumen, Aprikosen, Weintrauben – Können frisch oder getrocknet als Belohnung gegeben werden.

Mutter bringt eine positive Belastung auf Knochen und Bänder und unterstützt Kreislauf sowie Verdauung; die frische Luft fördert die Entwicklung der Lungen.

Erst im Alter von etwa sechs Jahren ist das Skelett eines Pferdes oder Ponys völlig ausgereift. Bis zum Alter von zwei oder drei Jahren finden noch größere Veränderungen im Körper statt, darunter auch die Verknöcherung der knorpeligen Wachstumsfugen mancher Knochen.

Das Futter für ein wachsendes Pferd richtig auszubalancieren, ist nicht immer einfach. Wenn ein Junghengst zu dick wird, könnte man auf die Idee kommen, seine Ration zu kürzen, damit er weniger frisst. Wahrscheinlicher ist aber, dass nur die Energie- bzw. Kalorienaufnahme gekürzt und die Menge an Eiweiß, Kalzium, Vitaminen und Mineralien beibehalten werden muss, weil diese Stoffe für das Wachstum wichtig sind.

Saugfohlen 1 - Monate

- 0,5-1kg spezielles Fohlenfutter, aufgeteilt in vier Portionen.
- Muttermilch
- Ca:P (Kalzium- Phosphor) Verhältnis 1,25:1

- Viel Eiweiß
- Viel Kalzium
- Viele Vitamine und Mineralien
- So viel Weide- gang wie möglich

Absetzer 6 - 18 Monate

- Spezieller Futtermix für Jungpferde
- Alfalfa und Heu
- Ca:P (Kalzi- um:Phos- phor) Ver- hältnis 1,75:1

Warmblut von etwa 165 cm Stockmaß

Viele Pferde diesen Typs werden leider aufgrund der Art ihrer Nutzung über lange Perioden im Stall gehalten, der daraus entstehende Mangel an Aktivität führt leicht zu übermäßiger Fettbildung. Sie werden auch eingedeckt, umsorgt und verhätschelt wie sonst keine Pferde - vielleicht wegen ihres Wertes oder nur um des Aussehens willen. Wenn man sich aber ein aktives, energiegeladenes Pferd mit optimaler Gesundheit und Leistungsbereitschaft wünscht, ist eine raufutter-

reiche Ration, ergänzt durch kleine Portion stark energiehaltigen Kraftfutters, sinnvoller als die Gabe größerer Mengen von Kraftfutter mit mittlerem Energiegehalt, das einfach nur in Fett umgesetzt wird. Frisches Gras und anderes Saftfutter ist wertvoll, da reich an Nährstoffen. Besonders Stallpferde wissen frisches Futter zu schätzen. Sie benötigen evtl. nur 1,5-2% ihres Körpergewichtes als Futter.

Tagesration: 1,5-2% des Körpergewichtes

80% Raufutter
- Gras/Heu

20% Kraftfutter
- Spezialmix für Leistungspferde
- Häcksel/ Graspellets

Besonderheiten
- Saftfutter
- Frische oder getrockente Kräuter
- Auslauf bei begrenztem Weidegang
- Kleine Mengen sehr energiereichen Futters geben
- Knoblauch, Weißdorn und Klebkraut sind eine gute Futterergänzung

---

Schlechte Futterverwerter / hochblütige Pferde

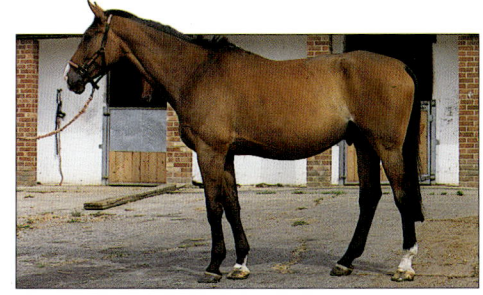

Bei Pferden mit hohem Vollblutanteil, reicht das Raufutter alleine meist nicht aus, um den zum Erhalt des Körpergewichtes nötigen Kalorienbedarf zu decken. Andererseits macht zu energiereiches Futter ihr ohnehin schon nervöses Temperament noch schwieriger zu handhaben. Soviel Auslauf und Weidegang wie möglich dient der Entspannung und dem Abbau überschüssiger Energien. Die Verdauung solcher Pferde reagiert sehr stark auf Stressbelastung. Bierhefe oder Fermentgetreide unterstützten die Funktion der Verdauungsorgane.

Tagesration: 2,5-3% des Körpergewichtes

70% Raufutter
- Gras/Heu

30% Kraftfutter
- Futtermix für schwer- futtrige Pferde
- Alfalfa/Luzerne
- Bierhefe/Fermentgetreide
- Öl

Besonderheiten
- Saftfutter
- Frische oder getrocknete Kräuter
- So viel Weidegang und Auslauf wie möglich
- Baldrian, Weißdorn und Kamille sind eine gute Futterergänzung

Sportpferd mit hoher Arbeitsbelastung (z.B. Military)

Diese Pferde sind ständig hoher Beanspruchung ausgesetzt, die sowohl körperliche Kraft als auch Präzision verlangt. Oft fällt es ihnen schwer, »abzuschalten« und sich richtig zu erholen. Um optimale Ergebnisse zu reichen, ist die Unterstützung ihres seelischen und körperlichen Wohlbefindens wichtig.

Tagesration: 2,5% des Körpergewichtes

65% Raufutter
• Gras/Heu

35% Kraftfutter
• Hochleistungs-Futtermix
• Alfalfa/Luzerne
• Vitamin-/Mineralfutter
• Bierhefe/Fermentgetreide
• Öl

Besonderheiten
• Saftfutter
• Frische oder getrocknete Kräuter
• So viel Weidegang und Auslauf wie möglich
• Evtl. gelegentliche Gabe von Elektrolyten nötig
• Ginkgo Biloba, Brunnenkresse, Löwenzahn und Zweige von Birke oder Haselnuss sind eine gute Futterergänzung
• Ganze Maiskolben bieten Beschäftigung und Energie

Distanzpferd/Araber (Mittlere bis hohe Arbeitsbelastung)

Diese Pferde lieben meist ihre Arbeit und besitzen aufgrund ihrer Veranlagung eine hohe Aktivität und Ausdauer. Wichtig ist, die richtige Menge langfristig verfügbarer Energie im Futter zu geben und Gewichtsverluste durch nervöse Aktivität zu vermeiden.

Tagesration: 2,5% des Körpergewichtes

70% Raufutter
• Gras/Heu

30% Kraftfutter
• Fertigmix für Leistungspferde
• Rohfaserreiche Pellets
• Bierhefe
• Öl

Besonderheiten
• Saftfutter
• Frische oder getrocknete Kräuter
• So viel Weidegang wie möglich
• Eventuell gelegentliche Gabe von Elektrolyten
• Vorsicht: Manche Araber reagieren allergisch auf Luzerne
• Baldrian, Weißdorn, Kamille und Mädesüß sind eine gute Futterergänzung

Freizeitpferd (leichte Arbeit)

Diese Pferde werden etwa dreimal pro Woche geritten und selten über längere Zeiträume stark gefordert. Die aus Gras und Heu gewonnene Energie reicht in der Regel aus, ergänzt durch Mineral- und Vitaminfutter.

Tagesration: 2-2,5% des Körpergewichtes

80% Raufutter
• Gras/Heu

20% Kraftfutter
• Energiearmer Erhaltungsfuttermix
• Graspellets

Besonderheiten • Saftfutter
• Frische oder getrocknete Kräuter
• So viel Weidegang und Auslauf wie möglich
• Weißdorn, Hagebutten, Stauden-Feuerkraut (Chamaenerion angustifolium)

Altes Pferd über 20 Jahre

Bei alten Pferden ist die Fähigkeit zur Verwertung der Nährstoffe oft herabgesetzt. Wegen abgenutzter oder lockerer Zähne haben sie häufig

Kauprobleme und verlieren Gewicht. Obwohl sie wenig oder gar nicht arbeiten, brauchen sie größere Mengen an Energie/Kalorien sowie leicht verfügbares Eiweiß und Kalzium. Haben sie Probleme beim Fressen von Heu oder Gras, können Graspellets gegeben werden.

Tagesration: 2,5-3% des Körpergewichtes

70% Raufutter
• Gras/Heu

30% Kraftfutter
• Futtermix für schlechte Futterverwerter
• Graspellets
• Alfalfa • Öl
• Zuckerrübenschnitzel
• Bierhefe/Fermentgetreide

Besonderheiten
• Saftfutter
• Frische oder getrocknete Kräuter
• Viel Eiweiß und Kalzium • So viel Weidegang und Auslauf wie möglich
• Obstessig ist eine gute Futterergänzung
• Bei Arthritis sind Weidenzweige, Mädesüß und Beinwell nützlich

Sport-/Turnierpony

Ein aktives Pony, das aber eventuell nur an den Wochenenden hart arbeiten muss und an den restlichen Tagen zum Ansetzen von Übergewicht neigt. An den Tagen mit intensiver Nutzung kann energiereicheres Futter gegeben werden, in der restlichen Zeit Graspellets.

Tagesration: 2-2,5% des Körpergewichtes

70% Raufutter
• Gras/Heu

30% Kraftfutter
• Energiearmer Erhaltungsfuttermix
• Graspellets

Besonderheiten • Saftfutter
• Frische oder getrockente Kräuter
• So viel Weidegang und Auslauf wie möglich
• Weißdorn, Knoblauch, Klebkraut und Stauden-Feuerkraut

Hufreheanfällige Pferde

Hufrehe ist ein weit verbreitetes Leiden. Leider sind Pferde, die einmal daran erkrankt werden, in Zukunft anfällig. Die wichtigste Maßnahme zur Vorbeugung von Hufrehe besteht meiner Meinung nach darin, die Pferde das ganze Jahr über auf ungedüngten Weiden zu halten (im Winter mit Heuzufütterung). So können sie sich besser an die jahreszeitlichen Schwankungen in den Inhaltsstoffen der Gräser anpassen als im Stall gehaltene Pferde, die nur für

begrenzte Zeit auf die Weide kommen. Möglicherweise treten bei dieser Haltung größere Schwankungen im Körpergewicht auf, wie dies auch bei Wildpferden zu beobachten ist. Aktue Hufrehe muss unbedingt tierärztlich behandelt werden, das Pferd benötigt Boxenruhe, eine Spezialdiät und Behandlung der Hufe.

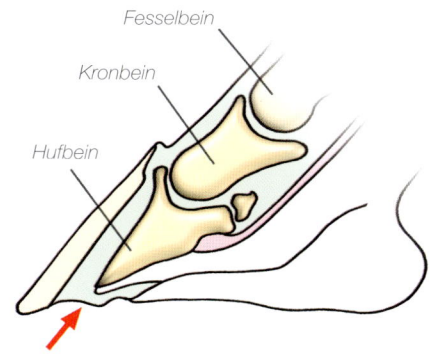

Fesselbein

Kronbein

Hufbein

Tagesration: 1-2% des Körpergewichtes

95% Raufutter
• Gras/Heu

5% Kraftfutter
• Graspellets
• Sojaöl
• Bierhefe/Fermentgetreide

Besonderheiten
• Saftfutter • Frische oder getrocknete Kräuter
• Ganzjähriger Weidegang auf ungedüngten Flächen
• Bei begrenztem Weidegang alternative Auslaufflächen anbieten
• Klebkraut, Weißdorn, Schafgarbe und Buchweizen unterstützen die Hufdurchblutung, Hagebutten enthalten Biotin

HUFREHE
Das rotierte Hufbein eines an Rehe erkrankten Pferdes. Zur Vorbeugung ist rohfaserreiches, stärkearmes Futter wichtig.

KAPITEL 8

Gesundheit und Naturmedizin

Der Besitz eines Pferdes hat seine schönen, aber auch seine weniger angenehmen Seiten. Verletzungen und Krankheiten verursachen Sorgen und Kosten, weshalb Wissen um vorbeugende Maßnahmen und eine gute Nachbetreuung nicht nur für das Wohlbefinden des Pferdes, sondern auch für das des Reiters wichtig sind.

Der wichtigste Teil in der alltäglichen Versorgung eines Pferdes ist, es genau anzuschauen. Eine genaue Beobachtung Ihres Pferdes ist der beste Weg, es zu verstehen und Warnsignale für ungewöhnliches Verhalten oder Probleme physischer und psychischer Art sofort zu erkennen.

Oben: Viele Pflanzen wie diese Nachtkerze enthalten Substanzen, die als Tonikum oder Heilmittel wirken.
Rechts: Ein Hydrotherapie-Becken ermöglicht fast belastungsfreie Bewegung, weil das Körpergewicht des Pferdes vom Wasser getragen wird. Pferde sind von Natur aus gute Schwimmer.

HYDRATATION
Zur Überprüfung des Wasserhaushaltes wird eine Hautfalte an Schulter oder Hals des Pferdes hochgezogen und wieder losgelassen. Sie sollte sich sofort wieder glätten. Wenn sie länger bestehen bleibt, ist das Pferd aller Wahrscheinlichkeit nach bereits stark dehydriert.

PULSMESSEN
Unten sind vier verschiedene Methoden zur Pulsmessung dargestellt. Der normale Puls beträgt 30-40 Schläge pro Minute.

Folgendes sollten Sie wissen oder kennen:

❑ *Die Krankheitsgeschichte* Ihres Pferdes. Dazu gehören auch wiederkehrende Erkrankungen oder Schwierigkeiten im Körperbau, die später zu Problemen führen können.

❑ *Sein normales Verhalten im gesunden Zustand,* darunter die Körperhaltung (z.B. ob es gewöhnlich ein Hinterbein schont etc.) und die Farbe der Schleimhäute im Maul und in den Augen.

❑ Die normale *Menge und Häufigkeit von Kot- und Urinabsatz* und dessen futterabhängige Konsistenz

❑ Seinen normalen *Appetit*

❑ Die Normalwerte von *Körpertemperatur, Puls* und *Atem*

Wenn Sie wissen, was für Ihr Pferd »normal« ist, haben Sie es leichter, Anzeichen für eine Unpässlichkeit früh zu erkennen.

Temperatur Die normale Körpertemperatur eines Pferdes beträgt etwa 38 Grad Celsius. Zum Messen führt man die Spitze des Fieberthermometers etwa 4 cm tief in den Mastdarm ein und

> 66 **Fast 90% aller an Tetanus erkrankten Pferde sterben! Eine Schutzimpfung ist deshalb besonders wichtig.** 99

drückt es etwa eine Minute lang leicht gegen die Darmwand.

Puls/Herzschlag In Ruhe beträgt der Puls zwischen 30 und 40 Schlägen pro Minute. Man kann ihn an jeder Arterie fühlen, indem man den Finger darauf drückt. Üblicherweise nimmt man ihn am Unterkiefer ab.

Atemwerte Ein ruhendes Pferd macht zwischen 8 und 12 Atemzügen pro Minute, bei Belastung mehr.

Wasserhaushalt und Blutkreislauf Eine an Hals, Schulter oder Flanke hochgezogene Hautfalte muss schnell wieder zurückspringen. Wenn sie sich nur langsam wieder glättet, kann dies ein Anzeichen für Dehydratation sein.

Die Schleimhäute in Nüstern, Augen und Maul sollten zart rosafarben sein. Eine blassere Farbe kann Symptom für niedrigen Blutdruck oder Blutarmut sein.

Fragen Sie im Zweifel den Tierarzt.

Auch wenn Sie am besten beurteilen können, ob Ihr Pferd in Form ist oder nicht, ist es doch Sache des Tierarztes, ein spezielles Problem genau zu diagnostizieren und entsprechend zu behandeln.

Der Herzschlag kann knapp hinter dem Ellbogen mit einem Stethoskop abgehört werden.

Der Herzschlag kann mit der flachen Hand in der Gurtlage hinter dem Ellbogen erfühlt werden.

Der Puls kann mit den Fingern an der Arterie des Unterkiefers erfühlt werden.

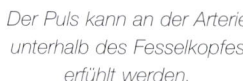

Der Puls kann an der Arterie unterhalb des Fesselkopfes erfühlt werden.

IMPFUNGEN

Vorbeugen ist besser als Heilen, weshalb ein verantwortungsvoller Halter sein Pferd gegen die wichtigsten Infektionskrankheiten impfen lassen sollte. Auf vielen Turnieren und Veranstaltungen ist ein schriftlicher Impfnachweis Bedingung zur Anmeldung. Impfungen sind die einzige wirklich langfristig effektive Schutzmaßnahme, da es leider keine nachgewiesen sicheren Alternativ- oder Kräuterbehandlungen gibt.

Von allen Haustieren sind Pferde am anfälligsten für den Tetanus- (Wundstarrkrampf-)erreger, der über Wunden in den Körper gelangt. Oft sind es kleine Stichverletzungen an Haut oder Huf, die vom Besitzer gar nicht bemerkt werden. Die Anfangssymptome wie Steifheit und Schluckbeschwerden können leicht mit anderen Erkrankungen verwechselt werden. Die Sterblichkeitsrate bei an Tetanus erkrankten Pferden beträgt bis zu 90%, woraus deutlich wird, wie wichtig eine vorbeugende Impfung ist.

Pferdeinfluenza (Pferdegrippe) ist eine hoch ansteckende Viruserkrankung, die schnell auf einen ganzen Bestand übergreifen kann. Zu den Symptomen gehören Nasenausfluss, ein trockener Husten und erhöhte Körpertemperatur. Influenza kann auch eine erhöhte Anfälligkeit für Sekundärinfektionen wie Bronchitis oder bakterielle Lungenentzündung hinterlassen. Es gibt verschiedene Varianten des Influenzaerregers, wobei die wichtigsten vom Impfstoff erfasst werden. Sowohl für Tetanus als auch für Influenza stehen verschiedene Impfstoffe, z.T. Kombipräparate, zur Verfügung.

Manche Turnierveranstalter, Rennställe oder Gestüte verlangen außerdem den Nachweis einer Impfung gegen Herpes, dessen Symptome denen der Influenza ähneln können.

ENTWURMEN

Die Frage der Entwurmung ist für Pferdebesitzer besonders wichtig. Es ist ganz natürlich, dass die meisten Tiere hin und wieder die ein oder andere Form von Parasiten haben. Wenn wir Pferde aber auf kleinen Weideflächen halten, erhöhen wir die Wahrscheinlichkeit des Wurmbefalls enorm. Gewichtsverlust, Blähbauch, stumpfes Fell, Schweifscheuern, Durchfall und Blutarmut können Zeichen für einen hohen Wurmbefall sein. Die einfachsten Methoden zur Wurmkontrolle sind gutes Weidemanagement inklusive Entfernen der Pferdeäpfel, rechtzeitiges Umtreiben oder Wechselbeweidung mit Rindern oder Schafen. Anhand des Einsendens von Kotproben in ein Labor ist heute einfach feststellbar, ob ein Problem vorliegt oder nicht. So kann man Wurmkuren gezielt nach Bedarf geben anstatt standardmäßig in festgelegten Intervallen. Die wichtigsten Wirkstoffe in Wurmmitteln sind Ivermectin, Fenbendazol und Pyrantelembonat. Das jeweilige Mittel sollte gezielt nach Jahreszeit und Entwicklungsstadium der jeweiligen Parasitenart ausgewählt werden.

Ein ganzheitliches System von gutem Weidemanagement und Vorbeugung mit homöopathischen Mitteln oder Kräutern wie dem Wermut (Artemisia absinthum) kann die Notwendigkeit chemischer Parasitenbekämpfung herabsetzen, erfasst jedoch nie das gesamte Spektrum an Parasitenarten. Homöopathische Mittel und Wermut (frische Pflanze oder in Wasser aufgelöste Extrakttropfen) sollten nur alle 5 bis 6 Wochen an drei aufeinanderfolgenden Tagen gegeben und die Behandlung dann eingestellt werden. Die regelmäßige Fütterung von Mohrrüben, Knoblauch, Obstessig, Petersilie und sogar Feigen kann helfen, die Resistenz gegen Würmer zu stärken.

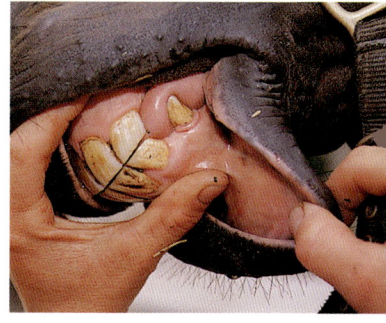

Oben: *Die Schleimhäute sollten zart rosafarben sein. Ein blasseres Aussehen kann auf niedrigen Blutdruck oder Blutarmut hinweisen.*

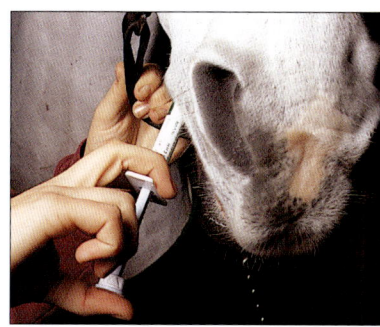

Oben: *Weil unsere Pferde meist auf den gleichen begrenzten Weideflächen grasen, ist die Gefahr eines Wurmbefalls groß. Regelmäßige Entwurmungen sind nötig.*

Oben: *Auch die Farbe der Bindehaut im Auge sollte zartrosa sein. Eine Gelbfärbung weist auf Gelbsucht oder evtl. durch Vergiftung verursachte Leberschäden hin.*

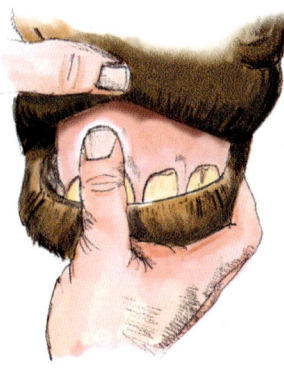

SCHOCKANZEICHEN
Ein Symptom für Schock ist schwacher Kreislauf, erkennbar an einer herabgesetzten Kapillarfüllzeit. Pressen Sie den Daumen zwei Sekunden lang fest auf das Zahnfleisch des Pferdes. Danach muss sich die weiß gewordene Stelle innerhalb einer Sekunde wieder rosa färben. Längere Zeiten sind Hinweis auf ein Problem.

GESUNDER MEN-
SCHENVERSTAND

Denken Sie möglichst nüchtern darüber nach, ob und wie Sie in der Situation einer Verletzung oder Erkrankung sinnvoll handeln können.

🐎 *Rechts: Im Gegensatz zu wohlmeinenden Bekannten beurteilt der Tierarzt Krankheiten oder Verletzungen objektiver. Es ist richtig, im Zweifelsfall lieber vorsichtig zu sein, aber Sie müssen auch nicht wegen jeder kleinen Lahmheit den Tierarzt rufen. Bei schlechtem Allgemeinzustand des Pferdes ist sein Besuch dagegen wichtig.*

Wann der Tierarzt kommen muss

Auch wenn es das Hauptanliegen dieses Buches ist, eine natürlichere Haltung unserer Pferde anzuregen, heißt das nicht, dass ihr Wohlbefinden aufs Spiel gesetzt werden soll, weil man meint, »der Natur ihren Lauf lassen« zu können. Die Natur kann grausam sein - Verletzungen oder Krankheiten dienen in freier Wildbahn dazu, schwache oder alte Tiere zu eliminieren, um so die Population zu begrenzen. Wenn wir Pferde domestizieren, ihnen Decken und Reitausrüstung anlegen, sie in Anhängern transportieren, in Ausläufen einzäunen, konzentriertes Futter geben und sie beim Reiten bis an die Grenzen ihrer Leistungsfähigkeit bringen, erhöhen wir das Verletzungsrisiko enorm. Wir als ihre Besitzer schulden ihnen Verantwortung und bestmögliche Unterstützung in der Genesung von Krankheiten und Verletzungen.

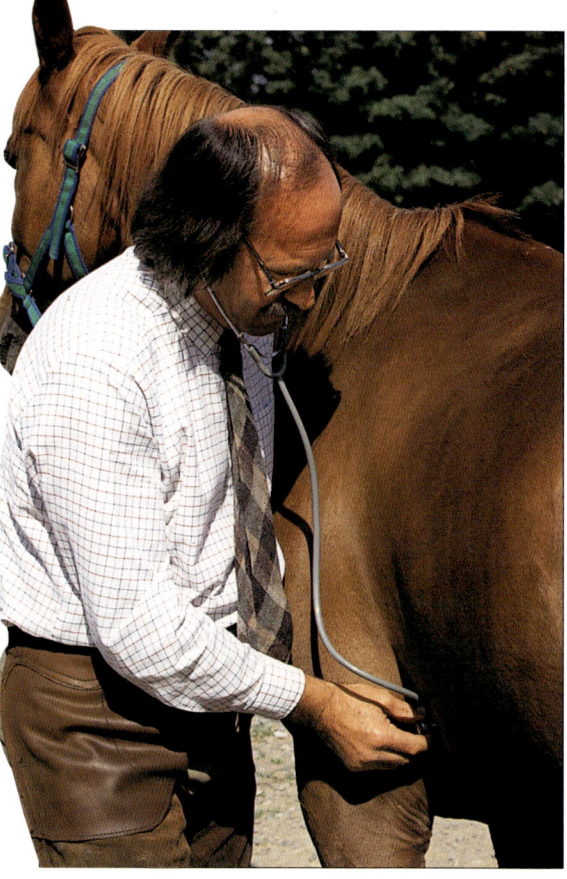

Rufen Sie sofort den Tierarzt bei:

• Starken Blutungen

• Starken Schmerzen. Schmerzäußerungen sind Stöhnen, heftiges Wälzen oder Augenrollen

• Plötzliche starke Lahmheit. Das Pferd bewegt sich nicht mehr freiwillig

• Ein in die Haut eingedrungener Fremdkörper wie z.B. ein Stück Draht

• Atembeschwerden

• Gelenkflüssigkeit (von gelblicher Farbe) tritt aus der Wunde aus

• Offen sichtbarer Knochen

Beobachten Sie Ihr Pferd genau und rufen den Tierarzt so bald wie möglich bei:

• Einer Wunde, die keine Lahmheit verursacht, aber evtl. genäht oder gesäubert werden muss

• Lahmheit, bei der das Pferd noch gehen kann

• Durchfall oder Appetitlosigkeit

• Leichte Kolik (kann bis zum Eintreffen des Tierarztes verschwunden sein)

• Unnormales Verhalten, ungewöhnliche Bewegungen oder Überempfindlichkeit

• Schwellungen, Verdickungen oder übelriechende Stellen

• Wiederholtes Husten oder Nasenausfluss

Erste Hilfe, bis der Tierarzt kommt

Der Besitz eines Pferdes oder Ponys beinhaltet immer das Risiko von Verletzungen und Gesundheitsproblemen. Bei einem Notfall muss unbedingt der Tierarzt gerufen werden, um korrekte Diagnose und Behandlung sicherzustellen. Bis er kommt, kann man einiges tun, um das Problem nicht weiter zu verschlimmern.

❏ *Geraten Sie nicht in Panik.* Da das Pferd eh schon unter Stress oder sogar Schock steht, ist es wichtig, ruhig zu bleiben und klar zu denken.

❏ *Im Zweifelsfall lieber nichts tun.* Verschlimmern Sie das Problem nicht noch. Säubern Sie nicht einmal eine Wunde, ohne den Tierarzt um Rat gefragt zu haben. Vielleicht möchten Sie mit dem Ausspülen einer Wunde Gutes tun, aber wenn der Wasserdruck aus dem Schlauch zu groß ist, schädigt er die Struktur der Zellwände, zerstört Gewebe und verzögert die Heilung.

❏ *Gebrauchen Sie Ihren gesunden Menschenverstand.* Wenn Ihr Pferd einen Unfall hatte und Sie ein Handy dabei haben, rufen Sie Hilfe herbei und machen Sie es dem Pferd solange so bequem wie möglich. Der Tierarzt kann Ihnen möglicherweise am Telefon sagen, was zu tun ist, bevor Sie versuchen, das Pferd zu transportieren oder zu führen.

❏ *Stoppen Sie jede Blutung, indem Sie Druck auf die Wunde ausüben.* Wenn Ihr Pferd sich auf einem Ausritt verletzt, improvisieren Sie mit dem, was Sie dabei haben. Kräftiger Druck auf ein direkt auf die Wunde aufgelegtes Polster (Halstuch o.ä.) ist wichtig, um größere Blutverluste zu verhindern und die Gerinnung zu fördern.

Wenn Sie Pech haben, sind weder Telefon noch Hilfe sofort zur Stelle und Sie müssen improvisieren, um die Situation zunächst zu stabilisieren, bis Hilfe kommt. Hier einige einfache Hilfsmittel, die bei gängigen Problemen eingesetzt werden können:

❏ Bei kleineren Schnittwunden, die nicht genäht werden müssen, ist ein sauberes, frisch gesponnenes Spinnennetz ein hervorragendes Hilfsmittel, um die Wunde zu überbrücken

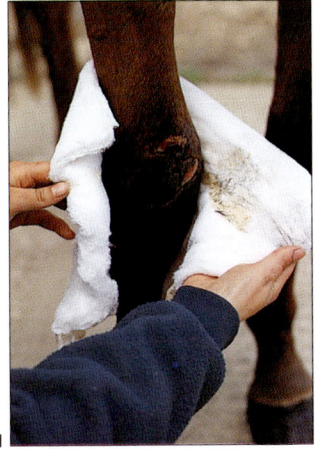
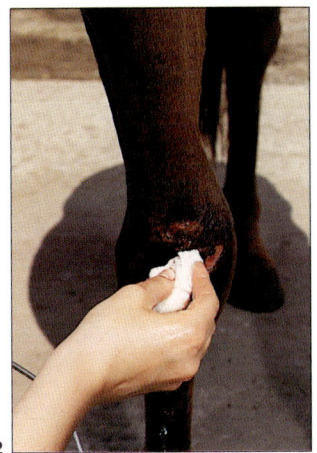
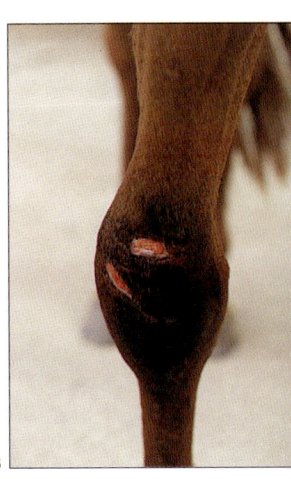

und die Blutgerinnung zu fördern. Besonders nützlich ist es an schwer zugänglichen oder sehr empfindlichen Körperstellen.

❏ Zuckerfreie Pfefferminzdrops haben sich bei leichterer Kolik bewährt. Das ätherische Öl der Minze wirkt krampflösend und entspannend auf den Verdauungstrakt, während das enthaltene Sorbitol als mildes Abführmittel wirkt. *N.B.: Kolik kann lebensbedrohend sein - verständigen Sie den Tierarzt, wenn die Symptome anhalten.*

❏ Zum Schutz eines verletzten Beines können Sie einen improvisierten Verband machen. Legen Sie zunächst etwas nicht Haftendes auf die Wunde, z.B. ein großes Blatt oder sogar ein sauberes Stück Plastiktüte. Mit einem Schal oder Halstuch können Sie fest bandagieren. Bei starker Blutung fügen Sie mehrere Polster in den Verband ein, um den Druck auf die Wunde zu erhöhen. Im Notfall tut es auch eine Handvoll Gras oder Blätter. Fixieren Sie den gesamten Verband dann mit einem Gürtel oder Steigbügelriemen.

❏ Bei kleineren Schwellungen an den Gliedmaßen oder einfach zur Erfrischung nach anstrengender Arbeit sind kühlende Umschläge oder Stehen im Wasser wohltuend. Dem Waschwasser zugefügter Hamamelis-Extrakt wirkt entzündungshemmend, abschwellend und vitalisierend auf ermüdete Muskeln, in einer Wundkompresse außerdem blutstillend.

🐎 *1: Drücken Sie ein dickes Polster mehrere Minuten lang fest auf die blutende Wunde.*
2: Säubern Sie die Umgebung der Wunde vorsichtig mit klarem Wasser. Bringen Sie kein Desinfektionsmittel in die Wunde, weil der Tierarzt sonst nicht mehr nähen kann.
3: Sie haben die Zeit bis zum Eintreffen des Tierarztes sinnvoll genutzt. Die Wunde kann jetzt weiter von ihm versorgt werden.

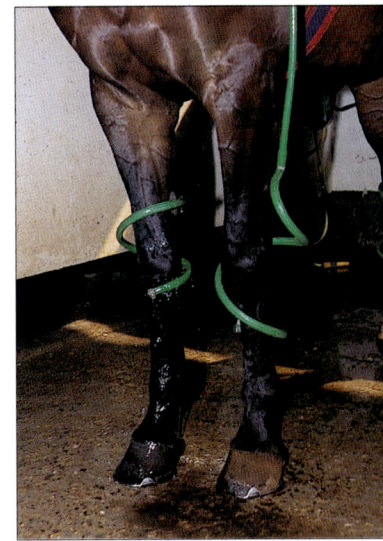

🐎 *Oben: Kaltes Abspritzen der Beine wirkt abschwellend und kühlend. Offene Wunden dürfen aber nicht gekühlt werden.*

🐎 **Oben:** *Gesellschaft und eine interessante Umgebung halten diese Pferde auch psychisch stabil. Einsamkeit ist der häufigste Grund von Verhaltensstörungen bei Pferden.*

🐎 **Unten:** *Wenn Zuchtstuten in großen Herden mit anderen Stuten draußen gehalten werden, gehören sie sicher zu den glücklichsten Pferden überhaupt.*

MENTAL GESUND

Körperliche Beschwerden werden meist schnell sichtbar, während psychische Leiden häufig kaum bemerkt werden. Wenn das Pferd im bestmöglichen Zustand sein soll, ist die Sorge um sein mentales und seelisches Wohlbefinden genauso wichtig wie die körperliche Pflege.

Manch einer ist der Meinung, dass das behütete Dasein bei uns für die Pferde besser ist als ein Leben in der Wildnis. Natürlich ist es richtig, dass wir sie vor Futterknappheit und vielen Gefahren bewahren, denen sie sich in der Wildnis gegenüber sehen. Die meisten domestizierten Pferde sind gesund, was durch ihren sichtlich guten Gesamtzustand und das hohe Alter, das sie in unserer Obhut oft erreichen, klar zutage tritt. Als Ergebnis dieses wohlbehüteten Daseins kann jedoch ihre mentale Gesundheit leiden - häufig haben sie nicht mehr die Möglichkeit, alleine Entscheidungen zu treffen und erfahren nur wenig geistige Stimulation. In ihrer natürlichen Umgebung erfahren Pferde durch die Interaktion mit anderen Herdenmitgliedern und die Futtersuche vielseitige geistige Anregung. Sie sind verschiedenen Witterungseinflüssen und Landschaftsformationen ausgesetzt, müssen mit unvorhersehbaren Schwierigkeiten in einer oftmals feindlichen Umwelt zurechtkommen.

Ein mehr als ein paar Stunden am Tag aufgestalltes Pferd ist nichts anderes als ein Strafgefangener. Im Idealfall hätte es die Wahl zwischen Grasen, Ruhen, Schlafen, Spielen, sich Wälzen, unter freiem Himmel oder geschützt Stehen. Der Entzug dieser Entscheidungsfreiheit kann weitreichende Folgen haben. Auch ein einzelnes Pferd in einem Auslauf kann ein Gefangener sein.

Mentales Wohlbefinden ist für optimale Leistungsfähigkeit von entscheidender Bedeutung und hat Einfluss auf körperliche Gesundheit, Persönlichkeit, Energie und Reaktionsvermögen. Psychisches Ungleichgewicht kann sich in verschiedenen Formen äußern: Introvertiertes oder nervöses Verhalten, Unfähigkeit, mit Menschen oder anderen Tieren zu kommunizieren und Beziehungen einzugehen, aggressives Verhalten, mangelnder Arbeitseifer und allgemeine Lustlosigkeit. Zu den körperlichen Anzeichen gehören Koppen, Umherlaufen in der Box, Weben, Selbstverstümmelung, angelaufene Beine oder stumpfes Fell.

Wir können den auf unsere Pferde einwirkenden Stress abmildern, wenn wir ihre Bedürfnisse berücksichtigen und folgendes bieten:

- Gesellschaft (sowohl von Pferden als auch von Menschen)
- Eine anregende Umgebung
- Bewegung zur Förderung der körperlichen Fitness
- Arbeit zur Förderung der geistigen Fitness
- Ruhezeiten

Wir müssen uns darüber klar sein, dass Pferde genau wie Menschen verschiedene Talente und Fähigkeiten haben und keine »Universalgenies« sind. Wir erwarten auch nicht von jedem Jugendlichen, dass er ein hervorragender Leichtathlet ist, ebenso müssen wir auch die Grenzen eines Pferdes akzeptieren und uns darauf konzentrieren, was ihm liegt und Spaß macht. Wenn wir das missachten, sind Stress und Unlust die Folge.

Zu den einfachsten alternativen Möglichkeiten, um Spannungen bei Pferden abzubauen und Wohlbefinden zu schaffen, gehören die Aromatherapie und verschiedene Massagetechniken.

ALTERNATIVE HEILMETHODEN

Es wäre schön, wenn alle Pferdekrankheiten mit natürlichen Methoden behandelt werden könnten, sie sollten aber nie als das »einzig Wahre« oder als Ersatz für die Schulmedizin angesehen werden. Sie haben aber sehr wohl ihre Berechtigung in der alltäglichen Gesundheitsvorsorge und als ergänzende Therapie, die in Kombination mit traditionellen Methoden angewendet werden können oder dann, wenn die konventionelle Medizin nicht weiterhilft. Vergessen Sie aber nicht, dass auch die meisten vom Tierarzt verschriebenen Medikamente aus natürlichen Rohstoffen gewonnen werden und in klinischen Versuchen ausgiebig getestet wurden. Das Wissen und die Erfahrung des Tierarztes sind genau wie die pharmazeutischen Behandlungsmöglichkeiten, die er anbietet, unersetzlich.

Alternative Heilmethoden sollten nicht als Ersatz, sondern als Ergänzung betrachtet werden. Vor ihrer Anwendung sollte stets ein Tierarzt befragt werden.

Viele Pferdebesitzer würden gerne solche zusätzlichen Behandlungsmöglichkeiten anwenden, wissen aber oft nicht, wie dies praktisch im Alltag umgesetzt werden kann. Mit der nötigen Hilfestellung können viele der Therapien heute vom durchschnittlichen Pferdehalter selbst angewendet werden.

Im Fallbeispiel rechts ist ein typisches Szenario dargestellt, in dem ergänzende Behandlungsmöglichkeiten eingesetzt werden können.

Zusatztherapien - was man tun und was man lassen sollte

Tun:

- Verwendete Pflanzen genau bestimmen und sich versichern, dass sie frei von Spritzmitteln oder Schadstoffen sind
- Den Tierarzt von der geplanten Anwendung informieren
- Die Qualifikation eines evtl. hinzugezogenen Heilpraktikers überprüfen
- Bei Auftreten von Allergiezeichen die Anwendung von Heilpflanzen sofort abbrechen

PFERD 1	
Wird verletzt	Bachblüten-Notfalltropfen beruhigen Pferd und Reiter, bis der Tierarzt kommt.
Kommt in die Klinik	Konventionelle Notfallbehandlung.
Kommt zur Rekonvaleszenz nach Hause	Erhaltungsfutter mit Gras/Luzerne und Mohrrüben, ergänzt durch Echinacea, Hagebutten, Brombeerblätter und Weidenzweige.
Wund-behandlung	Homöopathische Tropfen - Arnika und Hypericum. Ätherische Öle Neroli und Beinwell anbieten. Örtliche Anwendung von Aloe Vera und Teebaumöl (verdünnt).
Wiederaufnahme der Arbeit	Massage und vorsichtige Dehnübungen der Beine vor der Arbeit.

PFERD 2 (Stute) Freundin von Pferd 1	
Gestresst und einsam ohne Pferd 1	Ätherische Öle Neroli and Rose anbieten. Viel Aufmerksamkeit und Bewegung anbieten. Futter mit beruhigend wirkenden Kräutern wie Baldrian oder Kamille.

Lassen:

- Wunder über Nacht erwarten. Manche pflanzlichen Mittel brauchen mehrere Tage, um vom Organismus aufgenommen zu werden.
- Glauben, dass natürlich gleich harmlos ist. Natürliche Substanzen können giftig sein.
- Medikamente und Therapien auf gut Glück auswählen. Suchen sie stets fachlichen Rat.

Achtung: Nicht alle hier vorgestellten Therapien können zuhause vom Besitzer durchgeführt werden, bei manchen ist die Unterstützung einer qualifizierten Fachperson (z.B. Heilpraktiker) nötig. Lassen Sie sich im Zweifelsfall beraten.

> 66 Die Sorge um das mentale und seelische Wohlbefinden des Pferdes ist genauso wichtig wie seine körperliche Pflege. 99

KARTE DER 14 WICHTIGSTEN MERIDIANE DER KLASSISCHEN CHINESISCHEN MEDIZIN

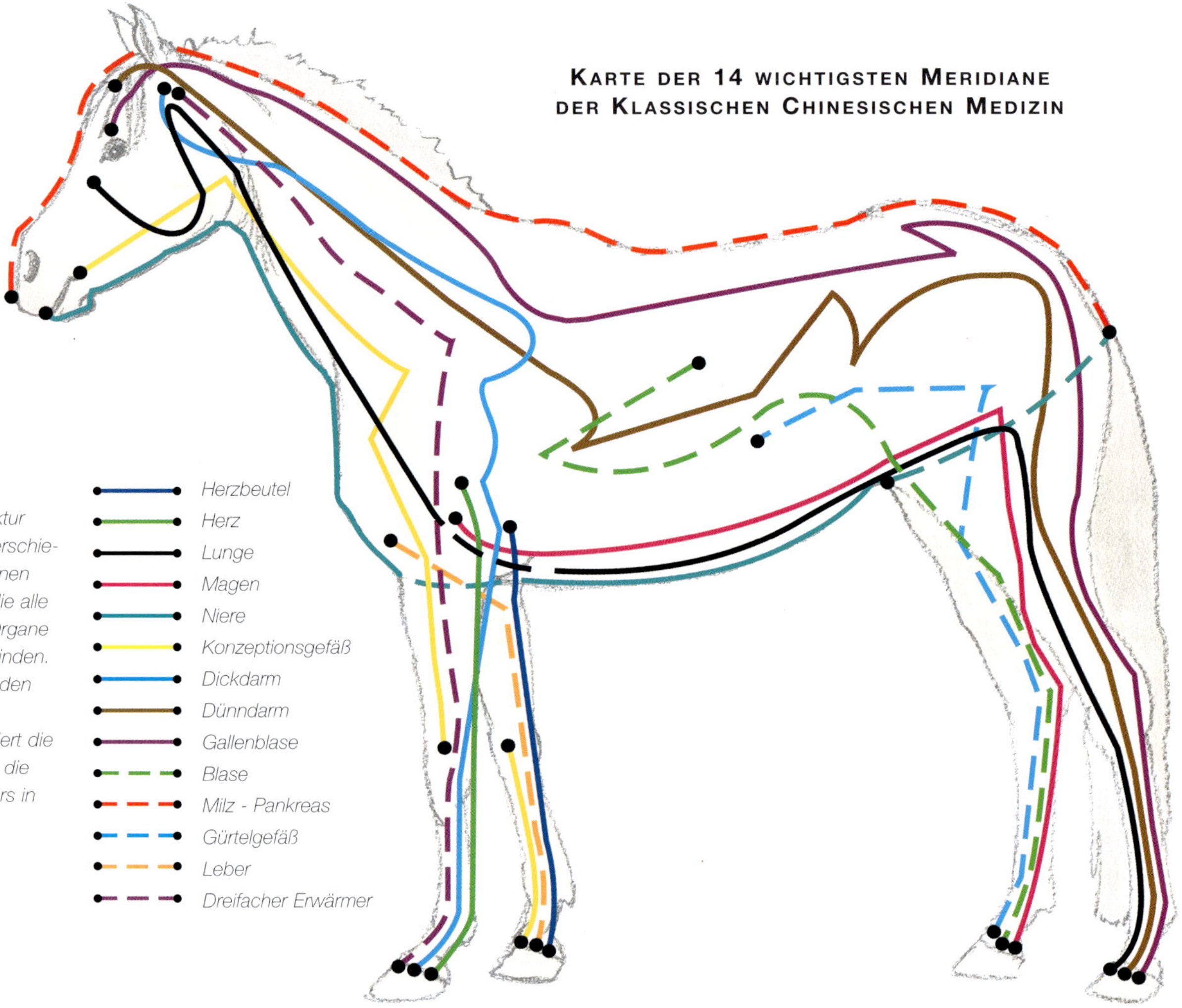

DIE MERIDIANE

Die Theorie der Akupunktur geht davon aus, dass verschiedene Meridiane wie Bahnen um den Körper laufen, die alle mit einem bestimmten Organe assoziierten Punkte verbinden. Eine Stimulation der auf den Meridianen liegenden Akupunktur-Punkte aktiviert die Lebenskraft (Qi), welche die Selbstheilung des Körpers in Gang setzt.

- Herzbeutel
- Herz
- Lunge
- Magen
- Niere
- Konzeptionsgefäß
- Dickdarm
- Dünndarm
- Gallenblase
- Blase
- Milz - Pankreas
- Gürtelgefäß
- Leber
- Dreifacher Erwärmer

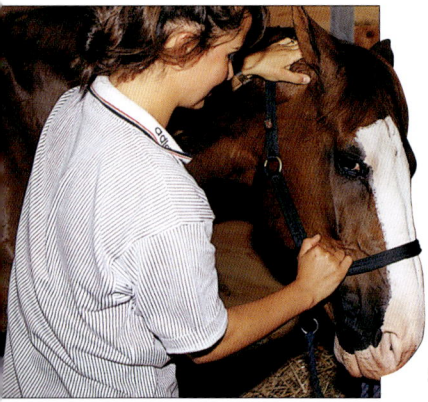

🐎 **Oben:** *Akupressur wirkt weniger tiefgreifend als Akupunktur, benützt aber die gleiche »Landkarte« von Meridianen, um durch Stimulation die Heilung anzuregen.*

Akupunktur

Die fernöstliche Medizin geht davon aus, dass Harmonie und Gesundheit durch das Gleichgewicht der beiden Hauptkräfte in der Natur, Yin und Yang, geschaffen werden. Man glaubt, dass die Energie (»Qi« oder »Chi«) in Meridian-Linien kanalisiert wird, die durch den Körper verlaufen. Akupunktur ist eine Methode, Blockaden in diesem Energiefluss zu lösen, Disharmonien zu korrigieren und so die Selbstheilungskräfte des Körpers anzuregen und Schmerzen zu lindern.

Sehr feine, hohle Nadeln werden an bestimmten, auf den Meridianen liegenden Akupunktur-Punkten bis knapp unter die Hautoberfläche eingestochen. Dabei kann der Ansatzpunkt der Nadel sehr weit vom eigentlichen Schmerzherd entfernt liegen. Die Nadeln werden zur besseren Stimulation vorsichtig bewegt und manchmal auch erhitzt oder in Kombination mit chinesischen Kräutern gebraucht, um die Wirkung zu verstärken. Bei der Akupressur werden die gleichen Meridiane gebraucht, aber hier versucht man, den Energiefluss durch Druckausübung mit der Fingerspitze anstatt mit dem Setzen von Nadeln anzuregen.

Aloe Vera

Aloe Vera ist, genau wie Zwiebeln und Knoblauch, ein Liliengewächs. In der Regel verwendet man den Saft, die ganze Pflanze ist jedoch überreich an Vitaminen, Mineralien, Aminosäuren und Enzymen. Man kann sie innerlich und äußerlich anwenden. Besonders wirksam ist sie auf

Wunden, wo sie keimtötende, kühlende und entzündungshemmende Eigenschaften entfaltet und den Heilungsprozess fördert. Sie scheint auch die Bildung von Narbengewebe und das Nachwachsen weißer Haare auf verletzten Hautstellen zu verhindern. Innerlich wirkt sie entgiftend und hilft so bei Infektionen der Harnwege oder Störungen der Verdauungsorgane.

Aloe Vera ist flüssig oder in Tablettenform zur inneren oder als Creme bzw. Gel zur äußerlichen Anwendung erhältlich. Sie ist ein sehr vielseitiges, ungefährliches Heilmittel, das in keinem Erste-Hilfe-Schrank für Pferde (oder Menschen) fehlen sollte.

Aromatherapie

Aromatherapie nutzt die therapeutische Wirkung ätherischer Öle, die aus Pflanzen oder Früchten gewonnen werden. Im Gegensatz zu homöopathischen Mitteln, die meist eine Trägersubstanz aus Wasser und Alkohol besitzen, werden die hoch konzentrierten ätherischen Öle in ein Trägeröl wie Walnuss-oder Mandelöl gemischt.

Pferde haben einen wesentlich feineren Geruchssinn als wir und die Öle können sowohl ihr körperliches als auch ihr geistiges Wohlbefinden beeinflussen. Da Wildpferde in der Natur instinktiv die Pflanzen heraussuchen, die sie zur Linderung oder Heilung von Beschwerden brauchen, sollten wir unsere Pferde auch zwischen den ätherischen Ölen wählen lassen. Meist zeigen sie großes Interesse am »passenden« Öl und wenden sich von denen ab, die nicht angemessen sind.

Eine meiner Stuten war so gierig nach Rosenöl, dass sie sogar versuchte, die Flasche zu fressen. Als ich das gleiche Öl meinem Wallach unter die Nüstern hielt, schoss er zurück, machte kehrt und suchte nach einem Fluchtweg. Seine Abneigung gegen dieses Mittel war vielleicht verständlich, denn es wird gewöhnlich zum Ausgleich von Hormonschwankungen bei Stuten benutzt!

Ich rate deshalb, sich auf heftige Reaktionen vorzubereiten. Ideal ist, wenn Sie einen Kinesiologen oder Aromatherapeuten hinzuziehen können, um das richtige Öl für das betreffende Tier zu finden. Da sich die Bedürfnisse des Pferdes mit der Zeit ändern können, können verschiedene Öle in verschiedenen Situationen nützlich sein. Wenn das Öl seine Wirkung getan hat, verlieren die Pferde meist das Interesse daran oder zeigen sogar Abneigung. Hören Sie dann auch mit der Behandlung auf, anstatt das gleiche Öl weiter und weiter zu geben. Je nach den Eigenschaften der Öle können sie zu antiseptischen, entzündungshemmenden, abführenden, beruhigenden oder anregenden Zwecken eingesetzt werden. Man kann sie zur Behandlung vielfältiger physischer und psychischer Beschwerden einsetzen, von Atemwegsproblemen bis hin zu Stress oder Antriebslosigkeit.

Im Handel ist ein breites Sortiment an ätherischen Ölen frei erhältlich. Im Normalfall werden die Öle inhaliert, indem man die Flasche unter die Nüstern hält oder in die Luft versprüht. Sie sollten nur dann angewendet werden, wenn das Pferd es genießt und die Sorte sollte von Zeit zu Zeit gewechselt werden. Je nach Art der Beschwerden können verdünnte Öle auch in die Haut einmassiert werden. Wenn das Pferd Interesse zeigt, können Sie auch ein paar Tropfen auf Maul oder Stirn massieren. Wiederholen Sie dies einige Tage lang, bis das Pferd das Interesse verliert oder die Behandlung verweigert.

Im Gegensatz zu Bachblüten und Homöopathika dürfen ätherische Öle ohne ausdrückliche Anweisung eines Experten nicht ins Trinkwasser oder Futter gemischt werden. Manche Aromatherapeuten bedienen sich oft der Kinesiologie, um Öle für einen bestimmten Zweck auszuwählen. Lassen Sie sich von einem Heilpraktiker beraten, welche Öle für ein individuelles Pferd am effektivsten sein werden.

Oben: *Der Anbau von Pflanzen zur Gewinnung von ätherischen Ölen ist mit steigender Popularität der Aromatherapie zum einträglichen Geschäft geworden.*

Oben: *Die Aloe Vera-Pflanze hat sowohl bei innerlicher (Tabletten oder Saft) als auch bei äußerlicher Anwendung hervorragende therapeutische Eigenschaften. Besonders als konzentriertes Gel auf Wunden aufgebracht leistet sie erstaunliche Heilerfolge.*

🐎 **Unten:** *Ätherische Öle können überraschend wirksam sein. Lavendel hat beruhigende Eigenschaften und eignet sich besonders für nervöse Pferde oder zur Linderung von Stress bei Transporten und Turnieren.*

> 66 Die bekannten Bachblüten sind die »Notfalltropfen« (Rescue Remedy), die sich in der Schock- und Stressbehandlung als von unschätzbarem Wert erwiesen haben. Bei Lampenfieber auf dem Turnier können sie von Pferd und Reiter genommen werden. 99

Die Kraft der ätherischen Öle

Rose Wirkt ausgleichend auf den Hormonhaushalt von Stuten (inner- oder außerhalb der Rosse) und bei posttraumatischen Erfahrungen.

Beinwell Ein anregendes Öl zur Stärkung des Immunsystems; nützlich in der Behandlung von Wunden, Warzen und Sarkoiden.

Neroli Bei allgemeiner Niedergeschlagenheit, Trost nach Verlust eines Kameraden oder nach Krankheit.

Vetiver und Muskatnuss Bewährt bei willensstarken und »rüpeligen« Pferden.

Die oben aufgeführten Öle können Wasserwaschungen nach der Arbeit zugesetzt werden oder tropfenweise auf die Beine massiert werden. Für den äußerlichen Gebrauch ist auch Salbe, Gel oder Spray erhältlich.

Diese ätherischen Öle sind ideal zur äußerlichen Massage:	
Nach Belastung/Vorbeugung von Prellungen/Schwellungen:	Arnika, Hamamelis
Prellungen:	Arnika, Beinwell, Schafgarbe
Beruhigend, lindernd:	Ringelblume (Calendula), Rosmarin, Teebaum, Fenchel
Zur Fliegenabwehr:	Fenchel, Orange, Zitrone, Teebaum
Steifheit/Arthritis/ nach gr. Belastung:	Lavendel, Rosmarin
Wunden:	Aloe Vera, Teebaum, Eisenkraut

Bachblüten-Essenzen

Dr. Edward Bach wurde 1886 in England geboren und studierte an der Universität von Birmingham Medizin. Sein medizinisches Wissen ließ ihn in

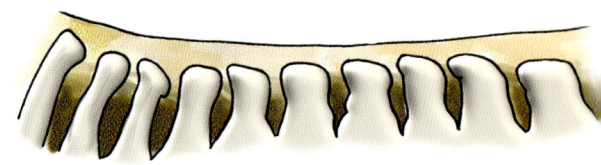

Bei einer gesunden Wirbelsäule bestehen Zwischenräume zwischen den Dornfortsätzen (den nach oben zeigenden Spitzen) der einzelnen Wirbel.

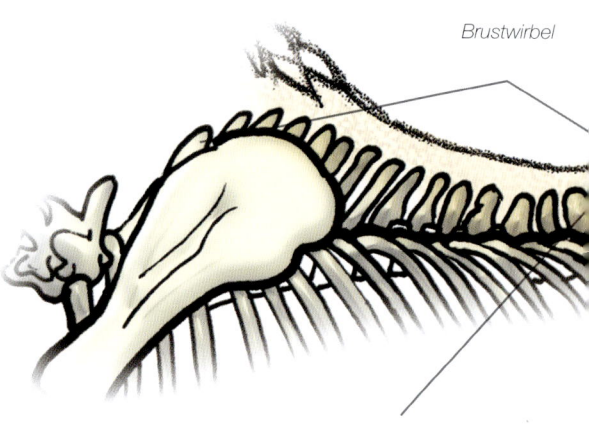

Brustwirbel

Dornfortsätze

Kombination mit seinem Interesse an der Natur die Heilkraft in Blumen und Pflanzen entdecken. Er glaubte, dass man die in ihnen enthaltene Energie »einfangen« könne, indem man die Blüten in Quellwasser einlegte und dem Sonnenlicht aussetzte. Die so erhaltene Flüssigkeit wurde eingesetzt, um den Körper zu stärken, ins Gleichgewicht zu bringen und seine Selbstheilungskräfte auf physischer und emotionaler Ebene zu aktivieren. Dr. Bach beschrieb die Essenzen als »einfache und natürliche Methode zur Herstellung von Gleichgewicht und Harmonie über die Persönlichkeit mit Hilfe von ungiftigen wilden Blumen.« Obwohl sie ursprünglich für den Gebrauch am Menschen entwickelt wurden, können die Bachblüten auch gefahrlos für Pferde eingesetzt werden. In der Regel werden etwa acht Tropfen einer Essenz mit Wasser vermischt und dann auf einen Leckerbissen wie z.B. einen Apfel gegeben. Man kann aus ihnen auch Salben für die äußerliche Anwendung auf der Haut herstellen.

Überraschenderweise besteht jede der 38 Essenzen meist nur aus einem Inhaltsstoff, der

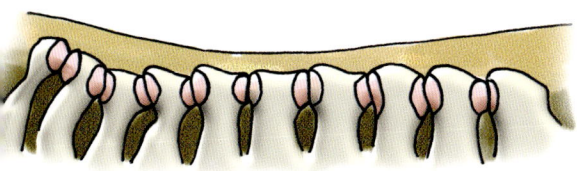

Wenn die Dornfortsätze der Wirbel sich gegenseitig berühren, spricht man von »Kissing Spines« - eine schmerzhafte Sache.

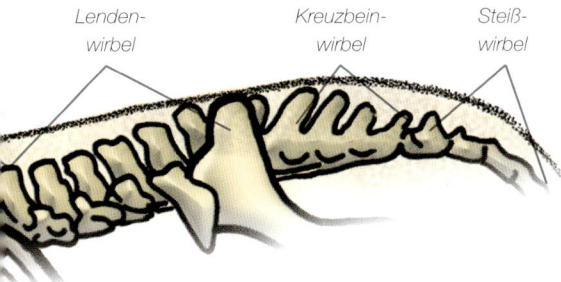

Lenden-
wirbel

Kreuzbein-
wirbel

Steiß-
wirbel

RÜCKENPROBLEME

Rückenschmerzen gehören zu den unangenehmsten Leiden überhaupt. Für das Pferd sind sie noch schlimmer als für uns, weil das Gewicht des Reiters belastend hinzukommt. »Kissing spines«, die Reibung von zwei oder mehr Wirbeln aneinander, können von einem Chiropraktiker behandelt werden.

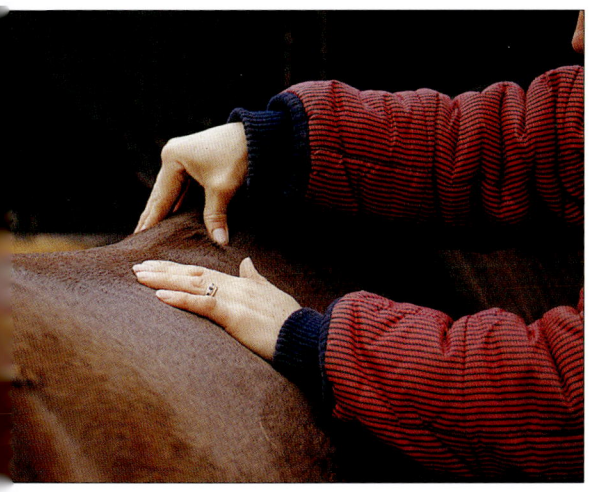

🐎 **Oben:** *Die Lockerheit der Hals- und Rückenregion sollte von einem qualifizierten Chiropraktiker untersucht werden.*

auf eine ganz bestimmte Störung wirkt. Ein gutes Beispiel hierfür ist Gorse, das hilfreich bei Depressionen wirkt - z.B. wenn ein Pferd während der Genesungsphase in der Box stehen oder den Verlust eines Kameraden verkraften muss. Die bekanntesten Bachblüten sind die aus fünf

Inhaltsstoffen bestehenden »Notfalltropfen« , die sich in der Schock- und Stressbehandlung bewährt haben. Bei Lampenfieber auf dem Turnier können Pferd *und* Reiter sie nehmen!

Chiropraktik

Dies ist eine Methode zur Schmerzbehandlung durch ein äußerliches »Einrenken« der Rückenwirbel, um den Druck auf bestimmte Nerven zu verringern. Sie kann Störungen in den Gelenken, vor allem im Rückenbereich, beseitigen. Hauptsächlich wird sie angewendet, um die Rückenwirbel mit Hilfe langsamer Bewegungen wieder »auszurichten«, um so den schmerzhaften Druck auf Nerven und Gelenke zu verringern.

Chromotherapie

Diese Therapieform arbeitet mit Farben. Im Jahr 1665 stellte Isaac Newton fest, dass das Sonnenlicht aus sieben verschiedenen Farben oder Wellenlängen besteht (Spektralfarben). Farbtherapeuten glauben, dass Farben verschiedene Schwingungen erzeugen, die wiederum unser Verhalten beeinflussen. So seltsam es auch klingen mag, genau wie Klangwellen Harmonie oder Dissonanz erzeugen können, so können auch Farben eingesetzt werden, um Körperzellen zu aktivieren oder zu beruhigen.

Der rote Teil des Farbspektrums wird in verschiedenen Abstufungen zur Anregung von Kreislauf und Zellregeneration eingesetzt, während die blauen Farben schmerzlindernd und entzündungshemmend wirken. Farbtherapeuten verwenden ein Handgerät namens Bioptron, das polarisiertes Licht in verschiedenen Intensitäten zur Behandlung von Arthritis, Hautstörungen oder Verhaltensproblemen einsetzt.

Muskel-Entspannungstherapie für Pferde

Diese Theorie, die auf der beim Menschen angewendeten Bowen-Technik basiert, wurde als Behandlungsmethode für Pferde weiterentwickelt. Dabei werden Muskeln und weiches Gewebe mit

🐎 **Oben:** *Manche Pferde haben ihr Leben lang Fehlstellungen der Wirbelsäule, die aber erst durch einen bestimmten Auslöser wie z.B. ein Trauma zum schmerzhaften Problem werden. Informieren Sie den Chiropraktiker daher so gut es geht über die Vorgeschichte des Pferdes.*

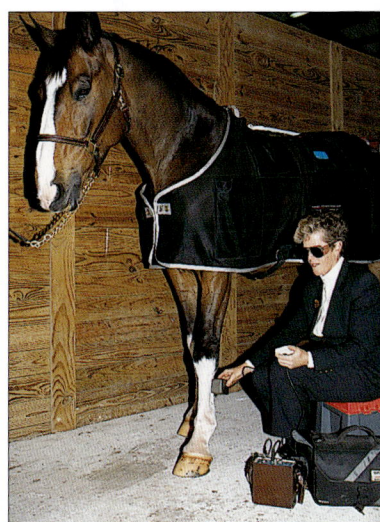

🐎 **Oben:** *Farbtherapeuten senden Licht verschiedener Wellenlängen mit einem Handgerät auf die Haut, um Körperzellen zu stimulieren oder zu beruhigen.*

66 Feng Shui identifiziert die Energien, versucht, das ungesunde Sha Qi zu absorbieren und »schwarze Ströme« zu neutralisieren. **99**

sanftem Druck massiert, in der Regel in einer bestimmten Reihenfolge über »Schlüsselzonen« des Körpers hinweg. Sie wird angewendet, um die Muskeln zu entspannen und falsche Kompensationen zu korrigieren, die zu einer unausgeglichenen Muskelentwicklung führen können. Sie zeigt besonders Erfolg bei Pferden, die bei Bewegung oder Biegung eine Körperseite bevorzugen.

Feng Shui

Feng Shui ist keine »Therapie«, sondern eine Methode, um die Energieströme der Erde zu Gunsten des Wohlbefindens von Mensch und Tier in bestimmte Richtungen zu lenken.

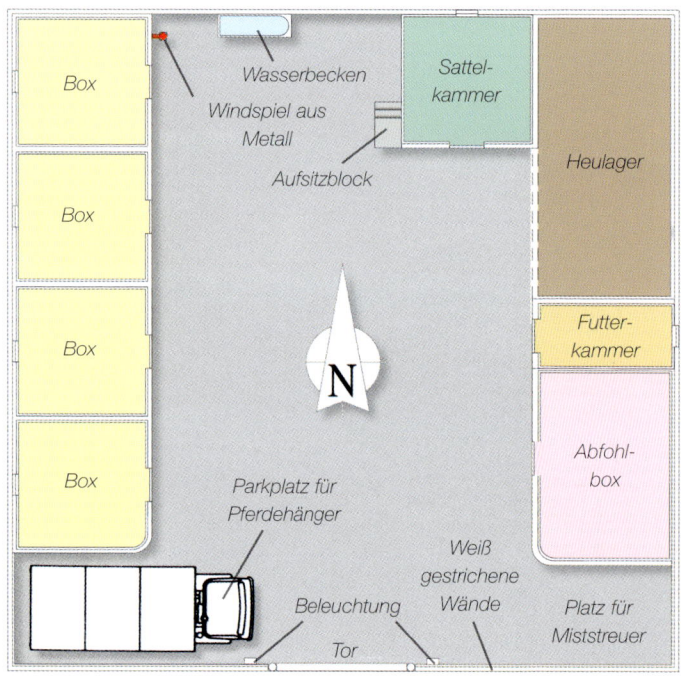

Feng Shui nutzt die erdeigenen Energien, um Wohlbefinden und Leistungsvermögen zu steigern. Bei dieser Stallanlage befinden sich alle Elemente am richtigen Platz (z.B. Wasser im Norden). Um die gute Energie einzufangen, ist der Hof rundum geschlossen.

Das Ziel im Feng Shui ist, die positiven Energiequellen oder -dämpfe der Erde (Sheng Qi) zu identifizieren und die ungesunden oder blockierten Energieströme (Sha Qi) zu neutralisieren. Schlechte Energieströme oder Blockaden werden »schwarze Ströme« genannt und können durch natürliche geologische Gegebenheiten, Tunnel, Steinbrüche, Kraftwerke oder Gebäudefundamente erzeugt werden. Die meisten dieser Linien sind für ungeübte Augen nicht sichtbar,

einige können aber anhand des Aussehens der Bodenoberfläche (kahle Flecken, kümmerliches Pflanzenwachstum, Pilzvorkommen) leicht erkannt werden.

Feng Shui versucht, das ungesunde Sha Qi zu absorbieren und von einem »schwarzen Strom« in einen »weißen Strom« umzuwandeln. Dies kann erreicht werden, indem man Gegenstände aus Kristall oder mit Wasser an strategische Punkte stellt, um die Energien zu absorbieren, umzulenken oder zu verstärken. Das Grundkonzept ist, die Elemente Holz, Feuer, Erde, Metall und Wasser gleichmäßig auszubalancieren.

Man nimmt an, dass Vögel für Energieströme besonders empfänglich sind, Pferde aber weniger empfindlich auf sie reagieren. Ein in einem »schwarzen Strom« aufgestalltes Pferd wird aber nie seine volle Leistungsfähigkeit erreichen und anfälliger für Krankheiten sein. Wir können das Erreichen des Optimalzustandes unterstützen, indem wir die gute Energie in den Stall lenken und »schwarze Ströme« neutralisieren.

Einige der Grundprinzipien von Feng Shui können im Pferdestall angewendet werden:

❑ Versuchen Sie, eine vierseitig geschlossene Hofanlage zu erreichen, da in U- oder L-förmigen Anlagen die Ecken fehlen und Energie verloren geht. Schon die Errichtung eines Zaunes auf der offenen Seite hilft und schafft ein vollständiges Rechteck.

❑ Stellen Sie Besen außer Sichtweite: man assoziiert sie zwar mit dem Hinwegfegen negativer Energie, sie können aber auch die gute Energie verjagen, die wir festhalten möchten.

❑ Bestimmen Sie mit einem Kompass die Feng Shui-Himmelsrichtungen:

❑ Der Norden wird mit dem Element Wasser assoziiert. Es fördert Reichtum und Karriere - ein Wassereimer oder ein Wasserhahn an dieser Stelle könnte also die Chancen Ihres Pferdes beim Turnier steigern! Stellen Sie dabei aber sicher, dass das Wasser nach innen fließt und nicht hinter den Stall, denn das würde bedeuten, dass Reichtum und Glück von Ihnen wegfließen.

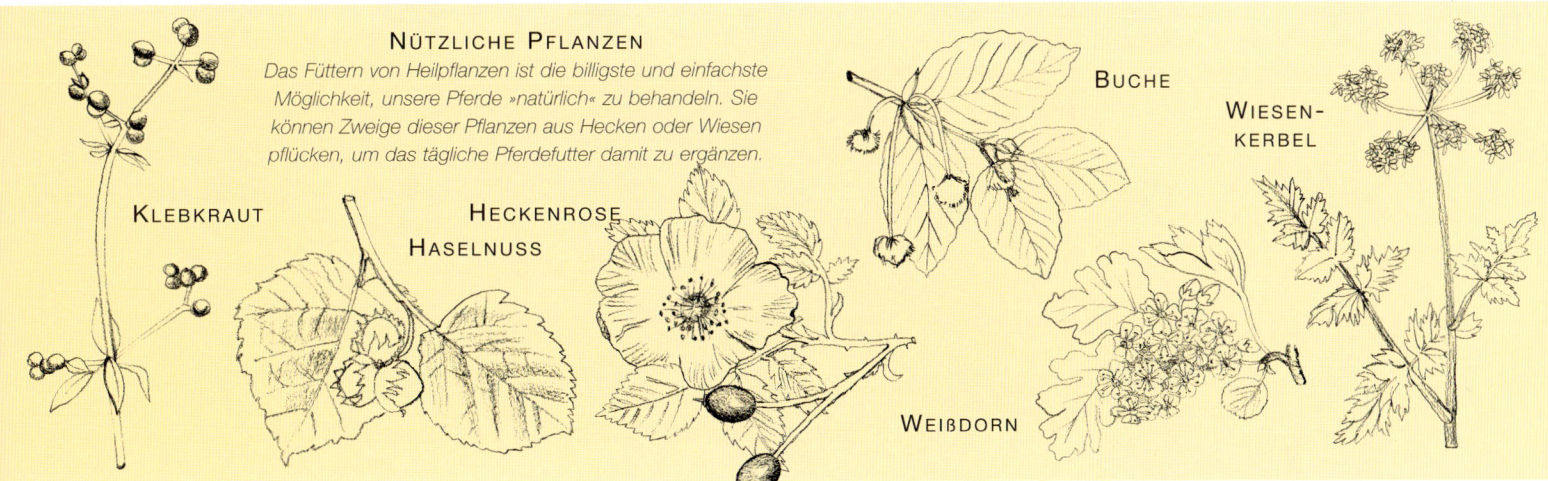

NÜTZLICHE PFLANZEN

Das Füttern von Heilpflanzen ist die billigste und einfachste Möglichkeit, unsere Pferde »natürlich« zu behandeln. Sie können Zweige dieser Pflanzen aus Hecken oder Wiesen pflücken, um das tägliche Pferdefutter damit zu ergänzen.

KLEBKRAUT

HECKENROSE
HASELNUSS

BUCHE

WIESEN-KERBEL

WEISSDORN

- Der Süden wird mit dem Element Feuer assoziiert. Da Feuer und Pferdeställe nicht gut zusammenpassen, kann man auch eine Lampe oder einen roten Gegenstand aufstellen, um Frieden und Harmonie zu unterstützen.
- Der Osten wird mit dem Element Holz, Nahrung und Wachstum assoziiert. Hier sollte also viel davon vorhanden sein!
- Der Westen wird mit Metall assoziiert. Windspiele oder eine Blumenampel in diesem Bereich bringen Glück.
- An zentralen Punkten sowie südwestlichen und nordöstlichen Positionen sollten sich Erde, Steine oder Kristalle befinden.

Holz und *Wasser* sind im Pferdestall ohnehin vorhanden, während die Elemente Feuer und Erde mit einem an einem roten Band aufgehängten Kristall repräsentiert werden können. Ein Feng Shui -Berater kann ungünstige Kraftfelder identifizieren und spezielle Maßnahmen vorschlagen, um das Feng Shui in ihrer Stallanlage umzusetzen.

Heilpflanzen

Die große Vielfalt von Pflanzenextrakten oder ganzen Pflanzenteilen ist meiner Meinung nach der nützlichste und am leichtesten zugängliche Weg, um ein gesundes und glückliches Pferd zu haben. Heilpflanzen werden seit Tausenden von Jahren verwendet und sind in vielen Ländern immer noch die Hauptquelle von Medikamenten. Aber auch viele moderne Medikamente stammen aus chemischen Inhaltsstoffen von Pflanzen oder sind direkte Kopien davon.

Wenn Sie Ihrem Pferd am Wegrand gepflückte Kräuter anbieten, stellen Sie im Kleinen das durch moderne Weidewirtschaft, in der die Pflanzenvielfalt verloren gegangen ist, entstandene Ungleichgewicht wieder her.

Ich pflücke die folgenden Kräuter und Triebe (die alle leicht zu bestimmen sind) und füttere sie je nach Jahreszeit frisch oder getrocknet:

- Wiesenkerbel (Blüten, Blätter und Stängel)
- Weide (Zweige und Blätter - frisch oder im Winter getrocknet)
- Klebkraut (in Hecken und Gärten vorkommendes Klettenkraut)
- Hagebutten
- Löwenzahn (Blätter und Blüten)
- Haselnuss (Zweige und Blätter)
- Birke (Zweige und Blätter)
- Weißdorn (Beeren)

Wichtig ist, dass Sie genau wissen, was Sie füttern und die Pflanzen korrekt bestimmen. Manche Pflanzen sehen sich sehr ähnlich, können aber tödliches Gift enthalten. Lassen Sie im Zweifelsfall Vorsicht walten.

Oben: *Wild lebende Pferde suchen Pflanzen nach Geschmack und heilenden Eigenschaften aus.*

Oben: *Hagebutten sind echte kleine Juwelen! Sie sind eine reiche natürliche Quelle für Vitamin C und Biotin.*

Oben: Ein Vorteil der gut gepflegten Dauerweide ist der sich einstellende Pflanzenreichtum.

Oben: Die jungen Triebe von Disteln sind sehr schmackhaft und sorgen obendrein für ein glänzendes Fell

Während Sie sich mit dem Erkennen, Sammeln und Ernten von Kräutern und Pflanzen beschäftigen, wird Ihnen klar, wie Wildpferde im Laufe der Jahreszeiten aus den stets verfügbaren pflanzlichen Nährstoffen und Tonika Nutzen zogen. Wenn man ein bestimmtes Kraut anbietet, sind Pferde während der ersten Tage oft ganz begeistert und scheinen sich dann abzuwenden, sobald der Mangel im Organismus behoben ist. Nach einer Pause werden sie es dann wieder gerne fressen.

Ideal ist, wenn Pferde selbst Futterkräuter und -pflanzen auswählen können, um Nährstoffdefizite auszugleichen. Heute sind Kräutermischungen speziell für Pferde oder flüssige Kräuterpräparate auf dem Markt, die für bestimmte Einsatzzwecke zusammengestellt sind.

Durchfall Hagebutten helfen bei Durchfall, daneben unterstützt ihr hoher Vitamin C-Gehalt die Genesung und Krankheitsabwehr. Der allgemeinen Unterstützung des Verdauungsapparates dienen Minze und Bierhefe.

Entzündungen Eine gute Alternative zu Medikamenten mit dem Wirkstoff Phenylbutazon ist die Teufelskralle mit ihren entzündungshemmenden und schmerzstillenden Eigenschaften. Weitere gute Heilpflanzen für diesen Zweck sind Beinwell, Arnika und Weide.

Hufrehe und Hufrollenerkrankung Brennnesseln sowie die Blätter und Beeren des Weißdorns wirken kreislaufanregend und blutreinigend. Sie sind reich an Vitamin C und Eisen, weshalb sie hilfreich bei Blutarmut, Arthritis und Hufrehe sind. Das Lymphsystem kann außerdem durch Klebkraut, Beinwell und Knoblauch unterstützt werden.

Nervosität Baldrian hat sedative Eigenschaften und beruhigt Pferde, ohne ihre Leistungsfähigkeit herabzusetzen. Er kann vor einer Stress-Situation wie Transport, Scheren usw. gegeben werden und wurde bereits erfolgreich in der Behandlung von Epilepsie eingesetzt. Weitere Pflanzen mit beruhigenden Eigenschaften sind Kamille und Ingwer.

Genesung Echinacea ist bekannt als Stärker des Immunsystems, die beste Allround-Quelle an Vitaminen bietet der Seetang. Obstessig und Klebkraut wirken als Tonikum für den gesamten Organismus.

Atemwegsprobleme Knoblauch, Anissamen und Eukalyptus wirken schleimlösend und auswurffördernd. Buchweizen enthält ein Antihistaminikum, das lindernd bei allergischen Beschwerden wirkt. Um die Atmung zu erleichtern, können auch einige Tropfen Pfefferminzöl über das Futter bzw. Heu gegeben werden.

Hautprobleme Seetang und Lebertran geben dem Fell schönen Glanz. Zu den äußerlich anwendbaren Produkten gehören Teebaumöl mit seinen desinfizierenden und pilzhemmenden Eigenschaften sowie Aloe Vera zur Förderung von Gewebeneubildung und Haarwachstum.

Weltweit gibt es verschiedene Systeme der Kräutermedizin, darunter die indische Tradition des Ayurveda. Sie verwendet nicht nur bestimmte Kräuter, sondern berücksichtigt auch Persönlichkeit und körperliche Besonderheiten des einzelnen Pferdes. Im Ayurveda besteht ein Lebewesen aus den fünf Elementen Feuer, Wasser, Erde, Luft und Raum. Drei »Doshas« genannte Kräfte bestimmen die körperlichen und charakterlichen Eigenschaften. Die drei Doshas Vata, Pitta und Kapha sind in allen Lebewesen vorhanden, die individuellen Eigenschaften werden jedoch durch das jeweils vorherrschende Dosha bestimmt. Mit der Kenntnis dieser Zusammenhänge kann das Tier effektiver behandelt werden. Ayurveda lehrt, dass die Gabe von Kräutern ein bestimmtes Dosha verstärken oder abschwächen kann, um so eine bestimmte Störung zu beeinflussen. Je nach Persönlichkeit des Individuums wirken Kräuter auch nicht bei jedem Pferd gleich.

Richtlinien zur Fütterung von Heilpflanzen

Wildpferde suchen instinktiv nach Pflanzen zur Nahrungsergänzung; unsere Pferde profitieren von dem Nährstoffreichtum, wenn sie Zugang zu einer artenreichen Buschhecke haben. Ist beides nicht gegeben, können wir verschiedene Kräuter zufüttern. Beachten Sie bei der Gabe von Heilpflanzen die folgenden Punkte:

• Füttern Sie nichts, was Sie nicht genau kennen.

• Füttern Sie nur Kräuter, die das Pferd *willig* und gerne nimmt.

• Keine Überdosierung. Bieten Sie nur wenige frische Kräuterzweige pro Tag an (z.B. einen Zweig mit fünf Hagebutten, zwei Handvoll Klebkraut, zwei Ästchen von Haselnuss oder Weide, ein oder zwei ganze Löwenzahnpflanzen). Richten Sie sich bei getrockneten Kräutern nach der Fütterungsanweisung (in der Regel ein bis zwei Messlöffel pro Tag).

• Wechseln Sie die Kräuter je nach den Bedürfnissen des Pferdes. Kombinieren Sie nicht mehr als fünf Kräuter pro Tag.

HEILPFLANZEN ZUM FÜTTERN, FRISCH ODER GETROCKNET

Arthritis, steife Gelenke Teufelskralle, Obstessig, Weißdorn, Silberweide, Mädesüß, Klebkraut, Sellerieblätter, Safran, Yuccawurzel, Mutterkraut, Frauendistel

Blutreinigung/Hufrehe, innerlich reinigend Klebkraut, Weißdorn, Echinacea, Knoblauch, Alfalfa, Distel, Zichorie, Ginseng, Herbstenzian, Lorbeerblätter, Rinde der Stachelesche, Schafgarbe, Ringelblume

Beruhigende Wirkung Baldrian, Eisenkraut, Mutterkraut, Rosmarin, Muskatnuss, Veilchenblätter, Kamille, Mädesüß, Bergamotte, Lavendel

Niedergeschlagenheit Rosmarin, Johanniskraut

Verdauungsfördernd Pfefferminze, Hagebutten, Mädesüß, Eisenkraut, Frenchel, Ginseng

Harntreibend Löwenzahn, Weißdorn, Wacholderbeeren, Brennesseln

Fruchtbarkeitsfördernd Echinacea, Fenchel

Insektenabwehr Knoblauch

Hoher Nährstoffgehalt Hagebutten, Löwenzahn, Weißdornblätter und -beeren, Brombeeren, Seetang, Alfalfa, Himbeerblätter, Amaranth, Staudenfeuerkraut, Mohrrüben

Günstig für Hufwachstum Hagebutten, Klebkraut

Hormongleichgewicht Himbeerblätter, Kamille, Rosmarin, Melisse

Immunsystem, Wunden und Verletzungen Echinacea, Aloe Vera, Kamille, Knoblauch, Muskatnuss, Brombeerblätter, Hagebutten

Ausdauer, körperliches und geistiges Gleichgewicht Ginkgo biloba, Petersilie, Himbeerblätter, Brunnenkresse

Atemwegserkrankungen Pfefferminze, Zimt, Fenchel, Mutterkraut, Lakritze, Huflattich, Wegerich, Thymian, Ehrenpreis, Ginseng, Eukalyptus, Ingwer, Buchenblätter, Nachtkerze, Bockshornklee

Haut- und Fellbeschaffenheit Thymian, Rosmarin, Aloe Vera, Kamille, Hagebutten, Ringelblume, Zitronengras, Buchenblätter, Bockshornklee

Wurmtreibend Birke, Kürbis, Wermut, Nelkenöl

• Lassen Sie sich hinsichtlich der richtigen Dosierung fachlich beraten

• Damit über einen längeren Zeitraum gegebene Kräuter wirksam bleiben, sollte nach jeweils vierwöchiger Gabe eine Woche Pause eingelegt werden

• Kräuter sind eine *Ergänzung*, kein Ersatz der Futterration.

NÜTZLICHE HOMÖOPATHISCHE MITTEL

Hinweis: Verwenden Sie homöopathische Mittel nicht ohne fachlichen Rat hinsichtlich Potenz und Häufigkeit der Behandlung!

Acidum aceticum, Abrotanum, Iodum Bei Durchfall

Aconitum Bei Schock und Panikzuständen

Apis Bei allen Schwellungen an den Gliedmaßen, Insektenstichen und allergischen Reaktionen

Arnica Bei allen stumpfen Verletzungen, Förderung der Wundheilung
Achtung: Verabreichen Sie nur für die innere Anwendung hergestellte Arnica und verwechseln Sie diese nicht mit Tinkturen zur äußerlichen Anwendung.

Arsenicum album Mauke, Sommerekzem, Dermatitis

Belladonna (Tollkirsche) Akute Hufrehe, Infektionen

Kamille Beruhigung nervöser Pferde

Colocynthis Wirkt krampflösend bei Kolik

Echinacea Stärkt das Immunsystem, wehrt Infektionen ab und fördert die Genesung

Hepar sulfuris Nasenausfluss und Husten

Hypericum Zum Senken von Schmerz und Infektionsrisiko bei Stich- und Risswunden.

Lachesis, Platina, Pulsatilla, Sepia Bei durch Hormonschwankungen hervorgerufenen Verhaltensauffälligkeiten

Lycopodium, Bryonia Bei Koliken mit Aufgasung oder Einklemmung der Darmwände

Nux vom(ica) Bei Kolik, generell zur Unterstützung der Verdauung, außerdem zur Entgiftung von Organen, hauptsächlich der Leber, nach Vergiftungen

Rhus toxicodendron Bei allen Formen von Arthritis

Sepia Zur Verbesserung von Fruchtbarkeit und Hormonbalance

Silicea Besonders hilfreich in der Behandlung von allergiebedingten kahlen Stellen im Fell

Thuja occidentalis und Hepar Sulfuris Mauke

Urtica urens Bei Bienenstichen und Nesselfieber

Homöopathie

Das Prinzip »Gleiches mit Gleichem heilen« war in der Medizinphilosophie zwar schon seit den Zeiten von Hippokrates bekannt, aber erst der deutsche Arzt Samuel Hahnemann brachte es Anfang des 19. Jahrhunderts in ein System, in dem er verschiedene Arzneimittel an sich selbst ausprobierte. Er stellte fest, dass selbst giftige Substanzen, wenn sie sehr stark verdünnt in ein Wasser/Alkohol-Gemisch gegeben wurden, ein spezifisches Problem beheben oder eine Heilungsreaktion des Körpers stimulieren konnten. In ausgiebigen Experimenten fand er heraus, welche aus Pflanzen oder Mineralien gewonnenen Stoffe zur Behandlung bestimmter Krankheiten eingesetzt werden konnten. Ein gutes Beispiel ist Rhus toxicodendron, das aus Gift-Efeu stammt. Bei einem gesunden Pferd würde es Steifheit der Gelenke verursachen, wirkt jedoch erleichternd bei einem an Arthritis leidenden Pferd.

Zur effektiven Anwendung sind aber genaue Kenntnisse der jeweils notwendigen Verdünnung bzw. Potenz erforderlich. Die Kunst besteht darin, individuelle Symptome einem bestimmten Mittel zuzuordnen und Potenz und Häufigkeit der Gabe festzulegen. Bei einer akuten Erkrankung können anfangs mehrmalige Gaben im Abstand von zehn Minuten nötig sein, während bei chronischen Erkrankungen nur einmal täglich behandelt wird. Das Grundkonzept ist, dass die Behandlung die Initialzündung zur Heilung gibt - beobachten Sie deshalb, ob eine Besserung eintritt. Falls ja, beenden Sie die Behandlung und lassen Sie den Körper sich selbst heilen. Eine ständige Gabe würde die Wirkung herabsetzen.

Bei Pferden mit Sommerekzem oder Pollenallergien wurden bemerkenswerte Erfolge durch die homöopathische Gabe derjenigen Substanzen erzielt, welche die Allergien auslösen, wie z.B. Speichel der Culicoides-Mücke oder Rapsöl.

Ungewöhnlich ist, dass ein Mittel umso wirksamer wird, je höher seine Verdünnung ist. Ein Mittel mit der Potenz 6 wurde sechsfach in einer Trägersubstanz aus Wasser und Alkohol verdünnt. Der Buchstabe C (römische Ziffer 100) vor der Zahlenangabe der Potenz besagt, dass die Verdünnung in Schritten von einem Teil Urtinktur auf 99 Teile Trägersubstanz durchgeführt wurde, beim Buchstaben D (römische Ziffer zehn) handelt es sich um eine Verdünnung in Zehner-

Links: *Mit Wasser kann man vielseitig therapieren. In speziellen Pools können Pferde bewegt werden, ohne ihre Beine zu überlasten.*

Oben: *Zum Kühlen der Beine mit Wasser gibt es inzwischen sogar spezielle »Coolboots«. So muss man nicht mehr eine Viertelstunde lang den Schlauch festhalten, um ein geschwollenes Bein zu kühlen.*

schritten. *Homöopathische Mittel sind frei in der Apotheke erhältlich, es ist aber unbedingt ratsam, sich von einem ausgebildeten Homöopathen beraten zu lassen.* Die meisten Mittel sind als Tropfen, Tabletten oder »Globuli« (kleinen Traubenzucker-Kügelchen) erhältlich und werden auf ein Stück Brot, ins Wasser oder direkt auf Zunge oder Zahnfleisch gegeben. Manche homöopathischen Mittel wie Teebaum oder Calendula sind auch als Salben zur äußerlichen Anwendung auf Wunden erhältlich.

Hydrotherapie

Sie wird in verschiedenen Formen angewendet und macht sich die heilende Wirkung des Wassers zunutze. Wasser bietet verschiedene Therapiemöglichkeiten, z.B. durch Kühlung, wegen der enthaltenen Mineralien und Salze oder zum belastungsfreien Schwimm-Training.

Akute Schwellungen behandelt man bereits seit langem durch das Abspritzen mit kaltem Wasser. Unmittelbar nach einer Verletzung reagiert der Körper, indem er bestimmte Stoffe und Zellen an die beschädigte Stelle sendet. Diese sind

zwar im Grunde nützlich, wenn sich aber zu viel Flüssigkeit bildet, wird auch den gesunden Zellen Sauerstoff entzogen. Sie sterben ab und die Situation verschlimmert sich. Diesen Sauerstoffmangel im Gewebe bezeichnet man als Hypoxie. Durch kaltes Abspritzen, Stehen im Wasser oder kalte Umschläge ziehen sich die Blutgefäße zusammen, wodurch die Entzündung bekämpft wird. Die jeweilige Anwendung darf nie länger als 20 Minuten dauern. Der direkte Kontakt mit verletzten Hautstellen ist beim Abspritzen zu vermeiden, da die extrem kalten Temperaturen das gesunde Gewebe zerstören können. Kaltwasserbehandlungen sind nützlich bei Überanstrengungen, Zerrungen, Prellungen etc. und sollten kurz, aber öfter durchgeführt werden. Wirksam kann auch ein Wechsel zwischen kalten und warmen Anwendungen sein. Es gibt heute im Fachhandel sogar spezielle »Stiefel« mit Anschluss für den Wasserschlauch zur Kühlung, die viel Arbeit ersparen. Außerdem sind Kühlgamaschen erhältlich, die nach Verletzungen oder großen Anstrengungen angelegt werden können.

Stehen im fließenden Wasser eines Baches

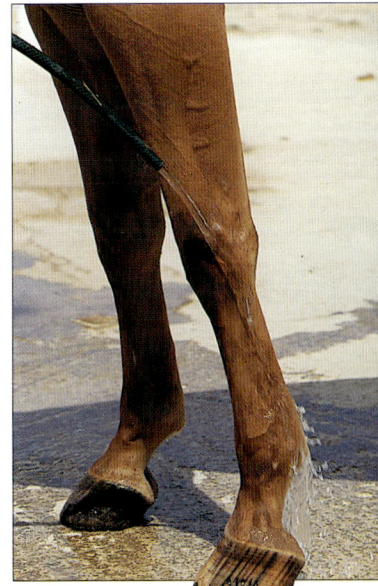

Oben: *Nach der Arbeit tut kaltes Abspritzen der Beine gut. Verletzte Haut darf aber nicht gekühlt werden.*

ARTHRITIS

Im Winter helfen warme Wollbandagen oder Gamaschen, die Gelenke von arthritischen Pferden warm zu halten und die Durchblutung zu verbessern.

66 **Die Impulswellen dringen tief ins Gewebe ein, verbessern die Durchblutung, entgiften und regen die Zellgeneration an.** 99

🐎 **Unten:** *Die Magnetfeldtherapie stimuliert die Regeneration von Körperzellen und steigert die Durchblutung, auch wirkt sie schmerzlindernd.*

oder sogar des Meeres sorgt für eine sanfte Kräftigung und Massage. Eine ideale Methode zur Stärkung von Kreislauf und Muskeltonus ist, das Pferd durch verschieden tiefes Wasser gehen oder sogar schwimmen zu lassen. Im Meer sorgt außerdem der natürliche Salzgehalt für eine Bekämpfung eventueller Infektionen.

In Pferdekliniken oder großen Rennställen gibt es manchmal spezielle Pferdeschwimmbecken zu Rehabilitationszwecken.

Kinesiologie

Die Kinesiologie ist eine ganzheitliche Methode, die mit Muskeltests und dem Ausgleichen von energetischen Unausgewogenheiten arbeitet. Sie verwendet die gleichen Meridiane wie die chinesische Medizin. Man stellt zunächst Schwächen in der Muskelfunktion fest, die wiederum Hinweise auf Schäden in bestimmten Organen oder Drüsen geben, welche auf dem gleichen Akupunktur-Meridian liegen.

Kinesiologen lernen, körperliche Schwachstellen zu »erfühlen« und auch tiefsitzende emotionale Störungen, z.B. durch Trauma oder Misshandlung, zu erkennen. Hinweise darauf geben auch Haarproben aus Mähne oder Schweif des Pferdes.

Kinesiologie wird häufig in Kombination mit Aromatherapie angewandt und dient dazu, bestimmte Öle für eine Behandlung auszuwählen. Anschließend können die Öle (nach Anweisung eines Experten) oral verabreicht, inhaliert oder auf die Haut aufgetragen werden.

Magnetfeldtherapie

Wieder einmal waren die Chinesen die ersten, denen die heilenden Eigenschaften von Magneten bekannt waren. Die Magnetfeldtherapie wird in manchen Fällen als effektive Schmerzbehandlung eingesetzt und ist besonders zur Linderung der Beschwerden bei Arthritis, Rheuma, Muskelkrämpfen, Hufrollenerkrankungen und Sehnenproblemen hilfreich. Die tief ins Gewebe eindringenden Impulse verbessern die Durchblutung, wirken entgiftend und regen die Zellregeneration an. Je nach Art der Erkrankung müssen die Magnetwellen in einer bestimmten Frequenz eingesetzt werden.

Zur Behandlung im Stall sind auch Bandagen oder Decken mit eingearbeiteten Magneten erhältlich. Wir sind täglich dem natürlichen Magnetfeld der Erde ausgesetzt, dessen Stärke etwa 1000 Gauß beträgt. Sobald wir uns in einem Gebäude oder Auto befinden, wird dieser Einfluss reduziert, genau wie bei einem im Stall stehenden und dick eingedeckten Pferd. Magnete können bipolar oder multipolar sein, wobei beide effektiv sind. Um das natürliche Magnetfeld der Atmosphäre nachzuahmen, empfiehlt sich die Auswahl von Magneten mit etwa 1000 Gauß oder weniger. Die Decke oder Gamasche, in die der Magnet eingearbeitet ist, schwächt seine Wirkung allerdings etwas ab.

Osteopathie

Osteopathen behandeln den gesamten Körper, um Störungen in der korrekten Ausrichtung von Knochen, Muskeln, Bändern und Bindegewebe zu beheben. Auch Deformationen und Fehlstellungen des Knochengerüstes werden behandelt. Was auf den ersten Blick wie ein Problem an einer ganz bestimmten Körperstelle aussieht,

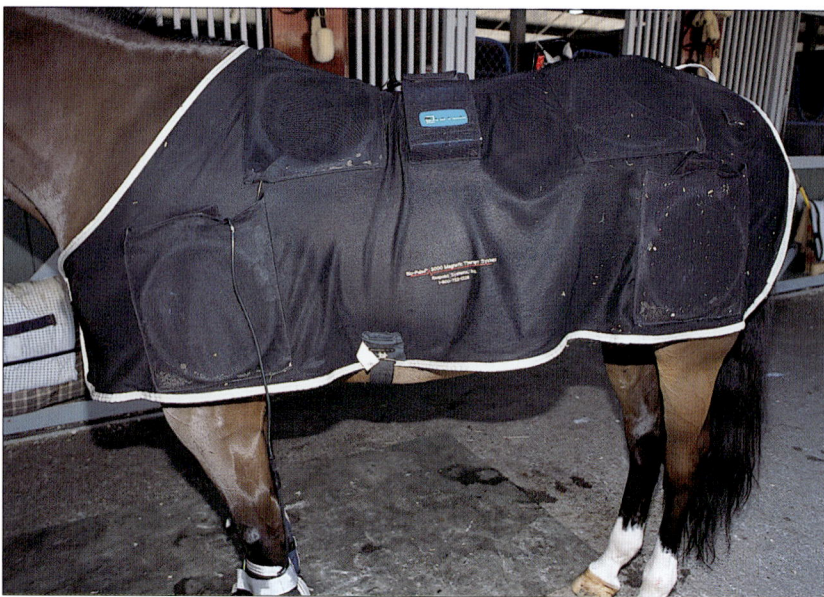

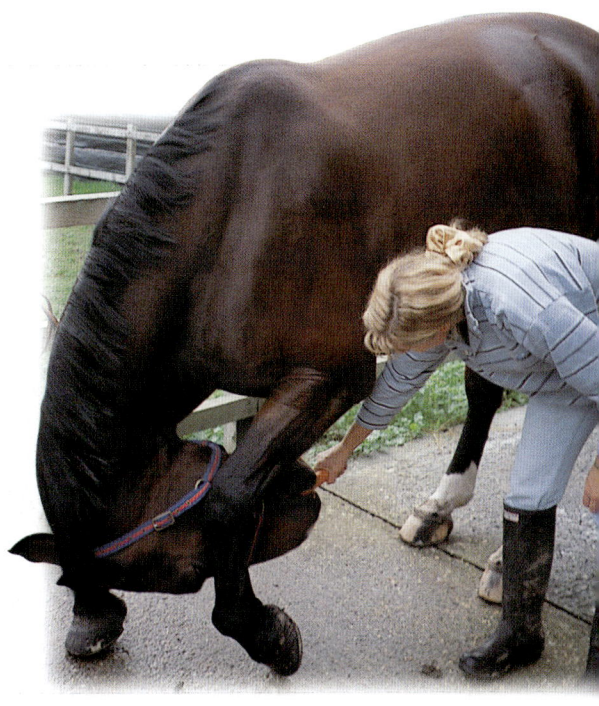

kann auch tiefgreifenden Einfluss auf andere Körperbereiche haben. Osteopathen arbeiten am Auflösen von Verspannungen und an der Verbesserung der Durchblutung. Bei Pferden wird dies durch die Manipulation von Kopf, Hals, Gliedmaßen, Becken und Schweif erreicht. Um auch tiefer liegende Muskeln erreichen zu können, ist manchmal eine Ruhigstellung oder sogar leichte Narkose des Pferdes nötig. Die kraniale Osteopathie konzentriert sich auf den Schädelbereich und kann besonders bei der Behandlung von Headshakern erfolgreich sein.

Physiotherapie

Die Dienste von Physiotherapeuten werden sowohl zur Vorbeugung als auch zur Behandlung von Verletzungen in Anspruch genommen. Sie analysieren Körperbau, Balance, Bewegung und Art der Arbeitsbelastung eines Pferdes, um daraus zu schließen, wo besondere Belastungen entstehen - z.B. durch den Versuch der Entlastung einer schmerzenden Gliedmaße, die dann zur Überlastung des gesunden Beines führt. Mit einem bestimmten Dehn- und Streckungsprogramm wird versucht, günstig auf den Muskeltonus einzuwirken, das Skelett auszubalancieren

Oben links: *Die Dehnung der Halsmuskulatur wirkt entspannend aufs ganze Pferd. Besonders die Rückenmuskeln profitieren, wenn das Pferd die Nase bis zum Schweif reckt.*

Oben rechts: *Ein »Verbeugen« zwischen die Vorderbeine dehnt Hals und Rücken. All diese Übungen werden mit Hilfe einer Mohrrübe als Lockmitel durchgeführt!*

und so das Verletzungsrisiko zu minimieren. Die Behandlung wird häufig durch Wärmeanwendungen ergänzt und kann sich über mehrere Wochen oder Monate erstrecken.

Radionik

Der amerikanische Arzt Dr. Albert Abrahams entwickelte eine Theorie, nach welcher der Bauch Energie absorbieren und weiterleiten kann. Ein als »Medium« fungierender, gesunder Mensch kann demnach verschiedene Erkrankungen bei einem anderen Lebewesen diagnostizieren, indem er einfach eine Probe seines Blutes oder der Haare anfasst. Er entdeckte dies, als er einmal bei der Bauchuntersuchung eines Patien-

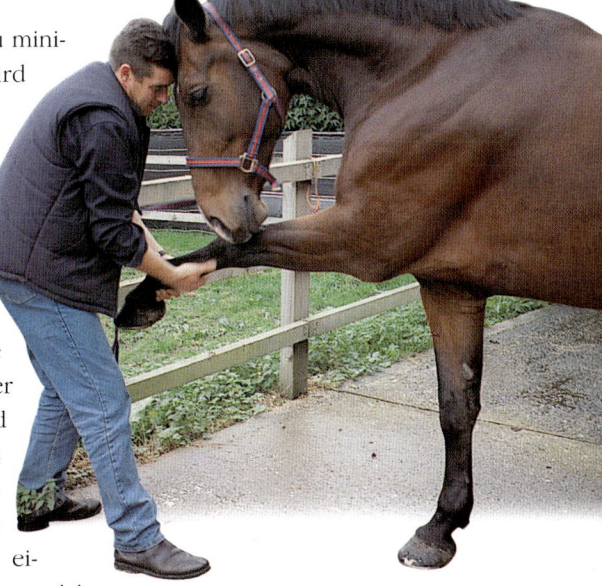

Oben: *Der Physiotherapeut entwirft ein Bewegungsprogramm, um Muskulatur und Knochen zu stärken.*

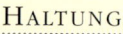 **Oben:** Reiki versucht Schmerzen zu lindern und emotionales Ungleichgewicht zu beheben. Die Hände des Therapeuten müssen das Pferd nicht unbedingt berühren, damit die Energie fließen kann.

Rechts: Reiki kann sowohl anregend als auch beruhigend wirken. Es setzt die Selbstheilungskräfte des Körpers in Gang, indem es das Energiegleichgewicht wieder herstellt.

HALTUNG

Bei allem, was wir zur Schmerz- und Stresslinderung unserer Pferde tun, sollten wir immer bedenken, dass fast immer Haltung und Nutzung Ursache all dieser Probleme sind.

66 Auf manche Pferde wirkt eine Reiki-Behandlung entspannend, auf andere dagegen anregend. **99**

ten einen dumpfen Ton hörte, den er sich nicht erklären konnte. Später fand er heraus, dass die gleiche Resonanz bei einer gesunden Person feststellbar war, die ein Stück des erkrankten Gewebes in der Hand hielt. Er entwarf eine »Landkarte« der Bauchgegend, auf der verschiedene Zonen bestimmten Erkrankungen zugeordnet waren und fand heraus, dass bestimmte elektrische Instrumente den Energietransfer fördern konnten, indem sie Widerstände identifizierten und die Strahlung normalisierten. Die Radionik behauptet, anhand von Haarproben eine Ferndiagnose stellen zu können. Anschließend wird die passende Therapieform ausgewählt.

Reiki

Reiki ist eine Form des Heilens durch Handauflegen, mit deren Hilfe die Selbstheilungskräfte des Körpers aktiviert, Stress abgebaut und Entspannung gefördert werden. Reiki wirkt auf vier Ebenen: der spirituellen, mentalen, emotionalen

und physischen. Um die Energieströme wieder herzustellen, legt der Therapeut seine Hand oder Hände auf die Haut (oder hält sie knapp darüber), um die Harmonie im Körper wieder herzustellen. Mit Hilfe dieser Methode können Schmerzen erleichtert, Stress und seelische Unausgeglichenheit gemildert werden.

Auf manche Pferde wirkt eine Reiki-Behandlung entspannend, auf andere hingegen anregend. Nicht nur Unausgeglichenheit und Stress, sondern auch Allergien oder Melanome wurden bereits erfolgreich mit Reiki behandelt.

Shiatsu

Shiatsu-Therapeuten arbeiten mit den gleichen Meridian-Linien und der gleichen Heilungsphilosophie wie die Akupunktur, anstelle von Nadeln werden jedoch Fingerdruck, Massagen, Dehnungen und Beugungen von Gliedmaßen, Hals und Schweif vorgenommen, um die Energie auszubalancieren und die Gesundheit zu fördern. Gemäß dieser Lehre hat der Körper 14 Meridiane, die ihn umfließen und jeweils bestimmten Organen zugeordnet sind. Sie sind die Kanäle für die natürliche Lebensenergie des Körpers (das Qi oder Chi).

Die Meridiane werden wie eine Landkarte des Körpers gebraucht. Der Therapeut legt eine Hand auf den Pferdekörper, um sich abzustützen und eventuelle plötzliche Bewegungen spüren zu können. Die andere Hand folgt dem Verlauf des Meridians, um Knoten, heiße oder kalte Stellen aufzuspüren. Das Pferd lässt entweder entspannt den Kopf sinken oder zeigt sich erregt bei der Berührung empfindlicher Bereiche, die noch weiterer Massagebehandlung bedürfen, um den Energiefluss wieder herzustellen.

Futterzusätze

Gemeint sind Futterzusätze, denen regenerative oder gesundheitsfördernde Eigenschaften zugeschrieben werden. Sie können aus pflanzlichen, mineralischen oder tierischen Quellen (sogar aus Fisch) stammen. Zwar haben alle hier aufgeführten Substanzen ihre Wirksamkeit in der ein oder anderen Form bewiesen, wir sollten aber nicht vergessen, dass es für Pferde als Pflanzenfresser nicht natürlich ist, tierische Erzeugnisse zu sich zu nehmen. Lesen Sie die Inhaltsangabe immer genau und versichern Sie sich beim Hersteller, wenn Sie sich über die Eignung nicht sicher sind.

❏ **Biotin** Ein sehr bekanntes Vitamin reich an Schwefel, dass gesundes Hufwachstum fördert. Oft wird es zur besseren Absorption zusammen mit Zink und Methionin gegeben.

❏ **Obstessig** Aus Äpfeln gewonnener Essig ist eine natürliche Quelle für Kalium, Phosphor, Natrium, Kalzium, Eisen und andere Spurenelemente. Er wirkt allgemein gesundheitsfördernd und hat günstigen Einfluss auf die Gelenke.

❏ **Lebertran** Er wird zur Verbesserung der Beweglichkeit bei Arthroseferden und zur Verbesserung der Fell- und Hautbeschaffenheit eingesetzt. Reich an Vitamin A und D.

❏ **GAG (Glykosaminoglykane)** Diese komplexen Kohlehydrate sind u.a. im Extrakt der neuseeländischen grünlippigen Muschel enthalten und unterstützen die Knorpelbildung in steifen oder arthritischen Gelenken.

❏ **Seetang** Enthält ein breites Spektrum an Vitaminen und Mineralien; fördert gute Haut- und Fellbeschaffenheit.

❏ **Leinöl** Es wird aus Leinsamen gewonnen, macht das Fell glänzend und unterstützt die Verdauung.

❏ **MSM (Methylsulphonylmetan)** Diese organische Schwefelverbindung wirkt entzündungshemmend und unterstützt die Bildung gesunden Bindegewebes in Haut und Hufen.

❏ **Haifischknorpel** Wie der Name schon sagt,

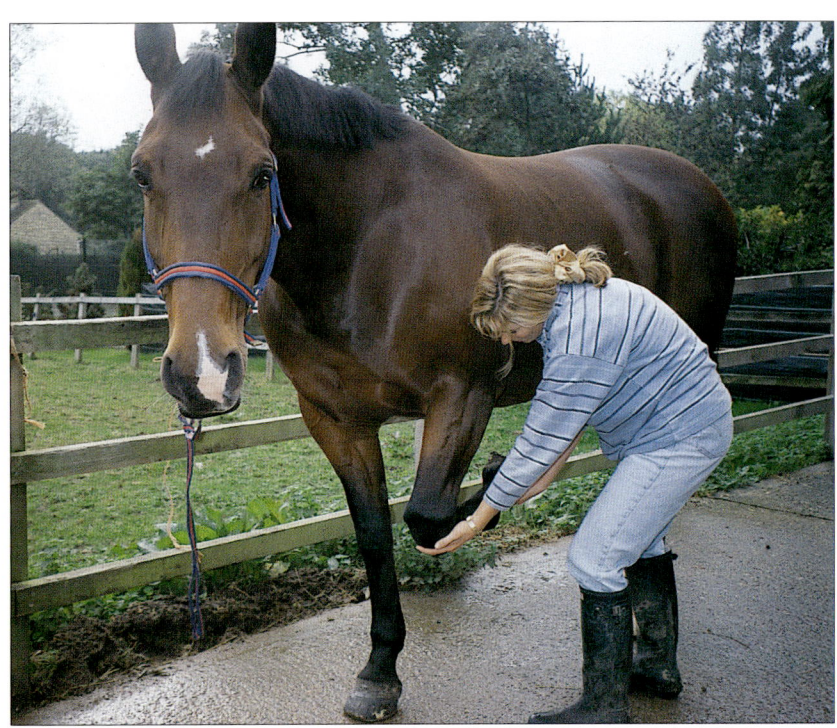

handelt es sich um weiterverarbeiteten Knorpel des Haifisches, der als Entzündungshemmer bei Gelenkproblemen eingesetzt wird.

❏ **Hefe, Enzyme und probiotische Kulturen** Hilfreich bei Pferden mit Verdauungsproblemen, da sie die Bildung von Mikroorganismen

---

PFEFFERMINZE

Bei leichter Kolik kann es helfen, zuckerfreie Pfefferminzdrops zu verfüttern. Das enthaltene Minzöl hat eine entkrampfende Wirkung auf die Verdauungsorgane, während das Saccharin mild abführend wirkt.

Oben: *Wörtlich bedeutet Shiatsu im Japanischen »Fingerabdruck«. Hier unterstützt eine Hand das Bein, während die Finger der anderen Hand Druck ausüben, um das Energiegleichgewicht wieder herzustellen.*

Unten: *Linda Tellington-Jones zeigt, wie das sanfte Anheben und Wiederloslassen der Schultermuskulatur dem Pferd hilft, sich zu entspannen. Jede Massage vertieft die Beziehung zum Pferd.*

Rechts: *Hier massiert Linda das Genick mit kleinen Kreisbewegungen, damit das Pferd den Kopf senkt. Die Behandlung der Akupressurpunkte an den Ohren tut nach einem Schock gut.*

Oben: *Monty Roberts, einer der bekanntesten »Pferdeflüsterer«, hat die Kunst, sich mit Pferden zu verständigen, besonders weit entwickelt. Immer wieder spricht er sich dafür aus, sich nicht nur um das körperliche, sondern auch um das seelische Wohlergehen der Pferde zu kümmern.*

in Magen und Darm fördern und so beim Aufschließen und Verwerten des Futters helfen. Lesen Sie Kapitel 7 zur Pferdefütterung, um mehr über die Funktion und Wirkung von Mineralien und Vitaminen zu erfahren.

Tellington Touch - TTeam®

TTeam® (Abk. für Tellington Touch Equine Awareness Method) wurde von der bekannten Pferdeexpertin und Tierverhaltensforscherin Linda Tellington-Jones entwickelt. Sie hat die beim Menschen angewandte Feldenkrais-Körperarbeit mit ihren Kenntnissen der Physiologie ergänzt und mental/emotional an Tiere angepasst. Sie selbst sagt: »TTeam® bringt Berührung, Bewegung, Körpersprache und Lehrtechniken in eine Form, die es dem Pferd ermöglicht, in einer schmerz- und angstfreien Umgebung gesund zu werden und zu lernen. TTEam® bildet eine Brücke zwischen Mensch und Tier zur Schaffung einer von Verständigung geprägten Partnerschaft, die zu Freude, Verstehen und Respekt der Tierpersönlichkeit führt.«

TTeam® verwendet Massagetechniken, die entspannend und fördernd auf Wohlbefinden und Koordination wirken. Linda hat außerdem eine Reihe von Bodenarbeits-Übungen wie Stangenlabyrinthe etc. entwickelt, um Konzentration und Geschick des Pferdes zu fördern. Zu den wichtigsten Griffen gehören der »Wolkenleopard«, der »Phyton TTouch«, die Schweif- und Ohrenarbeit sowie die Beinkreise.

Wolkenleopard Eine kreisförmige Massagebewegung, die zur Kreislaufbelebung oder zum Abbau von Verspannungen angewendet werden kann. Legen Sie Ihre Hand mit leicht gekrümmten Fingern auf die Pferdehaut. Lassen Sie sie leicht gespreizt und beschreiben Sie einen Eineinviertel-Kreis, während die Fingerspitzen leicht in die Haut drücken. Variieren Sie den Druck und achten Sie auf die Reaktionen des Pferdes.

Python-TTouch (Body Lift) Entkrampft und verbessert die Durchblutung. Die flache Hand wird auf die Hautoberfläche eines Muskels gelegt und die gesamte Region sanft angehoben, indem man mit Handfläche und Fingern leicht zugreift, vier Sekunden lang festhält und dann wieder loslässt.

Schweifarbeit Wird zur Beseitigung von Verspannungen in Hals und Rücken eingesetzt. Die Schweifrübe wird sanft, aber bestimmt zwischen beide Hände genommen, durch vorsichtiges Kreisen gebogen und mittels Ziehen gestreckt. Lehnen Sie sich dazu leicht zurück und setzen Sie Ihr Körpergewicht ein, um den Schweif »gerade zu ziehen«.

Ohrenarbeit Sie entspannt und hilft nach einem Schock, Puls- und Atemwerte zu senken. Bearbeiten jeweils nur ein Ohr, indem Sie es mit den Fingerspitzen vom Ansatz bis zur Spitze sanft streicheln, massieren und drücken. Im Ohr befinden sich zahlreiche Akupressurpunkte! Das Massieren der Ohrspitze hilft besonders bei Pferden mit traumatischen Erfahrungen. Vorsicht - manche Pferde mögen anfangs nicht, wenn man ihre Ohren anfasst.

Beinkreise Hervorragend geeignet zum Aufwärmen kalter Gliedmaßen vor der Arbeit und zur Kreisbelebung. Ein Bein wird leicht angehoben, nach hinten oder vorn gebeugt, sehr vorsichtig in einem kreisförmigen Muster bewegt und wieder abgesetzt.

Pferdeflüsterer

Sie bieten keine medizinische Behandlung, sondern eine »Konsultation« zwischen Pferd und Mensch. So genannte Pferdeflüsterer haben ein besonderes Talent zur Verständigung mit Pferden. Sie können helfen, die Kernursache eines Problems herauszufinden und Erfahrungen in der Vergangenheit oder körperliche und seelische Störungen zutage bringen, die mit anderen Diagnosemethoden nicht feststellbar waren. Nachdem die Wurzel des Problems erkannt wurde, kann eine effektive Behandlung ausgewählt werden.

Kontaktadressen

Eine zentrale Liste von ausgebildeten Tierheilpraktikern in Ihrer Region ist erhältlich bei:

Kooperation der Tierheilpraktikerverbände Deutschlands
Auestraße 99
27432 Bremervörde
Tel. 0 47 64/12 42
Fax 0 47 64/81 00 73

Anschriften von Tierärzten Ihrer Region, die Naturheilverfahren wie Homöopathie, Akupunktur etc. anwenden, sind gegen 2,80 Euro Rückporto erhältlich bei:

ZÄN
Zentralverband der Ärzte für Naturheilverfahren e.V.
Am Promenadenplatz 1
72250 Freudenstadt

Bachblüten
Institut für Bach-Blütentherapie
Mechthild Scheffer
Eppendorfer Landstr. 32
20249 Hamburg
Telefon: 040/32 57 710
Fax: 040/43 52 53
Internet: www.bach-bluetentherapie.de

Homöopathie
Deutsche Homöopathie-Union
Ottostr. 24
76227 Karlsruhe
Tel.: 07 21/40 93 01
Fax: 07 21/40 93 263
www.dhu.de

Aromatherapie:
Studienkreis Forum Essenzia e.V.
Meier-Helmbrecht-Str. 4
81377 München
Tel: 0 89/71 45 391
Fax: 0 89/71 03 99 29
Internet: www.forum-essenzia.de

Tellington-Touch
TT.E.A.M.® - Gilde Deutschland
Bibi Degn
Hassel 4
57589 Pracht
Tel: 0 26 82/88 86
Fax: 0 26 82/66 83
Internet: www.tteam.de

Osteopathie
Deutsches Institut für Pferde-Osteopathie
Beatrix Schulte-Wien
Hof Thier zum Berge
48249 Dülmen
Tel 0 25 94/78 227-0
Fax 0 25 94/78 227-27
www.osteopathie-zentrum.de

Chiropraktik
Deutsche Gesellschaft für Veterinär-Chiropraktik
Waldweg 3
27419 Sittensen/ OT Freetz
Telefon 0 42 82 / 59 18 50
Fax 0 42 82 / 59 18 50
www.vet-chiropraktik.de

Physiotherapie
Zentralverband der Krankengymnasten / Physiotherapeuten
Fachbereich Pferd
Christel Auer
Zur Dornermühle 60
78224 Singen
Tel.: 0 77 31/49 649
www.pferde-physiotherapie.de

Glossar

Absetzer Ein von der Mutter entwöhntes und von ihr getrenntes Fohlen

Antioxidant Ein Enzym oder anderes organisches Molekül, das die schädlichen Auswirkungen von Sauerstoff im Körpergewebe auffangen kann. Auch wenn sich der Begriff streng genommen nur auf Stoffe bezieht, die mit Sauerstoff reagieren können, wird er oft auch auf Stoffe angewandt, die vor freien Radikalen (Molekülen mit einem freien Elektron) schützen. Beispiele für Antioxidanten sind Vitamin E und Beta-Karotin. Siehe auch Freie Radikale.

Ausbindezügel Zwei mit Gummiringen gepufferte Zügel werden an den Gebissringen und am Sattelgurt eingeschnallt. Das Pferd kann den Kopf so nur noch in einem festgelegten Radius bewegen und nicht mehr nach vorn strecken. Werden häufig zum Longieren oder im Anfängerunterricht eingesetzt.

Cavaletti Kleine, verstellbare Hindernisse mit X-förmigen Seitenteilen, die zu mehreren hintereinander gestellt werden können und der Gymnastizierung des Pferdes oder Vorbereitung auf das Springen dienen.

Cushing-Syndrom Eine Hormonstörung der Nebennieren, bei der die erhöhte Produktion des körpereigenen Kortisons zu einer sekundären Diabetes führt. Häufiges Anzeichen sind Fellwechselstörungen sowie allgemeine Haut- und Fellprobleme. Die Diagnose kann man nur mit einem gezielten Bluttest stellen.

Domestikation Allmähliche, viele Generationen dauernde Umwandlung von Wildtieren in Haustiere durch den Menschen.

Flehmen Bezeichnet ein Verhalten, bei dem das Pferd die Oberlippe zurückstülpt und mittels des darunter liegenden speziellen Organes (Jacobson'sches Organ) Gerüche aufnimmt und analysiert. Es ist häufig zu beobachten, wenn Pferde ungewohnte Gerüche wahrnehmen oder bei Hengsten, wenn sie eine rossige Stute beriechen.

Freie Radikale Instabile, hochreaktive Atome oder Verbindungen, die bevorzugt mit den großen organischen Molekülen der Zelle reagieren, um diese funktionslos zu machen. Das gemeinsame Charakteristikum aller freien Radikale ist, dass sie ein einzelnes Elektron zu viel besitzen oder das ihnen ein Elektron fehlt. Ihre schädliche Wirkung kann durch so genannte Antioxidanten gestoppt werden, die das freie Elektron »einfangen«, indem sie es an sich binden und so unschädlich machen.

Geilstellen Weidestellen, auf denen nach Kot- und Urinabsatz der Pferde Gras wächst, das nicht mehr gefressen wird. Müssen regelmäßig ausgemäht werden. Vorbeugend wirkt das tägliche Absammeln der Pferdeäpfel von der Weide.

Gelenkmaus Durch äußerliche Traumaeinwirkung oder Überanstrengung abgeplatzte winzige Knochensplitter (Knochenchips) sitzen wie ein Sandkorn im Getriebe zwischen den Gelenkflächen, reiben und verursachen Schmerzen. Zum Teil wandern sie und verursachen erst dann Probleme, wenn sie in einen sensiblen Bereich gelangen. Sie können operativ entfernt werden.

Grass Sickness »Grass sickness« ist eine bisher nicht endgültig erforschte verstandene Krankheit des Verdauungsapparates, bei der die Pferde plötzlich weder schlucken noch verdauen können. Für Tiere, die an akuter Graskrankheit leiden, gibt es keine Rettung. Die Krankheit wurde 1907 zum ersten Mal in Schottland beschrieben. Sie tritt nur bei Weidepferden auf.

Greifen Eine Bewegungsstörung, bei der das Pferd sich selbst mit den Zehen der Hinterhufe in die Ballen der Vorderhufe tritt und häufig verletzt.

Hackamore Eine gebisslose Zäumung, die hauptsächlich auf den Nasenrücken des Pferdes wirkt.

Halbe Parade s. Paraden

Headshaking Wörtl.: Kopfschütteln. Bei diesem Syndrom schlagen Pferde heftig und andauernd mit dem Kopf. Headshaking kann durch eine Vielzahl »organischer« Veränderungen bedingt sein. Dazu gehören Zahnprobleme, Kieferhöhlenentzündungen, Augenveränderungen, Ohrenentzündungen usw. Beim »photischen Headshaking« dagegen handelt es sich um eine neurologische »Überempfindlichkeitsreaktion« auf Lichtreize. Diese Pferde zeigen typischerweise das saisonale und witterungsabhängige Headshaking. Die Symptome können durch Abdecken der Augen, bzw. Anlegen einer »Sonnenbrille« zum Verschwinden gebracht werden.

Heucobs Kurz gehäckseltes und in Würfelform gepresstes Heu. Hilfreich besonders zur Fütterung von Pferden, die kein ganzes Heu oder Gras mehr kauen können.

Heulage Wie Heu gemähtes Gras, das aber kurz vor dem endgültigen Trocknen luftdicht in kleine, kunststoffumwickelte Ballen gepresst wird. Heulage ist trockener als Silage, die bereits kurz nach dem Mähen, also mit größerem Feuchtigkeitsgehalt, gepresst wird.

Hilfen Das Zusammenspiel der Signale, die der Reiter mit Körper, Gewicht und Stimme zur Übermittlung seiner Wünsche ans Pferd sendet. Man unterscheidet zwischen Zügelhilfen, Gewichtshilfen, Schenkelhilfen, Stimmhilfen und den so genannten künstlichen Hilfen (Gerte, Sporen etc.)

Hirschhals Man spricht von einem Hirschhals, wenn der Hals aussieht, als sei er verkehrt herum auf dem Pferd angesetzt – die untere Halslinie ist stark entwickelt und nach unten/vorn ausgeprägt, während die obere Halslinie sich nicht wie bei einer normalen Halsform nach oben wölbt, sondern eher nach unten durchdrückt. Hirschhälse sind meistens hoch angesetzt und gehen fast immer mit Rückenproblemen einher, wobei Ursache und Wirkung nicht immer klar auseinanderzuhalten sind.

Hufrehe Eine akute, sehr schmerzhafte Erkrankung, die zu starker Lahmheit führt und das Pferd dauerhaft unbrauchbar machen kann. Durch eine Überschwemmung des Körpers mit Giftstoffen, die verschiedene Ursachen haben kann (massenhaftes Absterben von Darmbakterien nach plötzlichem Futterwechsel, Zurückbehalten der Nachgeburt) entsteht eine Entzündung in der stark durchbluteten Huflederhaut, die zu einer Ablösung des vorderen Abschnittes des Hufbeines von der Blättchenschicht des Aufhängeapparates im Huf führt. Das Hufbein verändert seine Lage im Huf, indem es mit der Spitze nach unten sackt (rotiert) und evtl. sogar die Sohlenfläche des Hufes nach unten durchbricht. Wenn die Hufrehe sofort erkannt wird und die Behandlung innerhalb der ersten Stunden einsetzt, sind die Heilungschancen gut; wartet man zu lange und hat das Hufbein bereits seine Lage verändert, sind dauerhafte Schäden möglich, oft ist dann auch eine Nottötung des Pferdes unumgänglich. Pferde, die einmal an Hufrehe erkrankt waren, bleiben anfällig. Zu große Mengen an frischem Gras sind einer der Hauptauslöser.

Kolik Schmerzhafte Störung des Verdauungssystems durch Aufgasung oder Verstopfung. Typische Symptome sind Schwitzen, Scharren, Hinlegen, Wälzen, Umsehen nach dem Bauch, Treten nach dem Bauch. Akute Koliken können zu einer Darmverschlingung führen, in diesem Fall kann das Pferd nur noch mit einer Notoperation gerettet werden. Sind die Symptome stärker oder halten mehr als eine halbe Stunde lang an, ist schnelle tierärztliche Hilfe unbedingt nötig.

Kolostralmilch Die erste Milch, die eine Stute nach der Geburt eines Fohlens gibt. Sie ist besonders nährstoffreich und enthält wichtige Antikörper zum Schutz vor Erkrankungen.

Koppen Ein stereotypes Verhalten, bei dem das Pferd die Schneidezähne des Oberkiefers auf einen festen Gegenstand wie z.B. die Futterkrippe, den Zaun etc. aufsetzt und dabei geräuschvoll Luft schluckt. Entsteht häufig durch Stress oder Langeweile. Entgegen früherer Annahmen weiß man heute, dass das Koppen nicht ansteckend ist und auch nicht zwangsläufig zu einer höheren Kolikanfälligkeit führt. Lediglich die Zähne von Koppern nutzen sich überdurchschnittlich stark ab. Einmal etabliert, lässt sich das Koppen meist auch dann nicht mehr abstellen, wenn der Auslöser (z.B. falsche Haltung) nicht mehr vorhanden ist. Auch eine genetische Disposition scheint eine Rolle zu spielen.

Kötenzopf Kleiner natürlicher Haarzopf oberhalb der Fesselbeuge, der zur Ableitung des Regenwassers dient und nicht entfernt werden sollte.

Kreuzverschlag Auch als »Nierenverschlag« oder »Feiertagskrankheit« bezeichnet. Wird das Pferd nach längerem Stehen mit intensiver Reitarbeit belastet, kommt es durch plötzliche Überstrapazierung der Muskulatur zu einer dramatischen Stoffwechselstörung innerhalb des Muskelgewebes durch überstürzten Abbau des Glykogens in der Muskulatur. Dabei werden die Muskelfasern beschädigt, der rote Muskelfarbstoff freigesetzt und über die Nieren ausgeschieden. Einen typischen Kreuzverschlag erkennt man daher an dem rot bis schwarz verfärbten Urin. Pferde, die nach Stehtagen mit steifen und verkürzten Schritten gehen oder ganz die Bewegung verweigern, zeigen u. U. die ersten Symptome eines Kreuzverschlages. Betroffen ist die Hinterhand; Kruppe, Lenden und Oberschenkel. Das Pferd leidet unter starken Schmerzen und weigert sich im fortgeschrittenem Stadium, auch nur einen Schritt vorwärts zu gehen. Die Muskeln verkrampfen sich, Muskelzittern tritt ein, die Körpertemperatur steigt, das Pferd beginnt zu schwitzen und der Puls ist beschleunigt. Das Pferd muss unbedingt ruhig gehalten werden und darf sich nicht bewegen, die Muskulatur der Hinterhand sollte mit einer Decke, Jacke o.ä. gewärmt werden. Schnelle tierärztliche Hilfe ist notwendig.

Laden Die zahnfreien Lücken zwischen Schneide- und Backenzähnen der Kiefer, die es ermöglichen, einem Pferd ein Gebiss ins Maul zu legen.

Longieren Das Bewegen des Pferdes mittels einer langen (ca. 8m) Leine, der so genannten Longe. Der Longenführer steht, während das Pferd an der Longe im Kreis um ihn herumläuft. Dient vor allem zur Lockerung und zum Lösen.

Martingal Ein Hilfszügel, bei dem ein am Sattelgurt befestigter Riemen zwischen den Vorderbeinen hindurch nach vorn läuft, wo er sich gabelt (beim Ringmartingal) und in Ringen endet, durch welche die Zügel gleitend hindurch geführt werden. Es verhindert, dass ein Pferd den Kopf zu hoch nehmen kann, wenn die Zügel angenommen sind. Die Bewegungsfreiheit nach unten/vorn wird nicht beschränkt. Im Gegensatz zu dem beschriebenen Ringmartingal gibt es auch ein stehendes Martingal, bei dem der Hilfszügel fest anstatt gleitend und direkt am Gebiss bzw. Nasenriemen befestigt wird. Es begrenzt damit die Bewegung des Pferdekopfes generell.

Mash Ein warmer Futterbrei, der hauptsächlich aus Weizenkleie, Leinsamen und heißem Wasser und mit verschiedenen Zusätzen bereitet wird. Dient zur Kräftigung und Stärkung; hilfreich auch im Fellwechsel.

Military Auch: Vielseitigkeit. Eine Reitsportdisziplin, in der alle Bereiche des Pferdesportes zusammengefasst sind. In einer dreitägigen Prüfung müssen die Pferde eine Dressurprüfung, eine Springprüfung und eine Geländestrecke mit festen Hindernissen absolvieren. Die anstrengende Geländestrecke gilt als Kerndisziplin der Military.

Paraden Ein Annehmen und Nachgeben der Zügel, verbunden mit gleichzeitig treibender Hilfe, um das Pferd so je nach Intensität zum Verlangsamen oder Anhalten zu bewegen. Wenn das Annehmen und Nachgeben nur mit einem Zügel erfolgt, spricht man von halben Paraden. Sie dienen hauptsächlich dazu, das Pferd aufmerksam zu machen und auf weitere Hilfen vorzubereiten.

Rehe s. Hufrehe

Schlaufzügel Ein Hilfszügel, bei dem ein zweites Paar Zügel am Sattelgurt befestigt wird, dann zwischen den Vorderbeinen hindurch nach vorne durch die Trensenringe verläuft und von dort in die Hand des Reiters. Bei gefühlvoller und vorübergehender Anwendung kann er helfen, dem Pferd den Weg in die Tiefe zu zeigen; Missbrauch ist aber leicht möglich und leider auch häufig (indem der Pferdekopf ständig gewaltsam nach unten gezogen wird).

Silage Siehe Heulage, im Gegensatz zu dieser aber zu einem früheren Zeitpunkt nach dem Mähen in luftdichte Folie verpackt und dadurch mit höherem Feuchtigkeitsgehalt.

Sommerekzem Allergische Hauterkrankung, die mit starkem Juckreiz und Scheuern einhergeht. Auslöser ist der Speichel einer bestimmten Mückenart, wobei aber nur Pferde allergisch auf ihn zu reagieren scheinen, bei denen der Stoffwechsel nicht optimal funktioniert. In unserem Klima gehaltene Islandpferde sind besonders anfällig, das Ekzem kommt aber bei allen Rassen vor.

Spat Arthroseerkrankung in den Sprunggelenken der Hinterbeine, die zunächst zur akuten Lahmheit und anschließend zu einer Verknöcherung und Versteifung des Gelenkes führt.

Standweide Eine im Gegensatz zur Wechselweide ständig genutzte Pferdeweide. Das Prinzip funktioniert nur, wenn sehr viel Fläche vorhanden ist.

Strahl Das V-förmiges Polster aus weicherem Horn auf der Unterseite des Hufes.

Streichen Bewegungsstörung, bei dem die Innenseiten der Sprunggelenke der Hinterbeine aneinander streichen, also sich berühren. Kann durch Fehlstellungen der Gliedmaßen oder Hufe, aber auch durch Übermüdung verursacht werden.

Synovialflüssigkeit Gelenkflüssigkeit, die zur »Schmierung« des Gelenkes dient.

Tetanus Wundstarrkrampf. Eine fast immer tödlich verlaufende Erkrankung, der leicht durch Schutzimpfung vorgebeugt werden kann. Entsteht durch Eindringen der Krankheitserreger in Wunden, vorzugsweise in solche, an die wenig Sauerstoff kommt und die Schmutz ausgesetzt waren (z.B. Nageltritte). Die Pferde sterben qualvoll durch Lähmung des zentralen Nervensystems.

Wallach Ein kastrierter Hengst.

Wassertrense Metallgebiss, das aus zwei mittels Gelenk miteinander verbundenen Teilen besteht, die seitlich durch zwei frei bewegliche Ringe laufen. Gebräuchlichstes Gebiss und je nach Dicke des Mundstückes relativ weich in der Wirkung. Doppelt gebrochene Trensen wirken weicher als einfach gebrochene.

Weben Ein stereotypes Verhalten, bei dem das stehende Pferd in einer schaukelnden Bewegung ständig sein Gewicht von einem Vorderbein auf das andere verlagert. Ursachen ähnlich wie beim Koppen. Bei andauerndem Weben droht erhöhter Gelenkverschleiß.

Wechselweide Eine Weide, die nur turnusmäßig von Pferden beweidet wird und dann mehrere Wochen Zeit bekommt, um sich zu regenerieren. Manchmal werden in der Zwischenzeit auch andere Tierarten (z.B. Rinder) auf die Weide gelassen, um das von den Pferden verschmähte Gras zu fressen.

Widerrist Die knöcherne Erhebung der Wirbelsäule am Übergang vom Hals zum Rücken. Bei hochblütigen Pferden ausgeprägt, bei runden Ponys oft kaum zu sehen.

Wolfszahn Ein rudimentärer Zahn, der sich gelegentlich vor den Oberkieferzähnen bildet. Nicht immer sichtbar, da manchmal nicht vollständig durchbrechend. Wolfszähne können dem Pferd große Schmerzen verursachen, besonders, wenn das Mundstück des Gebisses gegen sie schlägt oder darauf drückt. Muss meist operativ entfernt werden.

Index